ESTONIAN
TEXTBOOK

T0317289

Indiana University Uralic and Altaic Series
Denis Sinor, Editor
Volume 159

ESTONIAN
TEXTBOOK

Grammar

Exercises

Conversation

by JUHAN TULDAVA

Translated into English & revised by Ain Haas

Indiana University
Research Institute for Inner Asian Studies
Bloomington, Indiana
1994

Illustrations by Rein Murre
Cover and Title Page Illustration by Vaike Haas

Copyright © 1994 Indiana University
Research Institute for Inner Asian Studies

Library of Congress Control Number: 2005937279

ISBN-13: 978-0-933070-54-7 (pbk.)
ISBN-10: 0-933070-54-3 (pbk.)

Printed in the United States of America

Contents

Foreword

For centuries, Estonians have had close contact with other nationalities living in the Baltic Sea area of northeastern Europe. Between the two World Wars (when Estonia was independent), the political, economic, and cultural contacts with neighboring nations were strengthened. Even personal contacts developed to a great extent, due to tourism. The same processes are even more evident today, after Estonia regained its independence from the Soviet Union in 1991.

At the end of World War II, tens of thousands of Estonians fled to Sweden and Germany. Many of them moved on to settle in the United States of America, Canada, and Australia. They were received with friendship and understanding in the countries where they sought refuge. In their daily work and leisure activities, Estonians adjusted well to life in other countries, and most of them are now citizens of their new homelands.

Estonians abroad have not forgotten their origin or their language. They want to preserve their cultural heritage and maintain their traditions. The folklore collection of Estonia, for example, is one of the largest in the world, and Estonians abroad proudly tell their children and friends of the legendary hero whose exploits are recorded in the folk epic *Kalevipoeg*. There is even an extensive and richly varied body of modern Estonian literature, though little of it has been translated into other languages yet. Estonian musicians and singers are outstanding, and great festivals in their homeland as well as abroad bring together thousands of choir members, folk dancers, and rhythmic gymnasts to win renown for their performances. Old-fashioned Estonian crafts have also attracted attention---particularly the textile arts, leatherwork, woodworking, and silversmithing. Many contemporary artists and scholars have won international recognition, for works connected to or inspired by old traditions and new developments in Estonia.

The Estonian tongue belongs to the Finno-Ugric family, along with Finnish, Hungarian, Sami (Lapp), and a number of other languages spoken by scattered peoples in northern Russia. The languages of nearby peoples--Russian, Latvian, Lithuanian, Swedish--are in a different group, called the Indo-European family. English is also in the latter family, which means that its structure differs in major ways from that of the Estonian language. Nevertheless, it is not as hard for an English speaker to learn Estonian as is generally believed.

This textbook is intended foremost for Americans and other speakers of English who, for a variety of reasons, are interested in the Estonian language. In preparing this volume, however, the author also had in mind the younger generation of Estonians living abroad, without an opportunity to learn Estonian grammar in the schools they attend.

The textbook can be used for independent study, but for optimum learning some help from an Estonian-speaking person is recommended, especially at the beginning. In case the book is used for a course, the instructor may wish to change the order of topics or add more exercises as needed.

The book contains 40 lessons, each of which has six sections: grammar, text (reading selection), vocabulary, exercises (designed to reinforce learning of both grammar and vocabulary), expressions (chosen with the grammatical points of the chapter in mind, and often grouped by theme), and answers to exercises.

In the sections on grammar, the author has tried to present the main features of Estonian grammar as simply as possible. To make things clearer, comparisons with the rules of English grammar are often made.

Those who have no desire or time for a thorough study of Estonian grammar but wish to expand their repertoire of conversational phrases and common sayings will find the theme of each lesson's expressions (Greeting and Thanks, Food and Drink, Time, Weather, Correspondence, Illness, Occupation, etc.) listed in the table of contents. The index also lists the topics covered in the reading selections and lists of expressions.

The reading selections, mostly original compositions by the author, are designed to reinforce the points of grammar. Italics are used to identify words or phrases that illustrate the grammatical forms presented earlier in the same lesson. At the same time, the author has tried to cover a wide range of topics and situations, to build up the student's vocabulary for ordinary conversation as much as possible.

At the end of the book is a general Estonian-English glossary, with all the terms presented in the vocabulary list of each chapter and other common words. For translation of English words into Estonian, the student will need an English-Estonian dictionary. A brief review of grammatical terms is also presented at the end. The index is in two parts, with separate alphabetical listings of grammatical terms and conversational topics.

The idea of writing an Estonian textbook arose in the summer of 1960 at the Estonian Continuation School (Estniska folkhögskolan) course in Gimo, Sweden, where the author taught Estonian for several years and thereby obtained insights into the difficulties of instructing young people with no previous study of Estonian grammar.

The source of inspiration was ombudsman Nils Hellström, and I am very grateful to him not only for coming up with the idea for this book but also for arranging its first publication (in 1962) through Bokförlaget Medborgarskolan. I also wish to express many thanks to principal Henry Jarild, for his cooperation and helpfulness in connection with the original publication of this book.

I wish to express special thanks to Gita Aasmaa and Tarmo Oja, not only for providing many forms of technical assistance but also for contributing extremely valuable viewpoints and suggestions with regard to the book's contents.

I am especially grateful to Prof. Ain Haas for taking on and carrying out so extremely well the huge task of translating and updating the book for this edition.

Juhan Tuldava
Tartu, Estonia

Translator's Note

A number of books are now available for people wishing to study the Estonian language. Anyone serious about this should not overlook Prof. Tuldava's work. In the effort to improve my own command of Estonian, I found nothing more valuable than his book. It is truly impressive in its clarity, thoroughness, and logic of progression. It provides a rigorous course of instruction, equivalent to two years of college work, but has many interesting twists and even humorous touches that make the lessons enjoyable.

After discovering the book during a research trip to Sweden, I came to feel that it deserved a much wider distribution. As an Estonian born in Sweden and raised in the United States, with fluency in all three languages, I found myself in a good position to prepare an English version of this excellent book, for the benefit of relatives and friends in the U.S. who were unable to make use of the Swedish version. Because of their encouragement, as well as a growing number of requests from other parties, I have decided to make my translation available to a wider audience. The rising interest in the language among all sorts of people with no ancestral connection to the country reflects Estonia's new status as a trendsetting East European country making rapid strides in overcoming the legacy of Soviet occupation.

The English version is basically the same as the Swedish version, but some changes were made in preparing this translation. I substituted references to American names, locations, currency, etc. for many of the original Swedish ones, and took the liberty of adding some expressions I had found in my examination of Estonian dictionaries and literature. Points of grammar applicable to the Swedish language but not English have been removed, and new comments about English grammar have been added. To make it easier to use the book for independent study, I developed a more complete set of answers to the exercises and expanded the glossary.

During a stint as visiting professor of sociology at Tartu University in the spring of 1993, I took advantage of the opportunity to meet with Prof. Tuldava, who recently retired as head of the Germanic Languages Department there. We discussed how to update and improve on the original Swedish publication. His suggestions--including a few new points of grammar that reflect changing usage in Estonia--have been incorporated in this version.

I wish to express special thanks to Prof. Tuldava and to my mother, Elly (Ratas) Haas, for checking the manuscript carefully at various stages and offering many helpful suggestions.

It is with great pleasure and pride that I offer this translation of Prof. Tuldava's book, to all those looking for a key to unlock the mysteries of the Estonian language and open the door to a hidden world of intriguing folklore, fine literature, and enjoyable conversation. There are over a million speakers of Estonian in the world today, and it is my fond hope that some more will be encouraged to join their ranks as a result of this book.

Ain Haas
Indianapolis, USA

11

Abbreviations   and   Symbols

abbr.	=	abbreviation	*lit.*	= literally
abess.	=	abessive	*n.*	= noun
abl.	=	ablative	*neg.*	= negative
adess.	=	adessive	*nom.*	= nominative
adj.	=	adjective	*num.*	= number
adv.	=	adverb	*part.*	= partitive
all.	=	allative	*partic.*	= participle
comit.	=	comitative	*pass.*	= passive
comp.	=	comparative	*perf.*	= perfect
conj.	=	conjunction	*pers.*	= person
cont.	=	continued	*pl.*	= plural
dim.	=	diminutive	*postp.*	= postposition
e.g.	=	for example	*prep.*	= preposition
elat.	=	elative	*pres.*	= present
emph.	=	emphatic	*pron.*	= pronoun
etc.	=	and so on	*refl.*	= reflexive
gen.	=	genitive	*sing.*	= singular
i.e.	=	that is	*superl.*	= superlative
ill.	=	illative	*term.*	= terminative
imper.	=	imperative	*transl.*	= translative
imperf.	=	imperfect	*v.*	= verb
indecl.	=	indeclinable	*v.i.*	= intransitive verb (takes no object)
iness.	=	inessive	*vs.*	= versus
inf.	=	infinitive	*v.t.*	= transitive verb (takes an object)
interj.	=	interjection		

´   indicates that the stress is on a given syllable, in contrast to the usual pattern of stressing the first syllable.

`   indicates an extra long (third-degree) sound in the syllable that follows. (See Point 6 in Introduction, p. 15.)

'   indicates palatalization of consonant. (See Point 7 in Introduction, p. 15.)

§   means section.

12

Introduction

1. The basic Estonian alphabet consists of 23 letters in the following order:

a b d e g h i j k l m n o p r s t u v õ ä ö ü

There are 9 other letters that appear in foreign words. The letters **c q w x y** are found only in foreign names, such as Caesar, Don Quijote, Xantippe, New York. The letters **f š z ž** are found in newer loan-words: film, šokolaad 'chocolate', zooloog 'zoologist', žurnaal 'journal'. The order of the full alphabet is:

a b c d e f g h i j k l m n o p q r s š z ž t u v w õ ä ö ü x y

2. In terms of pronunciation, keep the following in mind:

Vowels

a is pronounced like **a** in 'father'
e is like **e** in 'send'
i is like **ee** in 'see'
o is like **o** in 'off'
u is like **oo** in 'moon'
ä is like **a** in 'cat'

õ is formed with the tongue in the same position as for the **o** sound (as in 'off'), but with the lips unrounded slightly. It has no exact counterpart in English, but sounds something like the first part of the vowel sound in words like 'no' and 'loan' when spoken with a British accent. The Russian ы sound comes close, but the Estonian **õ** is made lower in the throat.

ö is formed with the tongue in the same position as for the **e** sound (as in 'send'), but with the lips rounded and pulled forward. It is unlike any sound in English, but resembles the **ö** in the German word 'Öl' or the **eu** in the French word 'deux'.

ü is formed with the tongue in the same position as for the **i** sound (as in 'see'), but with the lips rounded and pulled forward to make a small, oval opening. It also has no counterpart in English, but resembles the **ü** in the German word 'für', or **u** in the French word 'sur'.

Consonants

j appears only at the beginning of words and between two vowels (ju, maja); in both cases it is pronounced like **y** in 'you' or 'Maya'.

b d g are unvoiced and unaspirated, without the throaty sound and puff of breath added in the usual English pronunciation.

p t k are also unvoiced and unaspirated, and softer than in English (only slightly harder than **b d g**). Strong consonant sounds are made when there are double letters (**pp tt kk**).

13

l is a non-velar sound, made with the very tip of the tongue against the back of the front teeth, as in French, German, and Spanish. Usually the **l** in English is made with more of the tongue against the gumline, slightly back from the point where the Estonian **l** is made.

h at the beginning of a word is very weak, almost silent; between two vowels it is pronounced like **h** in 'Aha!'; in front of consonants and at the end of words (lahti, jah), it is quite strong, like the German **ch** in 'Nacht' or 'Achtung!'

ng and **nk** are like the same combinations in the English words 'sing' and 'sink', with the tongue not actually touching the gum for the **n** and an emphasized **g** and **k** at the end.

r is trilled, like the Spanish **r**, with the tongue vibrating strongly against the front of the roof of the mouth.

s between vowels (tasa) is enunciated lightly with the tip of the tongue, otherwise like the English **s**.

š is like **sh** in English.

ž is like **s** in 'treasure' or like the French **j** in 'jour'.

The consonants **f m n z v** are like the same sounds as in English. The same is true for **c q w x y**, which are only found in foreign names.

3. In Estonian there are many diphthongs, or two-vowel combinations which are part of the same syllable. These include **ae ai ao au ea ei eo iu oa oe oi õe äe** and so on. Each of the two vowels is pronounced clearly, but not as if they were in separate syllables. Examples: laud, laev, hea, loen, õun, õed, käed.

4. The accent in Estonian is normally on the first syllable. There are, however, some exceptions such as **aitäh** 'thanks', **sõbranna** 'female friend', **üleüldse** 'over-all'. In many loan-words from other languages, the original accent has been borrowed as well: **elekter, ideaal,** professor. When the ´ mark is used in the text over a vowel (as in elékter, ideáal, proféssor), it indicates that the accent is on this syllable, but this mark is not part of the normal spelling.

In contrast to English, the accented syllable does not dominate the pronunciation of a word so markedly, so the unaccented syllables in Estonian words are more distinct and more readily heard than in English.

5. Estonian spelling is fundamentally phonetic, which means that words are spelled like they sound. As a basic rule, single letters signify short sounds and double letters indicate long sounds.

The pronunciation of single vowels is always very short (first degree), in contrast to drawn-out vowels in English words like 'go', 'at', 'find'.

6. Double vowels, double consonants, and diphthongs are either long (second degree) or overlong (third degree).

Every vowel and consonant in Estonian can thus have three different lengths or degrees:

1st degree:	sada	'hundred'	lina	'linen'
2nd degree:	saada	'send!'	linna	'the town's'
3rd degree:	`saada	'to get'	`linna	'to town'

The third degree is markedly longer than corresponding sounds in English.

In phonetic transcription, the 3rd degree or overlong sound is indicated with a ` before the syllable. This is not used in ordinary written language, but is used in dictionaries and word lists in cases where the length affects the meaning. For example: `kooli (pronounced as if there were 3 vowels - koooli), meaning 'to school'; compared with kooli (pronounced with just two vowels), meaning 'the school's'.

7. In some words, the consonants **l n s t** are softened or palatalized with a slight **i**- or **j**- (English **y**) type sound before the consonant.

Examples: palk (phonetically written as pal'k) 'log'
  tund (tun'd)   'hour'
  kott (kot't)   'bag'
  kass (kas's)   'cat'

Such softening or palatalization is not indicated in the written language, but is noted in dictionaries and word lists with an apostrophe after the palatalized consonant, in cases where the meaning of the word may be affected: pal'k (with a softened l) 'log'; compared to palk (with a normal unsoftened l) 'wage'.

15

Lesson 1

Grammar

§ 1. Personal pronouns have two forms in Estonian--a long form which is used when you want to emphasize the pronoun and a short form which is used when you do not particularly wish to emphasize the pronoun in the sentence.

mina -- ma	'I'		**meie -- me**	'we'
sina -- sa	'you' [*singular*]		**teie -- te**	'you' [*plural*]
tema -- ta	'he/she/it'		**nemad -- nad**	'they'

Examples: ma olen siin   'I am here'
              mina olen siin   '*I* am here'

§ 2. Estonian lacks distinct words for 'he, she, it.' The word **tema** is used for all three. Which is actually meant can only be determined from the context in which the word is used.

Present Tense

§ 3. Verbs are conjugated by person and time (tense). The following is an example of a verb in the present tense:

1st person singular:	**mina tulen**	'I come'
2nd person singular:	**sina tuled**	'you (alone) come'
3rd person singular:	**tema tuleb**	'he/she/it comes'
1st person plural:	**meie tuleme**	'we come'
2nd person plural:	**teie tulete**	'you (all) come'
3rd person plural:	**nemad tulevad**	'they come'

Note: Personal pronouns can often be omitted, as the verb form itself is enough to indicate which person is the subject: **tulen** 'I come', **tuleme** 'we come'.

§ 4. Every present-tense form consists of a present-stem, which remains unchanged for all persons (e.g., **tule-**), and various personal endings, for each person in the singular and plural. An Estonian verb has the following endings in the present tense:

1st person singular:	**-n**	*1st person plural:*	**-me**
2nd person singular:	**-d**	*2nd person plural:*	**-te**
3rd person singular:	**-b**	*3rd person plural:*	**-vad**

If you know one of the present-tense forms, you can build the rest from it. You can take, for example, the first person singular form (which is always given in our word lists), drop the **-n** ending, and get the present-stem. Then you add the endings listed above to get the remaining present-tense forms.

Examples: palu/n '(I) beg', räägi/n '(I) speak', õpi/n '(I) learn, study'

16

Singular	mina (ma)	palu/n	räägi/n	õpi/n
	sina (sa)	palu/d	räägi/d	õpi/d
	tema (ta)	palu/b	räägi/b	õpi/b
Plural	meie (me)	palu/me	räägi/me	õpi/me
	teie (te)	palu/te	räägi/te	õpi/te
	nemad (nad)	palu/vad	räägi/vad	õpi/vad

§ 5. The present tense of the verb **ole/n** 'to be' is irregular in the third person singular and plural:

mina olen	'I am'	meie oleme	'we are'
sina oled	'you are' [*sing.*]	teie olete	'you are' [*pl.*]
tema **on**	'he/she/it is'	nemad **on**	'they are'

§ 6. Estonian lacks a distinct future tense. The present tense can be used to indicate the future as well. Whether the present or future tense is meant can only be determined from the context in which the word appears.

ma tulen praegu	'I am coming right now'
ma tulen homme	'I will come tomorrow'

§ 7. As in French and some other languages, the 2nd person plural form is used to show respect or social distance when addressing a person you are not familiar with or are not on a first-name basis with.

Example: Millal te tulete, härra Palm? 'When will you come, Mr. Palm?'

Text

Mina olen améeriklane. Ma elan Améerikas. Sina oled eestlane. Sa elad ka Ameerikas. Mina olen kodus. Sina oled ka kodus. Sa kirjutad. Tema on siin. Meie tuleme homme. Me oleme täna kodus. Teie tulete ja räägite. Te räägite eesti keelt. Nemad on seal. Nad räägivad inglise keelt.

Olen siin. Õpin. Ma õpin eesti keelt. Tema õpib ka eesti keelt. Oleme kodus. Meie kirjutame. Nemad õpivad. Teie elate Ameerikas. Te räägite hästi inglise keelt. Täname. Sina kirjutad hästi. Tänan väga. Palun.

Vocabulary

Améerika	America
Ameerikas	in America
améeriklane	(an) American
eesti keel	(the) Estonian language
eestlane	(an) Estonian
ela/n	(I) live
homme	tomorrow
hästi	well
inglise keel	(the) English language
ja	and
ka	also
kirjuta/n	(I) write
kodus	at home
palu/n	(I) beg; please; you're welcome
räägi/n _____ keelt	(I) speak the _____ language
seal	there
siin	here
tule/n	(I) come
täna	today
täna/n	(I) thank (you); thanks
väga	very much
õpi/n	(I) learn, study

Exercises

1. *Conjugate the following verbs in the present tense in Estonian:* thank, come, speak, beg, study, be.

2. *Translate into Estonian:* I speak. We are here. He is coming tomorrow. You [*pl.*] speak well. She is there. You [*sing.*] are at home. They are here and are studying. You [*pl.*] are also here. We speak. They are coming today. I beg. You [*sing.*] are coming. Thanks.

Expressions of Greeting and Thanks

Tere!	Hello!
Tervist!	Good day! Good health to you!
Tere tulemast!	Welcome!
Palun!	Please (help yourself)! [In response to another's thanks:] You're welcome!
Tänan!	Thanks! (I) thank you.
Tänan väga!	Thank you very much!
Aitäh!	Thanks!

Answers to Exercises

1. (mina)	tänan	tulen	räägin	palun	õpin	olen
(sina)	tänad	tuled	räägid	palud	õpid	oled
(tema)	tänab	tuleb	räägib	palub	õpib	on
(meie)	täname	tuleme	räägime	palume	õpime	oleme
(teie)	tänate	tulete	räägite	palute	õpite	olete
(nemad)	tänavad	tulevad	räägivad	paluvad	õpivad	on

2. Mina räägin. Meie oleme siin. Tema tuleb homme. Teie räägite hästi. Tema on seal. Sina oled kodus. Nemad on siin ja õpivad. Teie olete ka siin. Meie räägime. Nemad tulevad täna. (Ma) palun. Sina tuled. (Ma) tänan.

[Short pronoun forms (ma, sa, ta, me, te, nad) would also be correct, if you do not wish to emphasize the pronoun as the subject in each sentence.]

Lesson 2

Grammar

§ 8. Estonian lacks both the definite article ('the') and indefinite article ('a, an'). A noun, such as **poiss** 'boy', can thus mean 'boy', 'a boy', or 'the boy', depending on the context.

Sometimes the number **üks** 'one' can serve as a sort of indefinite article meaning 'a, an', but this use is rare in the written language.

Word Order

§ 9. As in English, the basic word order in a sentence is straightforward (subject - verb - object): Poiss loeb raamatut 'The boy reads a book'.

An adjective precedes the noun it modifies, just as in English. Examples: **noor** poiss 'young boy', **vana** mees 'old man'.

An adverb of time usually precedes an adverb of place in Estonian, in contrast to English: Ta tuleb **homme** siia 'He will come here tomorrow' (*literally:* 'tomorrow here'). Poiss on **täna** kodus 'The boy is at home today'.

A reverse order may be used, with the verb preceding the subject, if the sentence begins with an adverb or object: Täna **on poiss** kodus 'Today the boy is at home'. This also happens in English on occasion ('Rarely comes a second chance.'), but less often.

Otherwise there are no strict rules for word order in a declarative sentence.

§ 10. Questions normally begin with a question-word or interrogative term in Estonian. Then the word order is the same as in an ordinary sentence (especially if the subject is a personal pronoun).

Kus poiss elab?	'Where does the boy live?' (*lit.*: 'Where the boy lives?')
Mis see on?	'What is that?' ('What that is?')
Millal sa tuled?	'When are you coming?' ('When you are coming?')

§ 11. Questions such as 'Are you reading? Is the boy coming?', which can be answered with either a 'Yes' or 'No' and normally begin with a verb in English, begin with a special interrogative **kas** in Estonian (like the French 'est-ce que'), followed by the normal word order of a declarative sentence.

Poiss loeb.	'The boy is reading.'
Kas poiss loeb?	'Is the boy reading?'
Sina tuled.	'You are coming.'
Kas sina tuled?	'Are you coming?'

20

§ 12. In the spoken language and sometimes even in the written language, you may come across questions lacking question-words and having a reverse order as in English: Tuled sa? 'Are you coming?' Oled sa kodus? 'Are you at home?'

As in English, a declarative statement can be turned into a question by a change in tone or inflection, with no change in word order:

<blockquote>Sa tuled ju homme?   'You are of course coming tomorrow?'</blockquote>

In English, this is done by raising the tone at the end of the sentence. In Estonian, the tone is raised in the middle (where the verb is), and it comes back down to normal narrative level at the end.

§ 13. Occasionally the affirmative answer to a question is given by the verb of the question, conjugated to agree with the implied subject. It is often given emphasis by the word **küll** 'sure(ly)'.

<blockquote>

Kas sa **oled** kodus?   'Are you home?'
Olen küll.   '(Yes,) I sure am.'

Kas te **tulete?**   'Are you (all) coming?'
Tuleme küll.   '(Yes,) we sure are.'

</blockquote>

Text

Kes see on? See on poiss. Kes seal on? Seal on tüdruk. Mis see on? See on laud. Seal on tool. Kas poiss istub? Poiss seisab, aga tüdruk istub. Mis nad teevad? Nad räägivad. Kas teie ka räägite? Meie õpime. Kus te olete? Me oleme siin. Kus tema on? Ta on seal. Mis ta teeb? Ta loeb ja kirjutab. Kas sa tead, mis see on? Tean küll, see on tool. Kas te teate, kus ta elab? Teame küll, ta elab siin.

-- Hallo, kes räägib?
-- Siin olen mina.
-- Kas sa oled täna kodus?
-- Jah, olen küll.
-- Kas sa tuled homme?
-- Jah, ma tulen.
-- Mis sa teed?
-- Õpin!
-- Kuidas läheb?
-- Tänan, hästi.
-- See on tore.

21

Isa on täna kodus. Ta istub ja loeb. Ema on ka siin. Ta kirjutab. Tütar õpib. Poeg tuleb ja küsib: <<Mis te siin teete?>> Õde vastab: <<Armas vend, sa näed ju ise: me istume, õpime, loeme ja kirjutame.>>

Vocabulary

aga	but, however
armas	dear
ema	mother
hallo	hello
isa	father
ise	-self (myself, himself, etc.)
istu/n	(I) sit
jah	yes
ju	of course
kas	question: (Is it true that...)
kes	who
kuid	although, but
kuidas	how
kuidas läheb?	how's it going?
kus	where
küll	sure(ly)
küsi/n	(I) ask
laud	table, board
loe/n	(I) read
lähe/n	(I) go
mis	what
näe/n	(I) see

poeg	son
poiss	boy
see	this
seisa/n	(I) stand
tea/n	(I) know
tee/n	(I) do, make
tool	chair
tore	fine, great, fun
tüdruk	girl
tütar	daughter
vasta/n	(I) answer
vend	brother
õde	sister

Exercises

1. *Conjugate the following verbs in the present tense in Estonian:* do, know, ask, answer, sit, stand.

2. *Translate into Estonian:* Where do you [*sing.*] live? Who is asking? Are you [*sing.*] at home? Where are they? What are you [*pl.*] doing here? We are sitting and talking. Is the boy standing? Yes, he is standing here. What is the girl doing? The girl is sitting and reading. What is this? Do you [*pl.*] know? Do you [*sing.*] know what this is? Brother is here, but Sister is there. Where is Father? What is Mother doing? I will ask, and you will answer. Please (accept this)! Thank you so much!

3. *Translate into English:* Kas sa tuled homme? Kes seal on? Kus sa elad? Kuidas läheb? Mis see on?

Expressions of Concern

Kuidas käsi käib?	How are you?
	(*lit.*: How does [your] hand go?)
Kuidas läheb?	How is it going?
Kuidas elad? Kuidas elate?	How do you [*sing./pl.*] feel?
	(*lit.*: How are you living?)
Tänan, hästi.	Fine, thanks.
Kuidas ise elate?	How do you feel yourself?
Suur tänu, kõik on hästi.	Thanks a lot, everything is fine.
	(*lit.*: Big thanks, everything is well.)
Aitäh, pole viga.	Thanks, no problem.
Halvasti.	Badly.
Mis sa soovid? Mida te soovite?	What do you [*sing./pl.*] want?
Kas te soovite (midagi)?	Do you [*pl.*] wish something?
Jah, palun. Ei, tänan.	Yes, please. No, thanks.
Kas jah või ei?	Yes or no?

23

Answers to Exercises

1.

(ma)	teen	tean	küsin	vastan	istun	seisan
(sa)	teed	tead	küsid	vastad	istud	seisad
(ta)	teeb	teab	küsib	vastab	istub	seisab
(me)	teeme	teame	küsime	vastame	istume	seisame
(te)	teete	teate	küsite	vastate	istute	seisate
(nad)	teevad	teavad	küsivad	vastavad	istuvad	seisavad

2. Kus sa elad? Kes küsib? Kas (sa) oled kodus? [= Oled (sa) kodus?] Kus nad on? Mis te siin teete? [= Mis te teete siin?] Me istume ja räägime. Kas poiss seisab? Jah, ta seisab siin. Mis tüdruk teeb? [= Mis teeb tüdruk?] Tüdruk istub ja loeb. Mis see on? Kas (te) teate? Kas sa tead, mis see on? Vend on siin, aga [= kuid] õde on seal. Kus isa on? Mis ema teeb? Mina küsin, ja sina vastad. Palun! Tänan väga!

3. Are you [*sing.*] coming tomorrow? Who's there? Where do you [*sing.*] live? How's it going? What's this?

Lesson 3

Grammar

§ 14. A verb's present-stem, devoid of any endings (for example, **tule-**< tule/n 'come', **loe-**< loe/n 'read', **räägi-**< räägi/n 'speak'), can be used in the following ways:

    a) as the imperative (command) form for the 2nd person singular

tule!	'(you [*sing.*]) come!'
loe!	'read!'
räägi!	'speak!'

in the negative:

ära tule!	'don't (you [*sing.*]) come!'
ära loe!	'don't read!'
ära räägi!	'don't speak!'

    Note: The imperative of the verb lähe/n 'go' is obtained from another stem: **mine!** 'go!', **ära mine!** 'don't go!'.

§ 15. b) as the negative present-tense form with the negative particle **ei**, which is always placed before the verb. This construction is used for all persons in both singular and plural.

mina **ei tule**	'I am not coming'
sina **ei tule**	'you [*sing.*] are not coming'
tema **ei tule**	'he/she/it is not coming'
meie **ei tule**	'we are not coming'
teie **ei tule**	'you [*pl.*] are not coming'
nemad **ei tule**	'they are not coming'

§ 16. The extra negative particle **mitte** may be used to strengthen the tone of an ordinary negation.

ma **ei** tule **mitte!**	'I am *not* coming!'

Notice that the ordinary negative particle **ei** must still be included.

§ 17. As an alternative form for **ei ole** 'am/are/is not', the word **pole** is often used, with the same meaning. (This is a contraction of **ep+ole**, where **ep** is an archaic form of the negative particle **ei**.)

ta **ei ole** siin = ta **pole** siin	'he is not here'
ma **ei ole** valmis = ma **pole** valmis	'I am not ready'

§ 18. A negative answer to a question often consists of the negative particle **ei** with the verb in the question.

Kas sa **oled** kodus?	'Are you [*sing.*] home?'
Ei ole.	'(No, I) am not.'
Kas te **tulete?**	'Are you [*pl.*] coming?'
Ei tule.	'(No, we) are not coming.'

§ 19. Estonian has many verbs with adverbial particles, corresponding to English phrases such as 'get up', 'go out', and the like. For example: **tõusen üles** '(I) get up', **tõusen püsti** '(I) stand up', **saan aru** '(I) understand' [*lit.:* '(I) get understanding'], **vaatan pealt** '(I) look on'.

In these situations, only the verb changes in the process of conjugation. The accompanying particle remains unchanged.

ma **saan aru**	'I understand'	me **saame aru**	'we understand'
sa **saad aru**	'you understand'	te **saate aru**	'you understand'
ta **saab aru**	'he/she/it understands'	nad **saavad aru**	'they understand'

The particle may be separated from the verb by other parts of the sentence. For example: ma **tõusen** kohe **püsti** 'I will get up immediately' [*lit.:* 'I will get immediately up'], ma **saan** hästi **aru** 'I understand well' [*lit.:* 'I get well understanding'].

Text

Tule siia! Palun, istu. Jutusta, ma kuulan. Räägi kõvasti. Ära räägi nii tasa! Ma ei saa aru, mis sa ütled. Ma ei kuule hästi. Ma kuulen halvasti.

Ütle, mis see on! Ma ei tea, mis see on. Vaata, kes seal seisab! Kas sa näed? Ei, ma ei näe. Ma lähen kohe ja vaatan. Mine sinna ja küsi! Tule siia tagasi!

Enne mõtle, siis ütle!

Kuhu sa lähed, armas sõber? Lähen koju. Perekond on kodus ja ootab. Oota, ma tulen ka kohe! Poeg on kodus. Tütar ei ole. Ta pole veel kodus.

Kas te õpite? Ei, me ei õpi. Me lamame ja puhkame. Kas te seisate või istute? Vend seisab, aga õde istub. Palun vasta, kui ma küsin! Tõuse püsti, kui sa räägid! Kas sa saad aru, mis ma ütlen? Ma kardan, et ma ei saa hästi aru. Kas sa tead, mis seal on? Ma tõesti ei tea.

Vocabulary

aru	understanding
ei	no, not
enne	before, first
et	that [conj.]
halvasti	badly
jutusta/n	(I) narrate, tell a story
karda/n	(I) fear
kodus	at home
kohe	immediately
koju	(to) home
kuhu	where to, whither
kui	when, if, as
kuula/n	(I) listen
kuule/n	(I) hear
kõvasti	loudly, hard
lama/n	(I) lay around, recline
mine	go!
mõtle/n	(I) think
nii	so [adj.]
oota/n	(I) wait
perekond	family
pole = ei ole	am/are/is not
puhka/n	(I) rest
saa/n aru	(I) understand
siia	(to) here, hither
siis	then
sinna	(to) there, thither
sõber	friend
tagasi	back [adv.]
tasa	quietly
tõesti	truly
tõusen	(I) rise
tõusen püsti	(I) stand up
vaata/n	(I) watch
veel	still, more
või	or
ära	don't
ütle/n	(I) say

Exercises

1. *Translate into Estonian:* I'll wait here. You [*sing.*] talk loudly, but he talks quietly. They understand. You [*pl.*] narrate well. I say that we will come immediately. Are you [*sing.*] coming right away?

They are coming here. We are going there. Come here! [*sing.*] Go there! [*sing.*] I will see (for) myself. He hears very well. Come back immediately! [*sing.*] Wait here! [*sing.*] Speak loudly! [*sing.*] Don't talk so loudly! [*sing.*] Are you [*pl.*] standing or sitting? Say, will you [*sing.*] come tomorrow? No, I *won't* come.

27

2. *Translate into English:* Ma kuulen. Ta kuulab. Sa näed. Me vaatame. Te räägite. Nad ütlevad. Olen kodus. Ta läheb koju. Mina olen siin. Tule ka siia! Nemad on seal. Mine sinna!

Expressions of Politeness

Kas ma segan?	Am I disturbing (you)?
Ei, mitte sugugi!	No, not at all!
Pole viga.	No problem.
Ei, sa/te ei sega.	No, you're not bothering me.
Astu sisse!	Come on in! [*sing.*]
Astuge sisse, palun!	Come on in, please! [*pl.*]
Tule siia! Tulge siia!	Come here! [*sing./pl.*]
Palun, istu/istuge!	Please sit. [*sing./pl.*]
Vabanda! Vabandage!	Excuse (me)! [*sing./pl.*]
Palun vabandust! Vabandust!	I beg (your) forgiveness! Sorry!
Vabandage, et tülitan.	Excuse (me) for bothering (you [*pl.*]).
Palun väga!	Please do (accept this).
(Oota) üks silmapilk!	(Wait [*sing.*]) a moment!
Räägi, ma kuulen.	Talk [*sing.*], I'm listening' [*lit.*: 'I hear'].
Ära räägi! Kas tõesti?	You don't say! Really?

Answers to Exercises

1. Mina [= ma] ootan siin. Sina räägid kõvasti, aga tema räägib tasa. Nemad saavad aru. Teie jutustate hästi. Ma ütlen, et me tuleme kohe. (Kas sa) tuled kohe?

Nemad tulevad siia. Meie läheme sinna. Tule siia! Mine sinna! Ma näen ise. Ta kuuleb väga hästi. Tule kohe tagasi! Oota siin! Räägi kõvasti! Ära räägi nii kõvasti! Kas te seisate või istute? Ütle, kas sa tuled homme? Ei, ma ei tule mitte.

2. I hear. He/she listens. You [*sing.*] see. We watch. You [*pl.*] talk. They say. I'm at home. He/she is going home. I am here. (You [*sing.*]) come here, too! They are there. (You [*sing.*]) go there!

Lesson 4

Grammar

Nominative Singular Case

§ 20. The nominative case form of both nouns and adjectives has no particular ending. It may end in almost any vowel or consonant.

> **isa** 'father', **õde** 'sister', **käsi** 'hand', **töö** 'work',
> **vana** 'old', **terve** 'healthy', **hea** 'good',
> **mees** 'man', **sõber** 'friend', **raamat** 'book', **noor** 'young',
> **paks** 'fat', **kõhn** 'skinny', **vend** 'brother', **laps** 'child'

§ 21. The nominative case (**nimetav kääne** in Estonian) answers the question **kes?** 'who?', **mis?** 'what?', **milline?** (or **missugune?**) 'what kind?'. It is mainly used for subjects of sentences and predicate complements.

Kes kirjutab?	'Who writes?'
Vend kirjutab.	'Brother writes.'
Kes ta on?	'Who is he?'
Ta on **õpetaja**.	'He is a teacher.'
Milline ta on?	'What (type) is he?' ('What is he like?')
Ta on **noor**.	'He is young.'
Mis seal on?	'What is (that) there?'
Seal on **laud**.	'There is a table.'
Mis see on?	'What is this?'
See on **raamat**.	'This is a book.'

§ 22. Note! The verb agrees with the personal pronoun and not with the word 'it' in a clause of the type 'it is I'.

See **olen mina**. 'It is I.'   See **oled sina**. 'It is you.'   See **on tema**. 'It is he/she.'

§ 23. In a negative sentence, a double negative is often used. In English, this would result in an affirmation ('I don't know nothing.' = 'I know something.'). In Estonian, on the other hand, the meaning remains negative, with the extra particle **mitte** reinforcing the negative impact of **ei**.

Ma **ei** tea **mitte midagi**.	'I know *nothing*.'
	(*lit.*: 'I don't know not anything.')
Ta **ei** tule **mitte iialgi** tagasi.	'He will *never* come back.'
	(*lit.*: 'He won't not ever come back.')

Text

Vend on juba suur poiss. Ta käib koolis. Õde on väike tüdruk. Ta mängib kodus. Ta on hea laps. Vanaisa ja vanaema istuvad ja puhkavad. Nad vaatavad pealt, kuidas väike laps mängib. Tädi ja onu tulevad homme külla. Siis on ka vanemad kodus.

Kas isa on vana mees? Ei ole, isa on veel noor inimene. Ema on ka noor. Ema on noor naine. Onu on aga juba vana mees. Milline on tädi? Tädi on noor ja ilus.

-- Mida te teete, proua Kivisaar, et te nii noor ja ilus välja näete?
-- Ma ei tee mitte midagi.

Rumal räägib, mis ta teab, tark teab, mis ta räägib.
Kõik pole kuld, mis hiilgab. (Vanasõna)
Üles läheb, alla ei tule. (Mõistatus) -- Suits.

Vocabulary

alla	down
hea	good
hiilga/n	(I) glitter
ilus	beautiful, pretty
inimene	person
juba	already
koolis	in school
kuld	gold
kõik	all, everything
käi/n koolis	(I) go to school, attend school
külla	on a visit

laps	child
mees	man
mida [= mis]	what
midagi	anything, something
milline	what kind
mitte	not
mitte midagi	nothing [not anything]
mõistatus	riddle
mängi/n	(I) play
naine	woman
noor	young
näe/n välja	(I) appear, look like
onu	uncle
proua	Mrs.
rumal	stupid (person)
suits	smoke
suur	big
tark	smart (person)
tädi	aunt
vaata/n pealt	(I) look on, observe
vana	old
vanaema	grandmother
vanaisa	grandfather
vanasõna	proverb, old saying
vanemad	parents, elders
väike	little
üles	up

Exercises

1. *Translate into Estonian:*   What is this? This [It] is a table. Who is standing there? It is I. Who is going to school? He is a good boy. Does Little Sister also go to school? No, she does not go to school yet. She is a little girl. Brother and sister play at home. Are you [*pl.*] going home? We will be home tomorrow. Grandfather is an old man. Mrs. Kivisaar is a young woman. She is very pretty. Is Uncle a young person? No, he is not young, he is old. Is he very old? No, (he isn't). What is Aunt doing today? I don't know. Do you [*sing.*] understand what I say? Say something! [*sing.*]   Don't talk so quietly! [*sing.*]

2. *Translate into English:*

mees -- naine	poeg -- tütar
poiss -- tüdruk	vend -- õde
isa -- ema	onu -- tädi
vanaisa -- vanaema	laps -- vanemad -- perekond

Expressions of Curiosity

Mis see on?	What is this?
Mis see tähendab?	What does this mean?
Kes seal on? Kes see on?	Who is there? Who is this?
See on härra/proua/preili...	It is Mr./Mrs./Miss...
Kas see on proua Palm?	Is that Mrs. Palm?

Jah, on küll. -- Ei ole.	Yes, it (sure) is. -- No, it isn't.
Kuidas te teate?	How do you know? [*pl.*]
Mis sa arvad? Mis te arvate?	What do you think? [*sing./pl.*]
Kas sa saad aru? Kas te saate aru?	Do you understand? [*sing./pl.*]
Saan aru. -- Ma ei saa aru.	I understand. -- I don't understand.
Kuidas, palun?	Pardon me? (What did you say?)
Vabandust, ma ei kuulnud.	Sorry, I did not hear.
Palun korda! Palun korrake!	Please repeat. [*sing./pl.*]

Answers to Exercises

1. Mis see on? See on (üks) laud. Kes seisab seal? See olen mina. Kes käib koolis? Ta on hea poiss. Kas väike õde käib ka koolis? Ei, tema ei käi veel koolis. Ta on väike tüdruk. Vend ja õde mängivad kodus. Kas te lähete koju? Me oleme homme kodus. Vanaisa on vana mees. Proua Kivisaar on noor naine. Ta on väga ilus. Kas onu on noor inimene? Ei, ta pole [= ei ole] noor, ta on vana. Kas ta on väga vana? Ei ole. Mis tädi teeb täna? Ma ei tea. Kas sa saad aru, mis ma ütlen? Ütle midagi! Ära räägi nii tasa!

2.
man -- woman	son -- daughter
boy -- girl	brother -- sister
father -- mother	uncle -- aunt
grandfather -- grandmother	child -- parents -- family

Lesson 5

Grammar

§ 24. Following a command, a so-called definite or total object is in the nominative case. An object is "total" if all of it is involved in the action (see Lesson 28). Examples:

Too **raamat** siia!	'Bring the book (here)!'
Vii **laps** koju!	'Take the child home!'
Kutsu **vend** siia!	'Call your brother over (here)!'
Anna mulle **üks dollar**!	'Give me one dollar!'
Võta see **ajaleht**!	'Take this newspaper!'

§ 25. Impersonal constructions of the type 'it is warm' or 'there is' are expressed in Estonian only through the verb in the 3rd person singular, without the word 'it' or 'there'.

On võimalik, et...	'It is possible that...'
Täna **on** ilus ilm.	'There's beautiful weather today.'
Toas **on** soe.	'It is warm in the room.'
Kuidas **läheb**?	'How is it going?'
Sajab.	'It is raining.'
Mind **huvitab**, kas...	'It interests me, whether...'

In certain cases, even the verb may be omitted:

Väga **võimalik**, et...	'It is very possible that...'
Huvitav, kas...	'It would be interesting to know if...'
Imelik, et...	'It is odd that...'

§ 26.
Numbers 0-10

0	null	6	kuus
1	üks	7	seitse
2	kaks	8	kaheksa
3	kolm	9	üheksa
4	neli	10	kümme
5	viis		

Text

Võta raamat ja tule siia. Ava raamat ja loe! Kas see on huvitav raamat? See on õpik!

Võta see sulepea ja kirjuta. Kirjuta üks kiri! Saada kiri isale. Anna sulepea mulle tagasi.

Ole hea, too pliiats siia! Võta pliiats ja joonista. Joonista üks pilt. See on ilus pilt! Kingi see pilt mulle!

Osta homme uus õpik. Too õpik kaasa, kui sa tuled. Kutsu sõber ka kaasa. Huvitav, kas ta tuleb? Kui on halb ilm, siis istume toas ja õpime. Kui aga ilm on ilus, siis läheme jalutama. Täna sa töötad, aga homme puhkad. Sa õpid hästi, sa oled hea õpilane. Tänan, kuid teie õpetate hästi. Te olete hea õpetaja. Väike tüdruk laulab. See on väga ilus laul. Laula veel üks laul!

Kui palju on seitse ja kolm? Seitse ja kolm on kümme. Kui palju on kaks ja viis? Kaks ja viis on seitse. Kui palju on üks pluss neli? Üks pluss neli on viis. Üheksa miinus kuus on kolm.

*

-- Ütle, palun, mis arv see on: 5?
-- See on viis.
-- Õige! Aga mis arv see on: 7?
-- Kaheksa?
-- Vale! See on seitse. Õpi veel!

*

Üheksa korda mõtle, üks kord ütle. (Vanasõna)

Vocabulary

anna/n	(I) give
arv	number
ava/n	(I) open
halb	bad
huvitav	interesting
ilm	weather
isale	to Father
jaluta/n	(I) walk, stroll
joonista/n	(I) draw, sketch
kaasa	along
kingi/n	(I) make a gift of
kiri	letter (of correspondence, not alphabet)
kord	time, occasion
korda	(two or more) times
kui palju	how much
kutsu/n	(I) invite, hail, call over
laul	song
laula/n	(I) sing
miinus	minus
mulle	to me
osta/n	(I) buy
palju	much
pilt	picture, photograph

34

pliiats	pencil
pluss	plus
raamat	book
saada/n	(I) send
sulepea	fountain pen, writing quill
toas	indoors
too/n	(I) bring
tööta/n	(I) work
uus	new
vale	wrong
võta/n	(I) take
õige	right, correct
õpetaja	teacher
õpeta/n	(I) teach
õpik	textbook
õpilane	student

Exercises

1. *Translate into Estonian:* Father is a teacher. The teacher teaches. The son is a student. The student studies. (You [*sing.*]) Give me this book! Please open [*sing.*] the book. Sing [*sing.*] a song. There's beautiful weather today [*lit.*: Today (there) is beautiful weather]. I won't do *anything* today. We'll rest today, but tomorrow we'll work. Where are you [*pl.*] going? We're walking home. Buy [*sing.*] a new book. Bring the book along, when you [*sing.*] come.

2. *Say in Estonian:* How much is two and four? 1+9 = 10, 2+6 = 8, 3+4 = 7, 5+5 = 10, 8-7 = 1, 9-6 = 3, 2-2 = 0, 6-5 = 1.

3. *Translate the following phrases into English:*
   tõusen püsti   saad aru
   vaatame pealt   näete välja

4. *Translate the following phrases into English:* Poiss **ja** tüdruk. Suur **või** väike? **Kas** jah **või** ei? Ma näen, **et**... Tüdruk istub, **aga** poiss seisab. See on **nii** ilus! Õde ei ole **nii** suur **kui** vend. **Kui** sa tuled, võta sõber **ka** kaasa!

Expressions of Evaluation

Kas sa oled rahul?	Are you satisfied? [*lit.*: at peace]
Jah, täiesti!	Yes, completely.
Suur [= Palju] tänu, kõik on korras.	Thanks a lot, everything is in order.
On(s) see tõsi?	Is it true?
See on sulatõsi!	It's the honest truth!
See on puha vale!	It's an outright lie!
Sa eksid! Te eksite!	You're mistaken! [*sing./pl.*]
Laula üks laul!	Sing [*sing.*] a song!
Ma ei oska.	I cannot. (I don't know how.)
Ah nii?!	Oh? (So that's how it is!)

Answers to Exercises

1. Isa on õpetaja. Õpetaja õpetab. Poeg on õpilane. Õpilane õpib. Anna mulle see raamat! Palun [= Ole hea], ava raamat! Laula üks laul! Täna on ilus ilm. Ma ei tee täna mitte midagi. Täna me puhkame, aga [= kuid] homme me töötame. Kuhu te lähete? Me jalutame koju. Osta (üks) uus raamat. Too raamat kaasa, kui (sa) tuled.

2. Kui palju on kaks ja neli? Üks ja [= pluss] üheksa on kümme, kaks ja kuus on kaheksa, kolm ja neli on seitse, viis ja viis on kümme, kaheksa miinus seitse on üks, üheksa miinus kuus on kolm, kaks miinus kaks on null, kuus miinus viis on üks.

3. I rise (up)   you [*sing.*] understand
   we look on, observe   you [*pl.*] appear, look like

4. Boy **and** girl. Big **or** little? Yes **or** no? I see **that**... The girl is sitting, **but** the boy is standing. It [This] is **so** beautiful! The sister is not **as** big **as** the brother. **When [If]** you come, bring (your) friend along, **too**.

Lesson 6

Grammar

Present Conditional Tense

§ 27. The present conditional, which corresponds to expressions with 'would' in English, is constructed in Estonian with the present stem, followed by **-ksi-** and the present-tense ending in the 1st and 2nd person singular/plural. The 3rd person singular/plural does not follow this pattern.

			Present	*Present Conditional*
Singular	1.	ma	**taha/n** 'I want'	**taha/ksi/n** 'I would want'
	2.	sa	**taha/d**	**taha/ksi/d**
	3.	ta	**taha/b**	**taha/ks/-**
Plural	1.	me	**taha/me**	**taha/ksi/me**
	2.	te	**taha/te**	**taha/ksi/te**
	3.	nad	**taha/vad**	**taha/ksi/d**

Example: Ma **tahaksin** minna koju. 'I would want [like] to go home.'

§ 28. The negative form of the conditional consists of **ei + 3rd person singular** of the verb, for *all* persons.

ma	**ei tahaks** 'I would not want'	me	**ei tahaks**
sa	**ei tahaks**	te	**ei tahaks**
ta	**ei tahaks**	nad	**ei tahaks**

Example: Me **ei tahaks** minna koju. 'We would not like to go home.'

Note: This form is becoming accepted even in the affirmative, especially in spoken Estonian. In this case, the negative element **ei** is dropped.

Ma **tahaks** [instead of **tahaksin**] minna koju. 'I would like to go home.'

§ 29. In sum, the present stem of a verb is used to construct both the affirmative and negative forms of:

    1) the present tense (see Lesson 1)
    2) the imperative for the 2nd person singular (Lesson 3)
    3) the conditional tense

For example:

present stem **tule-** 'come'	**tule/n** '(I) come'	**ei tule** '(I) do not come'
	tule! 'come!' [you *sing.*]	**ära tule!** 'do not come!' [you *sing.*]
	tule/ksi/n '(I) would come'	**ei tule/ks** '(I) would not come'

§ 30. The infinitive ('to talk', 'to go', etc. in English) often has another stem than the present stem in Estonian. Since the infinitive stem is one of the basic forms in conjugating an Estonian verb (see Lesson 21), it is necessary to know both the infinitive and the present stem. In every dictionary, the verb is always listed under the infinitive (in the form with the -ma ending), as is also the case in our glossary. The ma-infinitive is then followed by the present-tense form. For example:

lugema, loe/n	'to read, (I) read'
lubama, luba/n	'to permit, (I) permit'
tahtma, taha/n	'to want, (I) want'

Text

Ma lähen jalutama, kui ema lubab. Ma *läheksin* jalutama, kui ema *lubaks*. Ma ei lähe sinna, kui sa ka lubad. Ma *ei läheks* sinna, kui sa ka *lubaksid*. Olen siin, kui sa tuled. *Oleksin* väga rõõmus, kui sa homme siia *tuleksid*. *Oleks* tore, kui sõber ka *tuleks*.

Õpetaja küsib ja õpilane vastab. Kas ta oskab? Õpilane *vastaks*, kui ta ainult *oskaks*. Nemad istuvad, aga sina seisad. Nemad *istuksid*, kui sa *paluksid*. Me tahame, et te laulate. Me *tahaksime*, et te *laulaksite*. Kas ma tohin? Ma *laulaksin*, kui ma *tohiksin*. Ma *tahaksin*, et sa *õpiksid* hästi.

Ma *ei tahaks*, et sa ainult lamad ja puhkad. Sa saad, kui sa soovid. Kui sa ilusti *paluksid*, siis sa *saaksid*. Tee nii, nagu isa ütleb. *Sooviksin*, et sa *teeksid* nii, nagu ma ütlen. Nad *ei teeks* nii, kui nad *oleksid* kodus.

> *Oleksin* laululind,
> *kannaksid* tiivad mind!

Istun üksi toas. Keegi koputab.
-- Tee uks lahti! hüüab üks hääl.
-- Üks silmapilk. Tulen kohe...Ah, sina oled! Tere! Astu sisse. Ole hea, pane uks kinni. Istu.
-- Tänan väga. Kas lubad, ma suitsetan? küsib sõber.
-- Palun väga. Luba mulle ka üks suits.
-- Säh, siin on karp. Võta ise üks sigarett. Siin on tikud, palun.

Vocabulary

ainult	only
aken	window
astuma, astu/n	to step, (I) step
avatud	open [adj.]
hääl	voice
hüüdma, hüüa/n	to shout, call out; (I) shout, call out
ilusti	nicely, beautifully
kandma, kanna/n	to carry, (I) carry
karp	small box
keegi	someone
kinni	closed, caught
koputama, koputa/n	to knock, (I) knock
kui...ka	even if
lahti	open [adj.]
laululind	songbird
lind	bird
lubama, luba/n	to permit, (I) permit
mind	me
oskama, oska/n	to be able, (I) can
pane/n kinni	(I) close
rõõmus	happy, glad
saama, saa/n	to get, be able; (I) get, can
sigarett	cigarette
silmapilk	moment, in the twinkling of an eye
sisse	inside [movement into]
soovima, soovi/n	to wish, (I) wish
suits	smoke, cigarette
suitsetama, suitseta/n	to smoke, (I) smoke
suletud	closed [adj.]
säh!	here you are! take it!
tahtma, taha/n	to want, (I) want
tee/n lahti	(I) open [v.]
tiivad	wings
tikud	lighting matches
toas	in the room, indoors
tohtima, tohi/n	to have permission, (I) may
uks	door
üksi	alone

Exercises

1. *Conjugate in the present conditional tense:* soovin 'I wish', ütlen 'I say', laulan 'I sing', lähen 'I go', tulen 'I come', võtan 'I take', palun 'I beg'.

2. *Translate into Estonian:* I would sing, if I could [would be able]. He would like you [*sing.*] to go there. We would come, if we would have permission. [You *sing.*] Give me a new book! The weather is beautiful today. Call Sister over here! [You *sing.*] Give me a small box! Do you [*sing.*] smoke a lot? Do you [*pl.*] permit (it)?

39

3. *Translate into English:* Tee uks lahti [= Ava uks]! Uks on lahti [= Uks on avatud]. Pane aken kinni! Aken on kinni [= Aken on suletud]. Ava raamat [= Tee raamat lahti]! Pane raamat kinni!

Expressions of Invitation and Request

Oleksin väga rõõmus, kui sa tuleksid/ te tuleksite.	I would be very glad if you [*sing./pl.*] would come.
Tuleksin heameelega, kuid kahjuks olen täna kinni.	I would gladly come, but unfortunately I am tied up today.
Kahjuks ma ei saa.	Unfortunately I cannot.
Oleksin sulle/teile väga tänulik.	I'd be very grateful to you [*sing./pl.*].
Kas oleks võimalik...?	Would it be possible...?
Paluksin...	I would request... [*lit.*: beg for]
Kas sa suitsetad? Kas te suitsetate?	Do you smoke? [*sing./pl.*]
Ei, tänan. Ma ei soovi praegu.	No, thank you. I don't wish to right now.
Ma ei suitseta.	I don't smoke.
Kas tohin? Kas lubate?	May I? Do you [*pl.*] permit?
Luba mulle üks suits/tikk!	Let me have a smoke/match!
Ole hea [Palun], võta/võtke üks sigarett!	Please take [*sing./pl.*] a cigarette!
Siin on tikud.	Here are the matches.

Answers to Exercises

1.	ma	sooviksin	ütleksin	laulaksin	läheksin	tuleksin	võtaksin	paluksin
	sa	sooviksid	ütleksid	laulaksid	läheksid	tuleksid	võtaksid	paluksid
	ta	sooviks	ütleks	laulaks	läheks	tuleks	võtaks	paluks
	me	sooviksime	ütleksime	laulaksime	läheksime	tuleksime	võtaksime	paluksime
	te	sooviksite	ütleksite	laulaksite	läheksite	tuleksite	võtaksite	paluksite
	nad	sooviksid	ütleksid	laulaksid	läheksid	tuleksid	võtaksid	paluksid

2. Ma laulaksin, kui ma oskaksin. Ta tahaks, et sa läheksid sinna. Me tuleksime, kui me tohiksime. Anna mulle (üks) uus raamat! Täna on ilus ilm. Kutsu õde siia! Anna mulle (üks) väike karp! Kas sa suitsetad palju? Kas (te) lubate?

3. Open the door. The door is open. Close the window. The window is closed. Open the book. Close the book.

40

Lesson 7

Grammar

§ 31. All nouns, adjectives, pronouns, and numbers in Estonian have 14 different case forms, in both the singular and plural. Beginners need not be deterred by this fact, however. There are really only a few basic case forms, upon which the rest of the case system is based. As you will see, the case system is very regular. The endings are constant and are added to the word stems without change, so it is easy to distinguish between the stem and the ending.

Genitive Singular

§ 32. One of the basic case forms is the genitive singular, which is used first and foremost to indicate the *possessor* or owner of something. In English, this would be indicated by adding 's to the end of a word: man's, child's, etc.

The genitive case (**omastav kääne** in Estonian) answers the questions **kelle?** 'whose, belonging to whom?' and **mille?** 'belonging to what?'. As in English, the possessive word comes before the object possessed.

Kelle raamat? **Lapse** raamat.	'Whose book? The child's book.'
Mille kaas? **Raamatu** kaas.	'The cover of what? The book's cover.'

§ 33. Estonian uses the genitive in many cases where English uses the preposition 'of': **linna** tänavad 'the streets of the town [the town's streets]', **maja** katus 'the roof of the house [the house's roof]', **olukorra** peremees 'the master of the situation [the situation's master]'.

In Estonian, two genitive forms can stand side by side: **poisi venna** raamat 'the book of the boy's brother [the boy's brother's book]'.

§ 34. Note! An adjective that modifies a noun in the genitive singular agrees with the noun. In other words, the adjective must also be in the genitive singular case: **väikese** [*gen. sing.*] **lapse** [*gen. sing.*] raamat 'the little child's book [*lit.*: the little's child's book]'.

§ 35. The genitive singular always ends in a vowel. There are no set rules for which vowel a word will end with in the genitive singular. In our word lists, the genitive will be given after the nominative form of a word. For example:

vend, venna	brother, brother's
raamat, -u [raamatu]	book, book's
nai/ne, -se [naise]	woman, woman's
maja, - [maja]	house, house's

§ 36. You will need to learn both these forms when you encounter a new word. If you know the genitive form, you can construct all the remaining singular case forms (except the partitive), and even the nominative plural, simply by adding fixed endings to the genitive form. Some examples:

Nominative singular	Genitive singular	Other cases
raamat 'book'	raamatu 'the book's'	raamatu**/s** · 'in the book' raamatu**/ga** 'with the book' raamatu**/ta** 'without the book' raamatu**/d** 'the books'
müts 'hat'	mütsi 'the hat's'	mütsi**/s** 'in the hat' mütsi**/ga** 'with the hat' mütsi**/ta** 'without the hat' mütsi**/d** 'the hats'

§ 37. The endings -s, -ga, -ta, which are added to the genitive form, thus have the same meaning as the prepositions 'in, with, without' in English. Even in English, there are instances where such elements are added to the *end* of a word: there**in**, here**with**, hat**less**. In Estonian, however, such endings can never stand alone as separate words.

§ 38. A word ending with a consonant in the nominative singular will always end with one of four vowels (a, e, i, u) in the genitive singular:

Nominative singular	Genitive singular	Nominative singular	Genitive singular
linn 'town'	linn**/a** 'town's'	kool 'school'	kool**/i** 'school's'
ilm 'weather'	ilm**/a**	pliiats 'pencil'	pliiats**/i**
ilus 'pretty'	ilus**/a**	tool 'chair'	tool**/i**
laps 'child'	laps**/e**	tüdruk 'girl'	tüdruk**/u**
noor 'young'	noor**/e**	laul 'song'	laul**/u**
suur 'big'	suur**/e**	raamat 'book'	raamat**/u**
uks 'door'	uks**/e**	õpik 'textbook'	õpik**/u**
hääl 'voice'	hääl**/e**	suits 'smoke'	suits**/u**

lapse raamat 'the child's book', **tüdruku** pliiats 'the girl's pencil'

§ 39. Note! Foreign names ending in a consonant usually take the ending **-i** in the genitive singular: New York, New Yorgi; Washington, Washingtoni; London, Londoni; Johnson, Johnsoni; Smith, Smithi.

Examples: **Bostoni** sadam 'Boston's harbor'
Hoffmani korter 'Hoffman's apartment'

Foreign names ending in **s** sometimes take the ending **-e** in the genitive singular: Indianapolis, Indianapolise; Los Angeles, Los Angelese; Buenos Aires, Buenos Airese; Celsius, Celsiuse.

§ 40. A word ending in a vowel in the nominative singular usually keeps the same vowel as its ending in the genitive singular; that is, the word remains the same:

42

Isa loeb. [*nom. sing.*]	'Father reads.'
Isa raamat. [*gen. sing.*]	'Father's book.'

Here are some other examples of words for which the nominative and genitive singular cases are the same:

ema 'mother', **tädi** 'aunt', **onu** 'uncle', **proua** 'Mrs.', **härra** 'Mr.', **preili** 'Miss', **õpetaja** 'teacher', **töö** 'work', **vana** 'old', **hea** 'good'

Eesti 'Estonia', **Ameerika** 'America', **Rootsi** 'Sweden', **Helsingi** 'Helsinki', **Oslo, Tartu, Narva.**

There are, however, quite a few exceptions, such as **nimi** 'name' -- *gen.* **nime; meri** 'sea' -- *gen.* **mere; veri** 'blood' -- *gen.* **vere.** In some instances, there may also be a change of sound in the stem (see Lesson 8).

§ 41. Most words ending in **-ne** in the nominative singular take the ending **-se** in the genitive singular.

inime/ne 'person'	inime/se 'person's'
milli/ne 'which'	milli/se
eestla/ne '(an) Estonian'	eestla/se
ameerikla/ne '(an) American'	ameerikla/se
nai/ne 'woman, wife'	nai/se

Some two-syllable words ending in **-ne** do not change:

kõne 'speech'	kõne
hoone 'building'	hoone
laine 'wave'	laine

Text

Kelle raamat see on? See on *isa* raamat. *Kelle* maja see on? See on *onu* maja. *Kelle* korter see on? See on härra *Palmi* korter. Härra Palm on noor kirjanik. *Noore kirjaniku* uus romáan ilmub varsti. *Romaani* tegevus toimub maal.

Laps jookseb väljas. *Lapse* vanemad on tööl. Kool asub lähedal. *Kooli* hoone on uus ja ilus. *Stockholmi ülikooli* uus hoone saab varsti valmis. See väike poiss on *Stockholmi eesti algkooli* õpilane. Siin on *eesti keele* õpik. Kuidas sulle meeldib eesti keel?

Kelle auto see on? See on härra *Kivisaare* auto. *Auto* uks on lahti. Astu sisse! Ära sõida nii kiiresti! Sõida aeglaselt!

43

Kuidas on *õpetaja* tervis? Õpetaja on vana ja haige. *Haige inimese* tuju on halb. Sa oled noor ja terve. *Terve inimese* tuju on hea. *Noore inimese* elu on huvitav. Kas see harjutus on raske?

*

Mõistatus: *Isa* laps ja *ema* laps, kuid ta pole ei *ühegi inimese* poeg. (Tütar).

Vocabulary

aeglaselt	slowly
algkool, -i	grade school, elementary school
asuma, asu/n	to be located
auto, -	automobile
eesti, -	Estonian [adj.]
ei ühegi	no one's
ei ühegi inimese	no person's
haige, -	sick [adj.], sick person [n.]
harjutus, -e	exercise
hoone, -	building
härra	Mr.
ilmuma, ilmu/n	to appear, come out, be issued
inime/ne, -se	person
jooksma, jookse/n	to run
keel, -e	language
kelle	whose
kiiresti	fast, rapidly
kirjanik, -u	writer
Kivisaar, -e	Stone-island [name]
kool, -i	school
korter, -i	apartment
lähedal	near(by)
maal	in the country
meeldima, meeldi/n	to appeal (to)
raske, -	heavy, difficult
románn, -i	novel [n.]
saa/n valmis	(I) get ready
sulle	to you [sing.]
sõitma, sõida/n	to ride, drive
tegevus, -e	activity, operation
terve, -	healthy, well, whole
tervis, -e	health
toimuma, toimu/n	to happen, take place
tuju, -	mood, attitude
tööl	at work
valmis	ready, finished
varsti	soon
väljas	outdoors, outside
ühe(gi)	one's
ülikool, -i	university

Exercises

1. *Translate into Estonian:* Whose house is this? It is Mr. Johnson's house. Here is the girl's book. Mother's sister lives in the country. The teacher's son goes to [attends] school. This is a hard exercise. Life is interesting. The young girl's mother is at work. You [*pl.*] are an interesting person. When will the author's new book come out? Is Father sick? No, Father is healthy. [You *sing.*] Give me the Estonian language textbook!

2. *Translate these contrasting word pairs into English:*

noor -- vana	haige -- terve
uus -- vana	õige -- vale
suur -- väike	kiiresti -- aeglaselt
hea -- halb	kõvasti -- tasa

Expressions of Telephone Conversation

Telefonikõne	Telephone Conversation
Hallo, kas härra/proua/preili Kivisaar on kodus?	Hello, is Mr./Mrs./Miss Kivisaar home?
Ma kuulen.	Yes, that's me. [*lit.*: I'm hearing]
Üks silmapilk, palun.	One moment, please.
Palun oodake. Ta tuleb kohe.	Please wait [*pl.*]. He'll come right away.
Kahjuks (ta) ei ole kodus.	Unfortunately, he isn't home.
Kui kahju!	Too bad! [What a shame!]
Vabandust, kes räägib?	Excuse me, who is speaking?
Kas ta tuleb varsti tagasi?	Will he come back soon?
Millal tuleb härra Kivisaar koju?	When will Mr. Kivisaar come home?
Kahjuks ma ei tea.	Unfortunately, I don't know.
Ta tuleb varsti.	He's coming soon.
Helistage homme uuesti.	Call again tomorrow. [*pl.*]
Helista hiljem.	Call (back) later. [*sing.*]

Answers to Exercises

1. Kelle maja see on? See on härra Johnsoni maja. Siin on tüdruku raamat. Ema õde elab maal. Õpetaja poeg käib koolis. See on raske harjutus. Elu on huvitav. Noore tüdruku ema on tööl. Teie olete huvitav inimene. Millal ilmub kirjaniku uus raamat? Kas isa on haige? Ei, isa on terve. Anna mulle eesti keele õpik!

2.

young -- old	sick -- healthy
new -- old	right -- wrong
big -- little	rapidly -- slowly
good -- bad	loudly -- softly

Lesson 8

Grammar

Sound Changes in Word Stems

§ 42. In Estonian, there is often a change of sound in the stem of a noun as one moves from one case form to another. This is called a change in degree or quantity . (See Point 6 in Introduction, p. 15.)   Compare, for example:

Nominative Singular		*Genitive Singular*	
lipp	'flag'	**lip/u**	(pp > p)
pikk	'long'	**pik/a**	(kk > k)
jutt	'story'	**jut/u**	(tt > t)

You will notice that the stem of the word has two different forms (e.g., **lipp**, **lip-**); that is, a long (double) consonant at the end of the word is replaced by a short (single) consonant of the same type (pp > p).

§ 43. Often this change involves a shortening or softening of a consonant to the point where it becomes another alphabet letter: p > b, t > d, k > g.

Nominative Singular		*Genitive Singular*	
karp	'small box'	**karb/i**	(p > b)
pilt	'picture'	**pild/i**	(t > d)
park	'park'	**parg/i**	(k > g)

§ 44. In some cases, a change in the quality, not mere quantity, of the sound is involved: b > v, d > j, g > j.

Nominative Singular		*Genitive Singular*	
leib	'bread'	**leiv/a**	(b > v)
sad/a	'hundred'	**saj/a**	(d > j)
selg	'back (of body)'	**selj/a**	(g > j)

More extensive spelling changes may also be involved:

poeg	'son'	**poj/a**	(e disappears, g > j)
aeg	'time'	**aj/a**	(e disappears, g > j)
aed	'garden, fence'	**ai/a**	(e disappears, d > i)

§ 45. A special type of change in quantity involves the complete disappearance of the consonant from the stem.

Nominative Singular		*Genitive Singular*	
kuub	'suitcoat'	**kuu/e**	(b disappears)
laud	'table, board'	**lau/a**	(d disappears)
õde	'sister'	**õ/e**	(d disappears)
arg	'cowardly'	**ar/a**	(g disappears)
koht	'place'	**koh/a**	(t disappears)
usk	'belief'	**us/u**	(k disappears)

§ 46. Through a process called assimilation, the following sound changes occur: nd > nn, ld > ll, rd > rr (also nd > n, ld > l, rd > r).

Nominative Singular	*Genitive Singular*
vend 'brother'	**venn/a**
sild 'bridge'	**sill/a**
kord 'time, occasion'	**korr/a**
keeld 'prohibition'	**keel/u**
kääne 'case form'	**käänd/e**

§ 47. In some instances, there is both a disappearance of a consonant and a simultaneous change of vowels:

Nominative Singular	*Genitive Singular*
tuba 'room'	**toa** (b disappears, u > o)
viga 'error'	**vea** (g disappears, i > e)

§ 48. Even more complex changes may occur:

Nominative Singular	*Genitive Singular*
sõber 'friend'	**sõbra**
mees 'man'	**mehe**
kiri 'letter'	**kirja**
süda 'heart'	**südame**

Similar changes occur in English, among both verbs and nouns: slay, slew, slain; see, saw, seen; wife, wives; house, houses [*pronounced* houzes]; goose, geese; index, indices.

Possessive Pronouns

§ 49. The genitive forms of personal pronouns function as possessive pronouns. As in the nominative case, there are both long forms and short forms of each pronoun in the genitive case (except for the 3rd person plural).

Nominative			*Genitive (Possessive)*		
mina	(ma)	'I'	**minu**	(mu)	'my'
sina	(sa)	'you' [*sing.*]	**sinu**	(su)	'your' [*sing.*]
tema	(ta)	'he/she/it'	**tema**	(ta)	'his/her/its'
meie	(me)	'we'	**meie**	(me)	'our'
teie	(te)	'you' [*pl.*]	**teie**	(te)	'your' [*pl.*]
nemad	(nad)	'they'	**nende**		'their'

These genitive forms remain the same, regardless of the case form of the noun they are linked to:

minu (**mu**) vend	'my brother'
minu (**mu**) venna maja	'my brother's house'
minu (**mu**) vanemad	'my parents'

47

Compound Words

§ 50. The Estonian language is rich in combined or compound words. The first word of a combined pair may be in either the nominative or the genitive case.

a) Examples where the first word is in the *nominative singular*:

suur 'big'	+	linn 'town'	=	**suurlinn** 'big town'
naaber 'neighbor'	+	riik 'state'	=	**naaberriik** 'neighbor state'
paber 'paper'	+	raha 'money'	=	**paberraha** 'paper money'

Other examples: **tütarlaps** 'girl [*lit.*: girl-child]', **käsikiri** 'manuscript [*lit.*: hand script]', **käsiraamat** 'handbook', **lõppjaam** 'end station', **suurtükk** 'cannon [*lit.*: big piece]'.

§ 51. b) Examples where the first word is in the *genitive singular:*

kooli 'school's'	+	õpetaja 'teacher' =	**kooliõpetaja** 'schoolteacher'	
laulu 'song's'	+	lind 'bird'	=	**laululind** 'songbird'
jutu 'story's'	+	raamat 'book'	=	**juturaamat** 'storybook'
kuninga 'king's'	+	loss 'castle'	=	**kuningaloss** 'royal castle'

Further examples: **ausõna** 'word of honor [*lit.*: honor-word]', **luigelaul** 'swan song', **tüliõun** 'basis of dispute [*lit.*: conflict-apple]', **loomaaed** 'zoo [*lit.*: animal yard]', **südamesõber** 'bosom buddy [*lit.*: heart friend]', **isamaa** 'fatherland', **kodumaa** 'homeland', **emakeel** 'mother tongue', **ristiusk** 'Christianity [*lit.*: cross faith]', **kirikuõpetaja** 'preacher [*lit.*: church teacher]', **koolivend** 'male classmate [*lit.*: school brother]', **kooliõde** 'female classmate [*lit.*: school sister]', **lauanaaber** 'table neighbor' **lauakõne** 'toast, after-dinner speech [*lit.*: table speech]', **meremees** 'seaman', **lõviosa** 'the lion's share', **käekott** 'handbag', **käekiri** 'handwriting', **hambahari** 'toothbrush', **katsejänes** 'guinea pig [*lit.*: test rabbit]', **patuoinas** 'scapegoat [*lit.*: sin goat]', **aatomipomm** 'atom bomb', **sulepea** 'writing pen [*lit.*: feather head]', **perekonnanimi** 'last name [*lit.*. family name]'.

Text

Minu vend on *kooli*õpetaja. *Venna* sõber on *kooli* diréktor. Mis teeb *sinu* õde? *Mu* õde on üliõpilane. *Õe* sõbratar joonistab hästi; ta on kunstnik. *Kunstniku* elu pole kerge, kuid see on alati huvitav. Mis on *su* õe *sõbratari* nimi? *Tema* eesnimi on Linda. Mis on *ta perekonna*nimi? Kahjuks ma ei tea.

Meie korter ei ole suur. Kus asub *teie* tuba? Siin on *meie* tuba. *Me toa* aken on kinni. *Ühe akna* klaas on katki. Kus on *teie* poeg ja tütar? Nad on koolis. Siin on *nende* tuba. *Nende toa* uks on lahti. See on *poja* eesti keele õpik. See on *tütre jutur*aamat.

Mees istub ja kirjutab. See on *mehe sulepea. Naine lamab ja loeb. See on *naise jutur*aamat. Poiss seisab ja jutustab. Kas *poisi* jutt on huvitav? Ei, see on igav.

Rootsi on kuningriik. *Riigi* eesotsas seisab kuningas. *Kuninga* elukoht on *kuninga*loss. Soome on *Rootsi* naabermaa. Soome on vabariik.

Stockholm on *Rootsi* pealinn. See on suur ja ilus linn. *Stockholmi* peatänav on Kungsgatan (*Kuninga* tänav). Seal elab *mu* hea sõber. Kas *su* sõber on eestlane või rootslane? Ta on rootslane. *Sõbra* naine on aga eestlane (eestlanna). Mis on *su sõbra rootslase* nimi? Ta *perekonna*nimi on Svensson. Mis on *ta* eesnimi? *Svenssoni* eesnimi on Gunnar.

Härra *Svenssoni* poeg ja tütar õpivad koolis. Kool ei asu kaugel. *Kooli*maja asub *Kuninga tänava* lähedal. Proua Svensson on ise *kooli*õpetaja. Ta on *rootsi keele* õpetaja.

Vocabulary

aken, akna	window
alati	always
diréktor, -i	director, principal
eesnim/i, -e	first name
eesotsas	at the head of
eestla/ne, -se	(an) Estonian
eestlanna, -	Estonian woman
elu, -	life
elukoh/t, -a	dwelling, domicile
igav, -a	boring
jutt, jutu	story
juturaamat, -u	storybook
jutustama, jutusta/n	to narrate, tell a story
kahjuks	unfortunately
katki	asunder, broken
kaugel	far away
kerge, -	easy, light
klaas, -i	glass
koolimaja, -	schoolhouse
kooliõpetaja, -	schoolteacher
kuninga/s, -	king
kuningrii/k, -gi	kingdom, monarchy
kunstnik, -u	artist
linn, -a	town
loss, -i	castle
mees, mehe	man, husband
naabermaa, -	neighboring country
naine, naise	woman, wife
nende	their
nimi, nime	name
pealinn, -a	capital city
peatänav, -a	main street
perekonnanim/i, -e	last [family] name
poeg, poja	son

49

poiss, poisi	boy
riik, riigi	state, nation
rootsi, -	Swedish
Rootsi, -	Sweden
rootsla/ne, -se	Swede
rootslanna, -	Swedish woman
Soome, -	Finland
sõber, sõbra	friend
sõbranna, -	female friend
sõbratar, -i	female friend
tuba, toa	room
tütar, tütre	daughter
tänav, -a	street
vabarii/k, -gi	republic
vend, venna	brother
õde, õe	sister
üliõpila/ne, -se	university student

Exercises

1. *Translate into Estonian:* My good friend lives here. The friend's family lives in the country. Where is your [*sing.*] new apartment located? His narration is very boring. Our parents are coming for a visit tomorrow. What does your wife do? What do your children do? This is their room. The door of the room is closed. The window of the room is open. The young woman's first name is Elizabeth. Her husband is a schoolteacher. Her husband's name is Peter. What is your last name? My wife is an Estonian (woman). My friend's brother is the school's principal. Our son goes to school. The son's school is located not far away. Is your [*pl.*] daughter home? The daughter's (female) friend sings and draws well. Are you [*pl.*] American or Estonian?

2. *Convert the following genitive singular forms to the nominative singular, and translate into English:* laulu, isa, sinu, hääle, suitsu, akna, tütre, nende, poja, koha, pliiatsi, eestlase, poisi, onu, meie, keele, kooli, rootslase, kirjaniku, kunstniku, suure linna, pika jutu, ilusa pildi, noore venna, armsa õe, hea sõbra, ilusa tüdruku, huvitava raamatu, igava inimese, ilusa nime, vana mehe, halva ilma, rõõmsa lapse, armsa naise, kerge harjutuse.

Expressions

Nimi, rahvus, emakeel	Name, Nationality, Native Language
Vabandust, mis on sinu/teie nimi?	Excuse me, what is your name? [*sing./pl.*]
Mu nimi on...	My name is...
Mis maalane sa oled?	What country are you from? [*sing.*]
Mis rahvusest te olete?	What nationality are you? [*pl.*]
Olen eestlane, rootslane, soomlane, taanlane, norralane, sakslane, inglane, prantslane, lätlane, leedulane, ungarlane, venelane, hiinlane, eurooplane, ameeriklane, välismaalane, kaasmaalane.	I am an Estonian, Swede, Finn, Dane, Norwegian, German, Englishman, Frenchman, Latvian, Lithuanian, Hungarian, Russian, Chinese, European, American, foreigner, fellow countryman.

50

Mis on sinu/teie emakeel?
Eesti keel, rootsi keel, soome keel,
 taani keel, norra keel, saksa keel,
 inglise keel, prantsuse keel,
 läti keel, leedu keel, ungari keel,
 vene keel, hiina keel, aráabia keel.

What is your native tongue? [*sing./pl.*]
Estonian, Swedish, Finnish,
 Danish, Norwegian, German,
 English, French,
 Latvian, Lithuanian, Hungarian,
 Russian, Chinese, Arabic (language).

Answers to Exercises

1. Mu hea sõber elab siin. Sõbra perekond elab maal. Kus asub su uus korter? Tema jutt on väga igav. Meie vanemad tulevad homme külla. Mis teeb sinu/teie naine? Mis teevad sinu/teie lapsed? See on nende tuba. Toa uks on kinni [= suletud]. Toa aken on lahti [= avatud]. Noore naise eesnimi on Elizabeth. Tema mees on kooliõpetaja. Tema mehe nimi on Peter. Mis on sinu/teie perekonnanimi? Minu naine on eestlane [eestlanna]. Mu sõbra vend on kooli direktor. Meie poeg käib koolis. Poja kool ei asu kaugel. Kas teie tütar on kodus? Tütre sõbranna [= sõbratar] laulab ja joonistab hästi. Kas te olete ameeriklane või eestlane?

2. laul 'song', isa 'father', sina 'you' [*sing.*], hääl 'voice', suits 'smoke', aken 'window', tütar 'daughter', nemad 'they', poeg 'son', koht 'place', pliiats 'pencil', eestlane '(an) Estonian', poiss 'boy', onu 'uncle', meie 'we', keel 'language, tongue', kool 'school', rootslane 'Swede', kirjanik 'writer', kunstnik 'artist', suur linn 'big city', pikk jutt 'long story', ilus pilt 'pretty picture', noor vend 'young brother', armas õde 'dear sister', hea sõber 'good friend', ilus tüdruk 'pretty girl', huvitav raamat 'interesting book', igav inimene 'boring person', ilus nimi 'nice name', vana mees 'old man', halb ilm 'bad weather', rõõmus laps 'happy child', armas naine 'beloved wife', kerge harjutus 'easy exercise'.

Lesson   9

Grammar

Postpositions and Prepositions

§ 52. The Estonian language employs postpositions where English usually makes use of prepositions. Postpositions come after the main word, but otherwise correspond to English prepositions. Many Estonian postpositions require the genitive case.

raamatu	**peal**	'*(up)on* the book'
pildi	**all**	'*under* the picture'
kooli	**ees**	'*before* [in front of] the school'
ukse	**taga**	'*behind* the door'
venna	**juures**	'*at* the brother's (house)'
mere	**ääres**	'*by* the sea'

Other examples: Kunst kunsti **pärast** 'Art *for* art's sake'. Kes pole minu **poolt**, see on minu **vastu** 'Whoever is not *for* me, is *against* me'. Silm silma **vastu**, hammas hamba **vastu** 'An eye (in exchange) *for* an eye, a tooth *for* a tooth'.

Postpositions occur in English in certain phrases, such as 'the whole night *through*' or 'all the way *down*'. An English preposition may also be separated from its noun and occur later in the sentence, as in 'Him we're not afraid *of*.'

§ 53. There are some prepositions even in Estonian, but their number is small. Many of these call for the genitive case of the noun that follows.

lähen	**üle** tänava	'I am going *across* the street'
jalutan	**läbi** linna	'I walk *through* the town'

These prepositions may also be used as postpositions, but then they have another meaning:

kaebab	peavalu **üle**	'(he) complains *of* a headache'
	hooletuse **läbi**	'*on account of* carelessness'

Text

Meie tuba

Siin on meie tuba. Toa uks on kinni. Ukse *kõrval* on kapp. Kapi uks on lahti. Toa nurgas on ahi. Ahju ja kapi *vahel* asetseb riiul. Riiuli *peal* on raamat. Seina *ääres* asub voodi. Voodi *kohal* ripub ilus pilt.

Toa *keskel* on laud. Laua *kohal* ripub lamp. Laua *peal* on vaas. Vaasi *sees* on lilled. Laua *all* on väike vaip. Poiss seisab laua *juures*. Laua *kõrval* on tool. Tooli *peal* on poisi raamat. Laua *ääres* istub tüdruk ja loeb.

Seisan akna *ääres* ja vaatan välja.   Maja *ees* on suur aed.   Aia *keskel* kasvab kõrge puu.   Puu *otsas* istub orav.   Aia *taga* on jõgi.   *Üle* jõe on sild.   Silla *all* kiigub väike paat.   Jõe *taga* asub mets.   Metsa *kohal* lendab lennuk.

Mille *kohal* lendab lennuk?   Lennuk lendab linna *kohal*.   Kes elab teie *juures*?   Vend elab minu *juures*.   Kelle *kõrval* ta seisab?   Ta seisab sõbra *kõrval*.   Kes istub nende *ees*?   Nende *ees* istuvad mees ja naine.   Kus te olete ja mis te teete?   Me seisame akna *ääres* ja vaatame välja.   Mis te seal näete?   Väike laps jookseb *üle* tänava.   <<Jookse ruttu *üle* tänava, muidu jääd auto *alla*!>>

-- Te näete täna väga hea välja!
-- Tõesti?   Tänan komplimendi *eest*.   Ma tunnen end hästi.

Vocabulary

aed, aia	yard, garden, fence
ahi, ahju	oven
all	under(neath) [stationary]
alla	(to) under(neath) [motion toward]
asetsema, asetse/n	to be situated
ees	in front of, before [in space, not time]
eest	for; from front of
jutustama, jutusta/n	to recount, tell
juures	beside; at (someone's house)
jõgi, jõe	river
jää/n alla	(I) end up under, get run over (by)
kapp, kapi	cupboard, cabinet

53

kasvama, kasva/n	to grow [v.i.]
keskel	in the middle of, amid
kiikuma, kiigu/n	to swing [v.i.]
kohal	above, at the place of
komplimen/t, -di	compliment
kõrge, -	high, lofty
kõrval	beside, next to
lamp, lambi	lamp
laud, laua	table
lendama, lenda/n	to fly
lennuk, -i	airplane
lilled	flowers
läbi	through
maja, -	house
mets, -a	woods, forest
mis, mille	what; which
muidu	otherwise
nurgas	in the corner
orav, -a	squirrel
otsas	atop, on top of
paat, paadi	boat
peal	on
puu, -	tree, wood
riiul, -i	shelf
rippuma, ripu/n	to hang, dangle
ruttu	fast, rapidly
sees	inside
sein, -a	wall
sild, silla	bridge
taga	behind
tool, -i	chair
tunne/n end	(I) feel (like I'm)
vaas, -i	vase
vahel	between
vaip, vaiba	carpet
voodi, -	bed
välja	(to the) outside
ääres	by, at the edge of
üle	over [prep.], about [postp.]

Exercises

1. *Answer the following questions about the text:* Mille kõrval asetseb kapp? Kus on ahi? Mis on ahju ja kapi vahel? Kas pilt ripub riiuli kohal? Mis on toa keskel? Kus on väike vaip? Kes seisab laua juures? Kelle raamat on tooli peal? Mis teeb õde? Mis sina teed akna ääres? Jutusta, mis sa väljas näed!

2. *Translate into Estonian:* In front of the school there is a beautiful garden. Behind the house there grows a tall tree. Up in [Atop] the tree sits a little boy. The man runs across the street. You [*sing.*] are standing by the window and looking out. What do you [*sing.*] see there? Above the river flies an airplane. A woman goes over the bridge. At whose house do you [*sing.*] live? Whom are you [*pl.*] sitting beside? Who is sitting beside you [*pl.*]?

3. *Translate into English:*
   laua kõrval, laua peal, laua ääres, laua kohal, laua all, laua juures;
   maja ees, maja sees, maja taga, üle maja;
   linna keskel, linna kohal, läbi linna.

Expressions of Feeling

Mille üle sa naerad [te naerate]?	What are you laughing at? [*sing./pl.*]
Ära naera teise inimese õnnetuse üle!	Don't (you [*sing.*]) laugh at another person's misfortune!
Mine ettevaatlikult üle tänava!	Go [*sing.*] carefully across the street!
Ära jää auto alla!	Watch out [*sing.*] for the car! [*lit.*: Don't end up under the car!]
Ära muretse minu pärast!	Don't (you [*sing.*]) worry about me!
Vabandage hilinemise pärast.	Excuse [*pl.*] my lateness.
Ole hea, keera raadio lahti.	Kindly turn [*sing.*] the radio on.
Palun, pane [keera] raadio kinni, see segab mind töö juures.	Please turn [*sing.*] the radio off; it bothers me while I'm working [*lit.*: at work].
Täie mõistuse juures.	Of sound mind.
See käib mul üle mõistuse.	That goes over my head.
See käib mul üle jõu.	That exceeds my strength.
Tänan väga lahke abi eest!	(I) Thank you very much for the kind help!
Miks sa oled minu peale pahane?	Why are you [*sing.*] mad at me?
See oli sinust/teist väga kena.	That was very nice of you. [*sing./pl.*]

Answers to Exercises

1. Kapp asetseb ukse kõrval. Ahi on toa nurgas. Riiul on ahju ja kapi vahel [= Ahju ja kapi vahel asetseb riiul.] Ei, pilt ei ripu riiuli kohal; ta/see ripub voodi kohal. Toa keskel on laud. Väike vaip on laua all. Poiss seisab laua juures. Poisi raamat on tooli peal. Õde istub ja loeb. Seisan ja vaatan välja. Maja ees on suur aed, kõrge puu, ...

2. Kooli ees on ilus aed. Maja taga kasvab kõrge puu. Puu otsas istub väike poiss. Mees jookseb üle tänava. Sa seisad akna ääres ja vaatad välja. Mis sa seal näed? Jõe kohal lendab (üks) lennuk. Naine läheb üle silla. Kelle juures sa elad? Kelle kõrval te istute? Kes istub teie kõrval?

3. next to the table, on the table, by the table, above the table, under the table, at the table; in front of the house, in the house, behind the house, across [over] the house; in the middle of town, above the town, through town.

Lesson 10

Grammar

Diminutives

§ 54. A diminutive is a form of a word which indicates diminished size, as in cigar > cigarette, goose > gosling, pig > piglet, etc.

Diminutives occur quite often in Estonian, especially in children's speech, folk songs, and poetry. This form also connotes a bit of affection toward the object, as with dog > doggie, kitten > kitty, dad > daddy, etc.

The diminutive form of a noun is obtained by adding the ending **-ke** or **-kene** to the genitive singular. Both versions of the diminutive ending have the same meaning, and they can be used interchangeably. [The ending **-ke(ne)** is basically equivalent to the endings -chen, -lein in German: Kindchen, Brüderlein.]

Examples:

Nominative Singular	*Genitive Singular*	*Diminutive*
laps 'child'	**lapse**	**lapseke(ne)**
poeg 'son'	**poja**	**pojake(ne)**

Ära nuta, **lapseke**! 'Don't cry, little child!' Tule siia, **pojake**! 'Come here, sonny!' Kallis **emakene**, ma ei unusta sind kunagi! 'Dear (little) Mother, I will never forget you!'

§ 55. An adjective standing alone can also take on a diminutive ending, as in: mu **armsake** 'my dear little one'. (*nom. sing.* armas 'dear', *gen. sing.* armsa)

When an adjective modifies a noun which has a diminutive ending, then the adjective does *not* take on such a suffix: mu *armas* pojake 'my dear little son' (not: mu armsake pojake).

§ 56. Many words in Estonian have originated from diminutive forms and still retain the **-ke** ending, which has lost its former connotation of diminution or affection. Some examples:

päike	'sun'	**väike**	'small'
pääsuke	'swallow [bird]'	**lühike**	'short'
armuke	'lover'	**õhuke**	'thin'

§ 57. The genitive of a word with the diminutive suffix always ends in **-kese**: vennake(ne) > *gen.* vennakese, päike > *gen.* päikese, väike > *gen.* väikese, and so on.

vennakese raamat	'Little Brother's book'
päikese all	'under the sun'

Text

Kiri

Armas *emake*!

Suur tänu Su kirja eest. Olen väga rõõmus, et Sa varsti siia sõidad. Kirjuta või telegrafeeri, millal Sa saabud. Tervitan ja ootan Sind väga

Sinu poeg

*

Mõistatus

Sõbrake, mõista, kes on see mees:
pole ta kala, kuid elutseb vees.
Tagurpidi ta alati käib --
nii vaid, *loomake*, liikuda võib. (Vähk)

Väike *lehmake*, magus *piimake*. (Mesilane)

*

Mis `värvi see on?

Mis värvi on taevas? Taevas on *sinine*. Rohi on *roheline*. Mis värvi on lumi? Lumi on *valge*. Mis värvi see loom on? See pole loom, see on kala. See on kuldkala. Väljas lendab mesilane. Mesilase mesi on *kollane*. Algul *must*, hiljem *punane*, mis see on? See on vähk. Lehm on *kirju*, kuid lehma piim on *valge*.

Võta *valge* paber ja *must* pliiats! Joonista üks *roheline* puu ja *punane* lill. Missugune on lipp? Lipp on *sinine*. Eesti lipu värvid on: *sinine, must* ja *valge*. Nad seisavad *sini-must-valge* lipu all. Mis värvi on õpetaja laud? Õpetaja laud on *pruun*. Õpilane istub *musta* laua ääres. Taevas on täna *tume* ja ähvardav. Vesi on *hõbehall*. Kingi talle üks *tumepunane* roos! Mulle meeldib see *helesinine* lill.

*

57

Algul *valge* kui lumi,
hiljem *roheline* kui rohi,
lõpuks *punane* kui veri
ja maitseb kui mesi.　　　(Maasikas)

Vocabulary

algul	in the beginning
elutsema, elutse/n	to live, inhabit, dwell
hall, -i	gray
hele, heleda	light, clear
helesini/ne, -se	light blue
hiljem	later
hõbe, hõbeda	silver
hõbehall, -i	silvery gray
kala, -	fish
kinkima, kingi/n	to give (as a present)
kiri, kirja	letter, correspondence
kirju, -	multi-colored
kolla/ne, -se	yellow
kui	like, as
kuid [= aga]	but, however
kuldkala, -	goldfish
käima, käi/n	to walk, go
lehm, -a	cow
liikuda	to move [a form of liikuma]
lill, -e	flower
lipp, lipu	flag
loom, -a	animal
lumi, lume	snow
lõpuks	finally
maasika/s, -	strawberry
magus, -a	sweet
maitsema, maitse/n	to taste
mesi, mee	honey
mesila/ne, -se	honeybee
millal	when
missugu/ne, -se	what sort
must, -a	black
mõistma, mõista/n	to understand, figure out
paber, -i	paper
piim, -a	milk
pruun, -i	brown
puna/ne, -se	red
roheli/ne, -se	green
rohi, rohu	grass
roos, -i	rose
rõõmus, rõõmsa	glad, happy
saabuma, saabu/n	to arrive
sind	you [*partitive sing. case*]
sini-must-valge, -	blue-black-white (Estonian flag)
sini/ne, -se	blue

58

taevas, taeva	sky, heaven
tagurpidi	backward
talle [= temale]	to him/her/it
telegraféerima, telegraféeri/n	to telegraph
tervitama, tervita/n	to greet
tume, tumeda	dark
tumepuna/ne, -se	dark red
tänu, -	thanks
vaid [= ainult]	only
valge, -	white
vees	in water
veri, vere	blood
vesi, vee	water
võima, või/n	to be able, have permission
vähk, vähi/vähja	crawfish
väljas	outdoors
värv, -i	color
ähvardav, -a	threatening

Exercises

1. *Construct the diminutive forms of the following words:* naine, mees, tütar, isa, vend, õde, tuba, aken, lamp, laud, sild, lill, ahi, poiss, tüdruk, tädi, onu, lipp, pilt, riik, loss, armas, ilus;
   armas sõber, väike maja, ilus linn, pruun loom, sinine vaas.

   Example: naine > *gen.* naise > *dim.* naiseke

2. *Answer the questions:* Mis värvi on laud, uks, raamat, pliiats, sulepea, taevas, puu, rohi, mesi, lumi, veri, lipp, vesi, kala, paber, lill, vähk, vaas, maja, lennuk, riiul, lamp, vaip, ahi, auto, lehm?

   Example: Laud on pruun. Uks on valge.

3. *Translate into Estonian:* We greet you [*part. sing.*]. When does Mother arrive? Many thanks for your [*pl.*] kind letter! Are you [*sing.*] happy now? Are you [*sing.*] coming soon? Give [*sing.*] me that yellow pencil. Don't (you [*sing.*]) write so fast! Draw [*sing.*] a little blue house. A crawfish is not a fish. A goldfish lives in water. A crawfish always goes backwards. What color is the grass? The little brown squirrel sits atop the tall, green tree. Beside the beautiful dark red rose is a little light blue flower.

Expressions

Oota/oodake natuke!	Wait a little. [*sing./pl.*]
Miks sa nutad, kallike?	Why are you crying, darling?
Oh sa vaeseke!	Oh, you poor little thing!
Oh sa heldeke (küll)!	Oh, dear!
Must valge peal.	Black on white.
Mis jutt see on?	What kind of talk is that?
See on tühi jutt!	It's empty talk!
See on laimujutt!	It's slander!

Mu kannatus katkeb.	My patience is running out.
Kes kannatab, see kaua elab.	He who has patience will live long.
Kes otsib, see leiab.	He who seeks shall find.
Kuidas külvad, nõnda lõikad.	As you [*sing.*] sow, so shall you reap.
Nii kaob maailma hiilgus.	Thus fades the world's splendor.
Lõpp hea, kõik hea.	All's well that ends well.

Answers to Exercises

1. naiseke(ne), meheke, tütreke, isake, vennake, õeke, toake, aknake, lambike, lauake, sillake, lilleke, ahjuke, poisike, tüdrukuke, tädike, onuke, lipuke, pildike, riigike, lossike, armsake, ilusake;
   armas sõbrake, väike majake, ilus linnake, pruun loomake, sinine vaasike.

3. Me tervitame sind. Millal saabub ema [= Millal ema saabub]? Palju tänu [= Suur tänu = Tänan väga] teie lahke kirja eest! Kas sa oled nüüd rõõmus? Kas sa tuled varsti? Anna mulle see kollane pliiats! Ära kirjuta nii kiiresti [= ruttu]! Joonista (üks) väike sinine maja [= (üks) sinine majake]. Vähk pole [= ei ole] kala. Kuldkala elutseb [= elab] vees. Vähk käib alati tagurpidi. Mis värvi on rohi? Pruun oravakene [= Väike pruun orav] istub kõrge rohelise puu otsas. Ilusa tumepunase roosi kõrval on helesinine lilleke [= väike helesinine lill].

Lesson 11

Grammar

Nominative Plural Case

§ 58. The nominative plural case ends in **-d**, which is added to the genitive singular.

Nominative Singular		Genitive Singular	Nominative Plural	
linn	'town'	linna	linna/d	'towns'
lind	'bird'	linnu	linnu/d	'birds'
riik	'state'	riigi	riigi/d	'states'
lipp	'flag'	lipu	lipu/d	'flags'
laps	'child'	lapse	lapse/d	'children'
vend	'brother'	venna	venna/d	'brothers'
õde	'sister'	õe	õe/d	'sisters'
vana	'old'	vana	vana/d	'old (ones)'
noor	'young'	noore	noore/d	'young (ones)'
ilus	'pretty'	ilusa	ilusa/d	'pretty (ones)'
armas	'dear'	armsa	armsa/d	'dear (ones)'

Linnud laulavad 'Birds sing'. **Lapsed** mängivad 'Children play'.

§ 59. If a noun in the nominative plural case is modified by an adjective, the latter is also in the nominative plural:

suured linnad	'big towns'
vanad inimesed	'old people'
armsad õed	'dear sisters'

§ 60. An adjective which is the predicate complement after the verb **on** 'are' and a plural subject takes the nominative plural case.

Ajad on **rasked**.	'Times are hard.'
Raamatud on **kallid**.	'Books are expensive.'
Meie oleme **noored**.	'We are young.'

Text

Inimene tahab, Jumal juhib. *Inimese* elu on üürike. *Inimesed* on surelikud.

Ütle mulle, kes on su *sõber*, ja ma ütlen sulle, kes sa ise oled. Ole aus ja õiglane *sõbra* vastu! Me oleme *sõbrad*.

Kes ees, see *mees*! Mees *mehe* vastu. Kuhu lähete, *mehed*?

Aeg on raha. Masin on meie *aja* kangelane. Ees seisavad rasked *ajad*.

61

Aasta-ajad

Mis aasta-aeg praegu on? Praegu on talv. Talvel on *päevad lühikesed* ja *ööd pikad. Ilmad* on *külmad* ja tihti sajab lund. Lumi on maas. Maa on valge. *Noored* ja *vanad* suusatavad ja uisutavad. Talve järel tuleb kevad. Päike paistab ja lumi sulab. Taevas on helesinine. Kevadel on õhk selge ja värske. Vahel sajab vihma, kuid kevadel on vihm kasulik.

Mis aasta-aeg tuleb kevade järel? Kevade järel tuleb suvi. Suvel on *päevad pikad* ja *ööd lühikesed. Metsad* ja *põllud* on *rohelised. Lilled* õitsevad ja *linnud* laulavad. Kuidas on suvel *ilmad?* Vahel on päris *ilusad* ja *soojad ilmad.*

Siis tuleb sügis. *Ilmad* on *jahedad.* Sügisel sajab tihti vihma. Tuul on külm. *Lehed* langevad.

Vocabulary

aasta-aeg	season of the year
aeg, aja	time
aus, ausa	honest
jahe, jaheda	cool
juhtima, juhi/n	to direct, lead
Jumal, -a	God
järel	after
kangela/ne, -se	hero
kasulik, -u	useful
kevad, -e	spring(time)
kevadel	in the spring
külm, -a	cold
langema, lange/n	to fall
leht, lehe	leaf
lumi, lume	snow
lund	(some) snow [*part.*]

lühike/ne, -se	short
maa, -	ground, earth, land, country
maas	on the ground
magama, maga/n	to sleep
masin, -a	machine
paistma, paista/n	to be visible (with sun: shine)
pikk, pika	long
praegu [= nüüd]	now, currently
põld, põllu	field
päev, -a	day
päike, päikse	sun
päris	real, rather
raha, -	money
sajab lund	it's snowing
sajab vihma	it's raining
selge, -	clear
sulama, sula/n	to melt, thaw
surelik, -u	mortal
suusatama, suusata/n	to ski
suvel	in the summer
suvi, suve	summer
sügis, -e	autumn, fall
sügisel	in the fall
talv, -e	winter
talvel	in the winter
tihti	often
tuul, -e	wind
uisutama, uisuta/n	to skate
vahel	sometimes, between
vastu	against
vihm, -a	rain
värske, -	fresh
õhk, õhu	air
õigla/ne, -se	just, fair
õitsema, õitse/n	to bloom
öö, -	night
üürike, -se	brief, fleeting

Exercises

1. *Construct the genitive singular and nominative plural for the following words. Then translate the nominative plural form into English:* väike laps, huvitav raamat, tark naine, ilus tüdruk, armas vend, suur maja, kõrge puu, väike linnuke, valge loomake, hea õpilane, halb poiss, aus inimene, pikk tänav, lühike jutt, igav kiri, väike õde, sinine lipp, punane lill, kollane leht, kirju lind, uus auto, värske kala, tume öö, raske päev, kerge harjutus, ilus aeg.

2. *Translate into Estonian...* Where are your [*sing.*] friends? Don't (you [*sing.*]) talk so loudly; the children are sleeping. In the winter we ski. It snows often. In the spring the flowers bloom. Today it is raining. Is it raining right now? Which season comes after summer? How is the weather in the fall? The nights are long and the days are short. This is a long story. They are honorable people.

Expressions about the Weather

Missugune ilm on täna?	What's the weather today?
Kuidas ilm on täna?	How's the weather today?
Ilus ilm täna, eks ole?	Nice weather today, right?
Täna on ilus ilm; halb ilm.	It's nice weather today; bad weather.
On soe, kuum (palav), külm,	It's warm, hot, cold,
jahe, tuuline, pilvine,	cool, windy, cloudy,
selge, sula (ilm).	clear, thawing (weather).
Tuul on külm. Külmetab.	The wind is cold. It's freezing.
Vihma sajab. Lund sajab.	It's raining. It's snowing.
Sajab kõvasti vihma. Olen läbimärg.	It's raining hard. I'm drenched.
Võta vihmavari kaasa.	Take an umbrella along.
Vihm on üle. Päike paistab.	The rain is over. The sun's shining.
Äike on tulemas.	A storm is coming.
Lööb välku. Müristab.	It's flashing lightning. It's thundering.
Väljas on pime, valge, märg, kuiv,	Outside it's dark, light, wet, dry,
udu(ne).	fog(gy).
Jää on libe.	The ice is slippery.
Päike on juba kõrgel, aga sina veel magad!	The sun is high already, but you're still sleeping!

Answers to Exercises

1. | *Genitive Singular* | *Nominative Plural* | |
   |---|---|---|
   | väik(e)se lapse | väik(e)sed lapsed | 'little children' |
   | huvitava raamatu | huvitavad raamatud | 'interesting books' |
   | targa naise | targad naised | 'smart women' |
   | ilusa tüdruku | ilusad tüdrukud | 'pretty girls' |
   | armsa venna | armsad vennad | 'dear brothers' |
   | suure maja | suured majad | 'big houses' |
   | kõrge puu | kõrged puud | 'tall trees' |
   | väik(e)se linnukese | väik(e)sed linnukesed | 'little birdies' |
   | valge loomakese | valged loomakesed | 'white little animals' |
   | hea õpilase | head õpilased | 'good students' |
   | halva poisi | halvad poisid | 'bad boys' |
   | ausa inimese | ausad inimesed | 'honorable people' |
   | pika tänava | pikad tänavad | 'long streets' |
   | lühikese jutu | lühikesed jutud | 'short stories' |
   | igava kirja | igavad kirjad | 'boring letters' |
   | väik(e)se õe | väik(e)sed õed | 'little sisters |
   | sinise lipu | sinised lipud | 'blue flags' |
   | punase lille | punased lilled | 'red flowers' |
   | kollase lehe | kollased lehed | 'yellow leaves' |
   | kirju linnu | kirjud linnud | 'multi-colored birds' |
   | uue auto | uued autod | 'new cars' |
   | värske kala | värsked kalad | 'fresh fish(es)' |
   | tumeda öö | tumedad ööd | 'dark nights' |
   | raske päeva | rasked päevad | 'hard days' |
   | kerge harjutuse | kerged harjutused | 'easy exercises' |
   | ilusa aja | ilusad ajad | 'beautiful times' |

2. Kus on sinu sõbrad? Ära räägi nii kõvasti, lapsed magavad. Talvel me suusatame. Sajab tihti lund [= Tihti sajab lund = Lund sajab tihti]. Kevadel õitsevad lilled. Täna sajab vihma. Kas praegu sajab (vihma)? Milline aasta-aeg tuleb suve järel? Kuidas on ilmad [ilm] sügisel? Ööd on pikad ja päevad on lühikesed. See on pikk jutt. Nemad [= nad = need] on ausad inimesed.

Lesson 12

Grammar

Numbers (cont.)

Estonian numbers above 10 are formed very regularly. All you need to know are the basic numbers 1-10 (see Lesson 5). The case forms of numbers will be discussed in Lesson 33.

§ 61. The numbers from 11 to 19 are combinations of the basic numbers 1-9 and the word **teist** or **teistkümmend**, which means 'of the second ten'. (This suffix is similar to the English 'teen', except that it applies to 11 and 12 as well as 13-19.) The longer form **teistkümmend** is rare in the modern language.

    11   üks + teist(kümmend) = üksteist(kümmend)

12	**kaksteist**	16	**kuusteist**
13	**kolmteist**	17	**seitseteist**
14	**neliteist**	18	**kaheksateist**
15	**viisteist**	19	**üheksateist**

§ 62. The numbers 20, 30, etc. are constructed by adding the suffix **kümmend** (like the English -ty for 'ten') to 2, 3, etc.

20	**kakskümmend**	60	**kuuskümmend**
30	**kolmkümmend**	70	**seitsekümmend**
40	**nelikümmend**	80	**kaheksakümmend**
50	**viiskümmend**	90	**üheksakümmend**

§ 63. The numbers 21, 22, and so on are constructed in the same way as in English (twenty + one = twenty-one). In Estonian, the two figures are written as separate words:

21	**kakskümmend üks**	31	**kolmkümmend üks**
22	**kakskümmend kaks**	37	**kolmkümmend seitse**
23	**kakskümmend kolm**	58	**viiskümmend kaheksa**
24	**kakskümmend neli**	76	**seitsekümmend kuus**
	etc.	99	**üheksakümmend üheksa**

§ 64. Higher numbers are formed as follows:

100	**sada**	1 000	**(üks) tuhat**
200	**kakssada**	2 000	**kaks tuhat**
300	**kolmsada**	3 000	**kolm tuhat**
101	**sada üks**	1 001	**tuhat üks**
102	**sada kaks**	1 120	**tuhat ükssada kakskümmend**
312	**kolmsada kaksteist**	10 000	**kümme tuhat**
753	**seitsesada viis-kümmend kolm**	100 000	**sada tuhat**

66

1 000 000	(üks) miljon	[1 million]
2 000 000	kaks miljonit	[2 millions]
10 000 000	kümme miljonit	[10 millions]
1 000 000 000	(üks) miljard	[1 billion]
2 000 000 000	kaks miljardit	[2 billions]

§65. Note! The suffixes **-teist(kümmend)**, **-kümmend**, and **-sada** are written together with the number they apply to, as in **kaksteist(kümmend)**, **kakskümmend**, **kakssada**. In all other instances, the words are separated when written, as in **kaks tuhat, kakskümmend üks, sada viisteist**.

147	**sada nelikümmend seitse**
321	**kolmsada kakskümmend üks**
718	**seitsesada kaheksateist**
1987	**tuhat üheksasada kaheksakümmend seitse**
7549	**seitse tuhat viissada nelikümmend üheksa**

Partitive Case after Numbers

§ 66. Following the number 1, a noun is in the nominative singular case: üks **aasta** 'one year', üks **tund** 'one hour', üks **minut** 'one minute', üks **dollar** 'one dollar', üks **kroon** 'one crown' [Estonian currency].

After all other numbers, the noun is in a special case form called the *partitive singular*. This is one of the basic cases. Like the genitive singular, it is used to construct many other cases (see Lesson 30). In English, by way of contrast, the noun takes the *plural* form when a quantity of two or more is involved (2 years, 3 hours, 100 minutes, 101 crowns).

Some examples:

(2)	kaks	aastat, `tundi, minutit, `krooni			
(3)	kolm	>>	>>	>>	>>
(100)	sada	>>	>>	>>	>>
(101)	sada üks	>>	>>	>>	>>
(1000)	tuhat	>>	>>	>>	>>
(1/2)	pool	>>	>>	>>	>>
(1/4)	veerand	>>	>>	>>	>>
(3/4)	kolmveerand	>>	>>	>>	>>
(1 1/2)	poolteist	>>	>>	>>	>>
(a pair)	paar	>>	>>	>>	>>
(many)	mitu	>>	>>	>>	>>

Pilet maksab **üks dollar** 'The ticket costs one dollar'. Raamat maksab **kümme dollarit** 'The book costs ten dollars'. Ta on **kakskümmend aastat** vana 'He/she is twenty years old'. Üks akadeemiline tund on **nelikümmend viis minutit** 'A class hour is forty-five minutes'.
   Mitu dollarit [`krooni] see maksab? 'How many dollars [crowns] does it cost?' **Mitu aastat?** 'How many years?'

67

Text

Arvud

Mis on sinu telefoninumber? Minu telefoninumber on kaks kaheksa kolm üks üheksa kaks kolm. Mu sõbra telefoninumber on kaks neli seitse üheksa seitse null viis. Mis on teie telefoninumber? Kui palju on üksteist ja kuusteist? Üksteist ja kuusteist on kakskümmend seitse. Kas viisteist on paaris arv või paaritu arv? Viisteist on paaritu arv. Neliteist on paaris arv. Kui palju on nelikümmend ja üheksakümmend viis? Nelikümmend ja üheksakümmend viis on kokku sada kolmkümmend viis. Sada üheksateist ja kakssada viiskümmend kolm on kokku kolmsada seitsekümmend kaks.

Kui palju maksab eesti keele õpik? Eesti keele õpik maksab arvatavasti kakskümmend dollarit. Žurnáal maksab üks dollar. Ajaleht maksab kolmkümmend viis `senti. Bussipilet maksab seitsekümmend senti.

Mitu minutit kestab proféssori loeng? Professori loeng kestab nelikümmend viis minutit. Kas kontsert kestab üks tund või kaks tundi? Arvan, et kontsert kestab poolteist tundi.

Kui kaua kestab see kursus? See kursus kestab umbes üks aasta. Mitu aastat kestab ülikooli kursus? Ülikooli kursus kestab neli kuni viis aastat.

Kui vana sa oled?

Kui vana sa oled? Ma olen kakskümmend üks aastat vana. Kui vana on sinu isa? Isa saab varsti kuuskümmend aastat täis.

See väike laps on ainult üks aasta vana. Tema õde on kaks ja pool aastat vana. Vanaisa on juba viiskümmend aastat täis.

-- Kui vana te olete?
-- Mis te arvate, kui vana ma olen?
-- Ma arvan, et te olete umbes kuuskümmend aastat vana.
-- Te eksite, ma olen juba seitsekümmend täis.
-- Te ei paista nii vana välja.
-- Tänan komplimendi eest. Kui vana te ise olete?
-- Saan varsti nelikümmend.
-- Kui noor te veel olete!

Ma hüüan veel üks kord,
Noorus on ilus aeg
Noorus ei tule iial' tagasi! (Laulu sõnad)

Vocabulary

aasta, -, aastat	year [*nom., gen., part. sing.*]
ajaleht, ajalehe	newspaper
arv, -u	number
arvama, arva/n	to believe, think
arvatavasti	presumably, probably
bussipilet, -i	bus ticket
dollar, -i, -it	dollar [*nom., gen., part. sing.*]
eksima, eksi/n	to err, be mistaken
iial(gi)	ever
kaua	long
kestma, kesta/n	to last, endure
kokku	(al)together
kontser/t, -di	concert
kroon, -i, `krooni	crown
kui vana/noor	how old/young
kuni	until, to [4 kuni 5 = 4 to 5]
kursus, -e	course
loeng, -u	lecture
maksma, maksa/n	to cost
minut, -i, -it	minute [*nom., gen., part. sing.*]
mitu	how many, several
noorus, -e	(time of) youth
number, numbri	number
paaris	even (number)
paaritu	odd (number)
paista/n välja	(I) look (as if) [= näen välja]
pool, -e	half
poolteist	one and a half
proféssor, -i	professor
sent, sendi, `senti	cent [*nom., gen., part. sing.*]
sõna, -	word
žurnáal, -i	magazine, journal
telefon, -i	telephone
tun'd, tunni , `tundi	hour [*nom., gen., part. sing.*]
täis	full [saan 60 aastat täis = I will become a full 60 years old]
umbes	approximately, about, around

Exercises

1. *Write out in Estonian:* 9, 12, 15, 18, 27, 38, 59, 64, 98, 100, 113, 117, 132, 194, 200, 500, 202, 812, 931, 1000, 1001, 1017, 1108, 1988, 2041, 1111, 2445, 5748, 8436, 10 516, 100 847.

2. *Translate into Estonian:* How much is fourteen and twenty-nine? One hundred twenty-five is an odd number. What is your [*sing.*] telephone number? What is the university's telephone number? How old are you [*sing.*]? How old is your [*sing.*] friend? My little sister is only 1 year old. The little child is one and a half years old. The teacher's son is 15 years old. The man is a full 50 years old. You [*sing.*] don't look as old as you are. She looks very young.

Expressions

<table>
<tr><th>Raha</th><th>Money</th></tr>
</table>

Raha	Money
(Kui) palju see maksab?	How much does this cost?
Mis see maksab?	What does it cost?
See maksab üks dollar; kümme dollarit.	It costs one dollar; ten dollars.
See maksab üks kroon; kolm `krooni.	It costs one crown; three crowns.
See on odav. See on kallis.	It's cheap. It's expensive.
Palun arve. (Lubage arve.)	Please give me the bill.
Palun laena mulle sada dollarit.	Please loan me $100.
Kahjuks ma ei saa.	Unfortunately I can't.
Mul on vähe raha.	I have little money.
Kas võid mulle vahetada sajadollarilise (sada dollarit)?	Can you [*sing.*] change a $100 bill ($100) for me?
Kahjuks mitte.	Unfortunately not.
Kas teil on palju raha?	Do you [*pl.*] have a lot of money?
Ma olen vaene kui kirikurott.	I am as poor as a church mouse [rat].
Paberraha. Peenraha. Paras raha.	Paper money. Coins. Exact change.

Vanus	Age
Kui vana sa oled (te olete)?	How old are you?
Ma olen kakskümmend aastat vana.	I am 20 years old
Kui vana on teie abikaasa?	How old is your [*pl.*] spouse?
tütar? poeg?	daughter? son?
Ta saab varsti kakskümmend aastat täis.	She will soon be a full 20 years old.
Te näete noor välja.	You [*pl.*] look so young.
Ta on hästi säilinud.	He looks good for his age. [*lit.*: He is well preserved.]
Ta on oma parimas eas.	She is in her best years.
Te olete väga nooruslik.	You [*pl.*] are very youthful.
Ta on noore/vana generatsiooni inimene.	He is a person of the young/old generation.
Ta on moodne inimene.	She is a modern person.
Sa oled liiga vanamoeline.	You [*sing.*] are too old-fashioned.
Sul on vanamoodsed vaated.	You [*sing.*] have old-fashioned views.

Answers to Exercises

1. 9 = üheksa, 12 = kaksteist(kümmend), 15 = viisteist(kümmend), 18 = kaheksateist-(kümmend), 27 = kakskümmend seitse, 38 = kolmkümmend kaheksa, 59 = viiskümmend üheksa, 64 = kuuskümmend neli, 98 = üheksakümmend kaheksa, 100 = (üks)sada, 113 = (üks)sada kolmteist(kümmend), 117 = (üks)sada seitseteist(kümmend), 132 = (üks)sada kolmkümmend kaks, 194 = (üks)sada üheksakümmend neli, 200 = kakssada, 500 = viissada, 202 = kakssada kaks, 812 = kaheksasada kaksteist(kümmend), 931 = üheksasada kolmkümmend üks, 1000 = (üks) tuhat, 1001 = (üks) tuhat üks, 1017 = (üks) tuhat seitseteist(kümmend), 1108 = (üks) tuhat ükssada kaheksa,1988 = (üks) tuhat üheksasada kaheksakümmend kaheksa, 2041 = kaks tuhat nelikümmend üks, 1111 = (üks) tuhat ükssada üksteist(kümmend), 2445 = kaks tuhat nelisada nelikümmend viis, 5748 = viis tuhat seitsesada nelikümmend kaheksa, 8436 = kaheksa tuhat nelisada kolmkümmend

tuhat seitsesada nelikümmend kaheksa, 8436 = kaheksa tuhat nelisada kolmkümmend kuus, 10 516 = kümme tuhat viissada kuusteist(kümmend), 100 847 = sada tuhat kaheksasada nelikümmend seitse.

2. Kui palju on neliteist ja kakskümmend üheksa? (Üks)sada kakskümmend viis on paaritu arv. Mis on sinu telefoninumber? Mis on ülikooli telefoninumber? Kui vana sa oled? Kui vana on sinu sõber? Minu väike õde on ainult üks aasta vana. Väike laps on poolteist aastat vana. Õpetaja poeg on viisteist(kümmend) aastat vana. Mees on viiskümmend aastat täis. Sa ei näe nii vana välja, kui sa oled. Tema näeb väga noor välja.

Lesson 13

Grammar

Ordinal Numbers

§ 67. To form ordinal numbers in Estonian, the ending -s is added to the genitive case of a number in its basic (cardinal) form. This rule does not apply to the numbers 1-3, however, as indicated in the table below.

1	üks	*gen.* ühe	--	**esimene**	'first'
2	kaks	>> **kahe**	--	**teine**	'second'
3	kolm	>> **kolme**	--	**kolmas**	'third'
4	neli	>> **nelja**	--	**nelja/s**	'fourth'
5	viis	>> **viie**	--	**viie/s**	'fifth'
6	kuus	>> **kuue**	--	**kuue/s**	'sixth'
7	seitse	>> **seitsme**	--	**seitsme/s**	'seventh'
8	kaheksa	>> **kaheksa**	--	**kaheksa/s**	'eighth'
9	üheksa	>> **üheksa**	--	**üheksa/s**	'ninth'
10	kümme	>> **kümne**	--	**kümne/s**	'tenth'
100	sada	>> **saja**	--	**saja/s**	'hundredth'
1000	tuhat	>> **tuhande**	--	**tuhande/s**	'thousandth'

§ 68. In compound ordinal numbers, only the last figure gets the **-s** ending, while the rest take the genitive form.

11	üks/teistkümmend	--	**ühe/teistkümne/s**	'eleventh'
12	kaks/teistkümmend	--	**kahe/teistkümne/s**	'twelfth'
20	kaks/kümmend	--	**kahe/kümne/s**	'twentieth'
300	kolm/sada	--	**kolme/saja/s**	'300th'
25	kaks/kümmend viis	--	**kahe/kümne viie/s**	'twenty-fifth'
179	sada seitse/kümmend üheksa	--	**saja seitsme/kümne üheksa/s**	'179th'
1964	tuhat üheksa/sada kuus/kümmend neli	--	**tuhande üheksa/saja kuue/kümne nelja/s**	'1964th'
2000	kaks tuhat	--	**kahe tuhande/s**	'2000th'

Note: The genitive form (and thus the ordinal) of the numbers 11-19 can only be formed with the longer suffix (-teistkümmend), not with the shorter suffix (-teist). (See Lesson 12.)

§ 69. The ordinal form of a number is indicated by the use of the Roman numeral, or by putting a period after the Arabic numeral.

I	klass	or	1.	klass	'1st class'
III	vaatus	>>	3.	vaatus	'3rd act'
XX	sajand	>>	20.	sajand	'20th century' (1900's)

§ 70. Fractions have the ending **-ndik**, which is added to the genitive form of the basic (cardinal) number.

neli	*gen.* **nelja**	-- **nelja/ndik**	'one fourth'
viis	>> **viie**	-- **viie/ndik**	'one fifth'
kümme	>> **kümne**	-- **kümne/ndik**	'one tenth'
sada	>> **saja**	-- **saja/ndik**	'one hundredth'

Üks kolmandik 'one third'. **Üks neljandik** 'one fourth'. **Kaks kolmandikku** 'two-thirds'. **Kolm viiendikku** 'three-fifths'.

§ 71. The genitive form of all ordinal numbers (except: esime/ne, -se 'first' and tei/ne, -se 'second'), ends in **-nda**.

3.	kolma/s	*gen.*	**kolma/nda**
4.	nelja/s	>>	**nelja/nda**
5.	viie/s	>>	**viie/nda**
20.	kahekümne/s	>>	**kahekümne/nda**
100.	saja/s	>>	**saja/nda**
200.	kahesaja/s	>>	**kahesaja/nda**

Example: **Neljanda** klassi õpilane 'fourth-grade student'.[*lit.*: 'fourth grade's student'].

Adessive Case for Adverbs of Time

§ 72. To indicate when something is occurring, the adessive case with the ending **-l** is often used. This ending usually means 'on', but here it corresponds to the English word 'in'.

The adessive case ending is added to the genitive form.

päev 'day'	*gen.* **päeva**	-- *adessive*	**päeva/l** 'in the day(time)'
hommik 'morning'	>> **hommiku**	-- >>	**hommiku/l** 'in the morning'
õhtu 'evening'	>> **õhtu**	-- >>	**õhtu/l** 'in the evening'
kevad 'spring'	>> **kevade**	-- >>	**kevade/l** 'in the spring'
suvi 'summer'	>> **suve**	-- >>	**suve/l** 'in the summer'

§ 73. Calendar dates can take on different case forms, depending on their use in a sentence.

Nominative Singular: Täna on **seitsmes (7.) jaanuar.**
'Today is January 7th.'

Genitive Singular: **Seitsmenda jaanuari** hommik.
'The morning of January 7th' [*lit.*: January 7th's morning'].

Adessive Singular: Ma tulen **seitsmenda/l jaanuari/l.**
'I will come on January 7th.'

73

Note: When speaking of a calendar year in which something takes place, you can say: (sündinud) **aasta/l tuhat üheksasada kakskümmend** '(born) in the year 1920'. Or you can say: (sündinud) **tuhande üheksasaja kahekümnenda/l aasta/l** '(born) in the 1920th year'.

Text

Kuupäev

Mis kuupäev on täna? Täna on esimene jaanuar. Palun loe ja tõlgi: teine veebruar, kolmas märts, neljas aprill, viies mai, kuues juuni, seitsmes juuli, kaheksas august, üheksas septémber, kümnes októober, üheteistkümnes novémber, kaheteistkümnes detsémber. Mitmes kuu on juuni? Juuni on kuues kuu. Aprill on neljas kuu. Millal on sinu sünnipäev? Mu sünnipäev on esimesel jaanuaril, aga mu õe sünnipäev on teisel veebruaril. Isa sünnipäev on viiendal märtsil. Ema on sündinud kaheteistkümnendal aprillil. Millal on teie sünnipäev? Minu sünnipäev on kahekümne kuuendal novembril. Millal sa sõidad koju? Sõidan koju neljandal mail. Millal lõpeb teie puhkus? Meie puhkus lõpeb kahekümne seitsmendal juulil. Kool algab kolmekümne esimesel augustil.
Millal (mis kuupäeval) sa oled sündinud? Olen sündinud kaheksandal oktoobril tuhat üheksasada kakskümmend (kaheksandal oktoobril tuhande üheksasaja kahekümnendal aastal). Millal on teie vend sündinud? Mu vend on sündinud kahekümne teisel detsembril tuhat üheksasada kolmkümmend üks. Mis aastal on kirjanik sündinud? Kirjanik on sündinud aastal tuhat kaheksasada kuuskümmend üheksa (tuhande kaheksasaja kuuekümne üheksandal aastal).

*

Kus kaks koos, seal kolmas suus. Nagu viies ratas vankri all. Üheksa ametit, kümnes nälg.

Mõistatus: Üks ütleb <<suvi on hea>>, teine ütleb <<talv on hea>>, kolmas ütleb <<mulle ükskõik>>. (Vanker, saan, hobune)

*

Mis kell on?

7.00	Kell on (täpselt) seitse.
7.15	Kell on veerand kaheksa (ehk: veerand üle seitsme).
7.30	Kell on pool kaheksa.
7.45	Kell on kolmveerand kaheksa.
8.01	Kell on üks minut üle kaheksa.
8.10	Kell on kümme minutit üle kaheksa.
8.50	Kell on kümne minuti pärast üheksa (ehk: kümme minutit enne üheksat).
10.00 e.l.	Kell on kümme enne lõunat.
11.00 p.l.	Kell on üksteist peale (ehk: pärast) lõunat.

-- Ütle palun, kui palju kell on?
-- Minu kell näitab kaksteist.
-- Kas su kell on õige?
-- Mu kell on viis minutit ees (taga).
-- Mu kell seisab.

*

Mu tööpäev

Hommikul ma tõusen kell pool seitse. Kell veerand kaheksa lähen ma kodunt välja ja sõidan tööle. Mis kella ajal algab töö? Töö algab kell kolmveerand kaheksa. Kell kaksteist algab (lõuna)vaheaeg. See kestab üks tund. Viis minutit enne kella ühte (kell kaksteist viiskümmend viis) olen tagasi tööl. Millal lõpeb töö? Töö lõpeb kell viis pärast (peale) lõunat. Ma sõidan koju. Kell pool kuus olen tagasi kodus.

Mis te teete õhtul? Õhtul ma olen kodus. Päeval ma töötan. Öösel ma magan.

*

-- Millal läheb rong?
-- Rong läheb kell üksteist enne lõunat.
-- Mis kell praegu on?
-- Kell on pool üksteist.
-- Nii palju juba? Rong läheb poole tunni pärast! Ma jään hiljaks!

Vocabulary

aeg, aja	time
algama, alga/n	to begin
amet, -i, -it	occupation, vocation [*nom., gen., part. sing.*]
aprill, -i	April
august, -i	August
detsémb/er, -ri	December
enne lõunat	before noon (a.m.)
esime/ne, -se	first
hobu/ne, -se	horse
jaanuar, -i	January
juuli, -	July
juuni, -	June
jää/n hiljaks	(I) will be late
kaheksa/s, -nda	eighth
kaheteistkümne/s, -nda	twelfth
kell, -a	clock, watch, bell
kodunt [= kodust]	from home
kolma/s, -nda	third
koos	together
kuu, -	moon, month
kuue/s, -nda	sixth
kuupäev, -a	day of the month
kümne/s, -nda	tenth
lõppema, lõpe/n	to end [*v.i.*]
lõuna, -, -t	noon, south [*nom., gen., part. sing.*]
lõunavahe/aeg, -aja	lunchtime
magama, maga/n	to sleep
mai, -	May
mis aastal?	in which year?
mis kella ajal?	at what time?
mitmes	which one (in a given order)
märts, -i	March
nagu	as, like, as if
nelja/s, -nda	fourth
novémb/er, -ri	November
näitama, näita/n	to show
nälg, nälja	hunger
ole/n sündinud	(I) was born [*lit.*: am born]
októob/er, -ri	October
peale lõunat	after noon (p.m.)
puhkus, -e	vacation

pärast	after(ward)
pärast lõunat	after noon (p.m.)
ratas, ratta	wheel, bicycle
rong, -i	train
saan, -i	sleigh
seitsme/s, -nda	seventh
septémb/er, -ri	September
suus	in the mouth, subject of conversation
sündinud	born
sünnipäev, -a	birthday
tei/ne, -se	second, other
tõlkima, tõlgi/n	to translate
tõusma, tõuse/n	to rise
täpselt	exactly
töö, -	work
tööl	at work
tööle	to work
tööpäev, -a	workday
unusta/ma, -n	to forget
vahe/aeg, -aja	pause, break
vanker, vankri	wagon
veebruar, -i	February
veerand, -i	quarter
viie/s, -nda	fifth
öösel	at night
üheksa/s, -nda	ninth
üheteistkümne/s, -nda	eleventh
ükskõik	a matter of indifference

Exercises

1. *Answer in Estonian:* Mis kuupäev on täna? Mitmes on homme? Millal on su sünnipäev? Millal su ema sünnipäev? Millal sa oled sündinud (mis kuupäeval ja mis aastal)? Mis aastal on su isa sündinud?

Mis kell praegu on? Mis kella ajal sa tõused hommikul? Mis kella ajal sa lähed tööle? Millal algab töö? Millal lõpeb töö? Mis kella ajal sa tuled õhtul koju? Mis kella ajal sa lähed magama?

2. *Translate into Estonian:* fifth house, first time, second letter, third month, seventh exercise, tenth word, 25th year, 150th person.

Don't (you [*sing.*]) forget that your train leaves at half past nine in the evening. What time is it now? Is it already six o'clock? It is 11 a.m. (before noon), 5 p.m. (after noon), half past eleven, a quarter past seven, a quarter till twelve, 9:10 (ten minutes past nine), 8:55 (five till nine).

3. *Make up sentences using the following adverbs of time:*

nüüd	'now'	siis	'then'
praegu	'(just) now'	alati	'always'
varsti	'soon'	ei iialgi	'never'
kohe	'immediately'	tihti	'often'
otsekohe	'shortly'	harva	'seldom'

Expressions

Kuupäev

Mis kuupäev täna on (Mitmes täna on)?
Esimene, järgmine, viimane, eelviimane.
Seekord, teinekord, mõnikord.
Millal sa oled (te olete) sündinud?
Millal on su isa (ema, poja, tütre) sünnipäev?
Mis aastal sa tulid (te tulite) Ameerikasse?
Möödunud aastal [*abbr.* m.a.], **sel aastal [s.a.], tuleval aastal.**
Aasta tagasi. Kuu aja eest.
Aasta pärast. Kuu aja pärast.
Nädala pärast.
Aasta otsa. Aeg-ajalt.
Lähemal ajal.
Õigel ajal.

Date

What is the date today?
The first, next, last, next to last.
This time, another time, sometime.
When were you born?
When is your father's (mother's, son's, daughter's) birthday?
What year did you come to America?

Last year, this year, next year.

A year ago. A month('s time) ago.
In a year [after another year]. In a month('s time). In a week.
The year round. From time to time.
In the near future (before long).
At the right time.

Kellaaeg

Kui palju kell on? (**Mis kell on?**)
Kas su kell on õige?
Mu kell käib ette.
Mu kell jääb taha.
Mu kell on viis minutit ees.
Mu kell on kaks minutit taga.
Ärata mind kell seitse.
On juba hilja. Veel on vara.
Millal [Mis kella ajal] algab töö?
Tunni aja pärast. Poole tunni pärast.
Tunni aja eest. Poole tunni eest.
Hommikul, päeval, õhtul, öösel.
Vara hommikul. Hilja õhtul.
Ma jään hiljaks.

Time (on the Clock)

What time is it?
Is your watch right?
My watch runs fast [*lit.*: goes ahead].
My watch runs slow [*lit.*: falls behind].
My watch is five minutes ahead.
My watch is two minutes behind.
Wake me at seven o'clock.
It's late already. It's still early.
What time does work begin?
In an hour('s time). In half an hour.
An hour ago. Half an hour ago.
In the morning, day, evening, night.
Early in the morning.Late in the evening.
I'll be late.

Answers to Exercises

2. Viies maja, esimene kord, teine kiri, kolmas kuu, seitsmes harjutus, kümnes sõna, kahekümne viies aasta, saja viiekümnes inimene.
    Ära unusta, et su rong läheb kell pool kümme õhtul. Mis [= kui palju] kell praegu on? Kas kell on juba kuus? Kell on üksteist enne lõunat, viis peale [= pärast] lõunat, pool kaksteist, veerand kaheksa [= veerand üle seitsme], kolmveerand kaksteist, kümme minutit üle üheksa, viie minuti pärast üheksa [= viis minutit enne üheksat].

Lesson 14

Grammar

Inner Locative Cases

§ 74. Estonian has three types of case forms that indicate location, with reference to the interior of something.

1) movement into something (where to? whither?)
2) location inside something (where?)
3) movement out of something (where from? whence?)

The case endings (**-sse, -s, -st**) that express these concepts are comparable to certain prepositions in English, but they are added to the end of the genitive form in Estonian:

maja	+	**sse**	= into the house
maja	+	**s**	= in(side) the house
maja	+	**st**	= out of (from the inside of) the house

The Illative Case

§ 75. The illative case (called **sisseütlev** or 'into-saying' in Estonian) indicates the space or object into which a motion occurs. The illative answers the questions **kuhu?** 'where to? whither?', **kellesse?** 'into whom?', and **millesse?** 'into what?'. It uses the ending **-sse**, which is added to the genitive form of a word.

Nominative		*Genitive*	*Illative*	
maja	'house'	**maja**	**maja/sse**	'into the house'
voodi	'bed'	**voodi**	**voodi/sse**	'into the bed'
sadam	'harbor'	**sadama**	**sadama/sse**	'into the harbor'
süda	'heart'	**südame**	**südame/sse**	'into the heart'

§ 76. Note: Some long words, which end in **-se** in the genitive, have a shortened version of the illative which drops the **-se-** syllable.

Nominative		*Genitive*	*Illative*
õpilane	'student'	**õpila/se**	**õpila/se/sse** or **õpila/sse**
lühikene	'short'	**lühike/se**	**lühike/se/sse** or **lühike/sse**
küsimus	'question'	**küsimu/se**	**küsimu/se/sse** or **küsimu/sse**
võitlus	'struggle'	**võitlu/se**	**võitlu/se/sse** or **võitlu/sse**

§ 77. The illative usually corresponds to the English preposition 'into', but may occur in expressions that have other meanings:

Ma sõidan homme **Chicagosse**.	'I am going *to Chicago* tomorrow.'
Me läheme õhtul **teatrisse**.	'We are going *to the theater* tonight.'
Ta usub **Jumalasse**.	'He believes *in God*.'
Poiss armus **tüdrukusse**.	'The boy fell in love *with the girl*.'
See ei puutu **minusse**.	'It does not concern (involve) *me*.'
Tagasi **loodusesse**!	'Back *to nature*!'

The Inessive Case

§ 78. The inessive case (called **seesütlev** or 'in-saying' in Estonian) indicates location inside a space or object. The inessive answers the questions **kus?** 'where?', **kelles?** 'in(side) whom?', and **milles?** 'in(side) what?'. It uses the ending **-s**, which is added to the genitive form of a word.

Nominative		Genitive	Inessive	
maja	'house'	**maja**	**maja/s**	'in(side) the house'
tuba	'room'	**toa**	**toa/s**	'in(side) the room'
linn	'town'	**linna**	**linna/s**	'in the town'
raamat	'book'	**raamatu**	**raamatu/s**	'in the book'

§ 79. The inessive usually corresponds to the English prepositions 'in' and 'inside', but may sometimes be translated in other ways.

Me elame **linnas**.	'We live *in town*.'
Asi on **korras**.	'The thing is *in order*.'
Raamat on kirjutatud eesti **keeles**.	'The book is written *in the* Estonian *language*.'
Ma olen **mures**.	'I am *worried* [*lit.: in worry*].'
Kas olete **abielus**?	'Are you [*pl.*] *married* [*lit.: in marriage*]'?

The Elative Case

§ 80. The elative case (called **seestütlev** or 'out-of-saying' in Estonian) ends in **-st**. Like the other locative case suffixes, this is added to the genitive form. The elative answers the questions **kust?** 'where from? whence?', **kellest?** '(out) of whom?', and **millest?** '(out) of what?'.

Nominative		Genitive	Elative	
maja	'house'	**maja**	**maja/st**	'out of the house'
küla	'village'	**küla**	**küla/st**	'from (inside) the village'
linn	'town'	**linna**	**linna/st**	'from (the) town'
suu	'mouth'	**suu**	**suu/st**	'out of the mouth'

Note: The word **kodu** 'home' takes the ending **-nt** to form **kodunt** '(away) from home'. The form **kodust** is usually used in another sense ('about the home'), as explained in § 82.

§ 81. In addition to the basic meaning 'out of', the elative sometimes has other meanings. Note especially the following instances.

a) The elative indicates the material out of which an object is made. It thus answers the question **millest?** 'of what?'.

Millest see on tehtud?	'*Of what* is this made?'
Meie maja on **puust**.	'Our house is (made) *of wood*.'
Sõrmus on **kullast**.	'The ring is (made) *of gold*.'

§ 82. b) The elative indicates the person or object which is being talked or thought about. Here the elative answers the questions **kellest?** 'about whom?' and **millest?** 'about what?'.

Mis sa **sellest** arvad?	'What do you think about it?'
Kellest te räägite?	'Whom are you talking about?'
Me räägime **sinust**.	'We are talking about you [*sing.*].'
Isa jutustab oma **tööst**.	'Father is talking about his work.'
Mis sa tead vanaisa **kodust**?	'What do you know of Grandfather's home?'
Ma ei mäleta **sellest** midagi.	'I don't remember anything about it.'

§ 83. c) The elative is also used in a variety of special expressions.

Ma saan aru eesti **keelest**.	'I understand [make sense of] the Estonian language.'
Ta võtab osa **koosolekust**.	'He is participating [taking part] in the meeting.'
Me peame lugu **õpetajast**.	'We respect [think highly of] the tacher.'
Sa jääd maha **rongist**.	'You will miss [be left behind by] the train.'
Laps nutab **rõõmust**.	'The child is crying out of happiness.'
Inimene ei ela mitte ainult **leivast**.	'A person does not live by bread alone.'
Sellest jätkub.	'That's enough (of that).'
Olen **õpikust** tüdinenud.	'I am tired of the textbook.'
Sain ema **käest** kirja.	'I got a letter from my mother [*lit.*: from mother's hand].'

§ 84. The adjective modifying a noun in the illative, inessive, or elative case agrees with the form of the noun. That is, the adjective takes the same case form as the noun.

Noormees armus **ilusasse tüdrukusse** 'The young man fell in love with a beautiful girl'. Me elame **uues, suures** ja **ilusas majas** 'We live in a new, big, and beautiful house'. Ta väriseb **tervest kehast** 'His whole body is shaking'. See tuli nagu välk **selgest taevast** 'It came like a bolt out of the blue [lighting out of the clear sky]'.

Text

Kuhu? Voodisse   Kus? Voodis   Kust? Voodist.

81

On õhtu. Olen väga väsinud. Heidan *voodisse.* Öösel ma laman *voodis* ja magan sügavalt. Hommikul ärkan, kui päike on juba kõrgel. Tõusen *voodist* üles. Olen hästi välja puhanud. Olen rõõmus ja *heas tujus.* Tere *hommikust!*

-- *Kuhu* te lähete täna õhtul?
-- Läheme õhtul *teatrisse.*
-- Kas te käite tihti *teatris?*
-- Ei, väga harva. Tavaliselt oleme õhtul *kodus.* Mõnikord käime *kinos.*
-- Millal algab täna etendus?
-- Etendus algab kell kaheksa õhtul ja lõpeb umbes kell üksteist.
-- Kas lähete *teatrist* otse *koju?*
-- Arvatavasti küll.

Kus te elate? Elame Rootsi *pealinnas Stockholmis. Kust* te olete pärit? Oleme pärit *Eestist.* Mina olen *Tallinnast,* kuid tema on *Tartust. Tartus* asub vana kuulus ülikool. Käin Lundi *ülikoolis.* Homme sõidan *Kirunasse.* Kiruna asub *Põhja-Rootsis. Millest* te räägite? Me räägime kirjaniku *uuest romaanist.* Mis *keeles* see raamat on kirjutatud? See raamat on kirjutatud eesti *keeles.* Kas te saate aru eesti *keelest?* Ei, ma ei saa veel hästi aru eesti *keelest. Millest* kirjutab kirjanik? Kirjanik jutustab ühe eesti pagulase *elust Rootsis.* Tegevus toimub tuhande üheksasaja neljakümne neljandal aastal.

Kapten *laevas,* jumal `taevas. Mis *südamest* tuleb, läheb *südamesse. Ühenduses* on jõud. Olen veendunud sinu *sõpruses.* Usun *igavesse sõprusse.* Kes elab *õhust* ja *armastusest?* Ons see tõsi, et inimene põlvneb *ahvist?* Sa ei saa *naljast* aru.

Vocabulary

ahv, ahvi	ape, monkey
armastus, -e	love [n.]
etendus, -e	performance
harva	rarely
heitma, heida/n	to lie down, throw
hommik, -u, -ut, -uid	morning
hommikul	in the morning
igave/ne, -se	eternal
jõud, jõu	power, force, strength
kapten, -i	captain

82

kino, -	movie theater, cinema
kirjutatud	written
kuhu	to where
kuulus, kuulsa	famous, renowned
kus	where
kust	from where
kõrgel	high up
laev, -a	ship [n.]
lõuna, -	south, noon, lunch
millest	of what, of which
mõnikord	sometimes
nali, nalja	fun, joke
ons [=on siis] see	then is it
otse	straight, directly
pagula/ne, -se	refugee
puhanud	rested
põhi, põhja	north, bottom
põlvnema, põlvne/n	to descend (originate) from
pärit	originated from
saa/n aru	(I) understand
sõprus, -e	friendship
süda, -me	heart
sügavalt	deeply
tavaliselt	usually
teater, teatri	theater
tegevus, -e	action, activity
tere hommikust	good morning [lit.: hello out of the morning]
tõsi, tõe	truth [here: true]
uskuma, usu/n	to believe
veendunud	convinced
välja puhanud	thoroughly rested [lit.: (all) rested out]
väsinud	tired
õhtu, -, -t, -id	evening
õhtul	in the evening
ärkama, ärka/n	to awaken [v.i.]
ühendus, -e	unity, connection, league

Exercises

1. *Translate into Estonian:* Where do they live? They live in Sweden. We live in a big house. Where are you [pl.] driving [travelling] to tonight? We are driving to Uppsala. Do you [pl.] live in Uppsala? When will you [pl.] travel there? Our train leaves at 8:30 in the evening. Where do these [= need] people come from? They come from Estonia. They are from the capital of Estonia, Tallinn. When will you [sing.] come home from the theater? We are talking about the theater. Their house is built/made [= ehitatud/tehtud] of wood. Do you [sing.] understand Estonian? I understand Estonian well/poorly. He does not yet understand Estonian.

2. *Answer the questions by using the words in the parentheses, in the correct case form:*
      Example: Kus te elate? (Stockholm, New York,...)
               Me elame Stockholmis, New Yorgis,...

Kus te elate? (Chicago, Indianapolis, London, Miami, San Francisco, suur linn, väike tuba, ilus korter, uus maja)

Kellesse ta on armunud? (sõber, sõbratar, õpetaja, noor naine, ilus tüdruk, vana mees, tark poiss)

Kust nad tulevad? (Eesti, Rootsi, Ameerika, Soome, New York, Indianapolis, Detroit, teater, kino, suur linn, väike maja)

Kellest (millest) te räägite? (vend, õde, isa, hea sõber, ilus naine, rumal mees, huvitav raamat, raske elu, kerge töö)

Expressions

Milles asi seisab?	What does it concern?
	[lit.: In what does the thing stand?]
Kuidas on eesti keeles...?	How do you say in Estonian...?
Mis tähendab sõna...?	What does the word...mean?
Seisan sinu/teie käsutuses.	I'm at your service [command].
Kas oled/olete abielus?	Are you married?
Ma olen abielus, vallaline, lesk.	I am married, unmarried, widowed.
See ei puutu sinusse/teisse.	This does not concern you.
Olen sinusse/teisse (temasse) armunud.	I've fallen in love with you (him/her).
Miks sa oled täna nii halvas tujus?	Why are you [sing.] in such a bad mood today?
Olen väga heas/halvas tujus.	I'm in a very good/bad mood.
Käsi käes.	Hand in hand.
Puhka rahus!	Rest in peace!
Tere hommiku(s)t!	Good morning!
Tere õhtu(s)t!	Good evening!
Tänan sind/teid kõigest südamest.	I thank you with all of my heart.
Kõigest jõust.	With full force.
Armastus esimesest pilgust.	Love at first sight.
Mis on sellest kasu?	What's the use of that?
Sellest (temast) pole mingit kasu.	It (he/she) is of no use.
Sellest jätkub.	That's enough (of that).
Sellest ei jätku.	That's not enough.
Millest on jutt?	What's it [the story] about?
Millest te räägite?	What are you [pl.] talking about?
Mis sa sellest arvad [=mõtled]?	What do you think about this?
See on kurjast.	It is evil. [lit.: (out) of evil]
Eest ära!	Out of the way!
Kas sa saad (te saate) aru eesti keelest?	Do you understand Estonian?
Ma saan natuke aru, kuid mitte palju.	I understand a little, but not much.

Answers to Exercises

1. Kus nad elavad? Nad elavad Rootsis. Meie elame (ühes) suures majas. Kuhu te täna õhtul sõidate [sõidate täna õhtul]? Meie sõidame Uppsalasse. Kas te elate Uppsalas? Millal te sinna sõidate? Meie rong läheb kell pool üheksa õhtul. Kust tulevad need

inimesed [Kust need inimesed tulevad]? Nad tulevad Eestist. Nad tulevad [= on pärit] Eesti pealinnast Tallinnast. Millal [= Mis kella ajal] sa tuled teatrist koju [koju teatrist]? Meie räägime teatrist. Nende maja on ehitatud/tehtud puust [= puust ehitatud/tehtud]. Kas sa saad eesti keelest aru [Kas sa saad aru eesti keelest]? Mina saan eesti keelest hästi/ halvasti aru. Tema ei saa veel eesti keelest aru [Tema ei saa veel aru eesti keelest].

2. Ma elan (Meie elame) Chicagos, Indianapolises, Londonis, Miamis, San Franciscos, suures linnas, väikses toas, ilusas korteris, uues majas.

Ta on armunud sõbrasse, sõbratarisse, õpetajasse, nooresse naisesse, ilusasse tüdrukusse, vanasse mehesse, targasse poisisse.

Nad tulevad Eestist, Rootsist, Ameerikast, Soomest, New Yorgist, Indianapolisest, Detroidist, teatrist, kinost, suurest linnast, väiksest majast.

Ma räägin [Me räägime] vennast, õest, isast, heast sõbrast, ilusast naisest, rumalast mehest, huvitavast raamatust, raskest elust, kergest tööst.

Lesson 15

Grammar

The Short Illative

§ 85. Many words have, in addition to the usual illative form (with the ending **-sse**), also a short form. The short illative case answers the question **kuhu?** 'where to? whither? into what?'.

The short illative has the endings **-de, -te, -he, -hu**, or simply a vowel.

§86. a) **-de, -te**:

Nominative	Genitive	Illative
keel 'language, tongue'	keele	keelesse / **keelde**
meel 'sense, mood'	meele	meelesse / **meelde**
suur 'big'	suure	suuresse / **suurde**
uus 'new'	uue	uuesse / **uude**
käsi 'hand'	käe	käesse / **kätte**
vesi 'water'	vee	veesse / **vette**

Õpilane tõlgib inglise keelest eesti **keelde** 'The pupil translates from English into Estonian'. Me kolime homme **uude, suurde** korterisse 'We are moving tomorrow into a new, big apartment'. Võta raamat **kätte**! 'Take the book (in hand)!'. Ära kuku **vette**! 'Don't (you [*sing*.]) fall into the water!'.

§ 87. b) **-he, -hu**:

Nominative	Genitive	Illative
pea 'head'	pea	peasse / **pähe**
suu 'mouth'	suu	suusse / **suhu**

Äkki tuli mulle uus mõte **pähe**. 'Suddenly a new thought came into my head.' Laps paneb sõrme **suhu**. 'The child sticks a finger in the mouth.'

§ 88. c) Short illative forms that end with just a **vowel** usually end with the same vowel that the genitive form ends with. The preceding consonant or vowel is often lengthened to the third degree. (See Point 6 in Introduction, p. 15.). For example: `linna '(in)to town', pronounced with an extra-long **n** sound (linnna); `kooli 'to school', pronounced with an extra long **o** sound (koooli).

Nominative	Genitive	Illative
linn 'town'	linna	linnasse / `**linna**
kool 'school'	kooli	koolisse / `**kooli**
küla 'village'	küla	külasse / `**külla**
maja 'house'	maja	majasse / `**majja**
tuba 'room'	toa	toasse / `**tuppa**
tuli 'fire, light'	tule	tulesse / `**tulle**

Nominative		Genitive	Illative
jõgi	'river'	jõe	jõesse / `jõkke
meri	'sea'	mere	meresse / `merre
paat	'boat'	paadi	paadisse / `paati
auk	'hole'	augu	augusse / `auku
elu	'life'	elu	elusse / `ellu
nägu	'face'	näo	näosse / `näkku
pood	'store'	poe	poesse / `poodi

Note: Sometimes the vowel at the end of the short illative form is not the same as the last vowel of the genitive case. The last two words in the list above are examples (*gen.* näo, *ill.* näkku; *gen.* poe, *ill.* poodi).

Sõidan homme `linna. 'I'll drive [ride] into town tomorrow.' Ta astub **majja** (or majasse). 'He steps into the house.' Tule **tuppa**! 'Come in(doors)!' Laps läheb `kooli. 'The child goes to the school.' Vaata mulle otse **näkku**. 'Look me right in the face.' Kõik jõed voolavad **merre**. 'All rivers flow into the sea.'

§ 89. The short illative is typically used with the following place names:

Ma sõidan (kuhu?): `Rootsi, `Soome, `Taani, `Eesti (more commonly Eestisse),
 `Lätti (Lätisse), `Leetu (Leedusse), **Stockholmi, Göteborgi,**
 Detroiti, New Yorki, Berliini, `**Rooma, Pariisi,** `**Riiga,** `**Viini,**
 Helsingi(sse), **Kopenhaageni**(sse), **Londoni**(sse), `**Turgu** (Turusse),
 Tallinna(sse), **Tartu**(sse), **Pärnu**(sse).
'I am driving/riding (where to?): to Sweden, to Finland, to Denmark, to Estonia,
 to Latvia, to Lithuania, to Stockholm, to Gothenburg,
 to Detroit, to New York, to Berlin, to Rome, to Paris, to Riga, to Vienna,
 to Helsinki, to Copenhagen, to London, to Turku,
 to Tallinn, to Tartu, to Pärnu.'

On the other hand, only the long illative form (with the ending **-sse**) is normally used with the following place names:

Ma sõidan (kuhu?): **Norrasse, Itaaliasse, Saksasse, Hispaaniasse,**
 Belgiasse, Poolasse, Ameerikasse, Kanadasse, Torontosse, Moskvasse.
'I am driving/riding (where to?): to Norway, to Italy, to Germany, to Spain,
 to Belgium, to Poland, to America, to Canada, to Toronto, to Moscow.'

Note: Names of countries that end with **-maa** 'land' take the allative (**-le**) case. This form, which usually means 'onto' rather than 'into', is introduced in Lesson 16. For example: Inglismaale 'to England', Iirimaale 'to Ireland', Venemaale 'to Russia', Saksamaale 'to Germany', Prantsusmaale 'to France.'

Inner Locative Cases in Special Expressions

§ 90. The three inner locative cases--illative (**-sse**), inessive (**-s**), and elative (**-st**)--indicate in certain instances the object (often a part of the body) to which one affixes some other object. Note the following expressions:

Pane müts **pähe**! '(You [*sing.*]) Put your hat on [*lit.*: in] your head!' Müts on **peas** 'The hat is on [in] the head'. Võta müts **peast**! '(You [*sing.*]) Take your hat off [out of] your head!'.

Pane kuub `selga`! 'Put the suit-coat on (your back)!'. Kuub on **seljas** 'The suit-coat is on (the back)'. Võta kuub **seljast**! 'Take the suit-coat off (your back)!'.

Pane sõrmus `sõrme` 'Put the ring on (your finger)'. Sõrmus on **sõrmes** 'The ring is on (the finger)'. Võta sõrmus **sõrmest** 'Take the ring off (your finger)'.

Pane sall `kaela` 'Put the scarf on your neck'. Sall on **kaelas** 'The scarf is on the neck'. Võta sall **kaelast** 'Take the scarf off (the neck)'.

Pane kindad **kätte** 'Put your gloves on (the hand)'. Kindad on **käes** 'The gloves are on (the hand)'. Võta kindad **käest** 'Take your gloves off (the hand)'.

Pane kingad `jalga` 'Put your shoes on (the foot)'. Kingad on **jalas** 'The shoes are on (the foot).' Võta kingad **jalast** 'Take your shoes off (the foot)'.

Me istume `lauda` 'We sit down at the table'. Me istume **lauas** 'We sit at the table'. Me tõuseme **lauast** 'We get up from the table'.

Me istume **maha** 'We sit down (onto the ground)'. Me istume **maas** 'We sit on the ground'. Me tõuseme **maast** 'We get up off the ground'.

Ma ronin **mäkke** 'I climb onto the mountain'. Olen mäe otsas 'I'm on top [at the tip] of the mountain'. Tulen **mäest** alla 'I come down from the mountain'.

Inner Locative Cases of Pronouns

§ 91. The endings -sse, -s, -st are added to the genitive form of personal pronouns. Notice the irregularity of the plural forms (e.g., mei/sse instead of meie/sse).

Illative	*Inessive*	*Elative*
minusse (musse)	**minus (mus)**	**minust (must)**
sinusse (susse)	**sinus (sus)**	**sinust (sust)**
temasse (tasse)	**temas (tas)**	**temast (tast)**
meisse	**meis**	**meist**
teisse	**teis**	**teist**
nendesse (neisse)	**nendes (neis)**	**nendest (neist)**

Ma olen **sinusse** armunud 'I am in love with you [*sing.*]'. Ma kahtlen **temas** 'I have doubts about him/her'. Mis sa **must (minust)** tahad? 'What do you want from me?'. Ma ei saa **teist** aru 'I don't understand you [*pl.*]'.

Text

Istun *toas* akna all ja loen. Linna müra kostab selgesti läbi lahtise akna *tuppa*. Lähen *toast* välja. All maja ees seisab mu auto. Istun *autosse* ja sõidan `linna`. *Linnas* peatun ühe poe ees. Astun `poodi`.

Poes on palju rahvast. Tulen *poest* jälle välja. Sõidan *koju* tagasi. Olen tagasi *kodus*.

Me tuleme *külmast koridorist* ja astume `sooja tuppa*. Võta *kapist* paber ja *taskust* sulepea. Võta *portfellist* raamat ja pane `kappi*. Pane sulepea *taskusse* tagasi. *Millest* on portfell? Portfell on *nahast*. Aknad on *klaasist*. Laud on *puust*. *Millest* te räägite? Me räägime *kirjandusest* ja *kunstist*.

Üks kiri käib *käest kätte*. Keegi ei saa *sellest kirjast* aru. Nüüd on see kiri minu *käes*. Ma näen, et see on kirjutatud inglise *keeles*.
-- Kas sa saad inglise *keelest* aru?
-- Saan küll.
-- Ole siis hea, tõlgi see kiri inglise *keelest* eesti *keelde*.

Mu tädi elab *Eestis*. Ta elab *Rakveres*. Tuleval suvel sõidan ma ka *Eestisse*. Algul sõidan ma laevaga *Stockholmist Helsingisse*, siis *Helsingist* üle mere *Tallinna*. *Tallinnast* sõidan autoga edasi *Rakverre*. Kui külaskäik on tehtud, pöördun *Eestist* jälle tagasi `Rootsi*. Istun *lennukisse* ja lendan otse *Stockholmi*.

Vend tuleb *kinost*. *Kinos* jookseb huvitav film kuulsa kunstniku *elust*. Kas läheme täna `kinno*?

Härra Svenssoni lapsed õpivad *koolis*. Hommikul vara lähevad nad `kooli*. Kell kaks tulevad nad *koolist* koju.

*

Ahnus ajab `auku*. (Vanasõna) Ära vala õli `tulle*! Tule `appi*! Sinu abi on alati teretulnud. See on talle nagu hane `selga* vesi. Elab *peost suhu*. Ära kanna vett `merre*! Kes `vette* ei hüppa, see ujuma ei õpi. Kõik teed viivad `Rooma*.

Mõistatus: Loed mind *eest* või *tagant otsast*, ikka tõusen *maast* ja *metsast*. (Udu)

Vocabulary

abi, -	aid
ahnus, -e	greed
ajama, aja/n	to drive, push into
algul	first, at the beginning
all	[*adv.*:] down (somewhere); [*postp.*:] under(neath)

89

appi (kellelegi)	to (someone's) help
auk, augu	hole, pit
`auku	into a hole, pit
edasi	forward, further
eest (otsast)	from the front (end)
`Eesti	to Estonia
ei keegi	no one
film, -i	film
hani, hane	goose
hüppama, hüppa/n	to jump, hop
ikka	still, always, constantly
jooksma, jookse/n	to run [re movie: to play]
jälle	again
kappi	into cabinet
keegi	someone
`keelde	into (some) language
`kinno	to the movies
kirjandus, -e	literature
`kooli	to school
koridor, -i	corridor, hallway
kostma, kosta/n	to be heard
kunst, -i	art
käsi, käe	hand
külaskäi/k, -gu	a visit
lahti/ne, -se	open [adj.]
`linna	(in)to town
meri, mere	sea
`merre	(in)to the sea
müra, -	noise
nahk, naha	leather, skin
peatuma, peatu/n	to stop, stay
peo, -	palm of the hand
pood, poe	a store
`poodi	(in)to the store
portfell, -i	briefcase
pöördu/n tagasi	(I) turn back
rahva/s, -, -st	folk, people, nation [nom., gen., part. sing.]
Rakverre	to Rakvere
`Rooma	to Rome
`Rootsi	to Sweden
see, selle	this, that, it
selg, selja	back [body part]
`selga	on(to) the back
selgesti	clearly
soe, sooja	warm
`sooja (tuppa)	into the warm (room)
`Soome	to Finland
suhu	into the mouth
tagant (otsast)	from the back (end)
talle	to him/her
tasku, -	pocket
tee, -	road, tea
tehtud	done, made
teretulnud	welcome

tulev, -a	future, coming
tuli, tule	light, fire
`tulle	into the fire
tuppa	into the room
udu, -	fog
ujuma, uju/n	to swim
valama, vala/n	to pour
vara	early
vesi, vee, vett	water [*nom., gen., part. sing.*]
vette	into the water
viima, vii/n	to take (somewhere), transport
õli, -	oil

Exercises

1. *Translate into English:* Mine linna, aeda, metsa, parki, appi, uude poodi, teise [a form of teine] kohta, sooja voodisse, suurde riiki.

Hüppa jõkke, vette, merre, väikesesse paati, sügavasse auku.

Astu valgesse majja, suurde saali, vanasse lossi, külma tuppa, musta autosse.

Pane sulepea pikka pruuni karpi, väikesesse halli kappi.

Pane lilled punasesse vaasi.

Viska [Throw] paber ahju, tulle.

Pane müts pähe, kuub selga, kleit [dress] selga, kindad kätte, kingad jalga, sall kaela.

2. *Answer the following questions in Estonian:*

Kuhu sa lähed? Kus nad on? Kust ta tuleb? (kool, ülikool, suur linn, uus maja, soe tuba)

Kuhu sa sõidad? (Stockholm, New York, Helsingi, Rootsi, Norra, Taani, Eesti, Itaalia, Ameerika, Kanada, Austraalia)

Kellesse ta on armunud? Kellest te räägite? (mina, sina, tema, meie, teie, nemad)

3. *Translate into Estonian:* (You [*sing.*]) Translate into Estonian! Go into the room. Don't go out of the room. In front of the house is my new car. I get [sit] into the new car and drive to town. I go into the big house.

Do you [*sing.*] understand English? Yes, I understand. I still don't understand Estonian. Translate the letter from Estonian into English. I get [sit] into the airplane and go to Copenhagen. Shall we go to the movies tonight [täna õhtul]? Come help! I'm in love with him/her. We don't understand this word. When did you [*pl.*] come to Sweden? We came from Estonia to Sweden in 1944.

Expressions

Appi! Tule (mulle) appi!	Help! Come to help (me)!
Vaata mulle `otsa!	Look me right in the eyes!
Ma maksan sulle/teile kätte!	I'll get even with you!
Ei maksa `tülli [`riidu] minna.	No sense in getting into a quarrel.
Vii kiri posti!	(You [*sing.*]) Put the letter in the mail!
Tuleta meelde. Pea meeles!	Recall. Remember!
Ei tule meelde.	(I) Can't remember.
Läks meelest ära.	I forgot. [It went out of my memory.]
Pane uks lukku.	Lock the door.

Uks on lukus.	The door is locked.
Keera uks lukust lahti.	Unlock the door.
Tee tuba `korda.	Straighten up the room [Put the room in order.]
Asi läks `nurja.	The thing went awry.
Õpi luuletus pähe!	Learn the poem by heart [into the head].
Oskan luuletust peast.	I know the poem by heart.
Võim läheb pähe.	Power goes to one's head.
Kõik arvud on mul peas.	I've memorized all the figures. [All the figures are in my head.]
Millest see tuleb, et...	How come...?
Kust sa seda tead?	How [From where] do you [sing.] know that?
Minust sa jagu ei saa!	You [sing.] won't get the best of me!
Olen sinust vaimustatud.	I'm delighted by you [sing.]
Olen temast tüdinud.	I'm tired of him/her.
Sinust (temast, teist, neist) on tõsiselt kahju.	It's a real pity about you [sing.] (him/her, you [pl.], them).
Ma pean sinust (temast, teist, neist) väga lugu.	I respect you [sing.] (him/her, you [pl.], them) very much.

Answers to Exercises

1. (You [sing.]) Go into town, into the yard, into the woods, to the park, to help, to the [a] new store, to the other place, into the warm bed, into a big state [country].

Jump into the river, into the water, into the sea, into the little boat, into a deep hole.

Step [go, get] into the white house, the big room, the old castle, the cold room, the black car.

Put the pen into the long brown box, into the little gray cupboard.

Put the flowers into the red vase.

Throw the paper into the stove, into the fire.

Put your hat on, suit-coat on, dress on, gloves on, shoes on, scarf on.

2. Ma lähen kooli, ülikooli, suurde linna, uude majja, sooja tuppa. Nad on koolis, ülikoolis, suures linnas, uues majas, soojas toas. Ta tuleb koolist, ülikoolist, suurest linnast, uuest majast, soojast toast.

Ma sõidan Stockholmi, New Yorki, Helsingi(sse), Rootsi, Norrasse, Taani, Eestisse, Itaaliasse, Ameerikasse, Kanadasse, Austraaliasse.

Ta on minusse [musse] armunud. Ta on sinusse [susse] armunud. Ta on temasse [tasse] armunud. Ta on meisse armunud. Ta on teisse armunud. Ta on nendesse [neisse] armunud. Me räägime minust [must], sinust [sust], temast [tast], meist, teist, nendest [neist].

3. Tõlgi eesti keelde! Mine tuppa. Ära mine toast välja. Maja ees seisab [on] minu uus auto. Ma istun uude [uuesse] autosse ja sõidan linna. Lähen [Astun] suurde majja [suuresse majasse].

Kas sa saad inglise keelest aru? Jah, saan küll (aru). Ma ei saa veel eesti keelest aru. Tõlgi kiri eesti keelest inglise keelde. Ma istun lennukisse ja sõidan [lendan] Kopenhaageni(sse). Kas (me) läheme täna õhtul kinno? Tule appi! Ma olen temasse armunud. Meie ei saa sellest sõnast aru. Millal te tulite Rootsi? Me tulime Eestist Rootsi aastal tuhat üheksasada nelikümmend neli [= tuhande üheksasaja neljakümne neljandal aastal].

Lesson 16

Grammar

Outer Locative Cases

§ 92. Estonian has three outer locative cases which, like the inner locative cases (Lessons 14-15), answer the questions where to (whither)?, where?, where from (whence)? The outer locative cases indicate location or movement in relation to the surface or the environment of something.

The outer locative cases are constructed by adding the endings **-le, -l, -lt** to the genitive form.

tänava + le	=	(out) onto the street
tänava + l	=	on the street
tänava + lt	=	(off) from the street
töö + le	=	to work
töö + l	=	at work
töö + lt	=	from work

The Allative Case

§ 93. The allative (called **alaleütlev** or onto-saying case in Estonian) indicates movement toward something. It has the ending **-le**, which is added to the genitive case of a word.

Nominative		*Genitive*	*Allative*
laud	'table, board'	**laua**	**laua/le**
katus	'roof'	**katuse**	**katuse/le**
pink	'bench'	**pingi**	**pingi/le**
Peeter	'Peter'	**Peetri**	**Peetri/le**

This case has two basic meanings:

§ 94. a) The allative indicates the object onto the surface of which a movement occurs. It answers the questions **kuhu?** 'where to (whither)?', **kellele?** 'on(to) whom?', and **millele?** 'on(to) what?'.

Pane raamat **lauale**.	'Put the book on(to) the table.'
Istu **pingile**.	'Sit (down) on the bench.'
Ma koputan **uksele**.	'I knock on the door.'

§ 95. b) The allative indicates the person to whom one gives or says something. It answers to questions **kellele?** 'to whom?', and **millele?** 'to what?'. (Here the allative is comparable to the dative case in German, among other languages.)

Anna raamat **lapsele**.	'Give the book to the child.'
Kirjuta **vennale** üks kiri.	'Write a letter to Brother.'
Olen **sinule** väga tänulik.	'I am very grateful to you.'
Ütle **sõbrale**, et ta siia tuleks.	'Tell your friend to come here.'

93

The Adessive Case

§ 96. The adessive (**alalütlev** or on-saying) case indicates location on top of something. It has the ending **-l**, which is added to the genitive form of a word.

Nominative		Genitive	Adessive
sein	'wall'	seina	seina/l
talv	'winter'	talve	talve/l
tool	'chair'	tooli	tooli/l
põld	'field'	põllu	põllu/l
Jaan	'John'	Jaani	Jaani/l

§ 97. In its basic sense, the adessive indicates the object on the surface of which something is found. It answers the questions **kus?** 'where (at)?', **kellel?** 'on (top of) whom?', and **millel?** 'on (top of) what?'.

Põllumees töötab **põllul.**	'The farmer works in [on] the field.'
Ma istun **toolil.**	'I am sitting on the chair.'
Pilt ripub **seinal.**	'The picture is hanging on the wall.'

§ 98. The adessive is often used in expressions of time. In many cases, the English equivalent would involve the preposition 'in', rather than 'on': **talvel** 'in winter', **hommikul** 'in the morning', **õigel ajal** 'at the right time', **tuleval aastal** 'next year'. (See the discussion of this topic in Lesson 13).

Another special use of the adessive (with the verb **olema** 'to be') is to indicate possession or ownership of something, where English uses the verb 'to have': **minul on** 'I have'. This is discussed in Lesson 17.

The Ablative Case

§ 99. The ablative (**alaltütlev** or off-saying) case indicates movement off or away from something. It ends in **-lt**, which is added to the genitive.

Nominative		Genitive	Ablative
tänav	'street'	tänava	tänava/lt
laev	'ship'	laeva	laeva/lt
õde	'sister'	õe	õe/lt
Maret	woman's name	Mareti	Mareti/lt

The ablative is basically used in two senses:

§ 100. a) It indicates the object from the surface of which a movement occurs. It answers the questions **kust?** 'where from? whence?', **kellelt?** 'off whom? away from whom?', and **millelt?** 'off what? away from what?'.

Poiss tuleb **tänavalt** tuppa.	'The boy comes indoors from the street.'
Võta **laualt** pliiats.	'Take the pencil off (from) the table.'
Rotid lahkuvad **laevalt.**	'The rats leave [go off] the ship.'

§ 101. b) The ablative indicates the person from whom one receives, takes, or demands something. It answers the question **kellelt?** 'from whom? of whom?'.

See kiri on **Maretilt.**   'This letter is from Maret.'
Ma laenan **sõbralt** raha.   'I borrow money from a friend.'
Küsi **vennalt**, millal ta tuleb.   'Ask (of) Brother when he's coming.'

§ 102. The adjective that modifies a noun in the allative, adessive, or ablative case must be in the same case form as the noun.

Ära istu **märjale pingile!** 'Don't (you [*sing.*]) sit down on the wet bench!' Me elame **rahutul ajal** 'We live in an uneasy time'. Onu saabus **pikalt reisilt** 'Uncle arrived from a long trip'.

Personal Pronouns

§ 103. For personal pronouns, the allative, adessive, and ablative cases are basically made by adding the normal case endings to the genitive form (See §49 in Lesson 8). Some simplifications and modified spellings exist in the plural and short forms.

Allative	*Adessive*	*Ablative*
minule -- mulle	minul -- mul	minult -- mult
sinule -- sulle	sinul -- sul	sinult -- sult
temale -- talle	temal -- tal	temalt -- talt
meile	meil	meilt
teile	teil	teilt
nendele -- neile	nendel -- neil	nendelt -- neilt

Ulata **mulle** see raamat! 'Give me that book!' Ta palub **meilt** abi 'He is asking us for help.' Tule homme **meile** 'Come to our place [*lit.:* to us] tomorrow'. Mine **neile** külla 'Go visit them [on a visit to them].'

Text

Istun pingile.   Istun pingil.   Tõusen pingilt üles.

95

On pühapäev. Täna ma *tööle* ei lähe. Lähen *tänavale* jalutama. *Tänaval* tuleb mulle vastu mu sõber Peeter. Ütlen *Peetrile* tere. Küsin *Peetrilt*, kuidas *tal* läheb. Peeter vastab *mulle*, et ta käsi käib päris hästi. Jalutame koos edasi. Läheme suurde parki. Pargis on ilus. *Rohelisel murul* mängivad lapsed. Linnuke istub puu *oksal* ja laulab rõõmsasti. Väike pruun orav hüppab *oksalt oksale*. Kõrge puu all asetseb pink. *Pingil* istuvad mees ja naine. Nüüd nad tõusevad *pingilt* ja lähevad ära. Meie istume *vabale pingile*. Varsti lahkume pargist. Seisame *kõnniteel*. Peeter küsib *minult*, mida ma pühapäeva *õhtul* teen. Vastan *talle*, et lähen *kontserdile*. Peeter ei ole huvitatud muusikast, ta on aga vaimustatud võimlemisest ja spordist. Ütleme *teineteisele* head aega. Peeter pöördub *paremale* ja mina *vasakule*. Lahkume kumbki ise suunas.

Seinal ripub inetu pilt. Võta see pilt *seinalt* ära! Riputa ometi üks ilus pilt *seinale*! Võta vaas *aknalt* ja pane *lauale*. Ma komistan *vaibale*. Vaas kukub mu käest *põrandale* ja läheb katki. Koristan killud *põrandalt* ja viskan prügikasti.

Ma mõtlen sagedasti *sõbrale*. Ta meeldib *mulle*. Ta ei alistu *saatusele*. Me kõik loodame *temale*. Ta tunneb kaasa teise inimese *õnnetusele*. Me palume *temalt* abi. Tänu tema *abile* oleme praegu *heal järjel*. Oleme *talle* südamest tänulikud.

Kuidas sina *mulle*, nõnda mina *sulle*. Tule *meile*, too *mulle*; ma tulen *teile*, anna *mulle* -- siis oleme ikka sõbramehed. *Keelel* mesi, aga *südamel* jää. Inimene on *inimesele* hunt.

> Päev läheneb *ööle*,
> laisad lähevad *tööle*.

Vocabulary

alistuma, alistu/n	to submit
head aega	good-bye [*lit.*: good time]
heal järjel	in good shape, in a good position
hunt, hundi	wolf
huvitatud	interested
inetu, -	ugly
ise suunas	in a different [own] direction
järg, järje	turn, order, situation
jää, -	ice
kild, killu	shard, sliver

96

komistama, komista/n	to stumble
koristama, korista/n	to clean up, straighten up
kuidas tal läheb	how it goes for him; how he is
kukkuma, kukun	to fall
kumbki, kummagi	each
kõnnitee, -	sidewalk
käsi käib hästi	it [*lit.*: the hand] goes well
lahkuma, lahku/n	to go away, leave, separate
laisk, laisa	lazy
linnuke/(ne), -se	little bird
lootma, looda/n	to hope
lähenema, lähene/n	to approach, near
muru, -	lawn, grass
muusika, -	music
nõnda [= nii]	so, in such a way
oks, -a	branch
ometi	after all, even so
paremale	to the right
park, pargi	park
pink, pingi	bench
prügikast, -i	trash can
põrand, -a	floor
pühapäev, -a	Sunday
riputama, riputan	to hang (up)
rõõmsasti	happily, joyfully
saatus, -e	fate
sagedasti [= tihti]	often
sport, spordi	sport
suund, suuna	direction, heading
sõbra/mees, -mehe	good friend, pal
teineteisele	to one another, for each other
tule/n vastu	(I) come toward, meet
tunne/n kaasa	(I) sympathize
tänulik, -u	thankful
vaba, -	free
vaimustatud	enthusiastic (about), inspired (by), enraptured (by)
vasakule	to the left
viskama, viskan	to throw
võimlemi/ne, -se	gymnastics
õnnetus, -e	accident, misfortune

Exercises

1. *Answer the questions, changing the words in parentheses into the appropriate cases:*
Kus istuvad mees ja naine? (pink)   Kuhu (millele) sa istud? (tool)   Kus on lilled? (aken)
Kellele sa vastad? (vend ja õde)   Kellelt on see kiri? (hea sõber)   Millal nad tulevad? (õhtu)
Kuhu nad lähevad? (kontsert)   Kus mängivad lapsed? (roheline muru)   Kellele sa oled
tänulik? (isa ja ema)   Kust sa tuled? (pikk reis)   Kellelt ta laenab raha? (mina ja sina)
Kuhu sa lähed? (töö)   Kellele ta kirjutab? (meie ja teie)

2. *Translate into English:* Ta palub minult abi.   Loodan sinule.   Küsi isalt raha.   Sa
meeldid mu õele.   Kas sulle meeldib see inimene?   Saada kiri sõbrale.   Kas sa oled

huvitatud spordist? Mis sa arvad, kes tuleb esimesele kohale? Me ei alistu neile kunagi. Ma pöördun paremale. Sina lähed vasakule. Ta seisab paremal. Me tuleme vasakult. Pane müts pähe. Võta kingad jalast. Pane palitu [overcoat] selga. Istu maha. Ma ei saa sinust aru.

3. *Translate into Estonian:* We go to work at eight o'clock in the morning. The man comes out of the house. He goes to the park. There he sits down on a bench. Who is sitting on the little bench? (You [*sing.*]) Get up from the bench. Put the book on the table. The vase is on the table. Take the vase off the table and put it in the window. Are you [*sing.*] interested in sports? What are you [*sing.*] doing on Sunday evening? He goes to the left, but we go to the right. They're putting their hope in me. I am grateful to you [*pl.*].

Expressions

Kuidas sulle/teile see meeldib?	How do you like this? [How does this appeal to you?]
See on oivaline! Imeilus! Üsna kena.	It's exquisite! Remarkably beautiful! Rather pretty.
See sobib sulle hästi.	It suits you [*sing.*] fine.
Käsi südamele!	(Put your) hand on (your) heart!
Sa meeldid mulle. Te meeldite mulle.	I like you.
See teeb mulle au.	That honors me.
Palun vasta(ke) küsimusele.	Please answer [*sing., pl.*] the question.
Mulle tundub, et sa eksid [te eksite].	It seems [feels] to me that you're erring.
Ükskõik! See on mulle ükskõik [ükspuha].	Same thing! It's all the same to me.
Ära tee `liiga väiksele lapsele!	Don't (you [*sing.*]) be unkind to the little child. [*lit.*: Don't do too much...]
Sa lähed liiale. Sa liialdad.	You [*sing.*] are going too far. You're overdoing it.
Ära valeta mulle.	Don't lie to me.
Ära sega vahele.	Don't interfere.
See on sulle/teile (talle) paras.	It serves you (him/her) right!
Mis põhjusel?	On what grounds? [For what reason?]
Vajaduse korral.	In case of need.
Teataval määral.	To a certain extent.
Parema puudusel.	For the lack of something better.
Raha (ruumi) puudusel.	In the absence of money (room).
Igal pool. Mujal. Ei kuskil [kusagil].	Everywhere. Somewhere else. Nowhere.
Sinu [teie] asemel ma nii ei teeks.	If I were you, I wouldn't do that. [In your place, I wouldn't do so.]
Õige mees õigel kohal.	The right man at the right place.
Mees tänavalt.	The man in [from] the street.
Igal juhul. Parajal juhul. Ei mingil juhul.	In any case. At an appropriate occasion. No way [Never].
Must valgel.	Black on white.
Küsi isalt (emalt, vennalt, õelt), mis ta sellest arvab.	Ask Father (Mother, Brother, Sister) what he thinks of it.
Ma olen samal arvamusel.	I'm of the same opinion.
Mine paremale, vasakule.	Go to the right, left.
Tule [Tulge] homme meile.	Come [*sing., pl.*] to our place tomorrow.
Vean kihla kümnele (sajale) dollarile.	I'll bet ten (a hundred) dollars.

98

Olen sulle/teile võlgu kümme (sada) dollarit.	I owe you ten (a hundred) dollars.
Olen sulle/teile südamest [südame põhjast] tänulik.	I'm grateful to you from the bottom of my heart.
Jumalale tänu!	Thank God!

Answers to Exercises

1. Mees ja naine istuvad pingil. Ma istun toolile. Lilled on aknal. Ma vastan vennale ja õele. See kiri on healt sõbralt. Nad tulevad õhtul. Nad lähevad kontserdile. Lapsed mängivad rohelisel murul. Ma olen tänulik isale ja emale. Ma tulen pikalt reisilt. Ta laenab raha minult ja sinult. Ma lähen tööle. Ta kirjutab meile ja teile.

2. He's asking me for help [*lit.*: for help from me]. I'm putting my hope in you [*sing.*] [*lit.*: hoping onto you]. Ask Father for money. My sister likes you [*sing.*]. Do you like this person? Send a [the] letter to your friend. Are you interested in sports? What do you think, who will come in first place? We will never submit to them. I (will) turn to the right. You [*sing.*] (will) go to the left. He is standing on the right. We are coming from the left. (You [*sing.*]) Put your hat on. Take your shoes off. Put your overcoat on. Sit down. I don't understand you.

3. Me läheme tööle kell kaheksa hommikul. Mees tuleb majast [toast] välja. Ta läheb parki. Seal ta istub [istub ta] pingile. Kes istub väiksel pingil? Tõuse pingilt üles! Pane raamat lauale. Vaas on laual. Võta vaas laualt ja pane aknale. Kas sa oled spordist huvitatud? Mis sa teed pühapäeva õhtul? Tema läheb vasakule, aga meie läheme paremale. Nemad loodavad minule. Olen teile tänulik.

Lesson 17

Grammar

The 'Adessive + on' Construction

§ 104. Estonian lacks a verb which would be the exact counterpart of 'to have' in English. Instead, it uses the adessive case and **on** 'is/are'. In the negative, **ei ole** or **pole** is used.

Minul on raamat.   'I have a book. [*lit.*: On me there is a book]'.
Minul ei ole raha.   'I do not have (any) money.'

Other examples: **Vennal on** homme sünnipäev '*Brother has* a birthday tomorrow'. **Inimesel on** viis meelt '*A person has* five senses'. **Jänesel on** pikad kõrvad '*A rabbit has* long ears'. **Teil on** hea hääldamine '*You* [*pl.*] *have* good pronunciation'. **Kellel on** raha? '*Who has* money?'.

Kas **sul** häbi **ei ole**? '*Aren't you* ashamed? [*Have you no(t)* shame?]' **Meil pole** tarvis 'We don't need to [*We have no(t)* need to.]'.

Locative Cases and Postpositions

§ 105. All locative cases can in certain instances be replaced by postpositional expressions, especially when you want to emphasize or clarify the location of an object or the direction of a movement. The postposition then is paired with the genitive.

kapisse (kappi)	=	kapi **sisse**	'into the cabinet'
kapis	=	kapi **sees**	'in the cabinet'
kapist	=	kapi **seest**	'out of the cabinet'
lauale	=	laua **peale**	'onto the table'
laual	=	laua **peal**	'on the table'
laualt	=	laua **pealt**	'off the table'

Examples: Karu tuleb **koopa seest** [= koopast] välja 'The bear comes out of the cave'. Ma mõtlen **sõbra peale** [= sõbrale] 'I am thinking of my friend'. Räägi kõik **südame pealt** [= südamelt] ära! 'Tell everything that is on your heart [Get everything off your chest]!'. Vean kihla **kümne dollari peale** [= kümnele dollarile] 'I will bet you ten dollars'. Must **valge peal** [= valgel] 'Black on white'.

Notice also the following instances: **Kelle käes** [= Kellel] on minu ajaleht? 'Who has my newspaper? [*lit.*: In whose hand is my newspaper?]'. Ma küsin **venna käest** [= vennalt] 'I will ask (of) my brother'.

§ 106. The three outer and three inner locative cases are of course not enough to indicate all possible locations and directions. In order to express concepts such as 'under', 'beside', 'behind', etc., Estonian uses spatial terms following the noun (postpositions), which correspond to various English prepositions. For example: akna **kõrval** 'beside the window', laua **all** 'under the table', maja **taga** 'behind the house'.

§ 107. These spatial terms, which are also used as adverbs, can take on three different case forms. It is thereby possible to distinguish movement toward, location at, and movement away from a given spot. For example:

kuhu? 'where to'?	**kus?** 'where?'	**kust?** 'where from?'
juurde 'to'	**juures** 'at'	**juurest** 'from'
ette 'to the front of'	**ees** 'in front of'	**eest** 'from the front of'
taha 'to the back of'	**taga** 'behind'	**tagant** 'from behind'
alla 'to the underside of'	**all** 'under'	**alt** 'from under'
kõrvale 'to the side of'	**kõrval** 'beside'	**kõrvalt** 'from beside'
äärde 'to the edge of'	**ääres** 'by'	**äärest** 'from the edge of'

Lähen järve **äärde** 'I am going to the lake(side)'. Seisan ranna **ääres** 'I stand by the shore'. Lahkun järve **äärest** 'I depart from the lake(side)'.

Auto sõidab maja **ette** 'The car drives (up) to the front of the house'. Auto seisab maja **ees** 'The car is standing in front of the house'. Auto sõidab maja **eest** ära 'The car drives away from the front of the house'.

§ 108. The postpositions mentioned above and other similar ones are really forms of various nouns that can be identified:

pea 'head'	**peal** 'on (the head)'
juur 'root'	**juures** 'at (the root of)'
äär 'edge'	**ääres** 'by (the edge of)'
kõrv 'ear'	**kõrval** 'beside ([at] the ear of)'
ots 'tip, end'	**otsas**, as in: **puu otsas** 'at the top [tip] of the tree'
käsi 'hand'	**käes**, as in: Ära seisa **vihma käes** 'Don't stand in the (hand of) the rain'. Sureb **tiisikuse kätte** 'He is dying (at the hand) of tuberculosis'.

Such origins can also be seen in certain English words, such as 'atop', 'behind', and 'beside'.

Text

Jüri Toomsalu elab New Yorgis. *Tal on* ilus korter südalinnas. Korteris on neli tuba: elutuba, töötuba, magamistuba ja lastetuba. Peale selle *on Jüril* väike rõdu ja muidugi ka eestuba, köök ja vannituba. Rõdult avaneb ilus vaade New Yorgi kesklinnale.

Heal lapsel on mitu nime. *Võõral rahval on* võõrad kombed. *Hirmul on* suured silmad. *Valel on* lühikesed jalad. Kes ostab, mis *tal* tarvis *ei ole*, müüb pärast, mis *tal* tarvis *on*. Mis täis kõht sellest teab, mis *tühjal kõhul* tarvis *on*?! *Sel mehel on* süda õigel kohal.

-- Mitu venda *teil on*, härra Toomsalu?
-- *Mul on* ainult üks vend, armuline proua.
-- Imelik küll! Teie õde aga ütleb, et *temal on* kaks venda!

Kass läheb laua **alla**. Kes istub seal laua **all**? Tule välja laua **alt**.

Väikesel tüdrukul on väike valge kass. Kassil on punane lindike kaelas. Kassike jookseb kapi *taha*. Kus kass on? Kass on kapi *taga*. Tüdruk kutsub: <<Kiisu, kiisu, tule ära kapi *tagant*. Tule lapse *juurde* tagasi!>>

Kus poiss on? Poiss on puu *otsas*. <<Miks sa ronid puu `otsa`? Kukud puu *otsast* maha!>> Turistid ronivad mäe `otsa`. Mäe *otsas* on väike torn. Mäe *otsast* avaneb ilus vaade.

Mine ära raadio *juurest*. Ole hea, pane raadio kinni, see segab mind töö *juures*. Tule minu *juurde*. Ära mine külma tuule *kätte*. Sa külmetad end ära külma tuule *käes*.

*

<<Millest see tuleb,>> küsib väike poiss oma isa *käest*, <<et iga päev just nii palju juhtub, et ajaleht täpselt täis saab?>>

Vocabulary

armuli/ne, -se	gracious, merciful
arst, -i	physician, doctor
avanema, avane/n	to open, unfold [*v.i.*]
ees/tuba, -toa	entry hall, anteroom
elu/tuba, -toa	living room
end ära külmetama, külmeta/n end ära	to catch a cold
hirm, -u	fear, anxiety
imelik, -u	odd, strange
jalg, jala	foot, leg
juhtuma, juhtu/n	to happen
just	just
kael, -a	neck

102

kass, -i	cat
kesklinn, -a	center of town
kiisu, -	kitty
komme, `kombe	custom, habit
kõht, kõhu	stomach
köök, köögi	kitchen
külm, -a	cold
külmetama, külmeta/n	to get cold, freeze
laste/tuba, -toa	children's room
lint, lindi	ribbon, tape
magamis/tuba, -toa	bedroom
maha	down(ward), onto the ground
millest see tuleb?	how come?
mitu nime	several [many] names
mitu venda?	how many brothers?
muidugi	of course, naturally
mägi, mäe	mountain
müüma, müü/n	to sell
oma, -	own
palkon, -i	balcony
peale selle	besides that, in addition
raadio, -	radio
ronima, roni/n	to climb
rõdu, -	balcony
saama, saa/n	to become, receive
segama, sega/n	to disturb, stir
sel [= sellel]	at this [*adessive* of see, selle]
silm, -a	eye
südalinn, -a	downtown
taha	(to) behind
tarvis	necessary, needed
torn, -i	tower
turist, -i	tourist
töö/tuba, -toa	workroom
tühi, tühja	empty
vaade, `vaate	view
vale, -	lie [*n.*]; false, wrong [*adj.*]
vanni/tuba, -toa	bathroom
võõras, võõra	strange, foreign, unfamiliar
ära	away, off, until finished [*adv.*]; don't [*neg. imper.*]

Exercises

1. *Translate into English:* Mul on vend. Vennal on väike must koer. Väikesel koeral on rihm ['leash'] kaelas. Sinul on kirju kass. Õpilasel on pliiats ja vihik. Tal on ka raamat. Raamat on laua peal. Pane vihik laua peale. Võta vaas laua pealt ja pane akna peale. Peetril ei ole raha. Kas teil on raha? Meil pole tarvis. Heal inimesel on süda õigel kohal. Kassil on üheksa elu. Kelle käest see kiri on? Kelle käes on raamat? Raamat on minu käes. Tule kapi tagant välja! Mine välja värske õhu kätte! Tule minu juurde. Seisa minu kõrval. Istu minu kõrvale.

2. *Translate into Estonian:* I have an interesting book. They have a little cat. Father has a newspaper. Sister has a red pencil. We climb up the tree. Who is sitting up in the tree? How many brothers do you [*sing.*] have? The cat is under the table. (You [*sing.*]) Ask your friend where he lives. Where are you [*sing.*] driving? Where are you [*pl.*] coming from? I am coming from the teacher's place.

3. *Memorize the following:*

Question Words

kuidas? 'how?'	*Kuidas* läheb? 'How's it going?'
miks? 'why?'	*Miks* sa nutad? 'Why are you [*sing.*] crying?
mispärast? 'why?'	*Mispärast* sa ei tule? 'Why aren't you coming?'
millal? 'when?'	*Millal* sa sõidad? 'When will you travel?'
kui palju? 'how much?'	*Kui palju* see maksab? 'How much does it cost?'
mitu? 'how many?'	*Mitu* dollarit see maksab? 'How many dollars does it cost?'

Words with Multiple Meanings

ära
1) Ära tee nii! *'Don't* (you [*sing.*]) do that!'
2) Mine ära! 'Go *away*!'
3) Ma külmetan end ära 'I'm catching a cold'.
   Compare: Ma külmetan 'I'm (feeling) cold'.

mitu
1) Mitu venda tal on? *'How many* brothers does he have?'
2) Tal on mitu nime. 'She has *many* names.'

Expressions

Milline ilus korter sul/teil on!	What a lovely apartment you have!
Sul/Teil on hea maitse.	You have good taste.
Mul on kiire. Pole kiiret!	I'm in a hurry. There's no hurry!
Mul on lõbus. Mul on igav.	I'm having fun. I'm bored.
Mul on heameel. Mul on hirm.	I am glad. I am frightened.
Mul on külm. Mul on soe.	I am cold. I am warm.
Mul on nälg. Mul on (joogi)janu.	I am hungry. I am thirsty.
Mis sul/teil tarvis on?	What do you need?
Mul ei ole raha. Mul on raha tarvis.	I don't have (any) money. I need money.
Mul pole midagi tarvis.	I don't need anything.
Mis sul vaja (on)? Mis sul puudub?	What do you [*sing.*] need? What are you lacking?
Kas sul/teil häbi ei ole? Häbi!	Aren't you ashamed? Shame!
Mul on sinu/teie pärast häbi.	I'm ashamed of you.
Mul on sinust/teist kahju.	I feel sorry for you. [I pity you.]
Kas sul/teil on midagi selle vastu?	Do you have anything against it? (Do you have any objection?)
Mul pole midagi selle vastu.	I have nothing against it.
Igal asjal on oma piir.	Everything has a [its] limit.
Anna/Andke raha minu kätte!	Give [*sing., pl.*] me the money!
See ei tule kõne allagi.	That doesn't even come under considera-tion. [No way!]

Küsi isa [venna, õe, sõbra] käest.	(You [*sing.*]) Ask Dad [Brother, Sister, your friend].
Sa/Te ei pääse minu käest!	You won't get away from me!
Miks sa oled minu peale pahane?	Why are you [*sing.*] mad at me?
See pole nali! Mul on tõsi taga!	It's no joke! I'm serious!
Tule/Tulge minu juurde.	Come [*sing., pl.*] to me [my place].
Istu(ge) minu kõrvale.	Sit [*sing., pl.*] next to me.
Vaata/Vaadake ette! Ettevaatust!	Look [*sing., pl.*] out! Careful!
Anna/Andke alla! (Ma) annan alla.	Give [*sing., pl.*] up! I give up.
Vihma käest räästa alla.	Out of the frying pan into the fire. [*lit.*: Out of the rain to under the eave (where the roof drains).]

Answers to Exercises

1. I have a brother. Brother has a small black dog. The small dog has a leash [collar] around the neck. You [*sing.*] have a multicolored cat. The student has a pencil and a notebook. He/She also has a book. The book is on the table. (You [*sing.*]) Put the notebook on the table. Take the vase off the table and put it in the window [on the window sill]. Peter has no money. Do you [*pl.*] have money? We don't need any. A good person has the heart in the right place. A cat has nine lives. Whom is this letter from? [*lit.*: From whose hand is this letter?]. Who has the book? I have the book [*lit.*: The book is in my hand]. (You [*sing.*]) Come out from behind the cabinet! Go out into the fresh air! Come to me [my place]. Stand beside me. Sit down beside me.

2. Mul on (üks) huvitav raamat. Nendel/Neil on väike(ne) kass. Isal on ajaleht. Õel on punane pliiats. Me ronime puu otsa. Kes istub puu otsas? Mitu venda sul on? Kass on laua all. Küsi sõbralt [= sõbra käest], kus ta elab. Kuhu sa sõidad? Kust te tulete? Ma tulen õpetaja juurest.

105

Lesson 18

Grammar

Inner or Outer Locative Cases?

The inner locative cases (ending in -sse, -s, -st) generally correspond to prepositional phrases using 'in' in English, while the outer locative cases (-le, -l, -lt) correspond to expressions with the preposition 'on'. For example: **toas** 'in the room', **laual** 'on the table'.

§ 109. There are, however, some instances where inner locative cases are used in Estonian but not translated as prepositional phrases with 'into, in, out of'. Instead, the English translation may employ prepositions such as 'to, on/at, from', which are normally the counterparts of outer locative cases:

Läheme **teatrisse, kinno (kinosse), ooperisse, bussi** 'Let's go to the theater, to the movies, to the opera, on the bus'.
Mis **tänavas** [= tänaval] te elate? 'On what street do you [*pl.*] live?'.
Ma töötan **haiglas, raamatukogus, muuseumis** 'I work at the hospital, at the library, at the museum'.
Me viibime **jaamas, kohvikus, külas, pulmas, rannas** 'We linger at the station, at the café, on a visit, at a wedding, at the shore'.
Nad õpivad **ülikoolis, instituudis** 'They study at the university, at the institute'.
Pane müts **pähe!** 'Put your hat on!'.

§ 110. On the other hand, the outer locative cases may be used in Estonian, where the English translation employs 'into, in, out of':

Istu **toolile** '(You [*sing.*]) Sit in the chair'.
Pane lilled **aknale** 'Put the flowers in the window'.
Ta on **kolmandal kohal** 'He is in third place'.
Kõik asjad on **kohal** 'Everything is in place'.

Movement or Stationary Location?

§ 111. It may seem strange to a non-native speaker that Estonian uses the illative (**-sse**) and allative (**-le**), which answer the question 'where to? whither?', to indicate the place where something remains or is left:

Ta *jääb* **haiglasse** 'He is staying in the hospital [*lit.*: to the hospital]." *Jäta* raamat **lauale!** '(You [*sing.*]) Leave the book on(to) the table'. Ma *unustasin* raha **koju** 'I left my money at [to] home'. See väike raamat *mahub* **taskusse** 'This little book fits in(to) the pocket'.

§ 112. Here are some other examples of verbs that indicate movement toward something and thus require cases that indicate direction:

Kirjutan **tahvlile, vihikusse** 'I write on(to) the blackboard, in(to) the notebook'.
Koputan **uksele** 'I knock on(to) the door'. *Vajutan* **nupule** 'I push (onto) the button'.

106

Toetun **kepile** 'I lean on(to) the cane'. *Riputan* pildi **seinale** 'I hang the picture on(to) the wall'. *Suudlen* **suule** 'I kiss on(to) the lips [mouth]'. *Haigestun* **grippi** 'I am getting sick with [into] the flu'. *Sureb* **tiisikusse** [= tiisikuse kätte] 'He is dying of [into] tuberculosis'. *Peidan* end **puu taha** 'I hide (to) behind the tree'.

§ 113. The elative (-st) and ablative (-lt) cases, which answer the question 'where from? whence?', are used to indicate:

a) the place where you seek, find, or buy something

Mis sa **maast** leidsid? 'What did you find on [out of] the ground?'. Otsi **põrandalt!** '(You [*sing.*]) Search (off) the floor!'. Osta **poest** üks raamat 'Buy a book from [out of] the store'. **Kust** sa selle ostsid? 'Where did you [*sing.*] buy this (from)?'

§ 114. b) the book, newspaper, radio, etc. where you read, see, or hear something

Ma *lugesin* seda **raamatust, lehest,** sinu **kirjast** 'I read it in [out of] a book, in the newspaper, in your letter'. Ma *näen* su **pilgust,** et sa oled vihane 'I see from [out of] your look that you are mad'. Ma *kuulan* päevauudiseid **raadiost** 'I am listening to the news on [out of] the radio'.

§ 115. c) the way or the opening through which some movement occurs

Lähen **trepist** üles 'I go up (out of) the stairs'. Ronin **redelist** alla 'I climb down (out of) the ladder'. Varas tuli **aknast** sisse 'The thief came in through [out of] the window'.

Note also: Rong möödub **jaamast** 'The train passes (out of) the station'. Ta läheb **minust** mööda ja ei tereta 'He goes past me and does not greet me'. Inimene saab üle **igast raskusest** 'A person overcomes [gets over out of] every difficulty'.

§ 116. d) the object one is holding or grabbing

Hoian sind **käest, sõrmest, kõrvast** 'I hold you by [out of] the hand, by the finger, by the ear'. *Võta* mul **käest** kinni '(You [*sing.*]) Take hold of my hand'. Koer *hammustas* mind **jalast** 'The dog bit me in [out of] the leg'. Politseinik *haaras* vargal **kraest** kinni 'The policeman grabbed the thief by the collar'.

Text

Härra Orveste on ameti *poolest* raamatupidaja. Ta töötab *ühes suures* pealinna *pangas.* Tema abikaasa on *tööl postkontoris.* Nende lapsed on juba suured. Vanem tütar on juba *mehel*, noorem tütar ei ole veel *abielus.* Poeg ei ole ka veel *abielus.* Noorem tütar ja poeg on üliõpilased. Nad õpivad New Yorgi *ülikoolis.* Nad elavad *kodus* isa ja ema *juures.*

Hommikul lähevad kõik varakult *tööle*. Isa läheb `*panka*, ema läheb *kontorisse* ja üliõpilased ruttavad *loengule*. Vanemad jõuavad *töölt koju* kella viie paiku pärast lõunat. Ema läheb veel *kauplusesse*. Poeg läheb *õhtul sõbrale* külla. Tütar ja ta sõbratar lähevad *kontserdile*. Tädi elab *maal*. Homme sõidab ta *maalt* `*linna*. Me läheme *talle* `*jaama* vastu. Kas tädi elab *hotellis*? Ei, ta elab *meil*. Ta on meie külaline. Suveti sõidame meie *linnast maale tädile* külla. Kuid *tuleval aastal* me sõidame *puhkusele välismaale*. Me läheme *Saksamaale* ja *Itaaliasse*.

Ma elan jaama *lähedal*. Näen toa *aknast*, et rong läheneb *jaamale*. Panen kiiresti mütsi *pähe*, palitu *selga* ja jooksen *trepist* alla ning maja *uksest* välja. Kui jõuan `*jaama*, on rong juba ees. Hüppan *vagunisse*.

Akna *ääres* on vaba koht. Istun akna *äärde pingile*. Rong sõidab üle suure silla. Vaguni *aknast* avaneb suurepärane vaade *maastikule*. Nüüd sõidame *tunnelist* läbi. Siis algab eeslinn. Lõpuks peatub rong *peajaamas*.

Ruttan *jaamahoonest* välja *tänavale*. Seisan *bussipeatuses*. Peagi tuleb buss, ma istun `*bussi* ja sõidan *kesklinna*. Kõigepealt lähen *raamatukokku*. Seejärel lähen *raamatukauplusesse*. Ostan *kauplusest* paar raamatut. Võtan *taskust* raha ja maksan *kassasse*. Saan *müüjalt* raamatud ja lahkun *kauplusest*.

Sõidan tagasi *koju*. Olen väsinud. Enam ma *välja* ei lähe. Jään *koju*.

*

Tule, tule, unekene,
    tule, uni, *uksest* sisse,
astu, uni, *aknast* sisse,
    kuku lapse kulmu *peale*,
lange lapse silma *peale*,
    astu ta aseme *peale*,
vaju lapse voodi *peale*.

(Eesti rahvalaul)

Vocabulary

abielus	married [*lit.*: in marriage]
abikaasa, -	spouse
ameti poolest	by trade, in terms of occupation
ase, -me	resting place, spot
astu/n sisse	(I) step in, enter
buss, -i	bus

108

bussipeatus, -e	bus stop
ees	in front [here: arrived]
eeslinn, -a	suburb
enam	any more
hotéll, -i	hotel
Itaalia, -	Italy
jaam, -a	station
jaamahoone, -	station building
jõudma, jõua/n	to arrive, manage to come
kassa, -	cashier's window
kauplus, -e	store
koht, koha	place
kulm, -u	eyebrow
kõigepealt	first of all, above all
külali/ne, -se	visitor, guest
lähe/n vastu	(I) go to meet, go toward
maale	to the country
maalt	from the country
maastik, -u	landscape
mehel	married (to a man)
müts, -i	hat, cap
müüja, -	seller, store clerk
noorem	younger
paar, -i	pair
paiku	around, about [postp.]
palitu, -	(over)coat
pank, panga	bank
peagi [= varsti]	soon
peajaam, -a	main station
poolest	in terms of
postkontor, -i	post office
puhkus, -e	vacation
pähe	on(to) the head
raamatukauplus, -e	bookstore
raamatukogu, -	library
raamatupidaja, -	bookkeeper
rahvalaul, -u	folk song
ruttama, rutta/n	to hurry
Saksamaa, -	Germany
seejärel	thereafter
suurepära/ne, -se	excellent
suveti	in summers
trepp, trepi	staircase, steps
tunnel, -i	tunnel
uni, une	dream
vagun, -i	wagon
vajuma, vaju/n	to sink
vanem	older
varakult	early [adv.]
välismaa, -	foreign country, abroad
väsinud	tired
äärde	to the edge (of)

Exercises

1. *Answer these questions about the preceding text:* Kus töötab härra Orveste? Kas ta tütred on abielus? Kus õpib poeg? Kelle juures poeg elab? Kuhu läheb isa hommikul? Kuhu läheb ema? Kus elab tädi? Kuhu te lähete talle vastu? Kuhu te sõidate puhkusele tuleval aastal?

2. *Translate into English:* Ma olen täna haige ja ei lähe tööle. Ma jään koju. Võta sulepea ja kirjuta vihikusse. Tule siia ja jää siia. Ära välja mine, jää tuppa. Jäta [Leave] raamat lauale; õpetaja kätte; kapi peale. Miks sa jätad pakid pingile? Tüdruk võtab poisil käest kinni. Leian [I find] kirja seest raha.

3. *Translate into Estonian:* Next year we'll travel [ride/drive] to Germany. Where are you [*pl.*] going on vacation? They live near the station. I go out through the door. The train goes over a bridge. We go to the bookstore. He takes money out of his pocket and pays at the cashier's window. You [*sing.*] are very tired. Don't (you [*sing.*]) go to work today. (You [*sing.*]) Stay home.

4. *Put the words in parentheses into the right case forms:* Me töötame (pank, kontor, raamatukogu). Onu elab (välismaa). Rong läheneb (jaam). Nad sõidavad tuleval aastal (puhkus)(Saksamaa ja Itaalia). Tüdruk läheb (kino). Tädi istub (kohvik). Te õpite (ülikool). Õpilane kirjutab (vihik). Sõber koputab (uks). Ma jään (tuba). Hommikul nad lähevad (töö). Isa ostab (kauplus) paar raamatut. Laps jookseb (uks) välja. Ema võtab lapsel (käsi) kinni.

Expressions

Amet	Occupation
Vabandust, mis amet teil on?	Excuse me, what is your [*pl.*] occupation?
Mis tööd te teete?	What work do you [*pl.*] do?
Ma olen ameti poolest arst.	I am a doctor by trade.
Hambaarst. Loomaarst. Halastajaõde.	Dentist. Veterinarian. Nurse.
Advokaat. Insener. Teadlane.	Lawyer. Engineer. Scientist.
Kunstnik. Kirjanik. Näitleja.	Artist. Writer. Actor.
Kirikuõpetaja. Kooliõpetaja.	Clergyman. Schoolteacher.
Kohtunik. Sõjaväelane.	Judge. Member of the military.
Ajakirjanik. Raamatupidaja.	Journalist. Bookkeeper.
Ärimees. Kaupmees.	Businessman. Storekeeper.
Kellasepp. Kingsepp. Rätsep.	Watchmaker. Cobbler. Tailor.
Juuksur.	Hairdresser/Barber.
Ametnik. Kontoriametnik. Tööline.	Official/Functionary. Office worker. Worker.
Põllumees. Jahimees. Meremees.	Farmer. Hunter. Sailor.
Kuidas töö, nõnda palk.	As the work is, so is the pay.
Kõrvalteenistus.	Sideline.
Kus te töötate?	Where do you [*pl.*] work?
Töö on täies hoos.	The work is in full swing.
Ma ei lähe täna tööle. Ma jään koju.	I'm not going to work today. I'm staying home.
Hakka peale! Hakka tööle!	(You [*sing.*]) Get started! Get to work!

Kuhu te sõidate puhkusele?	Where are you [pl.] going for vacation?
Me sõidame välismaale; Saksamaale; Prantsusmaale; Inglismaale; Itaaliasse; `Taani.	We're going out of the country; to Germany; to France; to England; to Italy; to Denmark.
Kirjuta(ge) siia alla.	(You [sing./pl.]) Sign here.
Koputa uksele. Vajuta nupule.	(You [sing.]) Knock on the door. Push the button.
Käed eemale!	Hands off!
Jäta mind rahule! Jäta järele!	(You [sing.]) Leave me alone! Cut it out!
Võta mu käest kinni.	Take hold of my hand.
Hoia mind käe alt kinni.	Hold me under the arm.
Vaata aknast välja.	Look out (of) the window.
Ta läheb mehele. Ta on mehel.	She is getting married. She is married.
Ta läheb oma mehest/naisest lahku.	He is leaving [divorcing] his wife. She is leaving her husband.
Nad kihluvad. Nad on kihlatud.	They're getting engaged. They're engaged.
Ära pane elu kaalule.	Don't (you [sing.]) put your life at risk.
Ma olen mures sinu tervise pärast.	I'm worried about your [sing.] health.
Ära mine välja. Jää täna koju.	Don't (you [sing.]) go out. Stay home today.
Siin ma olen ja siia ma jään.	Here I am and here I'll stay.

Answers to Exercises

2. I'm sick today and not going to work. I'm staying home. (You [sing.]) Take the pen and write in the notebook. Come here and stay here. Don't go out; stay indoors. Leave the book on the table; with the teacher; on the cabinet. Why are you [sing.] leaving the packages on the bench? The girl takes the boy by the hand. I find money in the letter.

3. Tuleval [Järgmisel] aastal me sõidame Saksamaale. Kuhu teie sõidate puhkusele? Nad elavad jaama lähedal. Ma lähen uksest välja. Rong sõidab [läheb] üle silla. Meie läheme raamatukauplu(se)sse. Ta võtab raha taskust ja maksab kassasse. Sa oled väga väsinud. Ära mine täna tööle. Jää koju.

4. Me töötame **pangas, kontoris, raamatukogus**. Onu elab **välismaal**. Rong läheneb **jaamale**. Nad sõidavad tuleval aastal **puhkusele Saksamaale ja Itaaliasse**. Tüdruk läheb **kinno/kinosse**. Tädi istub **kohvikus**. Te õpite **ülikoolis**. Õpilane kirjutab **vihikusse**. Sõber koputab **uksele**. Ma jään **tuppa**. Hommikul nad lähevad **tööle**. Isa ostab **kauplusest** paar raamatut. Laps jookseb **uksest** välja. Ema võtab lapsel **käest** kinni.

Lesson 19

Grammar

Comparative Forms of Adjectives

§ 117. Adjectives have three degrees of comparison: 1) the positive (ordinary) grade, as in 'big' or 'beautiful'; 2) the comparative (higher) grade, as in 'bigger' or 'more beautiful'; and 3) the superlative (highest) grade, as in 'biggest' or 'most beautiful'.

In Estonian, the comparative is constructed by adding the suffix **-m** to the genitive form.

Nominative	*Genitive*	*Comparative*
ilus 'beautiful'	**ilusa**	**ilusa/m** 'more beautiful'
suur 'big'	**suure**	**suure/m** 'bigger'
noor 'young'	**noore**	**noore/m** 'younger'
uus 'new'	**uue**	**uue/m** 'newer'
vaene 'poor'	**vaese**	**vaese/m** 'poorer'
rõõmus 'happy'	**rõõmsa**	**rõõmsa/m** 'happier
hele 'light (in color)'	**heleda**	**heleda/m** 'lighter'
kallis 'dear'	**kalli**	**kalli/m** 'dearer'

§ 118. Some adjectives, which have two syllables in the genitive form and end in **-a** or **-u** have an **-e-** (instead of **-a-** or **-u-**) before the comparative ending **-m**.

Nominative	*Genitive*	*Comparative*
vana 'old'	**van/a**	**van/e/m** 'older'
pikk 'long, tall'	**pik/a**	**pik/e/m** 'longer, taller'
tark 'smart, wise'	**targ/a**	**targ/e/m** 'smarter, wiser'
halb 'bad'	**halv/a**	**halv/e/m** 'worse'
külm 'cold'	**külm/a**	**külm/e/m** 'colder'
soe 'warm'	**sooj/a**	**sooj/e/m** 'warmer'
kõhn 'skinny'	**kõhn/a**	**kõhn/e/m** 'skinnier'
paks 'fat'	**paks/u**	**paks/e/m** 'fatter'
järsk 'steep'	**järs/u**	**järs/e/m** 'steeper'

§ 119. Adjectives that end in **-ke(ne)** usually lose this suffix in the comparative and have the vowel **-e-** before the **-m** ending.

Nominative	*Genitive*	*Comparative*
lühi/ke 'short'	(lühikese)	**lüh/e/m** 'shorter'
õhu/ke 'thin'	(õhukese)	**õh/e/m** 'thinner'
pisi/ke 'tiny'	(pisikese)	**pis/e/m** 'tinier'
väike 'small'	(väikse)	**väh/e/m** or **väiksem** 'smaller'

Note: For the adjective **hea** 'good', the comparative is formed from another stem-- **parem** 'better'.

§ 120. The object of a comparison is either in the elative case **-st** or, as in English, in the nominative case preceded by **kui** 'than'.

> Kuld on **hõbedast** kallim. = Kuld on kallim **kui hõbe.**
> 'Gold is more precious (expensive) than silver.'
> Vend on **õest** vanem. = Vend on vanem **kui õde.**
> 'The brother is older than the sister.'
> Õde on **vennast** noorem. = Õde on noorem **kui vend.**
> 'The sister is younger than the brother.'

§ 121. The superlative (highest grade) is formed simply by placing the word **kõige** before the comparative.

Comparative	*Superlative*
ilusam 'more beautiful'	**kõige ilusam** 'most beautiful'
targem 'smarter'	**kõige targem** 'smartest'
pikem 'longer, taller'	**kõige pikem** 'longest, tallest'
parem 'better'	**kõige parem** 'best'

§ 122. In addition to the superlative form with **kõige**, there is an alternative form with the ending **-im** or **-em.** It is more commonly used in the written language. In the spoken language, such an ending is hard for the listener to distinguish from the comparative form, unless enunciated very clearly, and is thus not employed very often.

kõige ilusam	=	**ilusaim** 'most beautiful'
kõige rikkam	=	**rikkaim** 'richest'
kõige parem	=	**parim** 'best'
kõige uuem	=	**uusim** 'newest'
kõige õnnelikum	=	**õnnelikem** 'happiest'

Pealetung on **parim** kaitse 'Attack is the best defense.'

§ 123. The genitive form of a comparative or superlative always ends in **-a**: ilusam/a, suurem/a, targem/a, parem/a; kõige pikem/a, kõige vanem/a; ilusaim/a, parim/a, and so on.

vanema venna raamat	'the older brother's book'
kõige noorema tütre pulmad	'the youngest daughter's wedding'
parima õpilase kirjand	'the best student's essay'

Text

Kuld on kallis metall. Tarkus on *kallim* kui kuld. Üks pea on hea, aga kaks on *parem*. Kuri keel on *teravam* kui nuga. Kivi on *kõvem* kui puu. Mesi on *magusam* kui mari. Veri on *paksem* kui vesi. Inimene otsib, kus *parem*; kala (otsib), kus *sügavam*. <<Muna on *targem* kui kana.>>

Talvel on päevad *lühemad* kui kevadel. Väljamüügil on kaubad *odavamad* kui tavaliselt. Ära ole kade, kui teised *rikkamad* on. *Nooremale* tütrele meeldib kino rohkem kui teater.

Kumb on *vanem*, kas sina või sinu vend? Mu vend on *minust* kaks aastat *vanem*. Sa oled oma *vennast noorem*. Ma olen niisama vana kui sina. *Noorem* vend on *vanemast vennast pikem*. *Vanem* õde on *nooremast õest ilusam*. Uno on *Peetrist targem*, sest ta on ka palju *vanem*. Hunt on *karust kurjem*, aga karu on *hundist suurem* ja *tugevam*.

Iga algus on raske. Kas eesti keel on inglise *keelest raskem*? *Kõige raskem* aeg on möödas.

Võõral maal hea, kodu *kõige parem*. Suvel on päevad *kõige pikemad* ja ööd *kõige halvemad*. Ka *kõige pikem* päev läheb looja. Nälg on *kõige parem* kokk. Oma teenitud leib on *kõige magusam*. *Kõige ilusam* on inimene siis, kui ta andeks palub või andeks annab (A. Haava).

New York on Ameerika *suurim* linn. Elu on *parim* kool. See on minu elu *ilusaim* mälestus.

*

Nädalapäevad

Igaüks teab, et nädalas on seitse päeva. Nende nimetused eesti keeles on järgmised: esmaspäev, teisipäev, kolmapäev, neljapäev, reede, laupäev ja pühapäev.

Mis päev täna on? Täna on esmaspäev. Eile oli pühapäev. Üleeile oli laupäev.

Esmaspäeval algab töönädal. Mis päev on homme? Homme on teisipäev. Teisipäeva õhtul ma lähen teatrisse. Ülehomme on kolmapäev ehk kesknädal. Kolmapäev on kolmas päev ja asub nädala keskel. Kolmapäeva hommikul ma lähen professori juurde eksamile. Seejärel tuleb neljas päev nädalas: neljapäev. Neljapäeval tuleb onu meile külla. Ta sõidab siia välismaalt. Mis päev tuleb neljapäeva järel? Neljapäeva järel tuleb reede. Reede õhtul ma lähen sõbrale külla. Tal on reedel sünnipäev. Järgmine päev on laupäev. Laupäeva õhtul oleme kodus. Kogu perekond on koos. Siis tuleb jälle pühapäev. Pühapäeval me oleme tööllt vabad, me puhkame.

Kõik päevad peale pühapäeva on tööpäevad ehk äripäevad. Äripäeval on ärid avatud. Kõik vabrikud ja asutused töötavad.

Vocabulary

algus, -e	beginning
anna/n andeks	(I) forgive
asutus, -e	establishment, facility, institution
ehk	or, in other words
eile	yesterday
eksam, -i	exam
esmaspäev, -a	Monday
iga/üks, -ühe	everyone
järgmi/ne, -se	following, next
kade, -da	jealous
kallis, `kalli	dear, beloved, precious, expensive
kana, -	hen
karu, -	bear
kaup, kauba	merchandise, deal
kesknädal, -a	midweek, Wednesday
kevadel	in spring
kivi, -	rock, stone
kodu(s)	(at) home
kogu	whole, entire
kokk, koka	cook [*n.*]
kolmapäev, -a	Wednesday
kui	than; when, if
kumb, kumma	which (of the two)
kuri, kurja	angry, evil
kõige	most [*superlative*]
kõva, -	hard (surface)
laupäev, -a	Saturday
leib, leiva	(dark) bread
läheb looja	reaches sundown
lühem, -a	shorter
mari, marja	berry
metall, -i	metal
muna, -	egg
mälestus, -e	memory
möödas	past, over [*adv.*]
neljapäev, -a	Thursday
niisama	just as
nimetus, -e	name, label
nuga, noa	knife
nädal, -a	week
nädalapäev, -a	day of the week
odav, -a	cheap, inexpensive
oli	(he/she/it) was
oma teenitud	self-earned
otsima, otsi/n	to search, seek
paks, -u	fat
palu/n andeks	(I) ask forgiveness, beg pardon
pea, -	head
päev, -a	day
pühapäev, -a	Sunday
reede, -	Friday

rikas, `rikka	rich
rohkem	more
sest	because
sügav, -a	deep
tark, targa	smart, wise
tarkus, -e	smartness, wisdom
teenima, teeni/n	to earn, serve
teisipäev, -a	Tuesday
terav, -a	sharp (blade)
tugev, -a	strong
töönädal, -a	workweek
tööpäev, -a	workday
vabrik, -u [= tehas, -e]	factory
välismaalt	from abroad
väljamüü/k, -gi	(close-out) sale
äri, -	store, business
äripäev, -a	business day, workday
üleeile	day before yesterday
ülehomme	day after tomorrow

Exercises

1. *Translate into English:* Täna on ilusam ilm kui eile. Jaan on Maretist noorem. Teine ülesanne ['task'] on raskem kui esimene. Tartu on Tallinnast väiksem. Suvel on soojem kui sügisel. Talv on sügisest külmem. Tuul oli eile tugevam kui üleeile. See jõgi on sügav, aga järv ['lake'] on veel sügavam. Suvel on kõige lühemad ööd ja kõige ilusamad ilmad. Kõige pikemad päevad on meil juunis, aga kõige lühemad päevad on detsembris. Koer on inimese parim sõber. Mississippi on kõige pikem jõgi maailmas [maailm = 'world']. London on Euroopa suurim linn.

2. *Translate into Estonian:* Monday is the first day of the week. On Wednesday I shall go to the theater. Friday is a workday. The stores are open. On Tuesday my friend will go abroad. He will travel to Germany and Italy. On Thursday Father will come back from Germany. Next Saturday I will not go to work. I will stay home. On Sunday we do not work. On Wednesday there was better weather than on Tuesday. The younger daughter is prettier than the older daughter. You [*sing.*] are the most beautiful girl in the world. Tallinn is Estonia's largest city.

3. *Translate into English:*
   a) Sa oled niisama vana *kui* mina.
   b) Tema on vanem *kui* mina.
   c) Ma oleksin rõõmus, *kui* sa tuleksid.
   d) *Kui* ma koju jõuan, siis on kell juba pool seitse.
   e) *Kui* vana sa oled? *Kui* palju see maksab?
   f) *Kui* ilus sa oled!

Expressions

Sa oled mu parim sõber.	You are my best friend.
Kus sa viibid, kallim?	Where are you (lingering), dearest?
Ma armastan sind väga.	I love you very much.
Ma olen õnnelikem inimene maailmas.	I'm the happiest person in the world.

116

Ta on mees oma parimas eas.	He is a man in his best years.
See on mu elu suurim sündmus.	This is the biggest event of my life.
Kõige raskem on möödas.	The hardest (part) is over.
Ta on minust pea jagu pikem.	He is taller than I by a head.
Kumb teist on vanem?	Which of you (two) is older?
Ta on minust kolm aastat vanem/ noorem.	He is three years older/younger than I.
Kes on teist kõige vanem?	Who is the oldest of all of you?
See on õrn küsimus.	That's a delicate [sensitive] question.
Õrnem sugu.	The weaker sex.
Kus asub lähim kino?	Where is the nearest movie theater?
See film pole suurem asi.	This film is nothing much.
Targem annab järele.	The smarter one gives in.
Parem hilja kui mitte kunagi.	Better late than never.
See on väga kerge ülesanne.	It is a very easy task.
Teine ülesanne on palju kergem kui esimene.	The second task is much easier than the first.
See on hoopis kergem!	This is quite a bit easier!

Aeg / Time

Mis päev täna on?	What day is today?
Möödunud nädalal/kuul/aastal.	Last week/month/year.
Tuleval nädalal/kuul/aastal.	Next week/month/year.
Praegusel ajal.	At the current time.
Iga asi omal ajal.	Everything at its (appropriate) time.
Mõni aeg tagasi. Mõni päev tagasi.	Some time ago. A few days ago.
Natukese aja pärast.	After a little while.
Aastast aastasse. Päev-päevalt.	Year in, year out. Day by day.
Iga päev.	Every day.
Neil päevil.	The other day; one of these days.
Täna, homme, ülehomme.	Today, tomorrow, the day after tomorrow.
Eile, üleeile.	Yesterday, the day before yesterday.
Mis ajast peale? Algusest peale.	Since when? From the beginning.
Hiljemalt kell viis.	Five o'clock at the latest.
Hiljuti.	Lately.
Tasapisi/aegamööda/vähehaaval.	Gradually; by degrees.
Vanal heal ajal.	In the good old days.
On veel vara. Veel ei ole hilja.	It's still early yet. It's not (too) late yet.

See Lesson 13 for other expressions of time.

Answers to Exercises

1. Today it's nicer (weather) than yesterday. John is younger than Maret. The second task is harder than the first. Tartu is smaller than Tallinn. It's warmer in summer than in fall. Winter is colder than fall. The wind was stronger yesterday than the day before yesterday. This river is deep, but the lake is deeper still. The shortest nights and fairest weather are in summer. We have the longest days in June, but the shortest days are in December. The dog is the human being's best friend. The Mississippi is the longest river in the world. London is Europe's biggest city.

2. Esmaspäev on esimene päev nädalas. Kolmapäeval [Kesknädalal] lähen ma [ma lähen] teatrisse. Reede on tööpäev [äripäev]. Ärid [Poed] on avatud. Teisipäeval mu sõber sõidab välismaale. Ta sõidab Saksamaale ja Itaaliasse. Neljapäeval tuleb isa Saksamaalt tagasi. Järgmisel [Tuleval] laupäeval ma ei lähe tööle. Ma jään koju. Pühapäeval me ei tööta. Kolmapäeval oli parem ilm kui teisipäeval. Noorem tütar on ilusam kui vanem tütar. Sina oled kõige ilusam [ilusaim] tüdruk maailmas. Tallinn on Eesti suurim [kõige suurem] linn.

3. (Notice how many different meanings *kui* has, when translated into English.)
   a) You [*sing.*] are just as old *as* I.
   b) He/She is older *than* I.
   c) I would be glad *if [in case]* you [*sing.*] would come.
   d) *When* I get home, it's already 6:30.
   e) *How* old are you [*sing.*]? *How* much does this [it] cost?
   f) *How* beautiful you [*sing.*] are! [You are *so* beautiful!]

Lesson   20

Grammar

The Comitative Case

§ 124. The comitative (**kaasaütlev** or with-saying) case is made with the ending **-ga**, which is the counterpart of 'with' in English. The comitative answers the questions **kellega?** 'with whom?' and **millega?** 'with what?'.

The **-ga** ending is added to the genitive form.

Nominative	*Genitive*	*Comitative*
sõber 'friend'	sõbra	sõbra/ga 'with friend'
poeg 'son'	poja	poja/ga 'with son'
tüdruk 'girl'	tüdruku	tüdruku/ga 'with girl'
auto 'car'	auto	auto/ga 'with car'
pliiats 'pencil'	pliiatsi	pliiatsi/ga 'with pencil'

Ma vestlen **sõbraga**. 'I converse *with a friend.*'
Isa jalutab **pojaga**. 'The father walks *with the son.*'
Ta sõidab **autoga** tööle. 'He drives (*with the car*) to work.'
Tüdruk kirjutab **pliiatsiga**. 'The girl writes *with a pencil.*'
Poiss tantsib **tüdrukuga**. 'The boy dances *with the girl.*'
Õpetaja on rahul **õpilasega**. 'The teacher is pleased *with the student.*'

Note also the following uses of the comitative: Ma räägin **telefoniga** 'I am talking *on [with] the telephone*'. Kes on see **habemega** mees? 'Who is this man *with the beard*?'. **Saabastega** kass 'Puss *in [with] Boots*'. Ma jõuan töölt koju **poole tunniga** 'I get home *(with)in half an hour*'. Poeg sarnaneb **isaga** 'The son resembles [has a resemblance *with*] *the father*'.

The Abessive Case

§ 125. The abessive (**ilmaütlev** or without-saying) case is made with the suffix **-ta**. The abessive answers the questions **kelleta?** 'without whom?' and **milleta?** 'without what?'.

The **-ta** ending is added to the genitive form.

Nominative	*Genitive*	*Abessive*
sõber 'friend'	sõbra	sõbra/ta 'without friend'
uni 'dream'	une	une/ta 'without dream'
viga 'fault'	vea	vea/ta 'without fault'
luba 'permission'	loa	loa/ta 'without permission'
õhk 'air'	õhu	õhu/ta 'without air'

Sõbrata on meil igav. '*Without a friend,* it's boring for us.'
Päikeseta on külm. '*Without the sun* it is cold.'
Ole minu pärast **mureta**. 'Don't worry about me. [Be *without worry* about me.]'
Mul oli **uneta** öö. 'I had a *dreamless* night.'
Lõputa jutt. '*Endless* story.'
<<Läänerindel **muutuseta**>>. "All Quiet [*Without Change*] on the Western Front".

119

§ 126. The abessive case is often used with the preposition **ilma**, which also means 'without'.

Ma lähen teatrisse **ilma sõbrata** 'I'll go to the theater *without my friend*'. Õpilase töö on **ilma veata** 'The student's work is *flawless* [*without (any) flaw*]'. Ära mine sinna **ilma loata**! 'Don't (you [*sing.*]) go there *without permission*!'. Inimene ei saa elada **ilma õhuta** 'A human being cannot live *without air*'. Ta ei saa läbi **ilma** venna **abita** 'He cannot make it (through) *without* his brother's *help*'.

Personal Pronouns

§ 127. The comitative and abessive of personal pronouns are formed regularly, by adding the case endings to the long forms of the genitive. There are no short forms of personal pronouns in these cases:

minuga 'with me', **sinuga, temaga, meiega, teiega, nendega;**
minuta 'without me', **sinuta, temata, meieta, teieta, nendeta.**

Kas te tulete **meiega** kinno? 'Are you [*pl.*] coming *with us* to the movies?'. Rahu **teiega!** 'Peace (be) *with you* [*pl.*]!'. Ma ei saa (ilma) **sinuta** elada 'I cannot live *without you* [*sing.*]'

Adjectives as Attributes

§ 128. When an adjective appears as an attribute before a noun in the comitative or abessive case, the adjective does not take the ending of these cases like the noun does, but remains in the genitive case.

Nominative	Genitive	Comitative or Abessive
noor tüdruk 'young girl'	noore tüdruku	**noore tüdruku/ga**
suur huvi 'great interest'	suure huvi	**suure huvi/ga**
vanem vend 'older brother'	vanema venna	**vanema venna/ta**
värske õhk 'fresh air'	värske õhu	**värske õhu/ta**

Poiss tantsib **noore tüdrukuga** 'The boy dances *with the young girl*'. Me kuulame **suure huviga** 'We listen *with great interest*'. **Ilusa näoga** inimene 'A person *with a beautiful face*'. **Raske südamega** '*With a heavy heart*'.

Ma lähen teatrisse ilma **vanema vennata** 'I will go to the theater *without my older brother*'. Me ei saa läbi ilma **värske õhuta** 'We cannot make it *without fresh air*'. (Ilma) **suurema vaevata** '*Without great(er) trouble*'.

§ 129. When there are two or more nouns in a row, the comitative or abessive suffix is usually added only to the last noun. (Even in English, the word 'with' or 'without' is typically used once for a series of nouns, not repeated with each noun.) The preceding nouns are in the genitive case.

Lähen **isa(ga)** ja **emaga** jalutama 'I will go for a walk *with Father* and *Mother*'. Me sööme **kahvli(ga)** ja **noaga** 'We eat *with fork* and *knife*'. <<**Tule** ja **mõõgaga**>> "*With Fire* and *Sword*". Ilma **töö** ja **vaevata** ei jõua me kuhugi '*Without work* and *effort* we will not get anywhere'.

Text

Tunnis

Oleme klassiruumis. Õpetaja seisab tahvli juures ja diktéerib. Õpilased kirjutavad *sulega* vihikusse. Kõik töötavad *suure hoolega*. Ainult väike Peedu ei kirjuta. Peedul on punane pliiats ja ta joonistab *punase pliiatsiga valgele paberile*. Seinal on suur must tahvel. <<Toomas, tule tahvli juurde,>> ütleb õpetaja. <<Ole hea, võta kriit ja kirjuta>>. Toomas kirjutab *valge kriidiga mustale tahvlile*: <<Mees raiub *kirvega*. Poiss lõikab *noaga*. Ära mängi *tulega*! Inimene ei ela *ilma veeta*. Vili ei kasva *ilma vihmata*. Hea laps kasvab *vitsata*. Hommikul ma sõidan *jalgrattaga* `jaama. Ma sõidan *rongiga* `linna. Linnas ma sõidan *allmaaraudteega, bussiga* ja *trammiga*. Suvel me sõidame *paadiga* ja *purjekaga*. Onu sõidab *lennukiga* Helsingisse ja sealt *laevaga* Tallinnasse.>> Toomas kirjutab *ilma veata*. Õpetaja on rahul Toomase *tööga*.

Õpetaja ütleb Jaanile: <<Ole hea, ava raamat ja loe!>>. Jaan loeb *kõva* ja *selge häälega*. Ta vastab hästi ka õpetaja küsimusele. Õpetaja on rahul Jaani *vastusega*. Jaan on usin ja töökas õpilane. Jaan ja Toomas on mõlemad tublid poisid. Nad on klassi parimad õpilased.

Nüüd loeb Peedu. Peedu on laisk õpilane. Ta loeb halvasti. Ta vastab *tasase häälega* õpetaja küsimusele. Vastus ei ole õige. Peedu seisab nõutult. Keegi sosistab Peedu selja taga. Siis ütleb keegi *tagumisest reast* Peedule *kõva häälega* ette. <<Kes ette ütleb, läheb klassist välja!>> ütleb õpetaja *kurja häälega*. Lõpuks loeb õpetaja juturaamatust ette. Õpilased kuulavad *suure huviga*. Kell heliseb. Tund on läbi. Algab vahetund.

*

Habemega nali

-- Peedu, missugune *tund* sulle koolis kõige rohkem meeldib?
-- Vahe*tund*!

*

121

Milline õnnetus!

Väike poiss seisab tänaval ja nutab kibedasti.
-- Miks sa nutad, väikemees? küsib üks möödamineja.
-- Sellepärast, et mu vennal ja õel tuleb koolivaheaeg, aga minul
ei tule.
-- Mispärast siis sinul ei tule?
-- Sellepärast, et ma veel koolis ei käi.

Vocabulary

allmaaraudtee, -	subway
diktéerima, diktéeri/n	to dictate
ette ütlema, ütle/n ette	to prompt
habe, -me	beard
habemega nali	bearded (old) joke
helisema, helise/n	to ring [v.i.]
hool, -e	care, diligence
huvi, -	interest
jalg/ratas, -ratta	bicycle
kibedasti	bitterly
kirves, `kirve	ax
klassiruum, -i	classroom
koolivahe/aeg, -aja	vacation from school
kriit, kriidi	chalk
kõige rohkem	most of all
küsimus, -e	question
loe/n ette	(I) read aloud (to someone)
lõikama, lõika/n	to cut
läbi	through, finished
miks	why
mispärast	why
mõlema/d, -	both
möödamineja, -	passer-by
nutma, nuta/n	to cry
nõutult	helplessly
purjeka/s, -	sailboat
rahul	pleased, at peace
raiuma, raiu/n	to chop
rida, rea	row
sealt	from there
sellepärast	because
sosistama, sosista/n	to whisper
sulg, sule	feather, pen
tagumi/ne, -se	rear, back [adj.]
tahvel, tahvli	blackboard
tasa/ne, -se	quiet
tramm, -i	streetcar
tubli, -	smart, good
tund, tunni	hour, class (hour)

tunnis	in class
töökas, tööka	hard-working
usin, -a	industrious
vahe/tund, -tunni	recess, rest period
vastus, -e	answer
viga, vea	error, flaw, mistake
vihik, -u	notebook
vili, vilja	fruit, grain
vits, -a	switch, rod
väike/mees, -mehe	little man

Exercises

1. *Translate into English:* Kellega sa räägid? Millega sa kirjutad? Isa jalutab pargis pojaga. Ma elan koos vennaga. Ta on hea südamega inimene. Kes on see suure habemega mees? Vanem vend mängib noorema õega. Lähen homme isaga jahile ['on a hunt']. Jaan läheb koos Reinuga teatrisse. Mu sõber sõidab homme lennukiga Oslosse. Sealt ta sõidab laevaga Londoni. Ma olen valmis tööga. Kas te tegelete [tegelema 'to be involved'] poliitikaga? Kas sa oled rahul uue korteriga? Kes sosistab tagumises reas? Ära mine halva ilmaga välja. Ilma tööta me ei saavuta ['achieve'] midagi. Kas nad sõidavad puhkusele ilma sinuta? Ära räägi nii tasase häälega!

2. *Translate into Estonian:* I talk with the teacher. The student writes on the black board with white chalk. The students write with pen and pencil. Tõnu is a hard-working student. He is a good boy. We listen with great interest. The father is not pleased with his son. I am going by train from the country to the city. My friend is going by boat to Helsinki.

3. *Decline the following nouns, according to the example below:* linn, laps, mees, naine, õpik, poeg, tüdruk, vend, sõber, töö.

Nominative:	raamat		*Allative:*	raamatu/le
Genitive:	raamatu		*Adessive:*	raamatu/l
Illative:	raamatu/sse		*Ablative:*	raamatu/lt
Inessive:	raamatu/s		*Comitative:*	raamatu/ga
Elative:	raamatu/st		*Abessive:*	raamatu/ta

4. *Fill in the blanks, using words from the preceding exercise in the appropriate case forms:* Ma elan _____. Isa räägib _____. Poiss on armunud _____. Tööline tuleb õhtul _____. Õde on _____ noorem. _____ on ilus juturaamat. Mees sõidab puhkusele ilma _____. Naine kirjutab _____. See on _____ pliiats. Ava _____ ja loe!

Expressions

Jumalaga! — Farewell! [(Go) with God!]

Sinu/teie loaga. — With your permission.

Mis õigusega? — By what right?

Kellega on mul au rääkida? — With whom do I have the honor of speaking?

Tutvusta(ge) mind selle preiliga, prouaga, härraga. — Introduce [*sing./pl.*] me to this young lady, lady, gentleman.

123

Sellega pole kiiret.	There's no hurry (with that).
Mis te sellega mõtlete?	What do you [pl.] mean by that?
Ma ei tule sellega toime.	I can't come to terms with it.
Nüüd oleme sinuga tasa.	Now we're even (you [sing.] and I).
Ma olen sinuga täiesti ühel nõul.	I'm in complete agreement with you [sing.].
Millega sa tegeled? [te tegelete]	What are you involved in/with?
Mis sinuga lahti on?	What's wrong [lit.: loose] with you [sing.]?
Ma pääsesin eluga.	I escaped with my life.
(Ilma) asjata. Asjatult.	In vain. To no purpose.
Ilma pikema jututa.	Without much ado [talk].
Ilma mingi põhjuseta.	Without *any* basis.
Ma ei teinud seda meelega.	I didn't do it on purpose.
See tuli kogemata.	It happened [came] accidentally.
Ol(g)e selles suhtes mureta.	Don't (you [sing./pl.]) worry about that.
Võta [Võtke] asja rahuga!	Take [sing./pl.] it easy!
Heameelega.	Gladly.

Koolis

In School

Kell heliseb. Hommikupalvus.	The bell rings. Morning prayer.
Tund on alanud. Tund on lõppenud.	Class has begun. Class has ended.
Vahetund. Koolivaheaeg.	Recess. Vacation.
Emakeel, usuõpetus, ajalugu, maateadus, looduslugu, matemaatika, füüsika, keemia, võõrkeeled, laulmine, võimlemine.	Native language, religious education, history, geography, natural history, mathematics, physics, chemistry, foreign languages, singing, physical education.
Käitumine. Kord.	Behavior. Order.
Vaikust!	Quiet!
Koolitunnistus. Hea/halb hinne.	Report card. Good/bad grade.
Head/halvad kombed.	Good/bad manners.
Haridus. Kasvatus.	Education. Upbringing.
Koolivend. Kooliõde.	Classmate [male/female].
Kes täna puudub?	Who is absent today?
Tule tahvli juurde.	(You [sing.]) Come to the blackboard.
Kriipsuta see sõna alla.	Underline this word.
Tõmba see sõna maha.	Cross out [Erase] this word.
Selles lauses puudub üks koma.	There's a comma missing in this sentence.
Pane siia/sinna punkt.	Put a period here/there.
Kas sa oled tööga valmis?	Are you [sing.] finished with the work?
Klassitöö. Kirjand.	Quiz/Classwork. Essay.
Kodutöö; kodune ülesanne.	Homework.
Sulepea [sulg], tint, pliiats, täitesulepea, pastapliiats [pastakas, kuulsulepea].	Pen, ink, pencil, fountain pen, ball point pen.

Answers to Exercises

1. Whom are you [sing.] talking to/with? What are you [sing.] writing with? The father is walking in the park with his son. I live (together) with my brother. He is a person with a good heart. Who is that man with the big beard? The older brother is playing with his/the

younger sister. I am going on a hunt tomorrow with my father. Jaan is going to the theater (together) with Rein. My friend will go by plane to Oslo tomorrow. From there he will go by ship to London. I'm finished with the/my work. Are you [pl.] involved in/with politics? Are you [sing.] happy with the new apartment? Who is whispering in the back row? Don't (you [sing.]) go out in (this) bad weather. Without work we will/do not achieve anything. Are they going on vacation without you [sing.]? Don't (you [sing.]) talk with such a soft voice!

2. Ma räägin õpetajaga. Õpilane kirjutab valge kriidiga mustale tahvlile. Õpilased kirjutavad sule(pea)(ga) ja pliiatsiga. Tõnu on usin [töökas] õpilane. Ta on tubli poiss. Me kuulame suure huviga. Isa pole [ei ole] pojaga rahul. Ma sõidan rongiga maalt linna. Mu sõber sõidab laevaga Helsingi(sse).

3.

Nominative:	linn	laps	mees	naine	õpik
Genitive:	linna	lapse	mehe	naise	õpiku
Illative:	`linna	lapsesse	mehesse	naisesse	õpikusse
Inessive:	linnas	lapses	mehes	naises	õpikus
Elative:	linnast	lapsest	mehest	naisest	õpikust
Allative:	linnale	lapsele	mehele	naisele	õpikule
Adessive:	linnal	lapsel	mehel	naisel	õpikul
Ablative:	linnalt	lapselt	mehelt	naiselt	õpikult
Comitative:	linnaga	lapsega	mehega	naisega	õpikuga
Abessive:	linnata	lapseta	meheta	naiseta	õpikuta

Nominative:	poeg	tüdruk	vend	sõber	töö
Genitive:	poja	tüdruku	venna	sõbra	töö
Illative:	pojasse	tüdrukusse	vennasse	sõbrasse	töösse
Inessive:	pojas	tüdrukus	vennas	sõbras	töös
Elative:	pojast	tüdrukust	vennast	sõbrast	tööst
Allative:	pojale	tüdrukule	vennale	sõbrale	tööle
Adessive:	pojal	tüdrukul	vennal	sõbral	tööl
Ablative:	pojalt	tüdrukult	vennalt	sõbralt	töölt
Comitative:	pojaga	tüdrukuga	vennaga	sõbraga	tööga
Abessive:	pojata	tüdrukuta	vennata	sõbrata	tööta

4. Ma elan linnas. Isa räägib pojaga. Poiss on armunud tüdrukusse. Tööline tuleb õhtul töölt koju. Õde on vennast noorem. Lapsel on ilus juturaamat. Mees sõidab puhkusele ilma naiseta. Naine kirjutab mehele. See on sõbra pliiats. Ava õpik ja loe!

Lesson 21

Grammar

Infinitives

§ 130. In English, verbs have only one type of infinitive form ('to be', 'to have', etc.). In Estonian, there are two kinds of infinitives for each verb, with distinct endings:

    1) the **-ma** infinitive
    2) the **-da** infinitive

    In both forms, Estonian infinitives are single words. There is no auxiliary word like 'to', which is part of the infinitive in English. The **-ma** or **-da** ending serves the same function for Estonian verbs.

    It is hard to see any difference in meaning between the two types of infinitives in Estonian, even if such a difference existed in olden times. Which form of the infinitive is used depends first and foremost on the accompanying verb or adjective, as discussed below.

The -ma Infinitive

§ 131. The infinitive form ending in **-ma** often has a different stem than the verb in the present tense.

-ma Infinitive	*Present Tense*
luge/ma 'to read'	**loe/n** '(I) read'
õppi/ma 'to learn, study'	**õpi/n** '(I) learn, study'
rääki/ma 'to talk'	**räägi/n** '(I) talk'
taht/ma 'to want'	**taha/n** '(I) want'
tead/ma 'to know'	**tea/n** '(I) know'

    Note: The verb 'to go' has two completely different stems in these instances: **mine/ma** 'to go' and **lähe/n** '(I) go'. Drastic changes in verb stems are more common in English: to go, (I) went; to be, (I) am, (she) is, (we) are; to buy, (I) bought; to seek, (I) sought; etc.

§ 132. As it is impossible to come up with a set of practical rules about the relationship between the infinitive and the present tense forms, one must memorize both independently. The stem of the **-ma** infinitive is used to construct some other verb forms in a predictable manner, as in the case of the imperfect (Lesson 23).

§ 133. The **-ma** infinitive is used in the following instances.

    a)   after verbs of motion:

minema, lähen 'to go'	**sõitma, sõidan** 'to ride, drive'
tulema, tulen 'to come'	**istuma, istun** 'to sit (down)'
jooksma, jooksen 'to run'	**panema, panen** 'to put, set'

Ma **lähen jalutama** 'I go (out) for a walk [in order to walk]'. Ta **jookseb vaatama**, mis seal juhtub 'She runs to see what is happening there'. Me **istume laulma** 'We sit down to sing'. **Pane** masin **käima** '(You [*sing.*]) Turn the machine on [*lit.*: Set the machine to go]'.

§ 134. b) after certain other verbs, such as:

hakkama, hakkan 'to begin'	**kõlbama, kõlban** 'to be suitable'
juhtuma, juhtun 'to happen'	**pidama, pean** 'to have (an obligation) to'
jätma, jätan 'to leave (behind)'	**sundima, sunnin** 'to force, compel'
jääma, jään 'to remain'	**õpetama, õpetan** 'to teach'
kutsuma, kutsun 'to invite, call'	**õppima, õpin** 'to learn, study'

Ma **hakkan** kohe **minema** 'I will begin to go right away'. **Jää seisma!** (You [*sing.*]) Stop! [*lit.*: Remain in order to stand!]'. **Kutsu** lapsed **sööma** 'Call the children to (come and) eat'. Sa **pead** siia **tulema** 'You [*sing.*] have to come here'. Ma **õpin joonistama** 'I am learning to draw'.

§ 135. c) after certain adjectives or participles:

harjunud 'accustomed, used to'	**sunnitud** 'forced, compelled'
nõus 'willing'	**valmis** 'ready'
osav 'capable, skilled'	

Ma olen **valmis aitama** 'I am ready to help'. Ta on **nõus tulema** 'He is willing [agrees] to come'. Me oleme **harjunud** kõvasti **rääkima** 'We are used to talking loudly'.

The -da Infinitive

§ 136. The second type of infinitive usually has the ending **-da**. In some cases, the suffix is **-ta** instead. In other cases the **-d-** has disappeared, leaving only **-a**.

luge/da 'to read', **rääki/da** 'to talk', **laul/da** 'to sing';
tõus/ta 'to rise', **seis/ta** 'to stand', **vasta/ta** 'to answer';
vii/a 'to take, transport', **käi/a** 'to walk', **müü/a** 'to sell'.

§ 137. If the stem of the verb already ends in **d** or **t**, this consonant is not normally repeated in a **-da** or **-ta** suffix. Only **-a** is added to the end of the word in these cases:

and/a, 'to give', **sõit/a** 'to ride, drive', **saat/a** 'to send'

That the **d** or **t** is part of the stem of these words is apparent from their **-ma** infinitives: and/ma, sõit/ma, saat/ma.

Note: In a few instances, the **t** at the end of the verb stem is doubled for phonetic reasons, so that the consonant will be pronounced with the proper third-degree force. Examples include **võt/ma, võtt/a** 'to take' and **kat/ma, katt/a** 'to cover'.

§ **138.** The **-da** infinitive is used:

a) after verbs expressing a wish, intention, possibility, and the like:

aitama, aitan 'to help'
jaksama, jaksan 'to have strength'
jõudma, jõuan 'to have time, manage'
katsuma, katsun 'to try'
kavatsema, kavatsen 'to plan'
käskima, käsin 'to command'
laskma, lasen 'to let'
lootma, loodan 'to hope'
lubama, luban 'to permit, promise'
mõistma, mõistan 'to understand how'
mõtlema, mõtlen 'to think'
märkama, märkan 'to notice'
nägema, näen 'to see'

oskama, oskan 'to be able, know how'
otsustama, otsustan 'to decide'
paluma, palun 'to beg'
proovima, proovin 'to attempt'
püüdma, püüan 'to strive'
saama, saan 'to get, be able'
soovima, soovin 'to wish'
suutma, suudan 'to manage'
tahtma, tahan 'to want'
teadma, tean 'to know'
tohtima, tohin 'to have permission'
võima, võin 'to have leave, be able'

Ma ei **jõua töötada** 'I cannot bear [manage] to work'. Ta **mõistab** õigel ajal **lõpetada** 'He understands (how) to end at the right time'. Kas sa **oskad** `bridži **mängida?** 'Do you [*sing.*] know how to play bridge?'. Mida **võin** teile **pakkuda?** 'What may I offer you [*pl.*]?'. Kas **soovite** natuke **puhata?** 'Do you [*pl.*] wish to rest a little?'. Ma **tahan teada**, mis see tähendab 'I want to know what this means'.

Kas ma **saan** sind **aidata?** 'Can I help you?'. Note that the **-ma** infinitive is used in the following expression: Ma **saan hakkama** 'I can manage'.

Palun sind siia **tulla** 'I beg you to come here'. Note that the **-ma** infinitive is used in the expression: **Palun** teid **tantsima** 'I invite you to dance'.

§ **139.** b) after verbs that express a feeling or emotion:

armastama, armastan 'to love'
julgema, julgen 'to dare'

kartma, kardan 'to fear'
meeldima, meeldin 'to like, appeal'

Ma **armastan jalutada** värske õhu käes 'I love to (go for a) walk in the fresh air'. Kas sulle **meeldib** teatris **käia?** 'Do you like to go to the theater? [*lit.*: Does going to the theater appeal to you?]'. Üliõpilane **kardab minna** eksamile 'The student is afraid to go to (take) the test'. Ta **julgeb ütelda**, mis ta mõtleb 'He dares to say what he thinks'.

§ **140.** c) after impersonal expressions:

on aeg 'it is time'
on kasulik 'it is beneficial, useful'
on raske 'it is hard'
on tarvis 'it is necessary'
on vaja 'it is necessary'
on valus 'it is painful'

saab 'it is possible'
tohib 'it is permitted'
tuleb 'one ought to, one must'
võib 'one may'

On aeg tõusta 'It is time to get up'. **On raske leida** paremat kohta 'It is hard to find a better place'. Suvel **on kasulik supelda** 'It is beneficial to go swimming in the summer'. Seda **pole tarvis teha** 'That is not necessary to do'. Tõde **on valus kuulda** 'The truth is painful to hear.'

128

Exception: Nüüd **peab** koju **minema** 'Now one must go home'. The impersonal expression **peab** 'one must' takes the **-ma** infinitive.

§ 141. d) after the conjunction **et**, when it means 'in order to':

Ma sõidan maale, **et puhata** 'I am driving to the country, in order to rest'.

       e) when the infinitive is used as the subject in a sentence, or when it modifies a subject:

Eksida on inimlik 'To err is human'. Mul on lust **laulda** 'I have a desire to sing'.

§ 142. In many cases, the **-ma** and **-da** infinitives have the same stem: **luge/ma-- luge/da** 'to read', **õppi/ma--õppi/da** 'to learn or study', **rääki/ma--rääki/da** 'to talk'.

In other cases, the stems may be different. For example, when the stem of the **-ma** infinitive ends in **-oo** or **-öö**, the **-da** infinitive will end in **-uu** or **-üü**, respectively: **too/ma--tuu/a** 'to bring', **söö/ma--süü/a** 'to eat'.

Other examples of differences between the stems of the two infinitives include:

jooks/ma--joos/ta 'to run'	**tege/ma--teh/a** 'to do'
mõtle/ma--mõ(t)el/da 'to think'	**tule/ma--tull/a** 'to come'
ole/ma--oll/a 'to be'	**ütle/ma--ütel/da** or **öel/da** 'to say'
oota/ma--ooda/ta 'to wait'	

§ 143. The **-da** infinitive is also used to construct other verb forms, including the perfect (**-nud**) participle (Lesson 24). In word lists, the **-da** infinitive is listed after the **-ma** form, and is in turn followed by the present tense form (1st person singular).

    aitama, aidata, aitan 'to help'
    laul/ma, -da, -an 'to sing' [read: laulma, laulda, laulan]
    luge/ma, -da, loen 'to read'
    olema, olla, olen 'to be'
    sõit/ma, -a, sõidan 'to drive, ride'
    tegema, teha, teen 'to do'
    tulema, tulla, tulen 'to come'
    usku/ma, -da, usun 'to believe'

Text

    -- Tule *sööma*, pojake.
    -- Ma ei taha *süüa*.
    -- Aeg on hiline, mine siis *magama*.
    -- Ma ei taha veel *magada*. Ma tahan *laulda, joosta, mängida*.

Emakene, ära sunni
mind nii vara *magama*!
Aega on ju, üle tunni
veel ma võiksin *mängida*!

*

Ma tahaksin heameelega hommikul kaua *magada*, aga ma pean
üles *tõusma* ja tööle *minema*! Mul on vaja raha *teenida*, et ära *elada*.
Ma tahan õhtul *minna* teatrisse, aga ma pean koju *jääma*. Ma pean
kodus *istuma* ja *õppima*. Ma lihtsalt ei tea, mida ma pean *tegema*!
Pole midagi *teha*, tuleb koju *jääda* ja *töötada*. Kas te peate juba *minema*? Ma ei taha küll *minna*, kuid mul on
kiire. Ma kardan *hilineda* professori loengule. Loodan õigel ajal
kohale *jõuda*. Pärast ma võin ju tagasi *tulla*.

*

Kes hästi tahab *surra*, peab hästi *elama*. Mõistad *alata*, mõistad ka
lõpetada. Inimene ei ela selleks, et *süüa*, vaid sööb selleks, et *elada*.
Ela ise ja lase teisi ka *elada*.

*

Telefonikõne

-- Täna on ilus ilm. Kas me ei läheks *jalutama*?
-- Ma olen väga väsinud. Tahan täna kodus *istuda* ja *puhata*.
-- Sa oled alati väsinud! Kas sa ei tea, et inimene peab värske
õhu käes *viibima* nii palju kui võimalik.
-- Hea küll, ma olen nõus kaasa *tulema*. Sinuga on raske *vaielda*.
Kuhu sa kavatsed *minna*? Sa tead, et mulle ei meeldi linnas *jalutada*.
-- Me võime ju linnast välja *sõita*. Poole tunniga jõuame ilusasse
metsa.
-- Millal me hakkame *minema*?
-- Ma tulen sulle kohe autoga järele.
-- Aga kui vihma hakkab *sadama*? Siis me ei saa *sõita*.
-- Miks sa pead alati selline pessimist *olema*? Katsu *olla* vähe
elurõõmsam. Praegu paistab päike selgest taevast ja pole ette *näha*,
et vihma võiks *tulla*. Muidugi, võid ju vihmavarju kaasa *võtta*. Aga
ei maksa enam aega *viita*. Sea end kiiresti valmis. Ma hakkan kohe
tulema.

*

130

Kus viga näed *laita*, seal tule ja aita. Aeg aitab *arstida*. Kes palju räägib, peab palju *vastama*. Parem kaks korda *küsida*, kui üks kord *eksida*. Parem *karta*, kui *kahetseda*. Maitse üle on asjatu *vaielda*.

Noor *olla* on kevadet rinna sees *kanda*. (Gustav Suits)

Vocabulary

aega on	there is time (enough for)
aega viitma, viita; viidan aega	to waste time, pass the time
algama, alata, algan	to begin
arsti/ma, -da, -n	to doctor, heal
asjatu	fruitless
eksi/ma, -da, -n	to err, get lost
ei maksa	it doesn't pay; you shouldn't
elurõõm/us, -sa	glad (to be alive); enjoying life
end valmis seadma, seada; sean end valmis	to get (oneself) ready
ette nägema, näha; näen ette	to foresee, forecast
hakkama, hakata, hakkan	to begin
hea küll	all right, OK, well enough
heameel, -	pleasure, good mood
hili/ne, -se	late [adj.]
hiline/ma, -da, -n	to be [arrive] late
jooksma, joosta, jooksen	to run
jõudma, jõuda, jõuan	to have the time, manage
järele	(to) after, behind
kahetse/ma, -da, -n	to regret
kandma, kanda, kannan	to carry
kartma, karta, kardan	to fear
katsu/ma, -da, -n	to try
kavatse/ma, -da, -n	to plan, intend
kevadet	spring (season) [part.]
kiire, -	hurry [n.]; fast [adj.]
kohale jõud/ma, -a; jõuan kohale	to arrive, come forth
laitma, laita, laidan	to criticize, disapprove
laskma, lasta, lasen	to let, allow
lihtsalt	simply
lõpeta/ma, -da, -n	to end
maga/ma, -da, -n	to sleep
maitse, -	taste [n.]
`metsa [short ill.]	(in)to the forest
minema, minna, lähen	to go
mul on kiire	I'm in a hurry
mõist/ma, -a, -an	to understand, know how
mängi/ma, -da, -n	to play
nii palju kui	as much as

nõus olema, olla;	to be willing, to agree to
olen nõus	
nägema, näha, näen	to see
pessimist, -i	pessimist
pida/ma, -da, pean	to have to, must
pole ette näha	it can't be foreseen
pole midagi teha	it can't be helped; there's nothing to do (about it)
puhkama, puhata, puhkan	to rest
rind, rinna	chest, breast
saa/ma, -da, -n	to get, be able
sead/ma, -a, sean	to arrange
selleks et	in order to, for the purpose of
selli/ne, -se	such
sundi/ma, -da, sunnin	to force, compel
surema, surra, suren	to die
sõit/ma, -a, sõidan	to ride, drive, travel
sööma, süüa, söön	to eat
teeni/ma, -da, -n	to earn
tegema, teha, teen	to make, do
`teisi	others [part.pl.]
telefonikõne, -	telephone conversation
tuleb	one should, one must
tulema, tulla, tulen	to come
vaidlema, vaielda, vaidlen	to argue, dispute
vaja	necessary
vihmavar/i, -ju	umbrella
viibi/ma, -da, -n	to linger, be (somewhere)
viit/ma, -a, viidan (aega)	to spend (time)
või/ma, -a, -n	to be able, have permission
võimalik, -u	possible
vähe	little [adv.]
ära ela/ma, -da; elan ära	to be able to live, exist
üldse	at all, in general
üles tõus/ma, -ta; tõusen üles	to rise, get up

Exercises

1. *Translate into English, identify the infinitives, and explain why the -ma or -da form is used:* Mis te tahate teha? Me kavatseme sõita välismaale. Millal te hakkate sõitma? Kas teile meeldib lennukiga sõita? Tule meiega mängima. Ta lubab alati tulla, kuid et tule. Miks sa ei taha minuga rääkida? Mis see peab tähendama? Kui tahad lugeda, siis loe! Arst ütleb, et sa pead palju sööma ja puhkama, kui sa tahad terve olla. Ei maksa enam palju rääkida. Ma ei taha aega viita. Ma pean nüüd minema. Ma mõtlen varsti koju minna. Hakkame, mehed, minema.

2. *Choose the correct form in the parentheses:* Millal sa hakkad (õppima/õppida)? Tule meiega parki (jalutama/jalutada). Kas ma tohin (suitsetama/suitsetada)? Ma katsun (tegema/teha) mis võimalik et sind (aitama/aidata). Laps õpib (lugema/lugeda). Sa pead (olema/olla) viisakas vanema inimese vastu! Kas sulle meeldib teatris (käima/käia)? Mis sa tahad (ütlema/ütelda)? Ma pean (ütlema/ütelda), et ma ei julge sinna (minema/minna). Isa ja poeg lähevad (jalutama/jalutada). Sa pead hästi (õppima/õppida). Lapsed lähevad (laulma/laulda).

3. *Translate into Estonian:* I am sick and must lie down. You [*sing.*] may not smoke here. We must go now. Do you [*pl.*] want to eat? I don't want to study; I want to go to the theater. When do you [*sing.*] start to study? I will try to come tomorrow. She must come soon. Can you [*sing.*] sing? I intend to go home soon. I want to sleep. Come with us on a walk [to walk]. I must speak with you [*sing.*] Why do you [*pl.*] not want to speak with us?

Expressions

Kas tohib sisse astuda?
May I/we/one come in?

Kas ma tohin küsida?
May I ask?

Kas ma võiksin sinuga/teiega paar sõna rääkida?
Could I have [speak] a couple of words with you?

Kellega on mul au kõnelda?
With whom do I have the honor of speaking?

Mul on au/rõõm teatada, et...
I have the honor/pleasure of announcing that...

Millega võin sulle/teile kasulik olla?
How [With what] can I be of service to you?

Ma tahaksin teada, mis see tähendab.
I'd like to know what this means.

Kas tohin paluda?
May I trouble [beg] you (to dance)?

Palun sind/teid tantsima.
I invite [beg] you to dance.

Heameelega. --Tänan, ma ei tantsi.
With pleasure. --Thanks, (but) I don't dance.

Ma olen väsinud. Ma ei jõua enam tantsida.
I'm tired. I can't (manage to) dance any more.

Katsu(ge) minust aru saada.
(You [*sing./pl.*]) Try to understand me.

Kas siin tohib suitsetada?
Is smoking permitted here?

--Jah, palun.
--Yes, please (do).

Siin ei tohi suitsetada.
Smoking is not permitted here.

Kas sa saad sellega hakkama?
Can you [*sing.*] manage with that?

Saab näha. Saame näha.
It'll become apparent [One will see]. We'll see.

Võib-olla. Raske ütelda.
Perhaps. Hard to say.

Mis teha?
What can be done? [What (is there) to do?]

Mis sa nüüd mõtled teha?
What are you [*sing.*] thinking of doing now?

Nii ei tohi teha!
You can't do that!

Pole kuhugi minna. Pole millestki rääkida.
There's nowhere to go. There's nothing nothing to talk about.

Pole midagi parata.
There's nothing you can do (to make it better).

Ma tahan koju minna.
I want to go home.

Pean nüüd minema. Hakkame minema.
I have to go now. Let's get going.

133

Answers to Exercises

1. What do you [*pl.*] want to do? (**teha** is the infinitive; **-da** form is used because it is preceded by **tahtma** 'to want', a verb of volition.)
We plan to go/travel abroad. (**sõita** is the infinitive; **-da** form is used because it is preceded by **kavatsema**, a verb of intention).
When will you [*pl.*] start to travel/ride/drive? (**sõitma** is the infinitive; **-ma** form is used because the verb **hakkama** requires it.)
Do you [*pl.*] like to fly/ride in an airplane? (**sõita** is the infinitive; **-da** form is used because it follows an expression of feeling.)
(You [*sing.*]) Come play with us. (**mängima** is the infinitive; **-ma** form is used because it is preceded by **tulema**, a verb of motion.)
He/She always promises to come, but does not come. (**tulla** is the infinitive; **-da** form is used because the verb **lubama** expresses an intention.)
Why don't you [*sing.*] want to talk with me? (**rääkida** is the infinitive; **-da** form is used because it is preceded by **tahtma**, a verb of volition.)
What must this mean? [What is this supposed to mean?] (**tähendama** is the infinitive; **-ma** form is used, even though impersonal expressions normally take **-da** form, because **peab** is an exception to the usual pattern.)
If you [*sing.*] want to read, then read! (**lugeda** is the infinitive; **-da** form is used because it is preceded by **tahtma**, a verb of volition.)
The doctor says that you [*sing.*] have to eat and rest a lot, if you want to get well. (**-ma** forms **sööma** and **puhkama** are used because **peab** requires them, in contrast to other impersonal expressions which take **-da** form; **olla** is used because **tahtma**, a verb of volition, takes the **-da** form.)
There's no point in talking much any more. [It won't pay to keep on talking a lot.] (**rääkida** is the infinitive; **-da** form is used because it comes after an impersonal expression.)
I don't want to waste time. (**viita** is the infinitive; **-da** form is used after **tahtma**, a verb of volition.)
I must go now. (**minema** is the infinitive; **-ma** form is used because **peab** requires it.)
I'm thinking of going home soon. (**minna** is the infinitive; **-da** form is used because **mõtlema** expresses intention.)
Let's get going, men. [Let's begin to go, men.] (**minema** is the infinitive; **-ma** form is used after **hakkama** 'to begin'.)

2. Millal sa hakkad õppima? Tule meiega parki jalutama. Kas ma tohin suitsetada? Ma katsun teha mis võimalik et sind aidata. Laps õpib lugema. Sa pead olema viisakas vanema inimese vastu! Kas sulle meeldib teatris käia? Mis sa tahad ütelda? Ma pean ütlema, et ma ei julge sinna minna. Isa ja poeg lähevad jalutama. Sa pead hästi õppima. Lapsed lähevad laulma.

3. Ma olen haige ja pean lamama [pikali heitma]. Sa ei tohi siin suitsetada. Me peame nüüd minema. Kas te tahate süüa? Ma ei taha õppida, ma tahan minna teatrisse. Millal sa hakkad õppima? Ma katsun tulla homme. [Katsun homme tulla.] Ta peab varsti tulema. Kas sa oskad laulda? [Oskad sa laulda?] Ma kavatsen [mõtlen] varsti koju minna. Ma tahan magada. Tule meiega jalutama. Ma pean sinuga rääkima. Miks [Mispärast] te ei taha meiega rääkida?

Lesson 22

Grammar

More about Infinitives

§ 144. Different verbs require different forms of the infinitive that may follow them. When several infinitives or verbs that govern their use appear in the same sentence, the type of infinitive to be used is determined by the verb that is closest to it in context, regardless of its actual place in the word order or its formal status. The verb that governs an infinitive, for instance, may itself be in the form of an infinitive. Consider the following example:

Sa **pead oskama** hästi **lugeda.**   'You must know how to read well.'

The verb **pead** 'must' requires the **-ma** infinitive, so the combination 'must know' becomes **pead oskama.** The verb **oskama** takes the **-da** infinitive, so the combination 'know (how) to read' becomes **oskama lugeda.**

The word order in this sentence can be rearranged so that it reads, for example: Sa **pead** hästi **lugeda oskama.** Regardless of their places in the sentence, **pead** still governs the infinitive **oskama,** which in turn still governs **lugeda.**

Compare the following:

Sa **pead hakkama lugema.**   'You must begin to read.'
    (pead - hakkama, hakkama - lugema)

Sa **tahad hakata lugema.**   'You want to begin to read.'
    (tahad - hakata, hakata - lugema)

§ 145. Many Estonian verbs are accompanied by adverbial particles (§19 in Lesson 3). When the verb is in the form of an infinitive, the particle precedes it. When the verb is conjugated, in the present tense for example, the particle follows it.

-ma Infinitive	*-da Infinitive*	*Present Tense*
aru saama 'to understand'	**aru saada**	**saan aru** 'I understand'
ära sõitma 'to drive off'	**ära sõita**	**sõidan ära** 'I drive off'
osa võtma 'to take part'	**osa võtta**	**võtan osa** 'I take part'
kinni panema 'to close (up)'	**kinni panna**	**panen kinni** 'I close (up)'
pealt vaatama 'to look on'	**pealt vaadata**	**vaatan pealt** 'I look on'

Examples: Ma **tulen** varsti **tagasi.**   'I will come back soon.'
    Ma pean varsti **tagasi tulema.**   'I must come back soon.'
    Ma tahan varsti **tagasi tulla.**   'I want to come back soon.'

Declension of the -ma Infinitive

§ 146. In English, the infinitive always retains the same form. In Estonian, however, the infinitive can be modified, to take on certain case forms. Originally the **-ma** infinitive was like the English gerund, a verb with the **-ing** ending that may be treated as a noun ('Swimming is fun'; 'I like singing'.). So its occasional noun-like usages are not so strange after all.

135

§ 147. In current usage, the **-ma** infinitive may be found in five different case forms:

1) Short Illative (Lesson 15)

In its basic form, with no ending (as in **laulma** 'to sing'), the **-ma** infinitive can be considered to answer the questions **kuhu?** 'where to?' and **millesse?** '(in)to what?'. The basic form indicates an action which someone or something sets off to do.

Lähme **laulma!** 'Let's go sing [to the singing]!'. Tule **sööma** '(You [sing.]) Come and eat'. Lapsed lähevad `kooli **õppima** 'The children go to school to learn'.

In all these examples, the English translation could employ the phrase 'in order to' before the infinitive.

§ 148. 2) Inessive (Lesson 14)

By adding the ending **-s** to the **-ma** infinitive (as in **laulma/s** 'in singing, at the singing'), it can be used to answer the questions **kus?** 'where?' and **milles?** 'in/at what?'. The inessive form indicates an action which someone or something is engaged in at the moment.

Lapsed on **laulmas** 'The children are (engaged in) singing'. Äike on **tulemas** 'A thunderstorm is coming'. Isa on pojaga **jalutamas** 'The father is on a walk [has gone walking] with the son'.

In old-fashioned English, the prefix **a-** might have been used in translating these usages (a-singing, a-coming, a-walking).

Notice the following usages: Mul **on** kõik **olemas** 'I have everything'. **On olemas** mitmesuguseid inimesi 'There are (in existence) various kinds of people'. Suvel **käin** tihti **suplemas** 'In the summer I often go swimming'.

§ 149. 3) Elative (Lesson 14)

By adding **-st** to the **-ma** infinitive (as in **laulma/st** 'from singing'), it can be used to answer the questions **kust** 'from where?' and **millest?** 'from/out of what?'. The elative form indicates an action which someone or something is coming from doing.

Lapsed tulevad **laulmast** 'The children are coming from singing [after having sung]'. Vend tuleb **suplemast** 'Brother is coming from swimming [after having swum]'. Ma olen tüdinud **lugemast** 'I am sick of [bored from] reading'. Ära väsi **palumast!** 'Don't (you [sing.]) get tired from asking [Keep on asking]'.

Notice the following usages: Tänan **küsimast** 'Thanks for asking'. Tänan **kutsumast** 'Thanks for inviting (me/us)'. Tere **tulemast** 'Welcome [Greetings, for having come]'.

§ 150. 4) Abessive (Lesson 20)

By adding **-ta** to the **-ma** infinitive (as in **laulma/ta** 'without singing'), it can be used to answer the question **(ilma) milleta?** 'without what?'.

Mees istub **liikumata** 'The man sits without moving [motionless]'. Ära tee seda **ilma** minu **teadmata** 'Don't (you [*sing.*]) do it without my knowing/knowledge'. Ta läks minema **ilma** mind **aitamata** 'He/She went off without helping me'.

Where the abessive is used as an adjective to modify a noun, it can be translated with the English past participle:

Töö on **tegemata** 'The work is unfinished [not done]'. **Lõpetamata** sümfoonia 'The Unfinished Symphony'. **Kutsumata** külalised 'Uninvited guests'. **Kirjutamata** seadus 'An unwritten law'.

§ **151.** 5) Translative (Lesson 25)

In modern usage, one can add **-ks** to the **-ma** infinitive (as in **laulma/ks** 'for the purpose of singing'), to answer the question **milleks?** 'for what (purpose)?'. This provides a shorter way of saying something like **selleks et laulda** 'in order to sing'.

Noormees astus ülikooli **õppimaks** õigusteadust 'The young man entered the university for the purpose of studying law'. [= Noormees astus ülikooli, **selleks et** õigusteadust **õppida**. = Noormees astus ülikooli õigusteadust **õppima**.]

The Gerund (-des Form)

§ **152.** Along with the **-da** infinitive, there is a form derived from it that indicates some action which occurs at the same time as another: Me istume **vaikides** 'We sit (while) being quiet'.

This gerund form is constructed by substituting the endings **-des**, **-tes**, or **-es** for **-da**, **-ta**, or **-a**, respectively:

-da Infinitive	*Gerund*
laul/da 'to sing'	**laul/des** '(while) singing'
tööta/da 'to work'	**tööta/des** '(while) working'
joos/ta 'to run'	**joos/tes** '(while) running'
ooda/ta 'to wait'	**ooda/tes** '(while) waiting'
tull/a 'to come'	**tull/es** '(while) coming'
minn/a 'to go'	**minn/es** '(while) going'

Here are some examples of how this form is used:

Süües tõuseb isu 'While eating, the appetite increases'. Õnnetus ei hüüa **tulles** 'An accident does not yell (to signal) that it comes'. Laps tuleb **joostes** koju 'The child comes running home'. **Lauldes** ja **mängides** läheb aeg kiiresti 'While (you're) singing and playing, time passes quickly'. Aeg läheb **lennates** 'Time flies [goes a-flying]'.

§ **153.** The gerund originated from the inessive case (ending in **-s**) of the **-da** infinitive, which was used to answer the questions **kus?** 'where?' and **milles?** 'in/at what?'. No other case forms of **-da** infinitives survive in current usage.

Text

-- Kes on see noormees?
-- See on mu hea tuttav, käin temaga sageli *jalutamas*, vahel ka kinos ja teatris. Mõnikord käime ka koos *tantsimas*.

*

-- Tere päevast. Kuidas elu läheb?
-- Tänan *küsimast*. Elu läheb hästi. Kust sa tuled?
-- Tulen *suplemast*. Ilusa ilmaga käin tihti *suplemas*. Ilma *suplemata* ma ei saa üldse olla. Kas sa ei taha tulla minuga koos *suplema*?
-- Ma ei armasta *supelda*. Mul hakkab *supeldes* alati külm.
-- Kas saad õhtul meile külla *tulla*?
-- Tänan *kutsumast*. Tulen heameelega.

*

Kui tahad *õppida käskima*, siis pead enne *õppima* käsku *täitma*.
Katsumata ikka kaunis, *maitsemata* ikka magus. Häda *rääkida*, häda *rääkimata jätta*.
Mida tühjem tünn, seda suurem on mürin *sõites*. (Vanasõna)

Kohtumine tänaval

Kord tänaval *jalutades* kuulen korraga, et keegi läheneb mulle selja tagant kiiresti *joostes*. Pööran ümber ja näen, et jooksja on mu vana tuttav insener Kaljuste, keda tunnen juba Eestist.
-- Tervist! hüüan talle vastu.

138

-- Kaljuste jääb seisma raskelt *hingeldades*.
-- Tere! jõuab ta lõpuks *ütelda*.
-- Tore teid jälle üle hulga aja *näha*, ütlen. Kuhu te ruttate?
-- Lähen *võimlema*. Käin paar korda nädalas *võimlemas*. Arst
käsib *võimelda* ja üldse tervise peale *mõelda*. Tahan ka kaalus maha
võtta. Näete ju ise, et see on mulle vajalik. Kas te ei mõtle ka
võimlema hakata?
-- Pean sellele veel *mõtlema*, vastan *naerdes*. Arvan aga, et mul
praegu pole võimalik *võimlema hakata*. Pean palju *töötama*. Õhtul
tuleb kodus *istuda* ja *õppida*. Mul on ju ülikool veel *lõpetamata*.
Saan *mõelda* ainult töö peale.
-- Kuidas siis nii saab? hüüab Kaljuste *pahandades*. Inimene
peab ka muu peale *mõtlema*. Tuleb seltskondlikust elust osa *võtta*,
sportida, kõigega *tegelda*! Ma käin näiteks ka eesti meeskooris
laulmas. Tulen just praegu *laulmast*. Mulle meeldib väga *laulda*. Kas
te teate, kuidas *lauldes* läheb meel rõõmsaks ja kuidas pärast palju
kergem on *töötada*! Kuid nüüd kahjuks ma ei saa enam teiega edasi
arutada. Mul on väga kiire, pean ju *võimlema minema*. Muidu jääb
täna *võimlemata*. Head aega!
Ütleb ja ruttab *joostes* edasi. Vaatan tublile kaasmaalasele
vaikides järele.

Vocabulary

armasta/ma, -da, -n	to love
aruta/ma, -da, -n	to discuss, consider
heameelega	with pleasure, gladly
hingelda/ma, -da, -n	to gasp, pant
hulk, hulga	some, a bunch
häda, -	need, trouble
insener, -i	engineer
jooksja, -	runner
jätma, jätta, jätan	to leave (off)
kaal, -u	weight, scale
kaasmaala/ne, -se	fellow countryman
katsu/ma, -da, -n	to try, feel
kaunis, `kauni [adj.]	lovely
keda [part. of kes]	whom
kohtumi/ne, -se	meeting, run-in
kord [adv.]	once
korraga	at once, suddenly
kuidas siis nii saab?	how so?
käsk, käsu	order, command
käski/ma, -da, käsin	to order, command
käsku täitma, täita; täidan käsku	to carry out an order
läheb rõõmsaks	becomes happy
maha võtma, võtta; võtan maha	to take off (weight)

139

meel, -e	mood, sense
meeskoor, -i	men's choir
mida tühjem..., seda suurem	the emptier...,the bigger
mul hakkab külm	I get cold
muu, -	other
mürin, -a	rumbling noise
naer/ma, -da, -an	to laugh
noor/mees, -mehe	young man
näiteks	for example
osa, -	part
paar korda	a couple of times
pahanda/ma, -da, -n	to be(come) annoyed or angry
pööra/ma, -ta, -n	to turn
raskelt	heavily
sageli [= tihti]	often
seltskondlik, -u	social, sociable
sporti/ma, -da, spordin	to engage in sport(s)
suplema, supelda, suplen	to swim
tantsi/ma, -da, -n	to dance
tegelema, tegelda, tegelen	to be occupied or busy
tere päevast!	good day!
tervist!	greetings! to your health!
tuttav, -a	acquaintance
täitma, täita, täidan	to fulfill
tünn, -i	barrel
vaiki/ma, -da, -n	to be(come) quiet
vajalik, -u	necessary
võimlema, võimelda, võimlen	to exercise, do gymnastics
üle hulga aja	for some time, after quite a while
ümber	around, over
ümber pööra/ma, -ta; pööran ümber	to turn around

Exercises

1. *Translate into English and explain the use of the infinitives:* Anna lapsele süüa ja juua. Kutsu lapsed sööma. Lapsed peavad magama minema. Ma lähen suplema. Ma armastan ilusa ilmaga supelda. Kui hea on supelda sooja ilmaga! Kui tahad lugeda, siis loe! Õpilane katsub järele ütelda, mida õpetaja ees ütleb. Õde tahab minna teatrisse. See vaene ['unfortunate, poor'] mees ei saa töötada, ta on väga haige. Ta peab lamama. Loodan, et ma varsti hakkan vabalt ['easily'] eesti keelest aru saama.

2. *Translate the following infinitives into their -ma forms in Estonian, and construct all the case forms:* to do, to run, to sit, to take, to want, to come, to go, to eat, to drink, to be, to see, to travel (ride, drive), to say, to talk.

For example: to do -- tegema, tegemas, tegemast, tegemata, tegemaks

3. *Give the -da form and the gerund for each of the infinitives above.*

For example: to do -- teha, tehes

4. *Translate into Estonian:* I am going away tomorrow [*lit.*: tomorrow away]. Do you [*sing.*] want to go [ride/drive] away? I must go [ride/drive] away. You [*sing.*] must sing. I don't want to learn to sing. We take part in social life. We like to take part in social life. The mother is (engaged in) walking with the daughter. They are returning from walking. We stand while being quiet.

Expressions

On olemas. Pole olemas.	There is (some). There isn't (any).
Tänan kutsumast.	Thanks for the invitation.
Ta räägib vahetpidamata.	He talks incessantly [without taking a break].
Ilma aega viitmata.	Without wasting time.
Sellest hoolimata; sellele vaatamata.	Regardless (of that).
Kõige peale vaatamata.	Despite everything.
Kahtlemata.	Without doubt.
Tahes-tahtmata.	Like it or not.
Minu arvates.	In my opinion.
Minu teada mitte.	Not to my knowledge.
Õigemini öeldes. Ausalt öeldes.	Better to say. Truthfully speaking.
Mööda minnes.	Passing by.
Arvestades seda.	Taking that into account.
Sinna minnes. Tagasi tulles.	Going there. Coming back.
Võrreldes (sellega).	In comparison (with that).
Kätt südamele pannes. [Käsi südamel.]	Hand on heart.
Olen rõõmus sind/teid nähes.	I'm glad to see you.

Answers to Exercises

1. '(You [*sing.*]) Give the child food and drink [(something) to eat and drink]'. The verb **andma** expresses a possibility or intention (like **laskma** 'to allow', **aitama** 'to help', and so on; it is thus followed by the **-da** infinitive.
'(You [*sing.*]) Call the children to (come and) eat'. **Kutsuma** is one of the special verbs that always is followed by the **-ma** infinitive.
'The children must go to sleep'. The word 'must' takes the **-ma** infinitive, so the combination 'must go' becomes **peavad...minema**. Verbs of motion like 'to go' also take the **-ma** infinitive, so 'go to sleep' becomes **minema magama**. The word order has been shifted here to become **peavad magama minema**, but that does not change the rules governing the infinitives.
'I am going to swim'. As a verb of motion, **lähen** '(I) am going' requires the **-ma** infinitive.
'I love to swim in beautiful weather'. Verbs expressing emotion or feeling, like **armastama** 'to love', take the **-da** infinitive.
'How good it is to swim in warm weather!'. Impersonal expressions like **on hea** 'it is good' or **kui hea on!** 'how good it is!' take the **-da** infinitive.
'If you [*sing.*] want to read, then read!'. As a verb expressing a desire or wish, **tahtma** takes the **-da** infinitive.
'The student tries to repeat what the teacher says (first)'. As a verb expressing a goal or intention, **katsuma** takes the **-da** infinitive.

141

'Sister wants to go to the theater'. A verb of desire like **tahtma** 'to want' takes the **-da** infinitive.
'That poor man cannot work; he is very sick'. As a verb expressing a possibility, **saama** 'to be able' takes the **-da** form.
'He must lie down [stay in bed]'. The verb **peab** 'must' always takes the **-ma** form.
'I hope that I will soon begin to understand Estonian easily'. The verb **hakkama** 'to begin' always takes the **-ma** form, so '(I) will begin to understand' becomes **hakkan aru saama**.

2. to do -- tegema, tegemas, tegemast, tegemata, tegemaks
   to run -- jooksma, jooksmas, jooksmast, jooksmata, jooksmaks
   to sit -- istuma, istumas, istumast, istumata, istumaks
   to take -- võtma, võtmas, võtmast, võtmata, võtmaks
   to want -- tahtma, tahtmas, tahtmast, tahtmata, tahtmaks
   to come -- tulema, tulemas, tulemast, tulemata, tulemaks
   to go -- minema, minemas, minemast, minemata, minemaks
   to eat -- sööma, söömas, söömast, söömata, söömaks
   to drink -- jooma, joomas, joomast, joomata, joomaks
   to be -- olema, olemas, olemast, olemata, olemaks
   to see -- nägema, nägemas, nägemast, nägemata, nägemaks
   to travel (ride/drive) -- sõitma, sõitmas, sõitmast, sõitmata, sõitmaks
   to say -- ütlema, ütlemas, ütlemast, ütlemata, ütlemaks
   to talk -- rääkima, rääkimas, rääkimast, rääkimata, rääkimaks

3. to do -- teha, tehes
   to run -- joosta, joostes
   to sit -- istuda, istudes
   to take -- võtta, võttes
   to want -- tahtma, tahtes
   to come -- tulla, tulles
   to go -- minna, minnes
   to eat -- süüa, süües
   to drink -- juua, juues
   to be -- olla, olles
   to see -- näha, nähes
   to travel (ride/drive) -- sõita, sõites
   to say -- ütelda, üteldes *or* öelda, öeldes
   to talk -- rääkida, rääkides

4. Ma sõidan homme ära. Kas sa tahad ära sõita? Ma pean ära sõitma. Sa pead laulma. Ma ei taha õppida laulma [laulma õppida]. Me võtame osa seltskondlikust elust. Meile meeldib seltskondlikust elust osa võtta. Ema on tütrega jalutamas. Nad tulevad jalutamast tagasi. Me seisame vaikides.

Lesson 23

Grammar

The Past Tense

§ 154. The simple past or imperfect tense indicates an action that was completed at an earlier time (e.g., 'wrote', 'talked', 'ran'). In Estonian, this tense (called **lihtminevik** or simple past) is derived from the **-ma** infinitive in one of two ways: with either a **-si-** or **-i-** element in the verb, between the stem and the suffix which identifies the person doing the action.

The Past Tense with -si-

§ 155. Most Estonian verbs have the following endings in the past tense:

1st person singular	**-si/n**	*1st person plural*	**-si/me**
2nd person singular	**-si/d**	*2nd person plural*	**-si/te**
3rd person singular	**- s**	*3rd person plural*	**-si/d**

The past tense endings consist basically of **-si-** plus the ending for the subject. The latter is the same as for the present tense (loe/n, loe/d, loe/me, loe/te), except in the 3rd person.

Notice that the past endings for the 2nd person singular (you [*sing.*]) and the 3rd person plural (they) are the same: **-si/d.** The 3rd person plural form was originally **-sivad**, which was consistent with the present-tense ending, but it has contracted to become **-sid** in modern usage.

§ 156. The past-tense endings are added to the stem of the **-ma** infinitive. You begin, for instance, with the infinitive **istuma** 'to sit', and drop the **-ma**, to leave the stem **istu-**. The endings above are then added to this stem, to conjugate the verb in the simple past tense.

ma istu/sin 'I sat'	**me istu/sime** 'we sat'
sa istu/sid 'you [*sing.*] sat'	**te istu/site** 'you [*pl.*] sat'
ta istu/s 'he/she/it sat'	**nad istu/sid** 'they sat'

Examples: Ma **istusin** kodus ja **lugesin** 'I *sat* at home and *read*'. Mis sa **ütlesid?** 'What *did* you [*sing.*] *say*?'. Õpetaja **küsis** ja õpilane **vastas** 'The teacher *asked* and the pupil *answered*'. Me **käisime** eile teatris 'We *went* to the theater yesterday'. Kellega te **rääkisite?** 'With whom *did* you [*pl.*] *speak*?'. Nad **hakkasid** koju minema 'They *began* to go home'.

§ 157. Since the past tense is derived from the **-ma** infinitive, it often differs from other forms of the verb, such as the **-da** infinitive and the present tense. (See Lesson 21.) Compare the following:

Present Tense	-ma Infinitive	Past Tense
loe/n 'I read'	luge/ma 'to read'	luge/sin 'I read'
räägi/n 'I talk'	rääki/ma 'to talk'	rääki/sin 'I talked'
tea/n 'I know'	tead/ma 'to know'	tead/sin 'I knew'
taha/n 'I want'	taht/ma 'to want	taht/sin 'I wanted'

-da Infinitive	-ma Infinitive	Past Tense
ütel/da 'to say'	ütle/ma 'to say'	ütle/sin 'I said'
haka/ta 'to begin'	hakka/ma 'to begin'	hakka/sin 'I began'
ärga/ta 'to awake'	ärka/ma 'to awake'	ärka/sin 'I awoke'
aida/ta 'to help'	aita/ma 'to help'	aita/sin 'I helped'

§ 158. When the stem of the **-ma** infinitive ends in a consonant (as in tead/ma 'to know', sõit/ma 'to ride/drive', laul/ma 'to sing'), an **-i-** is inserted before the **-s** ending of the 3rd person singular. This makes for easier pronunciation.

> ta tead/**is** 'she knew' (compare with luge/**s** 'she read')
> ta sõit/**is** 'she rode/drove'
> ta laul/**is** 'she sang'

If the stem has a single **p** or **t** after a short vowel, the 3rd person singular form doubles this consonant:

> ta nutt/**is** 'he cried' (nut/ma 'to cry', nut/sin 'I cried')
> ta võtt/**is** 'he took' (võt/ma 'to take', võt/sin 'I took')
> ta tapp/**is** 'he killed' (tap/ma 'to kill', tap/sin 'I killed')
> ta katt/**is** 'he covered' (kat/ma 'to cover', kat/sin 'I covered')

§ 159. If the stem already ends in **s**, the **s** in the past ending is omitted, except in the 3rd person singular, where an **-i-** is also inserted.

> seis/ma 'to stand'   ma seis/**in** 'I stood' (not seis/sin)
> tõus/ma 'to rise'   sa tõus/**id** 'you [*sing.*] rose' (not tõus/sid)
> jooks/ma 'to run'   ta jooks/**is** 'he ran' (not jooks/s)

§ 160. Note: The verb **minema** 'to go' is irregular. Its stem in the past tense does not come from the **-ma** infinitive, but is related to the present tense form of **lähen** 'I go'.

> ma **läk/sin** 'I went'   me **läk/sime** 'we went'
> sa **läk/sid** 'you [*sing.*] went'   te **läk/site** 'you [*pl.*] went'
> ta **läk/s** 'he/she/it went'   nad **läk/sid** 'they went'

The Past Tense with -i-

§ 161. For some verbs, the past tense is made without **-si-**. In these cases, an **-i-** element is used, to which the personal endings are added. The 3rd person singular adds nothing to the **-i**.

1st person singular	**-i/n**		*1st person plural*	**-i/me**
2nd person singular	**-i/d**		*2nd person plural*	**-i/te**
3rd person singular	**-i**		*3rd person plural*	**-i/d**

144

§ 162. Two types of verbs are conjugated in this manner in the past tense:

1) some verbs with two-syllable stems ending in **-e-**, such as ole/ma 'to be'

ma **ol/in** 'I was'	me **ol/ime** 'we were'
sa **ol/id** 'you [*sing.*] were'	te **ol/ite** 'you [*pl.*] were'
ta **ol/i** 'he/she/it was'	nad **ol/id** 'they were'

Other verbs in this category include **tule/ma** 'to come', **tege/ma** 'to do', **näge/ma** 'to see', **sure/ma** 'to die', **pane/ma** 'to put', **pese/ma** 'to wash'.

Tulin, nägin, võitsin 'I *came*, I *saw*, I *conquered*' (Caesar). Ta **suri** noorelt 'He *died* young'. Kus te eile **olite** ja mis te **tegite**? 'Where *were* you [*pl.*] yesterday and what *did* you *do*?

§ 163. 2) a few verbs with stems ending in **aa, ää, oo,** or **öö.** In these cases, the double vowel of the **-ma** infinitive becomes a single vowel in the past tense, and **oo** or **öö** changes to **õ**.

-ma Infinitive	*Past Tense*
saa/ma 'to get'	**sa/in** 'I got'
jää/ma 'to remain'	**jä/in** 'I remained'
joo/ma 'to drink'	**jõ/in** 'I drank' (o>õ)
söö/ma 'to eat'	**sõ/in** 'I ate' (ö>õ)
too/ma 'to bring'	**tõ/in** 'I brought' (o>õ)
loo/ma 'to create'	**lõ/in** 'I created' (o>õ)
löö/ma 'to hit'	**lõ/in** 'I hit' (ö>õ)

Sample conjugation:

ma **sa/in** 'I got'	me **sa/ime** 'we got'
sa **sa/id** 'you [*sing.*] got'	te **sa/ite** 'you [*pl.*] got'
ta **sa/i** 'he/she/it got'	nad **sa/id** 'they got'

Kas sa **said** aru, mis ma ütlesin? '*Did* you *understand* what I said?'. Mees **sõi** ja **jõi** liiga palju ja **jäi** haigeks 'The man *ate* and *drank* too much and *got* sick'.

§ 164. Note: The verb **pida/ma** 'to hold, to have to' has a different past-tense form for each of its two meanings. The **-si-** form of the past tense is used when the verb means 'to hold': **pida/sin** 'I held'. The **-i-** form is used when the verb means 'to have to': **pid/in** 'I had to'.

Ma olin haige ja ma **pidin** koju minema 'I was sick and I *had to* go home'. Ta **pidi** tulema, aga ei tulnud 'He *was supposed to [had to]* come, but did not (come)'.
Nad **pidasid** kinni oma lubadusest ja tulid 'They *held* (to) their promise and came'.

The verb **lask/ma** 'to allow, to shoot' also has two alternative forms in the past tense: **lask/sin** and **las/in** 'I allowed, I shot'. These are interchangeable, so that either one can be used for either of the verb's distinct meanings.

Text

Ühel hommikul

Ärkasin hommikul vara. *Tõusin* voodist üles ja *läksin* akna juurde. *Vaatasin* aknast välja. Ilm *oli* ilus. Taevas *oli* selge. Päike *paistis* soojasti ja *meelitas* toast välja minema. *Võimlesin.* Siis *ajasin* habet, *pesin* end ja *panin* end riidesse. Seejärel *läksin* kööki, *sõin* vähe ja *jõin* kohvi. Kui *olin* valmis, *läksin* aeda jalutama. Armastan jalutada vara hommikul värske õhu käes. *Jalutasin* aias pool tundi ja siis *tulin* tuppa tagasi. Kell *oli* seitse. *Keerasin* raadio lahti. *Kuulasin* raadiost päevauudiseid. *Vaatasin* läbi värske ajalehe. *Võtsin* siis raamatud ning vihikud ja *seadsin* end valmis ülikooli minema. Mul *oli* juba palitu seljas ning müts peas ja *olin* uksest välja minemas, kui telefon *helises.*

-- Hallo, ma kuulen.
-- Kas oled juba üleval? *küsis* üks unine hääl. See *oli* mu kursusekaaslane Lembit. *Tundsin* ta häälest ära.
-- *Tõusin* magamast juba ammu tagasi, *vastasin. Käisin* juba väljas jalutamas. *Pidin* just hakkama tööle minema, kui sa *helistasid.* Kuidas sul läheb?
-- Viletsasti! *Tulin* eile hilja koju ja *läksin* ka hilja magama. Täna on küll ilus ilm, aga eile *oli* külm ja *sadas* vihma. *Külmetasin* end ära.
-- Kuidas sa *magasid?*
-- Halvasti. *Nägin* unes, et *läksin* eksamile ja *kukkusin* läbi. Küll *oli* kole unenägu!

*

<<Vastupidi!>> *ütles* mees, kes *kukkus* trepist alla. (Rootsi kõnekäänd)

Vocabulary

ammu tagasi	a long time ago
habet aja/ma, -da; ajan habet	to shave (one's beard)
hilja	late [adv.]
kohv, -i	coffee
kole, koleda	ugly, terrible
kukku/ma, -da, kukun	to fall
kursusekaasla/ne, -se	classmate

146

kõnekään/d, -u	saying
küll	certainly, indeed
külmetan end ära	I catch a cold
lahti keera/ma, -ta;	to turn on (radio, TV)
keeran lahti	
Lembit, -u	man's name
läbi kukku/ma, -da;	to flunk, fail
kukun läbi	
läbi vaatama, vaadata;	to look through
vaatan läbi	
meelita/ma, -da, -n	to entice, flatter
peavalu, -	headache
pesema, pesta, pesen	to wash
pesen end	I wash myself
pidin just	I was just about to
päevauudiseid [part.pl.]	the news
riidesse panema, panna;	to dress
panen end riidesse	I dress (myself)
sadas `vihma	it rained
soojasti	warmly
trepist alla	down the stairs
une/nägu, -näo	dream
unes nägema, näha; näen unes	to see in a dream
uni/ne, -se	sleepy
vastupidi	the other way, on the contrary
viletsasti	poorly, awfully
ära tundma, tunda; tunnen ära	to recognize
üleval	up (above)

Exercises

1. *Conjugate in the simple past tense:* paluma 'to beg', lubama 'to allow, promise', rääkima 'to talk', ütlema 'to say', küsima 'to ask', minema 'to go', tahtma 'to want', sõitma 'to ride/drive', jooksma 'to run', tegema 'to do', nägema 'to see', sööma 'to eat', jooma 'to drink'.

2. *Translate into English:* Ma käisin eile kinos. Kas oli ilus film? Kus sa eile olid? Mis sa täna öösel unes nägid? Kuidas te magasite? Kuhu nad läksid? Nad elasid vanas majas. Mis te eile tegite? Me istusime kodus ja õppisime. Millal sa ärkasid? Millal ta läks tööle? Ma jätsin raamatud koju. Mul oli kiire. Ma pidin jooksma, et jõuda rongile. Ta pidi just välja minema, kui ma koju tulin. Kui palju kell oli, kui sa tulid? Onu ja tädi tulid külla. Mul oli külm. Ma pidin minema arsti juurde.

3. *Put the verb in parentheses into the past tense:* Ma (töötama). Sa (tulema). Ta (tahtma) koju jääda. Lapsed (jooksma) ja (mängima) pargis. Ma (sõitma) välismaale. Onu (sõitma) meile külla. Ma (olema) kodus, kui ta (tulema). Miks sa (naerma)? Te (laulma) hästi. Kus te eile (olema)? Mis sa (tegema)? Kuhu su sõber (jääma)? Kas sa (kuulma), mis isa (ütlema)? Vend (minema) loengule. Me (istuma) ja (lugema). Nemad (õppima). Kas te (nägema), mis see mees (tegema)? Ta (olema) väga lahke. Ma (minema) koju. Kuhu nad (minema)? Kas sa (teadma), et ma tulen? Tema (teadma), et me sinna (minema). Kus sa (olema)? Nad (olema) väga rõõmsad, kui nad (saama) seda teha. Üliõpilane (olema) õnnetu. Ta (kukkuma) eksamil läbi.

147

4. *Change the verbs from the present to the past tense:* Ma olen haige. Ma pean voodis lamama. Ta tahab mind aidata. Sa istud kodus ja loed. Me seisame ja räägime. Teie küsite ja õpetaja vastab. Nad tahavad minna koju. Me täname ja läheme ära. Mis ta ütleb? Mis sa mõtled? Nad mõtlevad minna teatrisse.

5. *Translate into Estonian:* We awoke early in the morning. He looked out (through) the window. The sun shone. He shaved. They washed themselves. Who went into the kitchen? You [*pl.*] came home. Father looked through the latest [freshest] newspapers. He was just about to go out, when the telephone rang. We recognized him by his voice. You [*pl.*] were just about to go to work, when he came. You [*sing.*] came home late yesterday. What did you [*sing.*] do? I went to the theater. There was bad weather yesterday. It is raining. It rained. I dreamt that I won in the lottery [loteriil]. We will decline to go [jätma minemata] to the university today. We'll begin to work tomorrow. What did you [*sing.*] say? I was thinking about going to the doctor tomorrow. The man fell down the stairs. They flunked the test.

Expressions

Mis sa eile tegid? Mis te eile tegite?	What did you do yesterday?
Ma olin kodus, tööl, väljas.	I was at home, at work, out.
Kus sa eile käisid?	Where did you [*sing.*] go yesterday?
Ma käisin teatris, kinos, külas, jalutamas.	I went to the theater, to the movies, on a visit, on a walk.
Mis sa ütlesid? Mis te ütlesite?	What did you say?
Vabanda(ge), et ma hilinesin.	(You [*sing./pl.*]) Excuse me for being late.
Pole viga. Parem hilja kui mitte kunagi.	No problem. Better late than never.
Mul on kahju, et ma lasin sind oodata.	I'm sorry that I made you [*sing.*] wait.
Pole viga, kallim. Kõik on korras.	No problem, dear(est). Everything is in order.
Hea, et tulid. Hästi tegid, et tulid.	It's good that you came. You did well to come.
Kuidas see juhtus?	How did this happen?
Kuidas läks? -- Päris hästi. Kehvasti.	How did it go? -- Rather well. Poorly.
Sain eksamil läbi. Kukkusin (eksamil) läbi.	I passed the exam. I failed (the exam).
See läks naela pea pihta!	That hit the nail (right) on the head!
See oli ammu tagasi.	It was a long time ago.
See oli ilus laul!	That was a beautiful song!
Vabandust, ma eksisin. -- Palun väga.	Excuse me, I made a mistake. -- That's all right.
See oli minu süü.	It was my fault.

Uni

Sleep

Päev on läbi. Õhtu on käes. On õhtu.	The day is done. Evening is here. It is evening.
Ma olen väsinud. Ma tahan magada.	I am tired. I want to sleep.
Uni tuleb peale.	I'm getting sleepy. [Sleep is coming (on).]

Ma heitsin vara magama. Ma jäin magama.	I went to bed early. I fell asleep.
Ma haigutasin. Ma jäin tukkuma.	I yawned. I dozed off.
Ma tukkusin. Ma norskasin.	I dozed. I snored.
Voodi, madrats, tekk, lina, padi.	Bed, matress, blanket, sheet, pillow.
Ma ärkasin vara üles.	I woke up early.
Ma tõusin hommikul vara üles.	I got up early in the morning.
Kas sa magasid hästi? -- Jah, tänan.	Did you [*sing.*] sleep well? -- Yes, thanks.
Kuidas sa magasid? Kuidas te magasite?	How did you sleep?
Mis sa (täna öösel) unes nägid?	What did you [*sing.*] dream about (in the night)?
See oli ilus unenägu.	It was a beautiful dream.
Pane laps(ed) magama.	(You [*sing.*]) Put the child(ren) to bed.
Laps magab, ära teda ärata!	The child is sleeping. Don't (you [*sing.*]) wake him/her.
Ärata mind homme hommikul vara.	(You [*sing.*]) Wake me early tomorrow morning.
Head ööd. Head und.	Good night. Pleasant dreams.
Maga(ge) hästi.	(You [*sing./pl.*]) Sleep well.

Answers to Exercises

1.

ma	palusin	lubasin	rääkisin	ütlesin	küsisin	läksin
sa	palusid	lubasid	rääkisid	ütlesid	küsisid	läksid
ta	palus	lubas	rääkis	ütles	küsis	läks
me	palusime	lubasime	rääkisime	ütlesime	küsisime	läksime
te	palusite	lubasite	rääkisite	ütlesite	küsisite	läksite
nad	palusid	lubasid	rääkisid	ütlesid	küsisid	läksid

ma	tahtsin	sõitsin	jooksin	tegin	nägin	sõin	jõin
sa	tahtsid	sõitsid	jooksid	tegid	nägid	sõid	jõid
ta	tahtis	sõitis	jooksis	tegi	nägi	sõi	jõi
me	tahtsime	sõitsime	jooksime	tegime	nägime	sõime	jõime
te	tahtsite	sõitsite	jooksite	tegite	nägite	sõite	jõite
nad	tahtsid	sõitsid	jooksid	tegid	nägid	sõid	jõid

2. I went to the movies yesterday. Was it a nice/beautiful film? Where were you [*sing.*] yesterday? What did you [*sing.*] dream about in the night? How did you [*pl.*] sleep? Where did they go? They lived in an/the old house. What did you [*pl.*] do yesterday? We sat at home and studied. When did you [*sing.*] awake? When did he/she go to work? I left the books at home. I was in a hurry. I had to run in order to get to the train. He/she was just about to go out, when I came home. What time was it, when you [*sing.*] came? Uncle and Aunt came to visit. I was cold. I had to go to the doctor.

3. Ma töötasin. Sa tulid. Ta tahtis koju jääda. Lapsed jooksid ja mängisid pargis. Ma sõitsin välismaale. Onu sõitis meile külla. Ma olin kodus, kui ta tuli. Miks sa naersid? Te laulsite hästi. Kus te eile olite? Mis sa tegid? Kuhu su sõber jäi? Kas sa kuulsid, mis isa ütles? Vend läks loengule. Me istusime ja lugesime. Nemad õppisid. Kas te nägite, mis see mees tegi? Ta oli väga lahke. Ma läksin koju. Kuhu nad läksid? Kas sa teadsid, et ma tulen? Tema teadis, et me sinna läksime. Kus sa olid? Nad olid väga rõõmsad, kui nad said seda teha. Üliõpilane oli õnnetu. Ta kukkus eksamil läbi.

4. Ma olin haige. Ma pidin voodis lamama. Ta tahtis mind aidata. Sa istusid kodus ja lugesid. Me seisime ja rääkisime. Teie küsisite ja õpetaja vastas. Nad tahtsid minna koju. Me tänasime ja läksime ära. Mis ta ütles? Mis sa mõtlesid? Nad mõtlesid minna teatrisse.

5. Me ärkasime vara hommikul. Ta vaatas aknast välja. Päike paistis. Ta ajas habet. Nad pesid end/ennast. Kes läks kööki? Teie tulite koju. Isa vaatas läbi värsked ajalehed. Ta pidi just välja minema [Ta oli just välja minemas], kui telefon helises. Me tundsime ta häälest ära. Teie pidite just tööle minema [Te olite just tööle minemas], kui ta tuli. Sa tulid eile hilja koju. Mis sa tegid? Ma käisin/olin teatris. Eile oli halb ilm. Sajab vihma [Vihma sajab]. Sadas vihma [Vihma sadas]. Ma nägin unes, et ma võitsin loteriil. Me jätame täna ülikooli minemata. Me hakkame homme töötama [tööle]. Mis sa ütlesid? Ma mõtlesin/kavatsesin homme minna arsti juurde. Mees kukkus trepist alla. Nad kukkusid eksamil läbi.

Lesson 24

Grammar

The Negative in Past Tense

§ 165. In the simple past tense, the negative form does not have personal endings. It is the same regardless of the subject. It consists of the negatory word **ei** 'not' and a form of the verb with a **-nud** suffix.

ma **ei lugenud**	'I did not read'		me **ei lugenud**	'we did not read'
sa **ei lugenud**	'you [*sing.*] did not read'		te **ei lugenud**	'you [*pl.*] did not read'
ta **ei lugenud**	'he/she did not read'		nad **ei lugenud**	'they did not read'

Notice the differences between the affirmative and the negative past in the following statements:

Affirmative	*Negative*
ma **lugesin** 'I read'	ma **ei lugenud** 'I did not read'
sa **kirjutasid** 'you [*sing.*] wrote'	sa **ei kirjutanud** 'you [*sing.*] did not write'
ta **ütles** 'he/she said'	ta **ei ütelnud** 'he/she did not say'
me **rääkisime** 'we talked'	me **ei rääkinud** 'we did not talk'
te **olite** 'you [*pl.*] were'	te **ei olnud** 'you [*pl.*] were not'
nad **tulid** 'they came'	nad **ei tulnud** 'they did not come'

The -nud Participle

§ 166. The **-nud** form (called the active-voice past participle) is like its English counterpart, in that it does not change according to the subject of the verb. In addition to its use in forming the negative past (as discussed above), it is used to form the present perfect and past perfect tenses (as discussed below).

In some instances, the **-nud** participle may be used as an adjective, as in English:

Ärakadunud poeg 'The *lost* son'. **Kulunud** tõde 'A *shopworn* [banal] truth'.

§ 167. The **-nud** participle is derived from the stem of the **-da** infinitive, by replacing the **-da** suffix with **-nud**. For example: **tööta/da** 'to work' becomes **tööta/nud** 'worked'. Other examples:

-da Infinitive	*-nud Participle*
luge/da 'to read'	(ei) **luge/nud** 'read (not)'
ütel/da 'to say'	(ei) **ütel/nud** 'said (not)'
vasta/ta 'to answer'	(ei) **vasta/nud** 'answered (not)'
aida/ta 'to help'	(ei) **aida/nud** 'helped (not)'
ooda/ta 'to wait'	(ei) **ooda/nud** 'waited (not)'
käi/a 'to walk'	(ei) **käi/nud** 'walked (not)'
oll/a 'to be'	(ei) **ol/nud** 'was (not)'
tull/a 'to come'	(ei) **tul/nud** 'came (not)'
surr/a 'to die'	(ei) **sur/nud** 'died (not)'

151

Notice that the double **l** or **r** at the end of the **-da** infinitive becomes single in the **-nud** form in the last three examples.

§ 168. With a few verbs, the **-nud** participle is irregular and has to be learned separately:

-da Infinitive	-nud Participle	-da Infinitive	-nud Participle
näha 'to see'	(ei) **näinud** 'saw (not)'	süüa 'to eat'	(ei) **söönud** 'ate (not)'
teha 'to do'	(ei) **teinud** 'did (not)'	juua 'to drink'	(ei) **joonud** 'drank (not)'
minna 'to go'	(ei) **läinud** 'went (not)'	lüüa 'to hit'	(ei) **löönud** 'hit (not)'
joosta 'to run'	(ei) **jooksnud** 'ran (not)'	tuua 'to bring'	(ei) **toonud** 'brought (not)'

Note: In the spoken language and in poetry, the **-nud** ending may be contracted to **-nd**: (ei) **näind** 'saw (not)' instead of (ei) **näinud**; **väsind** 'tired' instead of **väsinud**.

Present Perfect Tense

§ 169. The present perfect (called **täisminevik** or 'full past' in Estonian) is composed of the present-tense form of the auxiliary verb **olema** 'to be' and the **-nud** participle.

ma **olen lugenud** 'I have read'	me **oleme lugenud** 'we have read'	
sa **oled lugenud** 'you [*sing.*] have read'	te **olete lugenud** 'you [*pl.*] have read'	
ta **on lugenud** 'he/she has read'	nad **on lugenud** 'they have read'	

In certain expressions and in poetry, the helping verb **olema** may be omitted:

Kes palju **käinud**, see palju **näinud** (instead of **on** käinud, **on** näinud) 'He who has traveled much, (he) has seen much'.

§ 170. The negative form of the present perfect consists of **ei ole** (or **pole**) + **-nud** participle, for all persons in the singular and plural.

ma **ei ole lugenud**	or	ma **pole lugenud**	'I have not read'	
sa **ei ole lugenud**	or	sa **pole lugenud**	'you [*sing.*] have not read', etc.	

Past Perfect Tense

§ 171. The past perfect (called **enneminevik** or 'prior past' in Estonian) is composed of the simple past form of the helping verb **olema** 'to be' + **-nud** participle.

ma **olin lugenud** 'I had read'	me **olime lugenud** 'we had read'	
sa **olid lugenud** 'you [*sing.*] had read'	te **olite lugenud** 'you [*pl.*] had read'	
ta **oli lugenud** 'he/she had read'	nad **olid lugenud** 'they had read'	

§ 172. The negative form of the past perfect consists of **ei olnud** (or **polnud**) + **-nud** participle. It is the same for all persons in the singular and plural.

ma **ei olnud lugenud**	or	ma **polnud lugenud**	'I had not read'
sa **ei olnud lugenud**	or	sa **polnud lugenud**	'you [*sing.*] had not read', etc.

Conditional Perfect Tense

§ 173. The conditional perfect is a compound form consisting of the present conditional tense of the verb **olema** 'to be' (Lesson 6) + **-nud** participle. The conditional perfect tense indicates an action that would have happened (in case something else would have occurred).

Oleksin ma seda varem **teadnud, poleks** ma sinna **läinud** 'If I *had* [*would have*] *known* that before, I *would not have gone* there'. Me **oleksime tulnud,** kui te **oleksite** meid **kutsunud.** 'We *would have come,* if you *had* [*would have*] *invited* us'.

Note the following usage: Sa **oleksid võinud** parem koju jääda 'You [*sing.*] might as well have stayed home [You would have done better to stay home]'.

Text

Kahekõne

Vello: Sa tulid mulle eile tänaval vastu ja *ei teretanud.* Kas sa mind *ei näinud?*

Juhan: Nägin küll ja tervitasin ka. Kas sa *ei kuulnud,* kui ma ütlesin sulle tere?

Vello: Vabandust, ma tõesti *ei kuulnud.* Ma kuulsin ainult, kui sa ütlesid oma kaaslasele: seal ta on!

Juhan: Ma *ei ütelnud* seda mitte sinu kohta. Me *ei rääkinud* üldse sinust.

Vello: Mul oli tarvis sinuga eile rääkida.

Juhan: Miks sa siis meie juurde *ei tulnud* ja *ei rääkinud?*

Vello: Ma *ei tahtnud* segada.

Juhan: Mis sa tahtsid mulle ütelda?

Vello: Tahtsin paluda vabandust, et ma sulle esmaspäeva hommikul *ei helistanud,* nagu *olin lubanud.*

Juhan: Pole tarvis vabandust paluda. Ma *olin* ise ka ära *unustanud,* et sa lubasid helistada.

*

Raha *kadunud*--vähe kadunud, tervis kadunud--palju kadunud, au kadunud--kõik kadunud.

*

-- Kas sa *oled käinud* Hispaanias?
-- Ei, ma ise *pole* seal *käinud.* Aga mu õde *on* juba kaks korda Hispaanias *olnud.*

153

-- Meil *on* juba ammu *olnud* kavatsus sinna sõita, kuid seni *pole* *õnnestunud*. Tuhande üheksasaja üheksakümne teisel aastal pidime Barcelona olümpiamängudele sõitma. *Olime* juba piletid *ostnud* ja kõik ettevalmistused *teinud*--siis jäid lapsed haigeks! Pidime kõik koju jääma. Hispaaniasse jäi minemata. Ja nii *on* alati *olnud*: viimasel minutil *on* midagi vahele *tulnud* ja me *pole saanud* sõita.

Haigus

-- Mis teiega *juhtunud on*? Te näete nii kahvatu välja.
-- Ma olin hiljuti raskelt haige.
-- Mis teil viga oli?
-- Mul oli gripp.
-- Kuidas te haigeks jäite?
-- Ma ei tea isegi, kuidas ja kus ma end külmetasin. Järsku algas köha ning nohu ja kõrge palavik. Eelmisel õhtul tundsin end veel päris hästi, aga öösel ärkasin tugeva peavaluga. Tundsin, et mul oli kõrge palavik. Öösel ma *ei saanud* kahjuks arstile helistada ja ma pidin hommikuni ootama. Ma *ei saanud* üldse magada. Hommikul tuli arst ja vaatas mind läbi. Ta käskis mul voodis teki all olla ja mitte üles tõusta.
-- Kuidas te end nüüd tunnete?
-- Ma tunnen end nüüd paremini, kuid ma *pole* veel täielikult *paranenud*. Pean veel ettevaatlik olema. Varem ma kunagi *ei olnud* haige. Edaspidi hakkan paremini tervise eest hoolitsema.

Vocabulary

ammu	for a long time
au, -	honor
edaspidi	in the future, hereafter
eelmi/ne, -se	preceding
ei kunagi	never
end/ennast tundma, tunda; tunnen end/ennast	to feel
ettevaatlik, -u	careful
ettevalmistus, -e	preparation
gripp, gripi	flu
haigeks jääma, jääda; jään haigeks	to get sick
haigus, -e	illness
helista/ma, -da, -n	to ring [v.t.], make a phone call
hiljuti	lately
Hispáania, -	Spain
hommikuni	until morning
hoolitse/ma, -da, -n	to take care of
isegi	even (oneself)
järsku	suddenly
kaasla/ne, -se	companion, follower
kadu/ma, -da, kaon	to disappear, become lost
kahekõne, -	dialogue
kahvatu, -	pale
kavatsus, -e	plan, intention
kohta [postp.]	about
kunagi	ever
köha, -	cough
läbi vaatama, vaadata; vaatan läbi	to examine
ning	and (also)
nohu, -	a cold (in the head)
nägi/n	(I) saw
(ei) näinud	(did not) see
nüüd	now
olümpiamängud, -e	Olympic Games [nom. pl., gen. pl.]
palavik, -u	fever
parane/ma, -da, -n	to get better or healthier
paremini	better [adv.]
pilet, -i	ticket
raskelt	severely
seni	until now
tekk, teki	blanket
tereta/ma, -da, -n	to greet
täielikult	fully
unusta/ma, -da, -n	to forget
vabandust palu/ma, -da; palun vabandust	to ask forgiveness, beg pardon
vahele tulema, tulla; tulen vahele	to come between
vastu tulema, tulla; tulen vastu	to come toward, meet

155

viima/ne, -se   final, last
õnnestu/ma, -da, -n   to succeed

Exercises

1. *Translate into English:* Kas sa olid eile kodus? Ei, ma ei olnud kodus. Ma käisin kinos. Ma pole ammu kinos käinud. Kas oli huvitav film? Ei olnud. Kas sa nägid, mis ta tegi? Ei, ma ei näinud. Ta ei teinud midagi. Me oleme teinud kõik, mis võimalik, kuid see ei ole aidanud. Kas sa aitasid isa? Ei, ma ei aidanud. Sa ei tea, mis see on. Ma ei teadnud, mida teha ja kuhu minna. Ma ei oska seda teha. Nad ei osanud midagi teha. Ma olen alati ütelnud, et ta räägib hästi. Kui ta oli meiega rääkinud, läks ta ära. Ta pole veel tagasi tulnud. Ma ei saanud eile tulla.

2. *Translate into Estonian:* Why didn't you [*sing.*] give a greeting? I did not see you [*sing.*]. I see that he is here. He does not see that they have gone home. Did you [*sing.*] hear what I said? We did not hear what they said. He said nothing [did not say anything]. About whom did you [*pl.*] talk? You [*pl.*] did not talk about me. Why didn't you [*pl.*] come yesterday? What did you [*sing.*] want to say? I had forgotten that he was supposed to call.

3. *Translate into English, and indicate the tense of the verb:* Ütle, mis sa eile tegid? Ma pean ütlema, et ma ei mäleta. Nad ütlesid, et nad ei kuulnud, mis sa ütlesid. Kas te ei taha ütelda, kuhu teie sõber läks? Ma ei ütelnud vennale, et ma tahtsin koju minna. Isa on sulle mitu korda ütelnud, et sa nii ei tohi teha. Nad pole [ei ole] seda ütelnud. Kui ta oli seda ütelnud, läks ta koju. Ta ütles, et ta polnud [ei olnud] midagi ütelnud.

Expressions

Sa oled teretulnud! Te olete teretulnud!	You're welcome! [*sing./pl.*]
Ma pole sind/teid ammu näinud.	I haven't seen you in a long time.
Mida sa oled täna teinud?	What have you [*sing.*] done today?
Vabandust, ma ei kuulnud, mis sa ütlesid [te ütlesite].	Excuse me, I did not hear what you said.
Ma ei ütelnud midagi.	I didn't say anything.
Ma ei ole midagi ütelnud.	I have not said anything.
Ma ei ole sõnagi lausunud.	I have not said (even) a word.
Sa oled mind valesti mõistnud.	You [*sing.*] have misunderstood me.
Ära saa minust valesti aru.	Don't (you [*sing.*]) misunderstand me.
Ma ei saanud aru.	I did not understand.
Te olete mu vastu väga lahke olnud.	You [*pl.*] have been very kind to me.
Mis on juhtunud?	What has happened?
Ma olen ära eksinud.	I have gotten lost.
Ma olen eksinud.	I have erred [made a mistake, sinned].
Seni on kõik hästi läinud.	Up to now, everything has gone well.

Haigus	Illness
Kuidas on sinu/teie tervis?	How is your health?
Tervis on hea/korras.	(My) health is good/in order.
Tervis on vilets.	(My) health is poor.

156

Kuidas sa end tunned? Kuidas te end tunnete?	How do you feel? [*sing./pl.*]
Tänan, hästi. Mitte eriti hästi. Halvasti.	Well, thanks. Not especially well. Badly.
Ma tunnen end halvasti.	I feel bad.
Kas sa oled [te olete] haige?	Are you sick?
Mis sul/teil viga on?	What's wrong with you?
Mul on peavalu, kõhuvalu, hambavalu.	I have a headache, stomach ache, toothache.
Ma olen külmetunud.	I have caught a cold.
Mul on köha, nohu, (kõrge) palavik.	I have a cough, a cold, a (high) fever.
Mis sul/teil valutab?	What hurts? [What ails you?]
Mul valutab pea, jalg, käsi, kurk, kõht, hammas.	My head, foot/leg, hand/arm, throat, stomach, tooth hurts.
Kas on valus?	Does it hurt?
Mu pea käib ringi.	My head is spinning.
Mul on süda paha.	I feel nauseous.
Mu hing jäi kinni. Ma hingeldan.	I lost my breath. I am out of breath.
Kõht on lahti. Kõht on kinni.	I have diarrhea. I am constipated.
Mul on närvid läbi.	My nerves are shot.
Ma ei saa magada. Ma olen unetu.	I can't sleep. I have insomnia.
Mul on süda haige.	My heart is bad.
Mul pole isu.	I have no appetite.
Gripp, kopsupõletik, pimesoolepõletik.	Flu, pneumonia, appendicitis.
Veremürgitus. Lastehalvatus.	Blood poisoning. Polio.
Lastehaigus, sarlakid, leetrid.	Childhood disease, scarlet fever, measles.
Haigla, (arsti)rohi, apteek.	Hospital, medicine, pharmacy.
Sa peaksid arsti juurde minema.	You [*sing.*] should go to the doctor.
Kutsu(ge) arst!	(You [*sing./pl.*]) Call a doctor!
Hoia oma tervist!	(You [*sing.*]) Watch your health!
Jäta suitsetamine maha!	Stop smoking!
Ära külmeta end!	Don't catch a cold!
Ära end üle pinguta.	Don't overdo it.
Saa(ge) varsti terveks!	(You [*sing./pl.*]) Get well soon!

Answers to Exercises

1. Were you [*sing.*] at home yesterday? No, I was not at home. I went to the movies. I have not gone to the movies in a long time. Was it an interesting film? It wasn't. Did you [*sing.*] see what he/she did? No, I did not see. He/She did not do anything. We have done everything (which is) possible, but it has not helped. Did you [*sing.*] help Father? No, I did not help. You [*sing.*] do not know what this is. I did not know what to do and where to go. I cannot [am not able to] do that. They could not [were not able to] do anything. I have always said that he/she speaks well. When he/she had talked with us, he/she went away. He/She has not come back yet. I could not (manage to) come yesterday.

2. Miks [Mispärast] sa ei teretanud [tervitanud]? Ma ei näinud sind. Ma näen, et ta on siin. Ta ei näe, et nad on koju läinud. Kas sa kuulsid, mis ma ütlesin? Meie ei kuulnud, mis nad ütlesid. Ta ei ütelnud [öelnud] midagi. Kellest te rääkisite? Teie ei rääkinud minust. Miks [Mispärast] te eile ei tulnud? Mis sa tahtsid ütelda [öelda]? Ma olin (ära) unustanud, et ta pidi helistama.

157

3. 'Say, what did you [*sing.*] do yesterday?' -- **ütle** is an imperative; **tegid** is in simple past tense.

'I must say that I do not remember.' -- **pean** and **ei mäleta** are both in present tense.

'They said that they did not hear what you [*sing.*] said.' -- **ütlesid, ei kuulnud, ütlesid** are all in simple past tense.

'Don't you [*pl.*] want to say where your friend went?' -- **ei taha** is in present tense; **läks** in simple past tense.

'I did not tell my/the brother that I wanted to go home.' -- **ei ütelnud** and **tahtsin** are both in simple past tense.

'Father has told you [*sing.*] several times that you cannot [must not] do that.' -- **on ütelnud** is in present perfect tense; **ei tohi** is in present tense.

'They have not said that.' -- **pole ütelnud** is in present perfect tense.

'When he/she had said that, he/she went home.' -- **oli ütelnud** is in past perfect tense; **läks** is in simple past tense.

'He/She said that he/she had not said anything.' -- **ütles** is in simple past tense; **polnud ütelnud** is in past perfect tense.

Lesson 25

Grammar

The Translative Case

§ 174. The translative case (called **saav** or 'becoming' in Estonian) as such indicates what someone or something is turning into. It answers the questions **kelleks?** 'becoming whom?' and **milleks?** 'becoming what?'. In other words, the translative case expresses a change in identity or condition.

The translative case is formed by adding the suffix **-ks** to the genitive form.

Nominative	*Genitive*	*Translative*
õpetaja 'teacher'	õpetaja	õpetaja/ks
mees 'man, husband'	mehe	mehe/ks
naine 'woman, wife'	naise	naise/ks
ilus 'beautiful'	ilusa	ilusa/ks
suur 'big'	suure	suure/ks
tugev 'strong'	tugeva	tugeva/ks
vana 'old'	vana	vana/ks

Mu vend tahab saada **õpetajaks**.	'My brother wants to become a *teacher*.'
See noor neiu tahab saada **filmitäheks**.	'That young maiden wants to become a *film star*.'
Igaüks saab **õndsaks** omal viisil.	'Everyone becomes *happy* in his own way.'
Ilm on läinud **ilusaks**.	'The weather has turned *beautiful*.'
Sa oled jäänud **vanaks**.	'You [*sing.*] have gotten *old*.'
Laps jäi eile **haigeks**.	'The child got *sick* yesterday.'
Ta sai nelikümmend aastat **vanaks**.	'He turned forty (years *old*).'

§ 175. In addition, the translative case has the following usages.

a) in conjunction with the verbs **tegema** 'to make', **olema** 'to be', and **lugema** or **pidama** in the sense of 'to consider (as)', in expressions of this sort:

See teeb mind **õnnelikuks**.	'That makes me (become) *happy*.'
Kelleks te mind peate?	'*Who* do you think I am? [What do you take *me for*?].'
Ta peab [loeb] mind **rumalaks**.	'She considers me (to be) *stupid*.'
Sa oled meile **eeskujuks**.	'You [*sing.*] are a *model* [*example*] for us.'
Tütar oli emale **abiks**.	'The girl was a *help* to her mother.'

§ 176. b) to indicate the purpose or goal of the action of a verb:

Meil on **sõiduks** raha vaja.	'We need money *for the trip*.'
Vastuseks teie kirjale teatan...	'*In response* to your [*pl.*] letter I inform you...'
Poeg sai isalt **kingituseks** ilusa raamatu.	'The son got a beautiful book *as a present* from his father.'

159

§ **177.** c) to indicate the time during which or by which something occurs. Here, the translative case answers the questions **kui kauaks?** 'for how long' and **mis ajaks?** 'by when?'.

Kui kauaks sa siia jääd?	*'How long* will you [*sing.*] stay here?'
Ma jään **üheks nädalaks**	'I will stay *for one week*
[kaheks tunniks].	[*two hours*].'
Maja saab valmis **kevadeks**.	'The house will be finished *by spring*.'
Isa lubas tulla **õhtuks** koju.	'Dad promised to be home *by evening*.'

§ **178.** d) to indicate the order in which something occurs.

Ta tuli (jooksus) **esimeseks**.	'She came in *first* (in the race).'
Ma jäin **viimaseks**.	'I came in *last* [I was in *last* place].'
Esiteks, teiseks, kolmandaks.	*'First of all, second, third.'*

§ **179.** Note that the translative is used in many verbal phrases:

andeks paluma, andeks paluda, palun andeks 'to ask forgiveness'
andeks andma, andeks anda, annan andeks 'to forgive'
hiljaks jääma, hiljaks jääda, jään hiljaks 'to be(come) late'
kindlaks tegema, kindlaks teha, teen kindlaks 'to make sure'
pahaks panema, pahaks panna, panen pahaks 'to take offense'
paremaks pidama, paremaks pidada, pean paremaks 'to prefer [consider as better]'
puhtaks pesema, puhtaks pesta, pesen puhtaks 'to wash clean'
mustaks tegema, mustaks teha, teen mustaks 'to soil [get dirty]'
valgeks värvima, valgeks värvida, värvin valgeks 'to whitewash'
heaks kiitma, heaks kiita, kiidan heaks 'to approve [praise as good]'

§ **180.** The adjective modifying a noun in the translative case must agree with the noun. That is, the adjective must also be in the translative case.

Poeg on kasvanud **suureks meheks**.	'The son has grown up to be a *big man*.'
Ma loen sind **õnnelikuks inimeseks**.	'I count [consider] you a *happy person*.'
Me tellisime ajalehe **terveks aastaks**.	'We subscribed to the paper *for a whole year*.'

§ **181.** Note! An adjective in the translative case which is in the predicate of a sentence usually is in the singular case, even if the subject of the sentence is in the plural.

Laps on kasvanud **suureks**.	'The child has grown up [*big*].'
Lapsed on kasvanud **suureks**.	'The children have grown up [*big*].'

Päev läheb **lühemaks**.	'The day is getting *shorter*.'
Päevad lähevad **lühemaks**.	'The days are getting *shorter*.'

This differs from the pattern when the predicate complement is in the nominative case (Lesson 11):

Lapsed on **suured**.	'The children are *big*.'
Päevad on **lühikesed**.	'The days are *short*.'

§ 182. Personal pronouns are declined regularly in the translative case. That is, the **-ks** ending is added to the genitive form:

minu/ks	**meie/ks**
sinu/ks	**teie/ks**
tema/ks	**nende/ks**

There are no short forms (mu/ks, su/ks, etc.) in the translative case.

The Emphatic Particle -ki/-gi

§ 183. The emphatic particle **-ki** or **-gi** can be added to almost any word to which you want to give special emphasis or draw special attention. Which of these two forms is used depends on the letter at the end of the word to which the particle is added.

Consonants which are voiceless in Estonian (b, d, f, g, h, k, p, s, š, t) are followed by **-ki**. For instance: **park** 'park' + **ki** = **parkki** 'even the park', **poeg** 'son' + **ki** = **poegki** 'even the son', **lind** 'bird' + **ki** = **lindki** 'even the bird.'

Consonants which are voiced in Estonian (l, m, n, r, z, ž, v) and all vowels (a, e, i, o, u, õ, ä, ö, ü) are followed by **-gi**. For example: **maja** 'house' + **gi** = **majagi** 'even the house', **linn** 'town' + **gi** = **linngi** 'even the town', **orav** 'squirrel' + **gi** = **oravgi** 'even the squirrel'.

§ 184. The particle **-ki** or **-gi** can often be translated into English as 'even' or 'indeed'. In a negative sentence, it can mean '(not) even' or '(not/none) at all'. Sometimes, however, it is impossible to give an exact counterpart in English.

The emphatic particle is used quite often in Estonian. You should notice the many different ways it can be employed, in order to learn its usage. Here are some examples:

Minagi olen seal olnud.	'*Even I* have been there.'
Isa **ongi** juba kodus.	'Dad *is* (*indeed*) home already.'
Ta on **merelgi** olnud.	'She has been *at sea even*.'
Ma **ei teagi** veel, kas ma seda tahan.	'I *don't even know* yet whether I want it.'
Ma **ei mõtlegi** seda teha.	'I *don't intend* to do that *at all*.'
See **ei tule** kõne **allagi**.	'That *won't even come under* consideration.'
Mul **pole mitte sentigi**.	'I *don't have a red* [*single*] *cent*.'
Mul **pole aimugi**.	'I *have no idea (at all)*.'
Mul **pole vähematki** aimu.	'I *don't have the least* idea.'
Eesti keelt rääkida **polegi** nii raske.	'Speaking Estonian *isn't* so hard *after all*.'
Ta **ei** ütelnud **sõnagi** ja läks.	'He did *not* say *a* (*single*) word and left.'

§ 185. In some cases, the emphatic particle has become a permanent part of the word: **siiski** 'even so', **iialgi** 'ever', **kunagi** 'sometime', **ei kunagi** 'never', **isegi** 'even', **keegi** 'someone', **miski** 'something', **ei ükski** 'no one', **kumbki** 'either (one)'.

When the word is declined, the emphatic particle should be considered as a separate word and placed after the case ending of the main word.

Keegi tuleb.	'*Someone* is coming.'
Kerge pole **kellel/gi**.	'It is not easy *for anyone*.'
Ta läks **kellega/gi** jalutama.	'She went for a walk *with someone*.'
Me ei rääkinud sinust, me rääkisime	'We were not talking about you; we were
kellest/ki teisest.	talking *about someone* else.'

(In the spoken language, the forms **kellegi/le, kellegi/st, kellegi/ga** are often used, though technically incorrect.)

Üks/ki ei pääse oma saatusest.	'*No one* escapes (from) their fate.'
Ma ei saa **ühest/ki** sõnast aru.	'I do *not* understand *a single* word (of it).'
Ma ei ole **ühele/gi** [**kellele/gi**] seda	'I did *not* say that *to anyone* (*at all*).'
lausunud.	

Text

Ole oma sõnale peremees, muidu saab sõna sulle *peremeheks*. Inimene saab üks aasta *vanemaks*, kaks *targemaks*. Kes *hiljaks* jääb, see ilma jääb. Mis *okkaks* loodud, on noorelt terav. Nali *naljaks*, tõsi *tõeks*.

Kui võtad, läheb *suuremaks*; kui paned, läheb *väiksemaks*? (Auk) Lapsele olen *mänguks*, vanale *abiks*? (Kepp)

*

Ühendus teeb *tugevaks*. Kahju teeb *targaks*. Harjutus teeb *meistriks*. Armastus teeb *pimedaks*. Raha ei tee *õndsaks*. Kui te kaks inimest *õnnelikuks* teete, siis üks neist olete arvatavasti teie ise. Ole ise *meheks*, pea teine ka *meheks*.
Arukas ja rumal mees ei suuda endi vahel *õlekõrtki pooleks* rebida. Kui rumal kisub, siis tark annab järele. Kui arukas annab järele, siis kisub rumal.
Kes on astunud üheksakümmend üheksa sammu sajast, see pole jõudnud poolele *teelegi*. (Hiina vanasõna)

Helin

Kui mina olin veel väikene mees,
üks helin mul helises rinna sees.
Ja kui mina sirgusin *suuremaks*,
läks helingi rinna sees *kangemaks*.
Nüüd on see helin pea matnud mind,
ta alla *rusuks* on raugenud rind.
See helin mu elu ja minu hing,
tal *kitsaks* on jäänud maapealne ring.

(Juhan Liiv 1864-1913)

Vocabulary

arukas, aruka	intelligent, reasonable
endi (vahel)	(between) themselves
helin, -a	ringing sound
hiina, -	Chinese [*indecl. adj.*]
hiljaks jää/ma, -da;	to be(come) late
jään hiljaks	
hing, -e	soul
ilma jää/ma, -da;	to be (left) without
jään ilma	
järele and/ma, -a;	to yield
annan järele	
kahju, -	loss, harm, misfortune
kange, -e	strong, harsh
kepp, kepi	stick, cane
kisku/ma, -da, kisun	to pull, yank, tear
kitsas, kitsa	narrow
loodud	created, made
maapeal/ne, -se	earthly
matma, matta, matan	to bury, overwhelm
meister, meistri	master (of an art or craft)
mäng, -u	game
noorelt	in/from younger days
okas, okka	thorn
pea(aegu)	almost, nearly
pea/n	(I) consider [form of pidama]
pere/mees, -mehe	man of the house, head of family, master
pime, -da	blind, dark
pooleks	in half
rauge/ma, -da, -n	to drop, subside
rebi/ma, -da, -n	to tear
ring, -i	cycle, circle, circumference
rusu, -	debris, remnants
samm, -u	(foot)step
sirge, -	straight
sirgu/ma, -da, -n	to grow up, straighten
suutma, suuta, suudan	to be able, to know how
targem, -a	wiser [*comp.* of tark]
tõsi, tõe	truth, seriousness
õle/kõrs, -kõrre, -kõrt	straw [*nom., gen., part.*]
õnnelik, -u	happy
õnnis, õndsa	happy, blessed

Exercises

1. *Translate into English:* Kelleks sa tahad saada, kui sa suureks saad? Ma tahan saada arstiks. Pese nägu ja käed puhtaks! Nad on jäänud vanaks. Palu andeks, et sa paha laps oled olnud. Me värvisime maja valgeks. Milleks sul raha vaja on? Kelleks sa mind pead? Kuhu ema jääb nii kauaks? Kuidas oleks, kui läheksime täna kinno, selle asemel et ('instead of') kodus istuda? Sa sõid liiga palju, sellepärast sa jäidki haigeks. Mu vend on kooliõpetajaks Torontos. Ma pidasin sind targemaks kui sa oledki.

2. *Translate into Estonian:* When I grow up, I want to become a teacher. I do not want to become a doctor. I need money for the trip. Will you [*sing.*] come home by evening? First of all, I am sick and cannot come, and second I do not have a red cent. He became sick. They got sick. You [*sing.*] do not understand a single word. It is not so hard to study after all.

Expressions

Palun! Palun väga!	Please (take some/it)!
Ole hea! Ole lahke!	(You [*sing.*]) Be so good! Be so kind (as to accept)!
Tänan! Aitäh!	Thanks!
Tänan väga! Palju tänu!	Thanks a lot! Many thanks!
Suur tänu! Suur aitäh!	A big thank-you!
Südamlik tänu!	Heartfelt thanks!
Palun (väga)! Võta/Võtke heaks!	You're (very) welcome! Take it (please)!
Pole tänu väärt.	It's not worth thanking (me for).
Mälestuseks ja tänutäheks.	As a rememberance and token of thanks.
Mälestuseks armsale sõbrale!	To a dear friend as a souvenir!
Kalliks mälestuseks sõbralt, autorilt.	In fond rememberance, from your friend, the author.
Ma jään sulle truuks sõbraks.	I'll remain a faithful friend to you [*sing.*].
Palun andeks!	Forgive me!
Ära pane pahaks.	Don't (you [*sing.*]) take offense.
Ma ütlesin seda naljaks.	I said it as a joke.
Nali naljaks.	But seriously. [Joking aside.]
Ära mine isiklikuks!	Don't (you [*sing.*]) get personal!
Sinu/Teie soov on mulle käsuks.	Your wish is my command.
See on mulle suureks auks.	It is a great honor for me.
Milleks seda teile tarvis on?	What do you [*pl.*] need that for?
Näiteks.	For example.
Lõpuks. Lõppude lõpuks.	Finally. At long last [In the end.]
Eluajaks.	For life. [For a lifetime.]
Õnneks. Õnnetuseks [Kahjuks].	Fortunately. Unfortunately.
Pean seda õigeks.	I consider that (to be) right.
Ma sõidan kuuks ajaks puhkusele.	I am going away for a month on vacation.
Loodan, et ilm läheb ilusaks.	I hope the weather will become fair.
Väljas läheb valgeks, pimedaks.	It's getting light, dark outside.
Ma lähen kaheks tunniks kodunt ära.	I'm going away from home for two hours.
Kui kauaks sa siia jääd? [te siia jääte?]	How long will you stay here?
Ma valmistun ette eksamiks.	I'm preparing for the exam.
Mul pole aimugi.	I have no idea.
Minugi poolest.	OK by me (too).
Eesti keelt rääkida polegi nii raske.	Speaking Estonian isn't so hard after all.

Answers to Exercises

1. What would you [*sing.*] like to be, when you grow up? I want to become a doctor. (You [*sing.*]) Wash your face and hands clean. They have gotten old. (You [*sing.*])

Apologize [Beg forgiveness] for having been a bad child. We painted the house white.
What do you [*sing.*] need money for? What [Whom] do you [*sing.*] take me for? Where is
Mother going (to stay) for so long? How would it be if we went [would go] to the movies
today, instead of sitting at home? You [*sing.*] ate too much; that's why you got sick. My
brother is (working as) a schoolteacher in Toronto. I considered you [*sing.*] smarter than
you actually are.

2. Kui mina saan suureks, tahan (ma) saada õpetajaks. Mina ei taha arstiks saada [saada
arstiks]. Mul on sõiduks raha vaja [Mul on sõiduks raha tarvis]. Kas sa tuled õhtuks
koju? Esiteks olen ma haige ja ei saa tulla, ja teiseks pole mul (ühte) sentigi. Tema jäi
haigeks. Nemad jäid haigeks. Sa ei saa ühestki sõnast aru. Polegi nii raske õppida
[Õppida polegi nii raske. Õppida pole sugugi nii raske].

Lesson 26

Grammar

The Terminative Case

§ 186. The terminative case (called **rajav** in Estonian) indicates the time or place which ends or limits an action. It answers the questions **kelleni?** 'as far as who?', **milleni?** 'as far as what?', and **mis ajani?** 'until when?'.

The terminative case is made by adding the ending **-ni** to the genitive form.

Nominative	Genitive	Terminative
linn 'town'	**linna**	**linna/ni** 'as far as the town'
lõpp 'end'	**lõpu**	**lõpu/ni** 'until the end'
kael 'neck'	**kaela**	**kaela/ni** 'up to the neck'
suvi 'summer'	**suve**	**suve/ni** 'until summer'
õhtu 'evening'	**õhtu**	**õhtu/ni** 'until evening'

Linnani on viis miili.	'It is five miles *to town*.'
Pean vastu **lõpuni**.	'I will hold out *until the end*.'
Poiss seisis **kaelani** vees.	'The boy stood in water *up to his neck*.'
Peab ootama **suveni**.	'One must wait *until summer*.'
Ma töötasin **õhtuni**.	'I worked *until evening*.'

§ 187. The terminative is often used with the preposition **kuni** 'until, up to, as far as'. For example, **linnani** = **kuni linnani** 'as far as town', **õhtuni** = **kuni õhtuni** 'until evening', **(kuni) tänaseni** 'until today', **(kuni) eilseni** 'until yesterday', **(kuni) homseni** 'until tomorrow'.

Me jutlesime rongis **kuni Helsingini** 'We conversed in the train as far as Helsinki'. Oota **(kuni) laupäevani** '(You [*sing.*]) Wait until Saturday'.

§ 188. The terminative often occurs in conjunction with the elative (ending in **-st**), with the latter indicating the starting point of an action and the former giving the ending point.

Kodust koolini on kaks miili.	'*From home to school* is (a distance of) two miles.'
Me töötame **hommikust õhtuni**.	'We work *from morning to evening*.'
Me mängime tennist kella **kahest** (kella) **kolmeni**.	'We play tennis *from two* o'clock *until three* (o'clock).'

The Essive Case

§ 189. The essive case (called **olev** or 'being' in Estonian) indicates in what capacity or form something or someone performs an action. It answers the questions **kellena?** 'as who?' and **millena?** 'as what?'.

The essive is made by adding the ending **-na** to the genitive.

Nominative	Genitive	Essive
inimene 'person'	**inimese**	**inimese/na** 'as a person'
laps 'child'	**lapse**	**lapse/na** 'as a child'
kerge 'easy'	**kerge**	**kerge/na** 'as (an) easy (thing)'
raske 'difficult'	**raske**	**raske/na** 'as (a) difficult (thing)'

Lapsena oli ta väga ilus.	'*As a child* she was very beautiful.'
Mu vend töötab **arstina** Chicagos.	'My brother works *as a doctor* in Chicago.'
Ma olin Eestis enne sõda **turistina**.	'I was in Estonia before the war *as a tourist*.'
See ülesanne tundub **raskena**.	'This task seems (*like it's*) *hard*.'
Tuba tundus **külmana**.	'The room felt *cold*.
Ma tunnen end **haigena**.	'I feel (*like I'm*) *sick*.'

§ 190. An adjective which modifies a noun in the terminative (**-ni**) or essive (**-na**) case does *not* agree with the noun. It takes the genitive form, and the terminative or essive case ending is attached *only* to the noun. The same pattern occurs for the comitative (**-ga** 'with') and abessive (**-ta** 'without') cases. (§128 in Lesson 20)

Me peame ootama **järgmise suve/ni** 'We must wait *until next summer*'.
(The adjective **järgmine** 'next' is in the genitive case; the noun **suvi** 'summer' is in the terminative.)

Ta tuli Ameerikast tagasi **rikka mehe/na** 'He came back from America *as a rich man*'.
(The adjective **rikas** 'rich' is in the genitive case; the noun **mees** 'man' in the essive.)

§ 191. For personal pronouns, the terminative and essive forms are constructed by adding the appropriate endings to the long form of the genitive:

minu/ni 'until me'	**minu/na** 'as me'
sinu/ni 'until you'	**sinu/na** 'as you'

etc.

Review of Cases Made from the Genitive

§ 192. The genitive singular is the basic form from which almost all other cases in the singular are derived. The only exceptions are the nominative singular (Lesson 4) and the partitive singular (Lesson 27). Even the nominative plural form (Lesson 11) is derived from the genitive singular.

nominative singular	vend 'brother'
genitive singular	venna 'brother's'
illative singular	**venna/sse** 'into the brother'
inessive singular	**venna/s** 'in the brother'
elative singular	**venna/st** 'out of the brother'
allative singular	**venna/le** '(on)to the brother'
adessive singular	**venna/l** 'at/on the brother'
ablative singular	**venna/lt** 'from the brother'

167

comitative singular	**venna/ga** 'with the brother'
abessive singular	**venna/ta** 'without the brother'
translative singular	**venna/ks** 'becoming a brother'
terminative singular	**venna/ni** 'until the brother'
essive singular	**venna/na** 'as a brother'
nominative plural	**venna/d** 'brothers'

§ 193. Examples: **Venna** raamat 'Brother's book'. See tütarlaps armus mu **vennasse** 'That girl fell in love with my brother'. Hiljem ta pettus mu **vennas** 'Later she was disappointed in my brother'. Me rääkisime **vennast** 'We talked about Brother'.

Kirjuta **vennale** kiri! '(You [*sing.*]) Write a letter to Brother!'. **Vennal** on täna sünnipäev 'Brother has a birthday today'. **Vennalt** tuli kiri 'A letter came from Brother'.

Ma jalutan **vennaga** pargis 'I walk with Brother in the park'. Lähen teatrisse (ilma) **vennata** 'I will go to the theater without Brother'.

Ta on mulle **vennaks** 'He is like a brother to me'. Tarkuses ma oma **vennani** ei küüni 'In intelligence I don't match up to my brother'. Ma tunnen end sinu **vennana** 'I feel like (I'm) your brother'.

Hoidkem kokku, **vennad**! 'Let's stick together, Brothers!'.

Text

Puud ei kasva *taevani*. Inimene õpib *surmatunnini*. Vaprad mehed võitlevad *kuni võiduka lõpuni*. Juubilar on tegelnud teadusega noorpõlvest alates *kõrge vanaduseni*.

> Mida külvad kevadel,
> seda lõikad sügisel.
> Mida õpid noores eas,
> *surmani* sul seisab peas.

Mida *noorena* õpid, seda *vanana* tead.

Üks isa kaebas: <<*Väikese poisina* tegin seda, mida mu isa tahtis. Nüüd *täiskasvanud mehena* teen seda, mida mu poeg tahab. Millal küll võin teha, mida ma ise tahan?>>

Mul on hea rootslasest sõber, kelle eesnimi on Olof. Head tuttavad kutsuvad teda Olleks. Ta töötab *ajakirjanikuna* ühe suure ajalehe toimetuses.
Olle on olnud mulle suureks abiks. Ta on näidanud end *ustava sõbrana*. Ta on alati käitunud *ausa* ja *suuremeelse inimesena*.

Valeühendus

Keegi daam helistas oma sõbrannale ja küsis, kuidas tal läheb. -- Oh, ära parem küsi, vastas teine. Olen hulluks minemas. Mul on tugev peavalu, selg ja jalad valutavad, majas on kõik pahupidi ja lapsed kisavad, nii et mul on kõrvad lukus. -- Oh sa vaeseke küll! ütles esimene daam. Mine nüüd ja heida vähe puhkama. Ma tulen kohe ja aitan sind. Teen teile süüa, koristan toad ja vaatan laste järele. Mis teeb, muide, Eduard? -- Eduard? küsis hädaldaja daam imestusega. -- Jah, Eduard, sinu mees. -- Kuid minu mehe nimi pole sugugi Eduard! Esimene daam kiljatas. -- Ma olen võtnud vale numbri! hüüdis ta. Pikem vaheaeg. -- Te ei tulegi siis? kuuldus lõpuks õnnetu hääl teisest traadiotsast.

Vocabulary

aitama, aidata, aitan	to help
ajakirjanik, -u	journalist
alates	starting from
daam, -i	dame, lady
end näitama, näidata; näitan end	to show or reveal oneself
hull, -u	crazy
hulluks minema, minna; lähen hulluks	to go crazy
hädaldaja, -	complainer, moaner
hädalda/ma, -da, -n	to complain, to moan and groan
iga, ea	age, period of life
imestus, -e	amazement
juubilar, -i	birthday celebrator
kaebama, kaevata, kaeban	to complain
keegi, kellegi	someone
keegi daam	some lady
kiljata/ma, -da, -n	to shriek
kiljatus, -e	a shriek, scream
kisa/ma, -da, -n	to shout, clamor
kutsu/ma, -da, -n	to call, invite
kuuldu/ma, -da, -n	to be heard
kõrvad on lukus	ears are numb [*lit.*: locked]
käitu/ma, -da, -n	to behave
küll	indeed, surely
külva/ma, -ta, -n	to sow, plant
laste järele vaatama	to look after the children
lõikama, lõigata, lõikan	to cut, harvest

169

lõpp, lõpu	end
mees, mehe	husband, man
muide	by the way
noorpõlv, -e	youth, younger days
ots, -a	point, end
pahupidi	upside down, topsy-turvy
parem(ini)	better
sugugi	at all
surm, -a	death
surma/tund, -tunni	hour of death
suuremeel/ne, -se	magnanimous, bighearted, noble
teadus, -e	science, learning
toimetus, -e	editorial board or office
traat, traadi	wire
traadiots, -a	end of wire
täiskasvanud	full-grown
ustav, -a	trustworthy
vaene, vaese	poor
(sa) vaeseke küll	(you) poor thing
valeühendus, -e	wrong connection
valuta/ma, -da, -n	to hurt
vanadus, -e	(old) age
vapper, vapra	brave
võidukas, võiduka	victorious
võitlema, võidelda, võitlen	to struggle
õnnetu, -	unhappy, unfortunate
ära parem küsi	you'd better not ask

Exercises

1. *Translate into English:* Oota homseni. Ma töötasin eile õhtul kella üheteistkümneni. Tädi jäi õhtuni meile. Suveni on veel kolm kuud. Peab ootama sügiseni. Isa puhkas kodus kella kolmeni. Mets ulatub ['reaches'] jõeni. Töötan kella kaheksast hommikul kuni kella neljani õhtul. Kodust koolini on kaks kilomeetrit. Rong sõidab Chicagost Indianapoliseni viis tundi. Laps magas kella üheksani. Ta töötas hilja õhtul. Lapsena ma elasin Tallinnas. Kes noorena õpib, see on vanana tark.

2. *Put the words in parentheses into the correct case:* Ma tahan saada (õpetaja). Mu vend töötab (arst). Isa töötas hommikust (õhtu). See töö tundus mulle (igav). Ta läks haiglasse ['to the hospital'] (haige), tuli haiglast välja (terve). (Üliõpilane) ma elasin Bloomingtonis. Tädi istus meil kuni (õhtu). Me jääme (truu) isamaale. Ma pidasin teda (hea arst). Ta töötas kella üheksast kella (viis).

3. *Translate into Estonian:* He works as a journalist in Stockholm. His brother also wants to be a journalist. What do you [*sing.*] want to become? You [*sing.*] have been a big help to me. He has behaved like an honorable person. (You [*sing.*]) Wait until evening. We worked yesterday until ten o'clock. As a child he lived in Toronto, but as a student he lived in Montreal. One must wait until spring. As a young girl she was very pretty.

4. *Translate the following adverbs and make up sentences using each of them:*

a) kus?   kust?   kuhu?   milleni?
   (kus kohas?)   (kus kohast?)   (kus kohta?)   (kui kaugele?)

   siin   siit   siia   siiani
   seal   sealt   sinna   sinnani

   For example: Kus (Kus kohas)? = 'Where?'
                Kus sa elad? (Kus kohas sa elad?)

b) millal?   mis ajast?   mis ajani?
   täna   tänasest (peale)   (kuni) tänaseni
   eile   eilsest (peale)   (kuni) eilseni
   homme   homsest (peale)   (kuni) homseni
   nüüd   nüüdsest (peale)   seni(ni)

Expressions

Head aega! Head tervist!   Good-bye!
Nägemist!   (I'll) See you later.
Nägemiseni! Seniks nägemiseni!   Until we meet again.
Hüvasti! Jumalaga!   Farewell! God be with you!
Ela(ge) hästi!   (You [*sing./pl.*]) Live well!
Surmani truu.   Faithful until death.
Viimse veretilgani.   To the last drop of blood.
Tänaseni, eilseni, homseni.   Until today, until yesterday, until
                                       tomorrow.
Edaspidiseni. Järgmise korrani.   Until later. Until next time.
Hommikust õhtuni.   From morning till evening.
Algusest lõpuni.   From start to finish.
Algusest peale. Otsast peale.   Right from the start.
Sellest päevast alates.   From this day forth.
Pealaest jalatallani.   From head to toe ['sole of foot'].

Answers to Exercises

1. (You [*sing.*]) Wait until tomorrow. I worked last night [yesterday evening] until eleven o'clock. Aunt(ie) stayed at our place until evening. There are still three months till summer. One must wait until fall. Father rested at home until three o'clock. The forest reaches as far as the river. I work from eight o'clock in the morning until four o'clock in the afternoon [evening]. From home to school it's (a distance of) two kilometers. The train travels from Chicago to Indianapolis in five hours. The child slept till nine o'clock. He/She worked until late in the evening. As a child I lived in Tallinn. Whoever studies [learns] as a youngster will be smart as an oldster.

2. Ma tahan saada õpetajaks. Mu vend töötab arstina. Isa töötas hommikust õhtuni. See töö tundus mulle igavana. Ta läks haiglasse haigena, tuli haiglast välja tervena. Üliõpilasena ma elasin Bloomingtonis. Tädi istus meil kuni õhtuni. Me jääme truuks isamaale. Ma pidasin teda heaks arstiks. Ta töötas kella üheksast kella viieni.

3. Ta töötab Stockholmis ajakirjanikuna. Tema vend tahab ka saada ajakirjanikuks. Kelleks sina tahad saada? Sa oled mulle suureks abiks olnud. Ta on käitunud ausa inimesena. Oota (kuni) (täna) õhtuni. Me töötasime eile (kuni) kella kümneni. Lapsena elas ta Torontos, aga üliõpilasena elas ta Montrealis. Tuleb oodata [Peab ootama] (kuni) kevadeni. Noore tüdrukuna [Tütarlapsena] oli ta väga ilus.

4. Examples for (a):
Kus (kohas) mu raamat on? *'Where* is my book?'
Kust (kohast) sa tulid? *'Where* did you [*sing.*] come *from*?'
Kuhu [*Kus kohta*] nemad lähevad? *'Where* are they going (*to*)?'
Milleni [*Kui kaugele*] te jalutate? *'How far* will you [*pl.*] walk?'

Ma elan *siin.* 'I live *here.*'
Ta läks *siit* otse kooli. 'She went straight to school *from here.*'
Külalised tahavad juba homme *siia* tulla. 'The visitors want to come *here* tomorrow already.'
Siiani olid teed head ja sirged. *'Up to this point (here)* the roads were good and straight.'

Seal ta on. *'There* he is.'
Sealt ei pääse keegi. 'No one escapes *from there.*'
Sinna ma ei taha minna. 'I don't want to go *there.*'
Sinnani on sõit pikk ja igav. 'The trip *(over to) there* is long and boring.'

Examples for (b):
Millal nad tulevad? *'When* are they coming?'
Mis ajast nad on sõitnud? *'Since what time* have they been travelling?'
Mis ajani nad meie juurde jäävad? *'Until what time* will they stay at our place?'

Täna ma õpin. *'Today* I'll study.
Tänasest (peale) ma õpin hommikust õhtuni *'Starting (from) today*, I'll study from morning till night [evening].'
(Kuni) tänaseni ma olin laisk. *'Until today* I was lazy.'

Eile nad saabusid Miamist. *'Yesterday* they arrived from Miami.'
Eilsest (peale) olen haige olnud. *'Since yesterday* I've been ill.'
(Kuni) eilseni olin terve. *'Until yesterday* I was healthy.'

Homme lähen maale. *'Tomorrow* I am going to the country.'
Homsest (peale) puhkan kaks nädalat. *'Starting (from) tomorrow*, I will rest two weeks.'
(Kuni) homseni pean töötama. 'Until tomorrow I must work.'

Nüüd olen väsinud. *'Now* I am tired.'
Nüüdsest (peale) magan hommikul kella kümneni. *'From now (on)*, I'll sleep in the morning until ten o'clock.'
Seni(ni) olen maganud kella seitsmeni. *'Up to now* I have been sleeping until seven o'clock.'

Lesson 27

Grammar

The Partitive Case

§ 194. The partitive case (called **osastav** in Estonian) answers the questions **keda?** 'whom?' and **mida?** 'what?'. In its basic meaning, it indicates an indeterminate whole, of which only a part is under consideration. For example, klaas **vett** 'a glass *of* (*some*) *water*', tükk `**leiba** 'a piece *of* (*some*) *bread*', kauss **suppi** 'a bowl *of* (*some*) *soup*'.

The partitive is used in many ways--after words of quantity, for the so-called partial object, for the partial subject, and other usages discussed in this lesson and the next.

§ 195. The partitive singular, like the genitive singular, is a basic form which is used to construct other cases. It is the root of most cases in the plural (Lesson 30). In word lists, the partitive singular will be given following the nominative and genitive forms. For example:

> **vend, venna, `venda** 'brother'
> **raamat, -u, -ut** 'book' (read as **raamat, raamatu, raamatut.**)

The partitive singular may end in **-d**, **-t**, or a certain **vowel** (**-a**, **-e**, **-i**, **-u**). It often has a different stem than the genitive singular. It would be very complicated to give all the rules that govern the derivation of the partitive case, but in general there are three basic types of partitive forms, with various subtypes.

1) The Ending -d

§ 196. After a double vowel or diphthong, the partitive singular ends in **-d**. This is added directly to the nominative form (which in these cases is the same as the genitive form).

Nominative/Genitive	Partitive
maa 'earth, ground'	**maa/d**
tee 'road, way'	**tee/d**
töö 'work'	**töö/d**
või 'butter'	**või/d**
pea 'head'	**pea/d**
hea 'good'	**hea/d**

Exceptions: **au** 'honor' and **nõu** 'advice, utensil' do not take the **-d** ending in the partitive. In their cases, the partitive is the same as the nominative and genitive: **au, nõu.**

§ 197. The following five two-syllable words end in **-d** in the partitive singular, with the last vowel of the stem (**-i** in the nominative and **-e** in the genitive) being dropped before the **d** is added:

Nominative	Genitive	Partitive
mer/i 'sea'	mer/e	**mer/d**
ver/i 'blood'	ver/e	**ver/d**
tul/i 'fire, light'	tul/e	**tul/d**
un/i 'sleep, dream'	un/e	**un/d**
lum/i 'snow'	lum/e	**lun/d**

§ 198. Personal pronouns end in **-d** in the partitive, except for the 3rd person singular (which ends in **-da**).

mina 'I'	-- **mind** 'me'	meie 'we'	-- **meid** 'us'
sina 'you' [*sing.*]	-- **sind** 'you'	teie 'you' [*pl.*]	-- **teid** 'you'
tema 'he,she, it'	-- **teda** 'him, her, it'	nemad 'they'	-- **neid** 'them'

§ 199. Note! The following pronouns end in **-da** in the partitive:

kes 'who'	-- **keda** 'whom'	**see** 'this, it'	-- **seda**
mis 'what'	-- **mida**	**mõni** 'some'	-- **mõnd(a)**

The nominative and partitive forms of 'what' (**mis** and **mida**, respectively) are often used interchangeably.

> **Mis** sa teed? = **Mida** sa teed?   'What are you [*sing.*] doing?'

2) The Ending -t

§ 200. When the partitive singular is formed with the **-t** suffix, the ending is usually added to the genitive form.

Nominative	Genitive	Partitive
tänav 'street'	**tänava**	**tänava/t**
lennuk 'airplane'	**lennuki**	**lennuki/t**
raamat 'book'	**raamatu**	**raamatu/t**
ilus 'beautiful'	**ilusa**	**ilusa/t**
valge 'white'	**valge**	**valge/t**

§ 201. In certain cases, the **-e** at the end of the genitive stem may be dropped before adding **-t** in the partitive case.

Nominative	Genitive	Partitive
õis 'blossom'	**õi/e**	**õi/t**
uus 'new'	**uu/e**	**uu/t**
üks 'one'	**üh/e**	**üh/t** (or **ühte**)
kaks 'two'	**kah/e**	**kah/t** (or **kahte**)
viis 'five'	**vii/e**	**vii/t**
kuus 'six'	**kuu/e**	**kuu/t**

Note these unusual patterns:

Nominative	Genitive	Partitive	
käsi 'hand'	kä/e	**kä/tt**	(double t)
vesi 'water'	ve/e	**ve/tt**	>>
mesi 'honey'	me/e	**me/tt**	>>
süda 'heart'	südam/e	**südan/t**	(mt>nt)

§ 202. For some words that end in **-l, -n, -r,** or **-s,** the **-t** suffix is added directly onto the nominative form.

174

Nominative		Partitive	
keel	'tongue, language'	keel/t	
meel	'sense, mood'	meel/t	
joon	'line'	joon/t	
aken	'window'	aken/t	
tütar	'daughter'	tütar/t	
noor	'young'	noor/t	
mees	'man'	mees/t	
võõras	'strange, foreign'	võõras/t	

Note:	laps	'child'	las/t	(-p- disappears)
	uks	'door'	us/t	(-k- disappears)

For the word **armas** 'dear' (and some other words ending in **-sa** in the genitive singular), the partitive can be constructed from either the nominative or the genitive: **armas, armsa, armas/t** or **armsa/t**.

3) Vowel Endings

§ 204. For a large group of Estonian words, the partitive singular is formed by adding to the nominative form the vowel which is at the end of the genitive form.

Nominative		Genitive	Partitive
vend	'brother'	venn/a	`vend/a
jalg	'foot'	jal/a	`jalg/a
pikk	'long'	pik/a	pikk/a
leib	'bread'	leiv/a	`leib/a
aeg	'time'	aj/a	`aeg/a
kukk	'rooster'	kuk/e	kukk/e
ajaleht	'newspaper'	ajaleh/e	aja`leht/e
jõgi	'river'	jõ/e	jõg/e
riik	'nation-state'	riig/i	`riik/i
kapp	'cupboard'	kap/i	kapp/i
pink	'bench'	ping/i	`pink/i
lind	'bird'	linn/u	`lind/u
lipp	'flag'	lip/u	lipp/u
põld	'field'	põll/u	`põld/u

Note:	sõber	'friend'	sõbr/a	`sõpr/a	(b>p)

§ 205. In some cases, the genitive and partitive forms are spelled alike, but the former is pronounced with second-degree (long) quantity and the latter with third-degree (overlong) quantity. (See Introduction, Point 6, for discussion of sound quantity.)

Nominative		Genitive	Partitive
loom	'animal'	looma	`looma
silm	'eye'	silma	`silma
asi	'thing'	asja	`asja
must	'black'	musta	`musta

175

Nominative	Genitive	Partitive
kool 'school'	kooli	`kooli
laul 'song'	laulu	`laulu
kiri 'letter'	kirja	`kirja
nali 'joke'	nalja	`nalja
neli 'four'	nelja	`nelja
kroon 'crown'	krooni	`krooni

Compare: Silm **silma** vastu [*gen. sing.*] 'An eye for an eye'. Inimesel on kaks `silma [*part. sing.*, pronounced: sillma] 'A human being has two eyes'.

§ 206. Many two-syllable words which end in **-a**, **-i**, or **-u** remain unchanged in the genitive and partitive forms, both in terms of spelling and pronunciation.

Nominative	Genitive	Partitive
isa 'father'	isa	isa
ema 'mother'	ema	ema
sõna 'word'	sõna	sõna
kivi 'rock, stone'	kivi	kivi
elu 'life'	elu	elu
vana 'old'	vana	vana
vaba 'free'	vaba	vaba

Other examples of words that have the same form in the nominative, genitive, and partitive singular are:

onu 'uncle', **tädi** 'aunt', **kodu** 'home', **osa** 'part', **oma** 'own', **raha** 'money', **rahu** 'peace', **huvi** 'interest', **abi** 'help', **karu** 'bear', **oja** 'brook', **püha** 'holy, holiday', **pesa** 'nest', **muna** 'egg'.

§ 207. For words that end in a vowel, preceded by a consonant that weakens in the genitive, the partitive represents a return to the strong consonant of the nominative form.

Nominative	Genitive	Partitive
iga 'age, period of life'	ea	iga
rida 'row'	rea	rida
siga 'pig'	sea	siga
viga 'error'	vea	viga
luba 'permit'	loa	luba
tuba 'room'	toa	tuba
uba 'bean'	oa	uba
nuga 'knife'	noa	nuga
sõda 'war'	sõja	sõda
õde 'sister'	õe	õde
kägu 'cuckoo'	käo	kägu
nägu 'face'	näo	nägu
lugu 'story'	loo	lugu
madu 'snake'	mao	madu
pidu 'feast'	peo (or pidu)	pidu
tigu 'snail	teo (or tigu)	tigu
tegu 'deed'	teo	tegu

For a few words that end in -i in the nominative and -e in the genitive, the partitive is identical in spelling and pronunciation with the genitive form.

Nominative	Genitive	Partitive
nimi 'name'	**nime**	**nime**
tüvi 'stem'	**tüve**	**tüve**
hani 'goose'	**hane**	**hane**
suvi 'summer'	**suve**	**suve**

§ 208. An adjective which modifies a noun in the partitive case must itself be in the partitive.

Kaks **väikest last** [both *part.sing.*]   'Two small children'
Ma loen **huvitavat raamatut.**   'I am reading an interesting book.'

Uses of the Partitive

The main uses of the partitive are the following:

§ 209. 1) The partitive singular (never the plural!) is used after cardinal numbers, from **kaks** 'two' on up, when these numbers are in the nominative case. (As discussed in Lesson 12, the number **üks** 'one' is different from the rest, in that it is followed by the nominative case.)

Selles ruumis on kümme **inimest** 'There are ten people in this room'. [compare: üks inimene 'one person'.] Siin on viis **meest**, kolm **naist** ja kaks **last** 'Here are five men, three women, and two children'. Tarkuse seitse **sammast** 'The seven pillars of wisdom'. Kolm **graatsiat** 'The Three Graces'. Tuhat üks **ööd** 'A thousand and one nights'.

The partitive singular is also used for fractions (**veerand** 'quarter', **pool** 'half', **kolmveerand** 'three quarters', and so on), with **paar** 'pair', and with **mitu** 'several, many, how many?'.

Pool `päeva 'Half a day'. Paar **dollarit** 'A pair [couple] of dollars'. Mitu `venda sul on? 'How many brothers do you [*sing.*] have?'. Ma ootasin sind mitu `tundi 'I waited several hours for you [*sing.*]'.

§ 210. 2) The partitive is used with many words that indicate amount, weight, or size. Such words include **palju** 'much, many', **kui palju?** 'how much? how many?', **vähe** 'little, few, hardly any', **vähem** 'less, fewer', **rohkem** 'more', **hulk** 'bunch', **tükk** 'piece', **osa** 'part', **klaas** 'glass', **tass** 'cup', **täis** 'full'. The examples below show the use of the partitive singular after such words. The partitive plural may also be used when appropriate. (See Lesson 31.)

Mul on palju **tööd** 'I have a lot of work'. Tal on vähe `aega 'She has little time'. Tükk `leiba 'A piece of bread'. Tilk **vett** 'A drop of water'. Klaas `piima ja tass `kohvi 'A glass of milk and a cup of coffee'. Karp **šokoláadi** 'A box of chocolate'. Tuba oli `suitsu täis 'The room was full of smoke'. Rohkem **valgust**! 'More light!'.

177

§ 211. 3) The partitive has an important role in its use for the so-called *partial object* in a sentence. (This is discussed in more detail in Lesson 28.) For example, the direct object in an affirmative sentence is in the partitive case, if the action of the verb is directed to an undetermined portion of the object or if the action is on-going or incomplete.

Poiss sööb `leiba.	'The boy eats (some) bread.'
Õpilane loeb **raamatut.**	'The student is (engaged in) reading a book.'

§ 212. 4) The partitive is used for the so-called *partial subject*, in sentences where an indefinite amount of something is said to occur or exist. The English equivalent is often given with the phrases 'There is (some)...' or 'It is...'.

`Leiba on laual.	'There is (*some*) *bread* on the table.'
Compare: Leib on laual.	'The (loaf of) bread is on the table.'

Kus (on) `suitsu, seal (on) **tuld.**	'Where there's *smoke*, there's *fire*.'
Ninast jookseb **verd.**	'(*Some*) *Blood* is flowing from the nose.'
Lund sajab.	'It is snowing. [*Some snow* is falling.]'
`Vihma sajab.	'It is raining. [*Some rain* is falling.]'

§ 213. 5) The predicate complement of a sentence is often in the partitive case, when indicating the group or type which the subject belongs to.

Mis `värvi on müts?	'(*Of*) *What color* is the hat?'
Müts on **punast** `värvi.	'The hat is (*of a*) *red* (*color*).'
See on **esimest** `sorti.	'This is first rate [*of the best sort*].'
Mu sõber on **pikka** `kasvu.	'My friend is (*of a*) *tall* (*size*).'

§ 214. 6) Quite a few prepositions require the partitive case after them, as in these examples:

alla mäge 'down the hill', **enne** lõunat 'before noon', **kesk** [= **keset**] tänavat 'in the middle of the street', **mööda** teed [= teed **mööda**] 'along the road', **pärast** [= **peale**] `sööki 'after (eating) the food', **vastu** `voolu 'against the stream'.

Ära hõiska **enne** õhtut 'Don't (you [*sing.*]) shout before the evening [Don't shout "Hurray!" until it's all over]'. Ta seisab **keset** tuba 'He stands in the middle of the room'. Ma lõpetan kell kolm **pärast** lõunat 'I will finish at three o'clock after noon [p.m.]'. Ta lõi mulle plaksti **vastu** `kõrva 'He hit me smack against the ear.'

Text

Eesti kaupluses

Kesk *linna*, peatänava ääres asub Stockholmi uus turuhoone. Kord enne *lõunat* astusin turuhoonesse. Seal oli väga palju *rahvast*. Oli laupäev ja inimesed ostsid *toitu* nädalalõpuks. Tunglesin rahvamurrus ja otsisin *kauplust*, kust saaks osta eesti `leiba. Olin kuulnud, et turuhoones leidub mitu *kauplust*, kus eestlased on omanikud ja müüjad. Varsti nägingi ühe leti kohal `silti eesti perekonnanimega. Läksin leti äärde, kus enne *mind* oli juba paar *inimest* ootamas. Kui tuli minu järjekord, küsisin müüjalt eesti keeles:

-- Kas teil on eesti `leiba?

-- On küll. Meil on täna müügil ka *head hapukapsast, hapukoort, tee`vorsti*, eesti moodi *soolatud kilu* ja palju *muud*. Kõik toiduained on meil *parimat* `sorti! Mida* võib teile pakkuda?

-- Lubage mulle üks päts `leiba. Kui palju maksab pool *kilo* `vorsti*?

-- Vorst maksab üheksa `krooni kilo. Pool *kilo* maksab seega neli ja pool `krooni. Kas soovite?

-- Jah, palun pool *kilo*.

-- Siin on leib ja vorst. Kas veel ehk *midagi* on tarvis?

-- Sooviksin osta ka *sepikut*, kui on.

-- Kahjuks on sepik täna otsas. Kuid järgmine nädal tuleb *seda* kindlasti jälle. Meil on aga täna *head värsket eesti* `saia, kui soovite. Leib, sepik ja sai tulevad kõik eesti pagaritööstusest. Jutukas müüja veenis mind ostma veel `sinki, heeringat, võid* ja `juustu*.

-- Kas soovite veel *midagi*?

-- Tänan, see on kõik. Palju mul maksta tuleb?

-- Kuusteist `krooni ja viiskümmend `ööri*, palun.

-- Suur tänu, härra, ja nägemiseni! Astuge järgmine nädal jälle sisse!

*

Julge algus on pool `võitu. Parem pool *muna* kui tühi koor. Viis *ametit*, kuues nälg. Vaikus enne `tormi. Vastu `voolu* on raske ujuda. Maailma õnnetus seisab selles, et rumalad inimesed on täis *kindlust* ja targad inimesed täis *kahtlust*.

Pärast *lõunat* jalutasin mööda *tänavat*. Kesk `linna tuli mulle sõber vastu. Teretasin *teda kätt*pidi. Ajasime *juttu*. See võttis palju *aega*. *Seda* juhtub ka kõige paremas seltskonnas.

*

Kihlvedu

Ants kiitleb, et sööb kümme `vorsti korraga ära. Teised ei usu. Ei *muud* kui veavad `kihla*.

Ants hakkab sööma. Sööb üheksa `vorsti ära, ei suuda *kümnendat* enam süüa.

179

<<Eks me ütelnud, et ei söö!>> naeravad teised.

Ants kaebab: <<Ma oleksin pidanud kümnendaga kohe peale hakkama, siis oleks võit minu päralt olnud. Rumalasti tegin, et esimesega peale hakkasin!>> (Eesti rahvanali)

*

Õpetaja: <<Nimeta mulle kolm `looma, kes elavad Aafrikas.>>
Õpilane: <<Kaks `ahvi ja üks lõvi.>>

Vocabulary

Aafrika, -, -t	Africa
aeg, aja, `aega	time
ahv, -i, `ahvi	ape, monkey
Ants, -u, `Antsu	man's name (Hans)
ehk	perhaps
ei muud kui	no alternative but, so
eks	isn't that so?
hapu/kapsas, -`kapsa, -kapsast	sauerkraut
hapukoor, -e, -t	sour cream
hea, -, -d	good
heeringa/s, -, -t	herring
julge, -, -t	bold
juttu ajama, ajada;	to converse
ajan juttu	
jutuka/s, -, -t	talkative
juust, juustu, `juustu	cheese
järje/kord, -korra, -`korda	order, turn in line
kahtlus, -e, -t	doubt, suspicion
kauplus, -e, -t	shop, store
kesk	in the middle of
`kihla veda/ma, -da;	to make a bet
vean `kihla	
kihl/vedu, -veo, -vedu	a bet
kiitlema, kiidelda, kiitlen	to brag
kilo, -, -	kilogram
kilu, -, -	anchovy
kindlasti	certainly, assuredly
kindlus, -e, -t	certainty, assurance
koor, -e, -t	shell, peel, cream
kord	once, (one) time
korraga	at once, at a time
kroon, -i, -`krooni	crown (Swedish, Estonian unit of currency)
kättpidi	by the hand
kümnekrooni/ne, -se, -st	ten-crown bill
kümne/s, -nda, -ndat	tenth (one)
leib, leiva, `leiba	dark (rye) bread
leidu/ma, -da, -n	to be found
lett, leti, letti	(store) counter
loom, -a, `looma	animal

lõvi, -, -	lion
maailm, -a, `maailma	world
mina, minu, mind	I, my, me
(eesti) moodi	(Estonian) style
muna, -, -	egg
muu, -, -d	other
mööda	along
müügil	for sale
nimeta/ma, -da, -n	to name
nädala/lõpp, -lõpu, -lõppu	week-end
nägemiseni!	see you! until our next meeting!
oleksin pidanud	I should have
omanik, -u, -ku	owner
otsas	sold out, at an end
pagaritööstus, -e, -t	large bakery
pakku/ma, -da, pakun	to offer
parim, -a, -at	best
peale hakkama, hakata;	to get started
hakkan peale	
päralt	belonging to
päts, -i, `pätsi	loaf (of bread)
rahva/murd, -murru, -`murdu	crowd
rahva/nali, -nalja, -`nalja	folk humor, traditional joke
rumalasti	stupidly
sai, saia, `saia	white (wheat) bread
see, selle, seda	it, this, that
seega	thereby, thus
seisab selles	consists of this
selts/kond, -konna, -`konda	company, circle of acquaintances
sent, sendi, `senti	cent (American, Estonian penny)
sepik, -u, -ut	graham or whole-wheat bread
silt, sildi, `silti	(posted) sign
sink, singi, `sinki	ham
soolatud, -, -	salted
sort, sordi, `sorti	sort, type, quality
tee/vorst, -vorsti, -`vorsti	bologna
tegi/n	(I) did, made
toiduaine, -, -t	foodstuff
toit, toidu, `toitu	food
torm, -i, `tormi	storm
tunglema, tungelda, tunglen	to jostle, crush
turuhoone, -, -t	market hall
ulata/ma, -da, -n	to reach, pass on
vaikus, -e, -t	silence, calm
veda/ma, -da, vean	to pull, drag
veen/ma, -da, -an	to convince
vool, -u, `voolu	current, stream
vorst, -i, `vorsti	sausage
või, -, -d	butter
võit, võidu, `võitu	victory
ära sööma, süüa;	to eat up
söön ära	
öör, -i, `ööri	Swedish penny

181

Exercises

1. *Put the words in parentheses into the partitive case:* Mul on ülehomme palju (töö). Sõbral on vähe (aeg). Mees läks mööda (tee). Ma ostsin pool kilo (või). Eile sadas (lumi). See teeb mulle (suur au). Aias on kaks (kõrge puu). Ninast jooksis palju (veri). Sa olid siin enne (mina). Ma õpetan (tema). (Nemad) on palju. (Mis) on palju? (Rahvas) on palju. Kas sa tunned (mõni arst)? Poiss loeb (huvitav raamat).

Lapsel on mitu (ilus pilt). Kesk (tänav) seisis auto. Mitu (käsi) ja (jalg) on inimesel? Anna mulle klaas (vesi)! Meie klassis on kakskümmend (õpilane). Seal on kolm (pikk mees). Selles toas on viis (väike laps). Toal on kaks (uks) ja kolm (aken). Mitu (võõras keel) sa oskad? Neli (hea sõber). Kas sa tunned seda (ilus tüdruk)?

2. *Translate into English:* Meie korteris on neli tuba. Siin toas on üks kapp, kolm lauda, neli tooli, kolm akent, kaks ust. Laual on viis raamatut. Seinal on kaks ilusat pilti. Klassis on kolmkümmend õpilast.

Tund ['A class period'] kestab nelikümmend viis minutit. Pärast tööd lähen ma koju. Istun kodus, loen huvitavat raamatut ja pärast kuulan raadiot. Sain eile venna käest kolm pikka kirja. Pärast kevadet tuleb suvi, pärast suve tuleb sügis. Meid oli arvult ['in number'] viis. Kui palju teid on? Neid on palju. Tal on kaks venda ja kolm õde. Mul on neli poega. Mitu last teil on? Meil on kaks tütart.

Toas oli palju suitsu. Eile sadas palju lund. Heal lapsel on mitu nime. Mitu päeva te sõitsite siia? Kaks päeva. Mitu minutit te rääkisite telefoniga? Üks minut. Kui palju maksab see raamat? See raamat maksab kümme dollarit viiskümmend senti. Selles lauses [lause 'sentence'] on seitse sõna. Ta oli siin enne mind. Mida sa teed pärast lõunat?

3. *Translate into Estonian:* There's a lot of people on the street. Where can one buy Estonian (rye) bread? We ask the vendor in English: "What does a half kilo of sausage cost?" The bread costs one dollar and forty-five cents.

In my apartment there are three rooms. How many tables are there in your [*sing.*] room? On the table there are four books. In the hotel there are 42 rooms. What are you [*sing.*] doing today after work? We are sitting and listening to the radio. How many days have you [*sing.*] been here? I have already been here two days. How many children do you [*sing.*] have? I have two sons and three daughters. You [*sing.*] have only one child: a son. We have two brothers and three sisters. We came here before you [*pl.*]. They were here before us.

Expressions

Kaupluses	In the Shop
Mida te soovite, härra?	What would you [*pl.*] like, Sir?
(proua, preili)?	(Madam, Miss)?
Ma sooviksin osta...	I would like to buy...
Kas teil on...?	Do you [*pl.*] have...?
Lubage mulle üks eesti leib.	Let me have a loaf of Estonian (dark) bread.
Palun pool kilo võid.	May I have a half kilo of butter?
Mitu tükki te soovite?	How many do you [*pl.*] want?
See on parimat `sorti.	This is of the best quality.

Kui palju see maksab?	How much does this cost?
See maksab kümme dollarit.	It costs ten dollars.
See on odav. See on (liiga) kallis.	That's cheap. That's (too) expensive.
Kas soovite veel midagi?	Would you [pl.] like anything else?
Tänan, see on kõik.	Thanks, that's all.
Väljamüük. Odavmüük.	(Clearance) sale. (Bargain) sale.
Müügil. Väljamüügil.	For sale. On sale.
Peale kauba.	As a bonus.
Odavad hinnad. Kõrged hinnad.	Low prices. High prices.
Paras raha.	Exact change.
Kauplus. Pood. Äri.	Store.
Kaupmees. Ärimees.	Shopkeeper. Businessman.
Müüja. Müüjanna. Ostja.	Salesperson. Saleslady. Buyer.
Kauplus on kinni [suletud].	The shop is closed.
Kauplus on lahti [avatud].	The shop is open.

Õnnesoovid — Felicitations

Palju `õnne!	Good luck! Congratulations!
Palju `õnne sünnipäevaks!	Happy birthday!
Palju `õnne sünnipäevalapsele!	Congratulations to the birthday child.
Südamlikud õnnesoovid.	Heartfelt congratulations.
Soovin `õnne! Õnnitlen!	I congratulate you!
Soovin südamest `õnne!	I congratulate you from my heart!
Õnnitlen sünnipäeva puhul.	I congratulate you on the occasion of your birthday.
Palun vastu võtta minu parimad soovid ja tervitused.	Please accept my best wishes and greetings.
Soovin `õnne ja edu!	I wish you luck and success!
Südamlik tänu meelespidamise eest!	Heartfelt thanks for remembering!

Pühad ja peod — Holidays and Celebrations

Häid pühi! Rõõmsaid pühi!	Good holidays! Happy holidays!
Head pühadelõppu!	A good end to the holidays!
Head vana-aasta lõppu!	A good end to the old year!
Häid [Rõõmsaid] jõulupühi ja head [õnnerikast] uut aastat!	Merry Christmas and Happy New Year!
Rõõmsaid lihavõttepühi!	Happy Easter!
Vana-aasta õhtu.	New Year's Eve.
Uusaasta. Kolmekuningapäev.	New Year. Epiphany [Three Kings' Day].
Suur reede.	Good Friday.
Ülestõusmispüha [Lihavõtted].	Easter.
Nelipüha.	Pentecost [Whitsunday].
Jaanipäev.	Midsummer's Day [St. John's Day].
Jõulud. Jõulupühad.	Yuletide. Christmas holidays.
Jõulukuusk. Jõulupuu.	Christmas spruce. Christmas tree.
Jõuluvana.	Santa Claus.
Sünnipäev. Tähtpäev.	Birthday. Notable Day.
Aastapäev.	Anniversary.

Answers to Exercises

1. Mul on ülehomme palju tööd. Sõbral on vähe aega. Mees läks mööda teed. Ma ostsin pool kilo võid. Eile sadas lund. See teeb mulle suurt au. Aias on kaks kõrget puud. Ninast jooksis palju verd. Sa olid siin enne mind. Ma õpetan teda. Neid on palju. Mida on palju? Rahvast on palju. Kas sa tunned mõnd(a) arsti? Poiss loeb huvitavat raamatut.

Lapsel on mitu ilusat pilti. Kesk tänavat seisis auto. Mitu kätt ja jalga on inimesel? Anna mulle klaas vett! Meie klassis on kakskümmend õpilast. Seal on kolm pikka meest. Selles toas on viis väikest last. Toal on kaks ust ja kolm akent. Mitu võõrast keelt sa oskad? Neli head sõpra. Kas sa tunned seda ilusat tüdrukut?

2. There are four rooms in our apartment. Here in this room there are one cupboard, three tables, four chairs, three windows, two doors. There are five books on the table. There are two beautiful pictures on the wall. There are thirty students in the class.

A/The class period lasts forty-five minutes. After work I (will) go home. I (will) sit at home, read an interesting book, and later listen to the radio. Yesterday I got three long letters from my brother. After spring comes summer, after summer comes fall. There were five of us. How many of you are there? There are many of them. He/She has two brothers and three sisters. I have four sons. How many children do you [pl.] have? We have two daughters.

There was a lot of smoke in the room. Yesterday it snowed a lot. A good child has many names. How many days did you [pl.] travel here? Two days. How many minutes did you [pl.] talk on the telephone? One minute. How much does this book cost? This book costs ten dollars and fifty cents. In this sentence there are seven words. He/She was here before me. What are you [sing.] doing in the afternoon?

3. Tänaval on palju rahvast. Kust saab osta eesti leiba? Me küsime müüjalt [müüja käest] inglise keeles: <<Kui palju [Mis] maksab pool kilo vorsti?>> Leib maksab üks dollar (ja) nelikümmend viis senti.

Minu korteris on kolm tuba. Mitu lauda on sinu toas? Laual [Laua peal] on neli raamatut. Hotellis on nelikümmend kaks tuba. Mis sa teed täna pärast [peale] tööd? Me istume ja kuulame raadiot. Mitu päeva sa oled [oled sa] siin olnud? Ma olen juba kaks päeva siin olnud. Mitu last sul on? Mul on kaks poega ja kolm tütart. Sul on ainult üks laps: üks poeg. Meil on kaks venda ja kolm õde. Me tulime siia enne teid. Nad olid siin enne meid.

Lesson 28

Grammar

The Direct Object

§ 215. The direct object of a verb is the thing which receives the action of the verb, as in 'I read the *newspaper*. The dog buried a *bone*. She will rent a *car*.'. In English, the direct object takes the same form as the word would when used as the subject of a sentence, except for most pronouns: 'I know *them*. They like *us*. We elected *her*. *Whom* is she addressing? Who called *me* a moment ago?'.

In Estonian, the rules for the direct object are much more complex. Depending on the circumstances, the object may take on any of three different case forms: nominative, genitive, or partitive. For example:

Võta **raamat**! (*nominative*)	(You [*sing.*]) Take the *book*!
Ma võtan **raamatu**. (*genitive*)	I (will) take the *book*.
Ma loen **raamatut**. (*partitive*)	I am reading the *book*.

In order to be able to use the right case form in the right situation, you should realize that the direct object (called **sihitis** in Estonian) can be considered either as a "total" object or a "partial" object.

The Total Object

§ 216. The total object (**täissihitis** in Estonian) may also be called the definite, complete, or whole object. It is used in sentences where all three of the following conditions are met:

1) The sentence is affirmative.
2) The action of the verb leads to completion.
3) The object is affected in its entirety.

§ 217. In an imperative sentence (where a command is given), the total object is in the nominative case. In a declarative sentence (where a statement of fact is given), the total object is in the genitive case if it is in the singular and in the nominative case if it is in the plural.

The Total Object in Affirmative Sentences

Commands	*Declarations*
Võta **raamat**! (*nom. sing.*)	Ma võtsin **raamatu**. (*gen. sing.*)
'(You [*sing.*]) Take the *book*!'	'I took the *book*.'
Võta **raamatud**! (*nom. pl.*)	Ma võtsin **raamatud**. (*nom. pl.*)
'(You [*sing.*]) Take the *books*!'	'I took the *books*.'

185

The Partial Object

§ 218. The partial object (called **osasihitis** in Estonian) occurs when any one of the following conditions is met:

1) The sentence is negative.
2) The verb expresses an on-going, incomplete, or repeated action.
3) The action of the verb is directed toward an undetermined or indefinite portion of the object.

The partial object is always in the partitive case, whether a singular or plural noun is involved.

§ 219. Compare the uses of the total object and the partial object in the following examples. Notice that all three conditions for the total object must be satisfied for it to be used.

Objects in Commands

Total Object	*Partial Object*
Võta **raamat**! *(nom. sing.)* 'Take the *book*!'	Ära võta **raamatut**! *(part. sing.)* 'Don't take the *book*!' (negative)
Loe **raamat** läbi! *(nom. sing.)* 'Read the *book* (all the way) through!'	Loe **raamatut**! *(part. sing.)* 'Read the *book*!' (not necessarily to the end)
Joo see **vesi** ära! *(nom. sing.)* 'Drink (all) this *water* up!'	Joo **vett**! *(part. sing.)* 'Drink (some) *water*!' (indefinite quantity)

§ 220.   Objects in Declarations

Total Object	*Partial Object*
Ma võtsin **raamatu**. *(gen. sing.)* 'I took the *book*.'	Ma ei võtnud **raamatut**. *(part. sing.)* 'I did not take the *book*.' (negative)
Ma lugesin **raamatu** läbi. *(gen. sing.)* 'I read the *book* (all the way) through.'	Ma lugesin **raamatut**. *(part. sing.)* 'I was reading the *book*.' (unfinished)
Ma sõin **leiva** ära. *(gen. sing.)* 'I ate up (all) the *bread*.'	Ma sõin `**leiba**. *(part. sing.)* 'I ate (some) *bread*.' (indefinite quantity)

§ 221. If there is a total object in a clause with a present/future tense verb, the verb is translated in the future tense. If it were translated in the present tense, the action would be on-going or incomplete, which would require the partial object instead.

Total Object	*Partial Object*
Ma ostan **raamatu**. *(gen. sing.)* 'I will buy the *book*.'	Ma ostan **raamatut**. *(part. sing.)* 'I am (engaged in) buying the *book*.'

§ 222. Note! The total object is usually employed when the verb in an affirmative sentence is joined with a word implying the completion of the action. Such accompanying words include: **ära** 'away', **läbi** 'through', **üles** 'up', **maha** 'down', **valmis** 'finished'.

Total Object	Partial Object
Ma lugesin **raamatu** läbi. *(gen. sing.)*	Ma lugesin **raamatut.** *(part. sing.)*
'I read the *book* (all the way) through.'	'I was reading the *book.*'
Ta õppis **eesti keele** ära. *(gen. sing.)*	Ta õppis **eesti keelt.** *(part. sing.)*
'He learned (to speak) *Estonian* (fluently).'	'He was studying *Estonian.*'

§ 223. Note! The partial object (in the partitive case) is always used with verbs expressing feelings, uses of the senses, or continual actions with uncertain outcomes. Such verbs include the following:

Feelings	Senses	Unresolved Actions
armastama 'to love'	**kuulama** 'to listen'	**aitama** 'to help'
austama 'to honor'	**kuulma** 'to hear'	**juhtima** 'to direct'
imetlema 'to admire'	**maitsma** 'to taste'	**jätkama** 'to continue'
kartma 'to fear'	**mäletama** 'to remember'	**nõudma** 'to demand'
kiitma 'to praise'	**nautima** 'to enjoy'	**ootama** 'to await'
põlgama 'to despise'	**nuusutama** 'to smell'	**otsima** 'to seek'
tundma 'to feel, know'	**nägema** 'to see'	**segama** 'to disturb'
usaldama 'to have faith in'	**puudutama** 'to touch'	**takistama** 'to hinder'
vihkama 'to hate'	**vaatama** 'to watch'	**uurima** 'to investigate'

Other verbs that belong in this group, especially under the third column, are **alustama** 'to begin', **arvestama** 'to consider', **kaitsma** 'to defend', **karistama** 'to punish', **kohtama** 'to meet', **kõnelema** 'to speak', **mõistma** 'to understand', **omama** 'to own', **oskama** 'to know how to do something', **rääkima** 'to talk', **soovima** 'to wish for', **tervitama** 'to greet', **tänama** 'to thank', **vajama** 'to need', **õpetama** 'to teach', **õppima** 'to study', **ähvardama** 'to threaten', **ärritama** 'to irritate'.

§ 224. With some of the above words, the total object may be used, if the verb has an accompanying word indicating that the action leads to a conclusion.

Total Object	Partial Object
Ma tundsin oma **sõbra** häälest ära. *(gen.)*	Ma tundsin oma **sõpra** hästi. *(part.)*
'I recognized my *friend* by his voice.'	'I knew my *friend* well.'
(completed action)	(on-going action)
Me ootasime rongi **tuleku** ära. *(gen.)*	Me ootasime rongi **tulekut.** *(part.)*
'We waited until the coming of the train.'	'We awaited the coming of the train.'
(completed action)	(unresolved action)

§ 225. Some verbal phrases always involve the partial object (in the partitive case), even if the action is completed. Such special phrases include:

abi andma 'to give help'	**aset** leidma 'to take place'
`aega kaotama 'to lose time'	**elu** nautima 'to enjoy life'
`aega raiskama 'to waste time'	**habet** ajama 'to shave (one's beard)'

juttu ajama 'to make conversation'
`kihla vedama 'to make a bet'
lund sadama 'to (precipitate) snow'
muret tundma 'to (feel) worry'
`märku andma 'to give a sign'
`nalja tegema 'to (make a) joke'
osa mängima 'to play a role'
osa võtma 'to take part'

pead raputama 'to shake one's head'
`rolli mängima 'to play a role'
sõna kuulma 'to obey (a command)'
sõna pidama 'to keep one's word'
sõna võtma 'to have the floor (to speak)'
und nägema 'to (see a) dream'
vabandust paluma 'to ask forgiveness'
`vihma sadama 'to (precipitate) rain'

The partial object (in the partitive case) is always used with the verb **mängima** 'to play' when a musical instrument or game is involved, even if the action is finite or completed:

`bridži mängima 'to play bridge'
`kaarte mängima 'to play cards'
klaverit mängima 'to play piano'
malet mängima 'to play chess'

`palli mängima 'to play ball'
`peitust mängima 'to play hide-and-seek'
tennist mängima 'to play tennis'
viiulit mängima 'to play violin'

Personal Pronouns as Direct Objects

§ 226. The third-person pronouns **tema** 'he, she, it' and **nemad** 'they' follow the same rules as nouns. That is, as a total object, the singular form **tema** is in the nominative case in an (affirmative) imperative sentence and in the genitive case in an (affirmative) declarative sentence; the plural form **nemad** appears in the nominative case as a total object. As a partial object, both the singular **tema** and the plural **nemad** appear in the partitive case (**teda, neid**).

Total Object

Võta **tema/nemad [ta/nad]** kaasa! (*nom.*)
'(You [*sing.*]) Take *him/them* along!'
(affirmative command)

Ma võtsin **tema/nemad [ta/nad]** kaasa.
(*gen./nom.*)
'I took *him/them* along.'
(affirmative declaration)

Partial Object

Ära võta **teda/neid** kaasa! (*part.*)
'Do not take *him/them* along.'
(negative command)

Ma ei võtnud **teda/neid** kaasa. (*part.*)
'I did not take *him/them* along.'
(negative declaration)

§ 227. The first- and second-person pronouns behave differently than other nouns. They generally appear in the partitive case, whether they are total or partial objects. Compare:

Jäta **mind** rahule! (*part. sing.*)
Jäta **poiss** rahule! (*nom. sing.*)

'(You [*sing.*]) Leave *me* alone!'
'(You [*sing.*]) Leave the *boy* alone!'

Isa võttis **meid** `linna kaasa. (*part. pl.*)
Isa võttis **poisi** `linna kaasa. (*gen. sing.*)

'Dad took *us* along to town.'
'Dad took the *boy* along to town.'

Note: In declarative sentences, it is permitted to employ the genitive form of **mina** 'I' and **sina** 'you [*sing.*]', instead of the partitive **mind** and **sind**. But the plural forms of **meie** 'we' and **teie** 'you [*pl.*]' must always be in the partitive when serving as direct objects, even when they are total objects.

Isa võttis **mind/minu [mu]** `linna kaasa. (*part. sing.* or *gen. sing.*)
Isa võttis **meid** `linna kaasa. (*part. pl.* only)

Isa võttis **sind/sinu [su]** `linna kaasa. (*part. sing.* or *gen. sing.*)
Isa võttis **teid** `linna kaasa. (*part. pl.* only)

Isa võttis **tema [ta]** `linna kaasa. (*gen. sing.* only)
Isa võttis **nemad [nad]** `linna kaasa. (*nom. pl.* only)

Text

Lapse prillid

Isa luges *raamatut*. Tal olid prillid ees. Väike Ilmar ütles isale:
-- Isa, osta mulle ka *prillid*! Siis ma saan lugeda nagu sinagi.
-- Hea küll, pojake, ma ostan sulle *prillid*. Just *niisugused*, mis sulle tarvis on.
Ja isa ostis Ilmarile--*aabitsa*.

*

Aeg parandab kõik *haavad*, aga jätab *armid*. Armastus võidab kõik *raskused*. Väike säde teeb *suure tule*. Suur tükk ajab *suu* `lõhki.
Hädas tunned `*sõpra*. Käsi peseb *kätt*. Austa *tööd*, töö austab *sind*. Kes külvab *tuult*, see lõikab `*tormi*. Kes teistele `*auku* kaevab, langeb ise sisse.
Ega nimi *meest* ei riku, kui mees *nime* ei riku. Ära tee sääsest *ele`vanti*! Ära kiida `*päeva* enne `õhtut!

*

Paar mõistatust

Tuleb aknast tuppa, ei tee kunagi *akent* `katki. (Valgus)
Kõik armastavad *teda*, keegi ei saa ilma temata elada, ometi kardavad *teda* kõik. (Tuli)

Lõputa jutt

Mees läks `metsa. Ehitas *maja*. Tegi majale *katuse* peale. Tõrvas *katuse* ära. Lind lendas katusele. Linnu saba jäi `kinni. Lind tõmbas *saba* `lahti. Nokk jäi `kinni. Tõmbas *noka* `lahti. Saba jäi `kinni. Tõmbas *saba* `lahti. Nokk jäi `kinni...

Kolm kõnelust

Kaks sõpra kohtuvad tänaval ja hakkavad *juttu* ajama.
A. Tere päevast.
B. Tere-tere. Kuidas käsi käib?
A. Tänan, hästi. Kõik on korras. Mis uudist?
B. Uudist pole midagi, kõik on vanaviisi.
A. Kuidas su abikaasa tervis on?
B. Tänan küsimast, pole viga. Mu abikaasa käib praegu eesti keele kursustel ja õpib *eesti keelt.*
A. Ah nii? Kuidas tal õppimine läheb?
B. Väga hästi. Ta saab juba natuke eesti keelest aru ja oskab *paar sõna* eesti keeles ütelda.
A. Väga rõõmustav kuulda. Ole hea, tervita *abikaasat* minu poolt.
B. Tänan väga. Kui sul `aega on, tule *meid* vahel vaatama.
A. Palju tänu! Ma tulen kindlasti. Seniks nägemiseni!
B. Kõige paremat!

-- Kas te kõnelete *eesti keelt?*
-- Veel mitte, kuid ma õpin.
-- Kas te saate eesti keelest aru?
-- Ma saan aru, kui te selgesti ja aeglaselt räägite.
-- Kui kaua te olete *eesti keelt* õppinud?
-- Olen õppinud *eesti keelt* paar kuud.
-- Kas teie abikaasa oskab *eesti keelt?*
-- Jah, muidugi. Ta räägib *eesti keelt* vabalt. Mu abikaasa on ju eestlane.
-- Mis *keelt* te kodus räägite?
-- Me räägime kodus *rootsi* ja *eesti keelt.*
-- Kas te loete *eesti kirjandust?*
-- See on mulle veel raske. Aga ma loen igapäev *eesti ajalehte.* Loen sõnaraamatu abil.
-- Te räägite *eesti keelt* juba väga hästi! Teil on ka hea hääldamine.
-- Tänan *teid.* See rõõmustab *mind* väga.

-- Mitmes täna on?
-- Ma ei tea.
-- Aga sa loed ju *ajalehte.*
-- Jah, kuid see on eilne ajaleht.

Vocabulary

aabits, -a, -at	ABC book
abil	with the help of
arm, armi, `armi	scar
austa/ma, -da, -n	to honor, esteem
ega	surely not; nor
ehita/ma, -da, -n	to build
eil/ne, -se, -set	yesterday's
elevan/t, -di, ele`vanti	elephant
haav, haava, `haava	wound, sore
hädas	in need, in trouble
hääldami/ne, -se, -st	pronunciation
igapäev	every day
Ilmar, -i, -it	man's name
jah [= jaa]	yes
kaeva/ma, -ta, -n	to dig
`katki tegema, teha;	to break (asunder)
teen `katki	
katus, -e, -t	roof
kiitma, kiita, kiidan	to praise
`kinni jää/ma, -da;	to get caught or stuck
jään `kinni	
kohtu/ma, -da, -n	to meet
korras	in order, as it should be
kuidas käsi käib?	how are you?
kursustel	at classes
kõige paremat!	all the best (to you)!
kõnelema, kõnelda, kõnelen	to speak
kõnelus, -e, -t	conversation
`lahti tõmbama, tõmmata;	to pull loose
tõmban `lahti	
`lõhki ajama, ajada;	to break (apart)
ajan `lõhki	
mis uudist?	what's new?
mitmes [mis kuupäev]	which date
natuke	a little
niisugu/ne, -se, -st	such (a one)
nokk, noka, nokka	beak
paranda/ma, -da, -n	to repair, amend, improve
poolt	from, in favor
prillid (ees)	eyeglasses (on)
raskus, -e, -t	hardship, weight
rikku/ma, -da, rikun	to ruin, spoil
rõõmusta/ma, -da, -n	to gladden, be glad
rõõmustav, -a, -at	gladdening
saba, -, -	tail
seniks nägemiseni	so long, until next time
sõnaraamat, -u, -ut	dictionary
säde, -me, -t	spark
sääs/k, -e, -ke	mosquito, gnat
tervita/ma, -da, -n	to greet
tuli, tule, tuld	fire, light

tõrva/ma, -ta, -n	to tar
tükk, tüki, tükki	piece, unit
uudis, -e, -t	bit of news, something new
vabalt	freely, fluently
valgus, -e, -t	light
vanaviisi	as before, in the old way
võitma, võita, võidan	to win (against)
õppimi/ne, -se, -st	studying, studies, learning
ära tõrva/ma, -ta;	to tar (completely)
tõrvan ära	

Exercises

1. *Put the words in parentheses into the partitive case:* Ma armastan (sinine meri). Me teeme (töö). Aias kasvab kaks (kõrge puu). Anna mulle kolm (dollar). Ära kustuta (tuli). Kas sa tunned minu (hea sõber)? Siin on tükk (leib). Osta pool kilo (või). Mul on kaks (vend). Tal on kolm (õde). Mitu (jalg) on inimesel? Inimesel on kaks (käsi). Kas sa tunned seda (võõras mees)? Ära tee (nali)! Kas sul on palju (raha)? (Kes) sa seal näed? Ma näen (suur mees). Vaata (see ilus tüdruk)! Ma puhkan pärast (lõuna). Ma olin siin enne (sina). Toas oli palju (rahvas). Austa (vana inimene)!

2. *Put the words in parentheses into the proper case (nominative, genitive, or partitive):* Mu vend õpib ülikoolis inglise (keel). Ta õppis inglise (keel) hästi ära. Õpi eesti (keel) ära! Anna mulle (see raamat)! Vend istus ja luges (raamat). Isa kinkis pojale (uus raamat). Kas sa tunned (see mees)? Me armastame (kodumaa). Nad kardavad (jumal). Õpilane lahendab ['solves'] parajasti ['just now'] (raske ülesanne). Kas sa lahendasid (ülesanne) ära? Ma ei näinud (õpetaja), kui ta sisse astus. Ava (uks)! Ära ava (uks)! Pane (aken) kinni. Ära tee (aken) lahti! Ma panen kohe (aken) kinni. Kas sa tead mu (telefoni-number)? Kirjuta üles mu (telefoninumber). Ma kirjutan üles su (telefoninumber). Ütle mulle oma (nimi) ja (aadress). Ma ei tea su (nimi) ja (aadress). Kas sul täna on (aeg)? Mul on täna vähe (aeg). Tal on alati palju (raha). Ulata mulle (käsi) ja aita (mina). Ma ulatasin talle (käsi) ja aitasin (tema). Ma ei unusta (sina) kunagi. Mitu (laps) teil on? Mul on kaks (poeg) ja kolm (tütar). Mul on (uus raamat). Mul pole (uus raamat). Aita (sõber)! Me mängime (male). Ma unustasin (raamat) koju. Nad unustasid (raamatud) koju.

3. *Translate into Estonian:* Grandfather has glasses on, when he reads. The child read an ABC book. The mother gave (as a gift) an ABC book to the child. We overcome [win against] all difficulties in life. In need, you'll know a friend. (You [*sing.*]) Finish writing the letter! I will finish writing the letter. You [*pl.*] speak English rather [päris] well. We love you [*sing.*]. What's new? Nothing new. How is your [*sing.*] health? Greet your mate (for me)! She is studying Estonian. I can't speak Estonian, but I am learning. If you [*sing.*] have time, come to visit us. We will surely do it. How long have you [*sing.*] studied French? I have studied French (for) half a year. Which language do you [*sing.*] speak at home? We read the Estonian newspaper at home. It cheers us up a lot.

Expressions

Tervitan sind, armas sõber!	I greet you, dear friend!
Ma armastan sind/teid.	I love you.
Ma usun sind/teid.	I believe you.
Sa haavad mind.	You [*sing.*] wound me.

192

Su mälu petab sind.	Your [*sing.*] memory is fooling [failing] you.
Ära unusta mind!	Don't (you [*sing.*]) forget me!
Ma ei unusta sind/teid kunagi.	I will never forget you.
Ära heida meelt!	Don't (you [*sing.*]) lose hope!
Ära tee `nalja!	Don't (you [*sing.*]) joke (around)!
Ma ei tee `nalja.	I'm not joking.
Miks te tarvitate sellist ebaviisakat `tooni?	Why are you [*pl.*] using such an impolite tone?
Vabandage, kuid ma ei mõtelnud midagi halba.	(You [*pl.*]) Excuse me, but I did not mean any harm.
Ole hea laps, kuula ema sõna.	(You [*sing.*]) Be a good child, obey your mother.
Kas sa teeksid mulle ühe `teene?	Would you [*sing.*] do me a favor?
Ma võtan su ettepaneku vastu.	I accept your [*sing.*] suggestion.
Surun sinu/teie kätt.	I shake [squeeze] your hand.
Avaldan kiitust.	I express praise.
Palun sõna. Palun vaikust.	I request the floor. I request silence.
Annan sulle/teile oma sõna.	I give you my word.
Ausõna!	Word of honor!
Mis uudist?	What's new?
Mis nõu sa mulle annad [te mulle annate]?	What do you advise me?
Kas sul/teil on täna `aega?	Do you have time today?
Mul on vähe `aega. Mul pole (üldse) `aega.	I have little time. I don't have time (at all).
Tule, kui `aega saad.	(You [*sing.*]) Come, if you get time.
See võtab palju `aega.	It will take a lot of time.
Keda/Mida te otsite?	Whom/What are you [*pl.*] looking for?
Mida/Mis sa tahad?	What do you [*sing.*] want?
Mul oli `õnne.	I was lucky.
Pole mõtet (seda teha).	There's no point (in doing that).
Pole põhjust (seda teha).	There's no reason (to do that).
Ei tasu `vaeva.	It's not worth it.
Esimest korda. Viimast korda.	For the first time. For the last time.
See on hoopis midagi muud.	That's something else entirely.
Seda on vaja.	That's necessary/needed.
Seda ei tohi teha.	You mustn't do that.
Jõudu tööle!	More power to you (in your work)!
Jõudu tarvis!	More power's needed!
Kas sa oskad [te oskate] eesti keelt?	Do you know (how to speak) Estonian?
Veel mitte, kuid ma õpin.	Not yet, but I'm learning.
Ma oskan paar sõna (eesti keeles) ütelda.	I know how to say a couple of words (in Estonian).
Ma saan (eesti keelest) aru, kui ma loen.	I understand (Estonian), when I read (it).
Seda ma ei oska (eesti keeles) ütelda.	That I don't know how to say (in Estonian).
Mis keelt te kodus räägite?	What language do you [*pl.*] speak at home?
Me räägime kodus eesti/inglise keelt.	We speak Estonian/English at home.
Ta räägib inglise keelt aktsendiga/ ilma aktsendita.	He/She speaks English with/without an accent.

Answers to Exercises

1. Ma armastan sinist merd. Me teeme tööd. Aias kasvab kaks kõrget puud. Anna mulle kolm dollarit. Ära kustuta tuld. Kas sa tunned minu head sõpra? Siin on tükk leiba. Osta pool kilo võid. Mul on kaks venda. Tal on kolm õde. Mitu jalga on inimesel? Inimesel on kaks kätt. Kas sa tunned seda võõrast meest? Ära tee nalja! Kas sul on palju raha? Keda sa seal näed? Ma näen suurt meest. Vaata seda ilusat tüdrukut! Ma puhkan pärast lõunat. Ma olin siin enne sind. Toas oli palju rahvast. Austa vana inimest!

2. *Put the words in parentheses into the proper case (nominative, genitive, or partitive):* Mu vend õpib ülikoolis inglise keelt. Ta õppis inglise keele hästi ära. Õpi eesti keel ära! Anna mulle see raamat! Vend istus ja luges raamatut. Isa kinkis pojale uue raamatu. Kas sa tunned seda meest? Me armastame kodumaad. Nad kardavad jumalat. Õpilane lahendab parajasti rasket ülesannet. Kas sa lahendasid ülesande ära? Ma ei näinud õpetajat, kui ta sisse astus. Ava uks! Ära ava ust! Pane aken kinni. Ära tee akent lahti! Ma panen kohe akna kinni. Kas sa tead mu telefoninumbrit? Kirjuta üles mu telefoninumber. Ma kirjutan üles su telefoninumbri. Ütle mulle oma nimi ja aadress. Ma ei tea su nime ja aadressi. Kas sul täna on aega? Mul on täna vähe aega. Tal on alati palju raha. Ulata mulle käsi ja aita mind. Ma ulatasin talle käe ja aitasin teda. Ma ei unusta sind kunagi. Mitu last teil on? Mul on kaks poega ja kolm tütart. Mul on uus raamat. Mul pole uut raamatut. Aita sõpra! Me mängime malet. Ma unustasin raamatu koju. Nad unustasid raamatud koju.

3. Vanaisal on prillid ees, kui ta loeb. Laps luges aabitsat. Ema kinkis lapsele aabitsa. Me võidame [ületame] kõik raskused elus. Hädas tunned sõpra. Kirjuta kiri valmis! Ma kirjutan kirja valmis. Te räägite päris hästi inglise keelt. Meie armastame sind. Mis uudist? Pole midagi uudist [Uudist pole midagi]. Kuidas sinu tervis on [Kuidas on su tervis]? Tervita abikaasat (minu poolt)! Ta õpib eesti keelt. Ma ei oska veel eesti keelt, kuid [aga] ma õpin. Kui sul aega on, tule meile külla. Me teeme seda kindlasti. Kui kaua sa oled prantsuse keelt õppinud? Ma olen õppinud prantsuse keelt pool aastat [Olen pool aastat õppinud prantsuse keelt]. Mis [Missugust/Millist] keelt räägid sa kodus? Me loeme kodus eesti ajalehte. See rõõmustab meid väga.

Lesson 29

Grammar

Genitive Plural

The genitive plural is the basis of many other case forms. All the other cases in the plural, except the nominative and partitive, are constructed by adding the appropriate ending to the genitive plural form. (See Lesson 30.)

§ 228. The genitive plural has the ending **-de** or **-te**. Like the genitive singular, it answers the questions **kelle?** 'whose?' and **mille?** 'belonging to what?'. The genitive plural has the same uses as the singular (Lessons 7 and 9). For example:

Eestlaste organisatsioonid välismaal *'Estonians'* organizations abroad'. See on **nende käte** töö 'This is the work *of their hands'*. **Rooside** ja **varemete** linn 'The town *of roses* and *ruins* (Visby, Sweden)'. **Varjude** riik 'The Land *of Shadows'*.

Igaüks vastab ise oma **sõnade** ja **tegude** eest 'Everyone is answerable for his own *words* and *actions'*.

The genitive plural is generally derived from the stem of the partitive singular case (Lesson 27).

The -de Ending

§ 229. a) If the partitive singular ends in a vowel, the genitive plural has the ending **-de**, which is added to the partitive singular form. For example:

Nominative Singular	Partitive Singular	Genitive Plural
vend 'brother'	`venda	`venda/de
nimi 'name'	nime	nime/de
riik 'state'	`riiki	`riiki/de
lind 'bird'	`lindu	`lindu/de

Compare: kaks `venda 'two *brothers'* (*part. sing.*)
  `venda/de sõprus 'the *brothers'* friendship' (*gen. pl.*)

§ 230. b) If the partitive singular ends in **-d**, the genitive plural has a **-de** ending in place of this **-d**.

Nominative Singular	Partitive Singular	Genitive Plural
maa 'earth, ground'	maa/d	maa/de
tee 'road, way, tea'	tee/d	tee/de
pea 'head'	pea/d	pea/de
hea 'good'	hea/d	hea/de

Compare: mööda **tee/d** 'along the road' (*part sing.*)
  tee/de pikkus 'the length of the roads' (*gen. pl.*)

195

The -te Ending

§ **231.** c) If the partitive singular ends in -t, this -t is replaced by the suffix -te in the genitive plural.

Nominative Singular	Partitive Singular	Genitive Plural
raamat 'book'	**raamatu/t**	**raamatu/te**
inimene 'person'	**inimes/t**	**inimes/te**
suur 'big'	**suur/t**	**suur/te**
uus 'new'	**uu/t**	**uu/te**
käsi 'hand, arm'	**kä/tt**	**kä/te** (tt>t)

Compare: loen **raamatu/t** 'I am reading a *book*' (*part. sing.*)
raamatu/te hinnad 'the *books'* prices' (*gen. pl.*)

Some Exceptions

§ **232.** One-syllable words, which contain a diphthong before the final consonant **l**, **n**, **r**, or **s**, form the genitive plural with the **-te** ending, which is added directly to the nominative singular form. For example:

	Nominative Singular	Partitive Singular	Genitive Plural
	koer 'dog'	ˋkoer/a	**koer/te**
	poiss 'boy'	ˋpoissi	**pois/te** (sst>st)
	nael 'nail, pound'	ˋnaela	**nael/te**
	nõel 'needle'	ˋnõela	**nõel/te**
	õun 'apple'	ˋõuna	**õun/te**
	sein 'wall'	ˋseina	**sein/te**
Also:	**oks** 'branch'	ˋoksa	**oks/te**
	ots 'end, tip'	ˋotsa	**ots/te**

§ **233.** Some two-syllable words which end in -t in the partitive singular have the ending **-de** in the genitive plural instead of the expected **-te**. For example:

Nominative Singular	Partitive Singular	Genitive Plural
kõne 'speech'	kõne/t	**kõne/de**
aken 'window'	aken/t	**aken/de**
pere 'family'	pere/t	**pere/de**
mure 'worry'	mure/t	**mure/de**

This exceptional pattern is also found for **hapu** 'sour', **tubli** 'smart', **neiu** 'maiden', **preili** 'Miss', **proua** 'Madam', **härra** 'Mister', **kalju** 'cliff', **summa** 'sum', **foto** 'photo', **firma** 'firm, company', **auto** 'automobile', **tütar** 'daughter', **küünal** 'candle', **peenar** 'flowerbed', and some other, less common words.

A similar pattern is also found for words ending in the female suffix **-nna**.

Nominative Singular	Partitive Singular	Genitive Plural
kuningánna 'queen'	kuningánna/t	**kuningánna/de**
lauljánna 'songstress'	lauljánna/t	**lauljánna/de**
sõbránna 'female friend'	sõbránna/t	**sõbránna/de**
ameeriklánna 'American woman'	ameerklánna/t	**ameeriklánna/de**
venelánna 'Russian woman'	venelánna/t	**venelánna/de**

196

§ 234. Certain words form the genitive plural by inserting the vowel **-e-** between the stem and the **-de** ending. In these cases, the **-e** is also found in the genitive singular form. There are only six words that show this pattern:

Nominative Sing.	Genitive Sing.	Partitive Sing.	Genitive Plural
meri 'sea'	**mer/e**	mer/d	**mer/e/de**
veri 'blood'	**ver/e**	ver/d	**ver/e/de**
tuli 'fire, light'	**tul/e**	tul/d	**tul/e/de**
uni 'dream, sleep'	**un/e**	un/d	**un/e/de**
lumi 'snow'	**lum/e**	lun/d (m>n)	**lum/e/de**
mõni 'some'	**mõn/e**	mõn/d(a)	**mõn/e/de**

§ 235. For some words, the genitive singular has a **-me** ending, which is missing from both the nominative and partitive singular. In these cases, the genitive plural has a **-me/te** ending.

Nominative Sing.	Genitive Sing.	Partitive Sing.	Genitive Plural
võti 'key'	**võt/me**	võti/t	**võt/me/te**
liige 'member'	**liik/me**	liige/t	**liik/me/te**
aste 'grade, step'	**ast/me**	aste/t	**ast/me/te**
mitu 'several'	**mit/me**	mitu/t	**mit/me/te**
süda 'heart'	**süda/me**	süda/nt (t>nt)	**süda/me/te**

§ 236. Some words have a short form ending in **-e** in the genitive plural, along with the regular form.

Nominative Sing.	Genitive Plural
jalg 'foot, leg'	**jalge = jalgade**
silm 'eye'	**silme = silmade**
kirjanik 'writer'	**kirjanike = kirjanikkude**
imelik 'strange'	**imelike = imelikkude**

The short forms are preferred in certain expressions: **jalge all** 'underfoot', **silme ees** 'in front of the eyes'.

The Interrogatives *eks* and *ega*

§ 237. The words **eks** and **ega** are used to begin questions, where one anticipates a definite answer. If the expected answer is affirmative, **eks** is used. If the expected answer is negative, **ega** is used.

Eks ole tõsi?	'It is true, right?
Ega sa kauaks jää?	'You won't stay long, will you [*sing.*]?'

§ 238. Note that the verb in a sentence begun with **eks** or **ega** is in a negativized form. That is, the verb is the same (without a personal ending) as it would be in a negative statement with the word **ei** 'not'. In other words, **eks** or **ega** could be replaced by **kas...ei** , without affecting the rest of the sentence.

Kas sa **ei** tule homme?	'Aren't you [*sing.*] coming tomorrow?'
Eks sa tule homme?	'You are coming tomorrow, aren't you?'
Ega sa tule homme?	'You aren't coming tomorrow, are you?

Note: In modern usage, the affirmative **eks** is often followed by the verb conjugated to fit the subject (that is, with a personal ending), while the negative **ega** may be accompanied by a redundant **ei**: **Eks** sa tuled homme? **Ega** sa **ei** tule homme?

§ 239. **Eks** and **ega** are often used as *emphatic particles* in sentences, to indicate certainty about something. **Eks** is used in affirmative statements, **ega** in negative ones.

Eks sa ise tea(d) kõige paremini 'You [*sing.*] surely know best yourself'. **Eks** sa ise näe(d) 'You'll see for yourself'. **Eks** ma öelnud, et täna tuleb külm ilm 'I said that there would be cold weather today'.

Ega ta ei maga 'He's not sleeping'. Ära karda, **ega** ta sulle midagi (ei) tee 'Don't be afraid, he won't do anything to you [*sing.*]'. **Ega** ma seda meelega (ei) teinud 'I didn't do it on purpose'.

Ega may also be used to start a sentence where one wants to request something in a tentative or restrained manner, even if the expected answer is positive: **Ega** sa ei saa mulle raha laenata? 'You [*sing.*] wouldn't be able to loan me money, would you?'.

§ 240. The combination **ei...ega** means 'neither...nor'.

Ei seda **ega** teist '*Neither* (this) one *nor* the other'. Ta **ei** söö **ega** joo palju 'She *neither* eats *nor* drinks much'. Mul pole [**ei** ole] tuju **ega** tahtmist seda teha 'I have *neither* an inclination *nor* a desire to do it'.

Text

  -- Kas sa tunned seda härrat?
  -- Missugust sa mõtled? Kas seda pikka ja kõhna meest seal nurgas?
  -- Ei, ma mõtlen seda lühikest ja paksu, kes meist praegu mööda läks.
  -- Ah, seda? Ma olen teda varem kohanud, kuid ma ei tunne teda isiklikult.
  -- *Ega* sa ta nime ei tea?
  -- Olen ta nime kahjuks ära unustanud.
  -- *Ega* sa ei tea, mis tööd ta teeb?
  -- Ta esindab üht suurt välismaa firmat Rootsis.
  -- *Eks* ta teeni arvatavasti hästi?
  -- Küllap ta head palka saab. Tal on alati palju raha.

Pikkade ja *kõhnade meeste* viga on sageli see, et nad on igavad ja kuivad inimesed. *Lühikeste* ja *paksude inimeste* kohta võib ütelda, et nad tavaliselt armastavad head nalja ja on asjatundjad *heade söökide* ja *jookide* alal. Nad on eriti sõbralikud *väikeste laste* ja *vanade inimeste* vastu.

Ega muidu nalja saa, kui ise seda ei tee.

*

Eesti keele tunnis

Praegu on meil eesti keele tund. Me õpime eesti keelt. Me loeme, kirjutame ja kõneleme eesti keeles. Õpetaja räägib aeglaselt ja selgelt eesti keeles. Me saame hästi kõigest aru. *Õpilaste* näod on tõsised. Kõik kuulavad tähelepanelikult, kuidas õpetaja hääldab eesti keelt. Õpetaja ütleb:
-- Avage õpikud.
-- Me avame õpikud. Nüüd me loeme eesti keele õpikust. Tim loeb meile kõvasti ette. Ta loeb kiiresti, kuid väga tasa.
-- Palun loe kõvemini ja mitte nii kiiresti, ütleb õpetaja.
Pärast seda, kui me oleme lugenud, ütleb meile õpetaja:
-- Nüüd harjutame eesti keele kõnet. Kes soovib midagi jutustada eesti keeles?
Linda on meist kõige julgem. Ta tõstab käe ja õpetaja annab talle sõna. Linda jutustab eesti keeles:
<<Mina olen ameeriklanna. Inglise keel on mu emakeel. Ma räägin kodus inglise keelt. Ma oskan ka rootsi ja saksa keelt. Nüüd ma õpin eesti keelt. Ma ei oska veel hästi eesti keelt, kuid ma saan juba mõnest sõnast aru. Mu sõber Martin õpib samuti eesti keelt. Tema kõneleb juba päris hästi eesti keelt. Ta valdab ka soome keelt. Mu õde Kim kõneleb vabalt prantsuse kcelt. Ta õpib praegu ka rootsi keelt. Ta ei kõnele veel rootsi keelt, kuid ta saab kõigest aru. Rootslased saavad kergesti aru norra keelest, kuid taani keelest nad nii kergesti aru ei saa.>>

Tund on lõppenud. Me küsime õpetajalt:
-- Millal on järgmine eesti keele tund?
Õpetaja vastab:
-- Järgmisel teisipäeval. Teie kodune ülesanne on lugeda ja tõlkida kolmekümnes peatükk.

Vocabulary

ah	oh
ala, -, -	area, field, subject
ameeriklanna, -, -t	American woman
arvatavasti	presumably
asjatundja, -, -t	expert
avage!	(you [*pl.*]) open!

199

emakeel, -e, -t	mother tongue, native language
eriti	especially
esinda/ma, -da, -n	to represent
firma, -, -t	firm, company
haigla, -, -t	hospital
harjuta/ma, -da, -n	to practice
häälda/ma, -da, -n	to pronounce
isiklikult	individually
jook, joogi, `jooki	drink [n.]
kergesti	easily
kodu/ne, -se, -st	home [adj.]
kodune ülesanne	homework assignment
kohtama, kohata, kohtan	to meet (someone)
kolmekümne/s, -nda, -ndat	thirtieth
kuiv, -a, `kuiva	dry
kõhn, -a, `kõhna	skinny
kõne, -, -t	speech, conversation
kõvemini	more loudly
küllap [= küll]	surely, presumably
mõni, mõne, mõnd(a)	some
mõtlema, mõtelda, mõtlen	to think, mean, intend
norra, -, -	Norwegian
nägu, näo, nägu	face
palk, palga, `palka	pay, wages
pea/tükk, -tüki, `tükki	chapter
prantsuse, -, -	French
saksa, -, -	German
samuti	likewise, in the same way
selgelt	clearly
sõbralik, -u, -ku	friendly
sõna andma, anda; annan sõna	to give the floor
söök, söögi, `sööki	food
taani, -, -	Danish
tõsi/ne, -se, -st	serious
tõst/ma, -a, -an	to lift, raise
tähelepanelikult	attentively, carefully
valdama, vallata, valdan	to master, know
varem	earlier, before
vastu	toward, against
ülesan/ne, -de, -net	assignment, task

Exercises

1. *Translate into English:* Metsas kasvavad suured puud. Puude all mängivad lapsed. Laste hääled kuulduvad ['are heard'] siiani. Ta elab oma vanemate juures. Peale tütarde ei olnud kedagi kodus. Me oleme head sõprade vastu, kuid võitleme vaenlaste vastu [vaenla/ne, -se, -st 'enemy']. Jõgi asub kõrgete mägede vahel. Ilusate sõnade järel ei käi alati ilusad teod [tegu, teo, tegu 'deed']. Eks ma öelnud, et ta täna ei tule. Ega sul (ei) ole midagi selle vastu, kui ma akna avan? Eks sa ise tea, mida teha. Ega nimi meest riku, kui mees nime ei riku. Eks muna ole ikka targem kui kana. Iialgi ei ole inimene nii õnnelik ega nii õnnetu kui ta ise arvab. Ei ole toas ega õues? (Aken)

2. *Construct the partitive singular and the genitive plural forms of the following words:* maa, tänav, ilus, must, uus, käsi, naine, väike, suur, õpilane, poeg, noor, mees, vend, tüdruk , õde, pikk, viga, ajaleht, jõgi, riik, lind, lipp, loom, kool, asi, kiri, laul, isa, sõna, kivi, vaba, vana.

Example: maa -- maa/d, maa/de

3. *Give the genitive plural forms of these irregular words:* tütar, aken, härra, proua, meri, võti, mitu, süda, koer, poiss, auto, firma.

4. *Translate into Estonian:* You [*pl.*] don't know that serious man, do you? You [*sing.*] are fat; you eat too much. I neither eat nor drink much. Does she earn a lot? What sort of work do you [*pl.*] do? How much do you [*pl.*] get paid? You [*sing.*] always have lots of money. I always have little money. Here are the students' textbooks. Where are the children's books? You [*pl.*] don't have any objection, if I close the window, do you? Do you [*sing.*] live with your parents? They will fight against enemies. (You [*sing.*]) Be good toward old people!

5. *Make up sentences for the following words with similar meanings:* ja--ning, aga--kuid, armas--kallis, räägin--kõnelen, tihti--sageli--sagedasti, ehk--või.

Note! The conjunctions *ehk* and *või* are both translated as 'or' in English, but they have distinct meanings in Estonian and are not interchangeable. When you want to indicate equality between two things (that one thing is or means the same thing as another), use *ehk*: nominativ *ehk* nimetav, lennuk *ehk* aeroplaan. When you want to indicate that there are two different alternatives, use *või*: esimene *või* teine, teatrisse *või* kinno.

Expressions

"Läbi raskuste tähtede poole."	"Through hardships toward the stars."
"Kingsepp, jää oma liistude juurde!"	"Cobbler, stay by your lasts [shoe-forms]!"
Ma vaatan asjale läbi sõrmede.	I look at the thing through my fingers.
	[I pretend it isn't there, go along with it.]
Naeratus läbi pisarate.	A smile through tears.
Eks ole (tõsi)? Eks ju?	Isn't that so? Right?
Sa teed ju `nalja, eks ole?	You *are* kidding, aren't you [*sing.*]?
Ei, mul on tõsi taga.	No, I'm (dead) serious.
Eks sa ise tea(d) kõige paremini.	You surely know best yourself [*sing.*].
Eks me vaata [näe].	We'll (just) see.
Eks te ise näe(te).	You'll (surely) see for yourselves.
Elame--näeme.	(We) Live and learn.
Ega käbi kännust kaugele kuku.	Like father, like son [The cone (surely) doesn't fall far from the stump].

Answers to Exercises

1. Big trees grow in the forest. Children play under the trees. The children's voices are heard as far as here. He/She lives with his/her parents [at his/her parents']. Besides the daughters, there wasn't anyone home. We are good toward friends, but fight against enemies. The river is located between high mountains. Fine deeds don't always follow [come after] fine words. I *did* say that he/she wouldn't come today. You [*sing.*] don't have any objection [anything against it], if I open the window, do you? You [*sing.*] yourself

(surely) know what to do. The name *won't* ruin the man, if the man doesn't ruin the name. The egg *is* smarter than the hen, after all. Never is a person so fortunate nor so unfortunate as he himself thinks. It's neither indoors nor outdoors? (Window)

2.

maa -- maad, maade	noor -- noort, noorte	lipp -- lippu,lippude
tänav -- tänavat, tänavate	mees -- meest, meeste	loom -- looma, loomade
ilus -- ilusat, ilusate	vend -- venda, vendade	kool -- kooli, koolide
must -- musta, mustade	tüdruk -- tüdrukut, tüdrukute	asi -- asja, asjade
uus -- uut, uute	õde -- õde, õdede	kiri -- kirja, kirjade
käsi -- kätt, käte	pikk -- pikka, pikkade	laul -- laulu, laulude
naine -- naist, naiste	viga -- viga, vigade	isa -- isa, isade
väike -- väikest, väikeste	ajaleht -- ajalehte, ajalehtede	sõna -- sõna, sõnade
suur -- suurt, suurte	jõgi -- jõge, jõgede	kivi -- kivi, kivide
õpilane -- õpilast, õpilaste	riik -- riiki, riikide	vaba -- vaba, vabade
poeg -- poega, poegade	lind -- lindu, lindude	vana -- vana, vanade

3. tütarde, akende, härrade, prouade, merede, võtmete, mitmete, südamete, koerte, poiste, autode, firmade.

4. Ega te (ei) tunne seda tõsist meest? Sa oled paks, sa sööd liiga palju. Ma ei söö ega joo palju. Kas ta teenib hästi? Mis [Missugust/Millist] tööd te teete? Kui palju te palka saate [Kui palju palka te saate]? Sul on alati palju raha. Mul on alati vähe raha. Siin on õpilaste õpikud. Kus on laste raamatud? Ega teil midagi selle vastu (p)ole, kui ma panen akna kinni [kui ma akna kinni panen; kui ma sulgen akna]? Kas sa elad vanemate juures? Nemad võitlevad vaenlaste vastu. Ole hea vanade inimeste vastu!

Lesson 30

Grammar

Plural Declension

§ 241. There are 14 case forms for nouns and adjectives in the plural, just as there are in the singular. Plural case forms are derived by similar principles. That is, there are only three basic or "real" cases--nominative, genitive, partitive--and the rest are obtained by adding certain endings to one of these. These endings are the same in the singular and plural, and they have the same meaning or function, as equivalents to prepositions in English. For example, the suffix **-ga** means 'with' and the suffix **-ta** means 'without', in both the singular and plural. What distinguishes singular and plural case forms is thus not the endings but the stems to which the endings are attached.

§ 242. The nominative plural (Lesson 11) is formed by adding **-d** to the genitive singular. For example, *nom. sing.* **vend** 'brother' > *gen. sing.* **venna** 'brother's' > *nom. pl.* **venna/d** 'brothers'.

§ 243. The genitive plural plays the same role in forming other cases as the genitive singular does. (See review of the latter in Lesson 26.) It is a basic form, from which most other cases are derived. All cases in the plural, with the exception of the nominative and partitive, are constructed simply by adding the usual endings to the genitive plural form.

§ 244. The following example shows how the noun **poeg** 'son' is declined in the singular and plural. (Only the partitive plural remains to be discussed. See Lesson 31.)

Case	Meaning	Singular	Plural
Nominative	**kes?** who?	**poeg** 'son'	**poja/d** 'sons'
Genitive	**kelle?** whose?	**POJA**	**POEGA/DE**
Partitive	**keda?** whom?	**POEGA**	**poegi**
Illative	**kellesse?** into whom?	**poja/sse**	**poega/de/sse**
Inessive	**kelles?** in(side) whom?	**poja/s**	**poega/de/s**
Elative	**kellest?** out of whom?	**poja/st**	**poega/de/st**
Allative	**kellele?** (on)to whom?	**poja/le**	**poega/de/le**
Adessive	**kellel?** at/on whom?	**poja/l**	**poega/de/l**
Ablative	**kellelt?** off/from whom?	**pojal/t**	**poega/de/lt**
Translative	**kelleks?** becoming whom?	**poja/ks**	**poega/de/ks**
Terminative	**kelleni?** until whom?	**poja/ni**	**poega/de/ni**
Essive	**kellena?** as who?	**poja/na**	**poega/de/na**
Comitative	**kellega?** with whom?	**poja/ga**	**poega/de/ga**
Abessive	**kelleta?** without whom?	**poja/ta**	**poega/de/ta**

§ 245. From the table above, it is apparent that declension of the noun involves two different stems: **poja-** and **poega-**. One of these, called the *genitive stem* (**poja-**) because it is the same as the genitive singular form, is the basis of declension in the singular. The other, called the *partitive stem* (**poega-**) because it is the same as the partitive singular form, forms the basis of declension in the plural.

§ 246. The genitive plural always has the ending **-de** or **-te** (Lesson 29). The element **-de/-te** at the end of a word or just before the preposition-like ending is thus an indicator that the word is in the plural.

A word that is declined in the plural generally consists of the following parts, which are easy to distinguish. (Exceptional patterns exist for the words presented in §232-235.)

PARTITIVE STEM + PLURAL INDICATOR -de/-te + CASE ENDING

For example:

poega	+ **de**	+ **ga**	'with sons'
õpilas(t)	+ **te**	+ **ta**	'without students'

§ 247. Here are some more examples of how nouns are declined in both the singular and plural. The words are **mees** 'man', **sõber** 'friend', and **eestlane** 'Estonian'. The partitive plural is shown in parentheses, since it has not yet been discussed.

Case	Singular Forms	Plural Forms
nominative	mees, sõber, eestlane	mehed, sõbrad, eestlased
genitive	**mehe, sõbra, eestlase**	**meeste, sõprade, eestlaste**
partitive	**meest, sõpra, eestlast**	(mehi, sõpru, eestlasi)
illative	mehesse, sõbrasse, eestla(se)sse	meestesse, sõpradesse, eestlastesse
inessive	mehes, sõbras, eestlases	meestes, sõprades, eestlastes
elative	mehest, sõbrast, eestlasest	meestest, sõpradest, eestlastest
allative	mehele, sõbrale, eestlasele	meestele, sõpradele, eestastele
adessive	mehel, sõbral, eestlasel	meestel, sõpradel, eestastel
ablative	mehelt, sõbralt, eestlaselt	meestelt, sõpradelt, eestastelt
translative	meheks, sõbraks, eestlaseks	meesteks, sõpradeks, eestlasteks
terminative	meheni, sõbrani, eestlaseni	meesteni, sõpradeni, eestlasteni
essive	mehena, sõbrana, eestlasena	meestena, sõpradena, eestlastena
comitative	mehega, sõbraga, eestlasega	meestega, sõpradega, eestlastega
abessive	meheta, sõbrata, eestlaseta	meesteta, sõpradeta, eestlasteta

Adjectives in the plural are declined in the same way as in the singular. They generally take the same forms as the nouns they modify. For the last four case forms in the list above, the adjective remains in the genitive form, and only the noun takes the **-ni, -na, -ga,** or **-ta** ending. (Lesson 33)

§ 248. Here are some further examples of how nouns may be declined. The words are **jalg** 'foot, leg', **käsi** 'hand, arm', and **tuba** 'room'.

Case	Singular Forms	Plural Forms
Nominative	jalg, käsi, tuba	jalad, käed, toad
Genitive	**jala, käe, toa**	**jalgade, käte, tubade**
Partitive	**jalga, kätt, tuba**	(jalgu, käsi, tube)
Illative	jalasse, käesse, toasse	jalgadesse, kätesse, tubadesse
(Short Ill.)	(jalga, kätte, tuppa)	
Inessive	jalas, käes, toas	jalgades, kätes, tubades
Elative	jalast, käest, toast	jalgadest, kätest, tubadest
Allative	jalale, käele, toale	jalgadele, kätele, tubadele
Adessive	jalal, käel, toal	jalgadel, kätel, tubadel
Ablative	jalalt, käelt, toalt	jalgadelt, kätelt, tubadelt
Translative	jalaks, käeks, toaks	jalgadeks, käteks, tubadeks
Terminative	jalani, käeni, toani	jalgadeni, käteni, tubadeni
Essive	jalana, käena, toana	jalgadena, kätena, tubadena
Comitative	jalaga, käega, toaga	jalgadega, kätega, tubadega
Abessive	jalata, käeta, toata	jalgadeta, käteta, tubadeta

§ 249. When two or more plural nouns are mentioned in a series, the case endings for the comitative and abessive are usually just added to the last noun, while the others remain in the genitive without the ending. This is the same pattern that occurs in the singular (Lesson 20).

Ma sõdisin vastu **käte(ga)** ja **jalgadega**, **küünte(ga)** ja **hammastega**.
'I fought back *with hands* and *(with) feet, with nails* and *(with) teeth.*'

§ 250. In Estonian as in English, there are some words that always appear in the plural form. These include **püksid** 'pants', **prillid** 'eyeglasses', **käärid** 'scissors', **tangid** 'pliers', **riided** 'clothes, garments'. (The singular form **riie** means 'cloth, textile').

Some nouns that occur in the plural in Estonian are translated into the singular in English. These include **juuksed** 'hair', **teadmised** 'knowledge', **ilmad** 'weather', **pulmad** 'wedding (rites)', **matused** 'funeral (rites)'.

Juuksed tõusevad püsti 'The *hair* stands on end'. **Teadmised** on võim '*Knowledge* is power'. Suvel on **ilmad** ilusad 'In summer the *weather* is nice'. (But: Täna on ilus **ilm** 'Today the *weather* is nice'.) **Pulmad** toimuvad laupäeval 'The *wedding* will take place on Saturday'. **Matused** on reedel 'The *funderal* will be on Friday.'

Note! The word **raha**, when it means 'money' (rather than bills), appears in the singular as it would in English: Palju **raha** 'Lots of *money*'.

§ 251. Notice the following instances where a noun, which stands for several objects belonging to different owners, appears in the singular instead of the plural form that would be used in English:

Lapsed on õues ilma **mütsita** 'The children are outside *without* their *hats* '. Nad tulid sisse raamatud **käes** 'The came in with books *in* their *hands*'. (But: **kätel** kandma 'to carry with the *arms*') Me jooksime **elu** eest 'We ran for our *lives*'.

Text

Riided

Me tõuseme hommikul üles ja riietume. Me paneme *riided* selga. Õhtul me riietume lahti. Me võtame *riided* seljast ja läheme magama. *Mehed* kannavad tavaliselt ülikonda. Ülikond koosneb kuuest ja *pükstest*. Kuuel ja *pükstel* on olemas *taskud*. Taskus võib olla taskurätik, rahakott, *võtmed*, tikutoos, sigaretikarp, täitesulepea või kuulsulepea (ehk pastapliiats), pliiats, taskuraamat jm. (ja muud). *Meestel* on sageli lips ees.

Naiste riietus on tavaliselt kleit või ka pluus seelikuga. *Daamidel* on alati käekott kaasas, kui nad kodunt välja lähevad. Mis kõik ei või käekotis olla! Seal võib näiteks olla: võtmekimp, peenrahakott, huulepulk, puudritoos, taskupeegel, kamm, hari, taskurätik ja palju muud. Paljudele *naistele* meeldivad *kingad* kõrgete *kontsadega*. Sellised *kingad* on küll ilusad, aga sageli ebamugavad.

Daamid kannavad peol õhtukleiti. Mõned *daamid* panevad ka karusnaha *õlgadele*. Karusnahk kuulub vahel õhtukleidi juurde.

Mehed kannavad pidulikkudel *juhtudel* tumedat ülikonda, frakki või smokingit.

Riietuse juurde kuulub loomulikult ka aluspesu: särk, lühikesed või pikad *aluspüksid*, *sokid* või *sukad* jm.

Kui väljas on külm, siis paneme mantli selga. Paneme ka salli kaela ja *kindad* kätte. *Paljud* panevad ka mütsi või kübara pähe. Mõned *inimesed* panevad isegi *kalossid* jalga. Külma ilmaga on kasulik kanda ka villast kampsunit. Talvel me kanname talvepalitut. *Mõned* kannavad nii kevadel kui ka suvel vihmamantlit. Võib ka vihmavari välja minnes kaasa võtta. Kui vihma hakkab sadama, siis teeme vihmavarju lahti ja ei lase end vihmast segada. Suvel sooja ilmaga käivad paljud *mehed* särgiväel. Rannal päevitades ning vette suplema minnes on *meestel supelpüksid* jalas ja *naistel* on supeltrikoo seljas. Pisikesed *lapsed* jooksevad alasti ringi.

*

Õpetaja seletab *õpilastele* vahet ainsuse ja mitmuse vahel. Ta toob paar näidet ja küsib siis *õpilastelt*: <<Kas *püksid* on ainsus või mitmus?>>
Õpilased vaikivad. Lõpuks tõstab väike Jaan käe.
<<Noh, Jaan. Ole hea, vasta!>> ütleb õpetaja.
<<Ülevalt on ainsus ja alt on mitmus.>> vastab Jaan.

Vocabulary

ainsus, -e, -t	singular(ity)
alasti	(in a) naked (state)
(alus)pesu, -, -	underwear
aluspüksid	underpants
ebamugav, -a, -at	uncomfortable
frakk, fraki, frakki	dress coat (with tails)
hari, harja, `harja	brush
huule/pulk, -pulga, -`pulka	lipstick tube
isegi	even
jm. (ja muud)	etc. (and more)
juht, juhu, `juhtu	event, occasion
kaloss, -i, `kalossi	galosh
kamm, -i, `kammi	comb
kampsun, -i, -it	sweater
kandma, kanda, kannan	to wear, carry
karus/nahk, -naha, -`nahka	fur, pelt
king, -a, `kinga	shoe
kinnas, kinda, kinnast	glove, mitten
kleit, kleidi, `kleiti	dress
konts, -a, `kontsa	heel
koosne/ma, -da, -n	to consist (of)
kuna	while, whereas
kuub, kuue, `kuube	suitcoat
kuulsulepea, -, -d	ball-point pen
kuulu/ma, -da, -n	to belong to, go together with

207

käe/kott, -koti, -kotti	handbag, purse
kübar, -a, -at	hat
lahti riietu/ma, -da; riietun lahti	to get undressed
lips, -u, `lipsu	necktie
loomulikult	naturally
mitmus, -e, -t	plural(ity)
nii...kui ka...	not only...but also...
noh!	well!
näide, `näite, näidet	example
on olemas	there is [here: have]
peenraha/kott, -koti, -kotti	coin purse
pidu, peo or pidu, pidu	feast, celebration
pidulik, -u, -ku	festive
pisike/(ne), -se, -st	tiny
pluus, -i, `pluusi	blouse
puudri/toos, -toosi, `toosi	powder (puff) case
päevita/ma, -da, -n	to sunbathe
püksid, pükste, `pükse	pants
raha/kott, -koti, -kotti	billfold
rand, ranna, `randa	beach
riided, riiete, riideid	clothes
riided selga panema, panna;	to put clothes on
panen riided selga	
riie, riide, riiet	cloth
riietu/ma, -da, -n	to get dressed
riietus, -e, -t	clothing
ringi	around [adv.]
sall, -i, `salli	scarf, shawl
seelik, -u, -ut	skirt
seleta/ma, -da, -n	to explain
sigareti/karp, -karbi, -`karpi	cigarette case
smoking, -i, -it	tuxedo
sokk, soki, sokki	(short or man's) sock
sukk, suka, sukka	stocking, hose
supelpüksid	swimming trunks
(supel)trikoo, -, -d	swimsuit
särgiväel	in shirtsleeves
särk, särgi, `särki	shirt
talvepalitu, -, -t	winter coat
taskupeeg/el, -li, -lit	pocket mirror
taskuraamat, -u, -ut	handbook, (small) notebook
taskurätik, -u, -ut	handkerchief
tiku/toos, -toosi, -`toosi	matchbox
täitesulepea, -, -d	fountain pen
vahe, -, -t	difference, gap
vihmamant/el, -li, -lit	raincoat
villa/ne, -se, -st	woollen
võti, võtme, võtit	key
võtme/kimp, -kimbu, -`kimpu	set of keys
õhtu/kleit, -kleidi, `kleiti	evening gown
õlg, õla, `õlga	shoulder
ülevalt	from above
üli/kond, -konna, -`konda	(man's) suit

Exercises

1. *Answer the following questions regarding the text on clothing:* Mis me teeme hommikul? Milline on meeste riietus? Mis võib olla taskutes? Mida kannavad naised? Ilma milleta daamid ei lähe kodunt välja? Mis võib käekotis olla? Kas teile meeldivad kingad kõrgete kontsadega? Mida kannavad naised ja mehed peol? Millest koosneb aluspesu? Mida me kanname talvel? Milleks on vihmavari kasulik?

2. *Give all the case forms (except the partitive plural) for the following nouns:* vend 'brother', pea 'head', raamat 'book', inimene 'person', poiss 'boy', proua 'madam, Mrs.', viga 'error', mägi 'mountain'.

3. *Translate into English:* Daamidele meeldib kauplustes käia. Vanaisa loeb ilma prillideta. Tänavatel sõidavad autod. Poeg saatis vanematele telegrammi. Raamat lastele. Turuhoones on mitu kauplust, mis kuuluvad eestlastele. Tütar saabus pühadeks koju. Isa jalutab lastega. Headest lastest kasvavad head inimesed. Mitu last teil on? Ema räägib tütarde ja poegadega. Ta vaatab mulle otsa ['in the face/eye'], nagu tahaks silmadega ära süüa. Laul ilma sõnadeta.

4. *Translate into English:* Ma panen mantli selga ja mütsi pähe. Vennal on mantel seljas ja kübar peas. Võta kuub seljast ja hakka tööle. Pane särk selga ja lips ette. Mul on lips ees. Ta pani öösärgi ['night-shirt or -gown'] selga ja tuhvlid ['slippers'] jalga. Õde pani uue kleidi selga ja läks peole. Sa paned rahakoti taskusse. Ma võtan taskust taskurätiku. Kas sul raha on kaasas? Võta käekott kaasa, kui välja lähed. Pane sall kaela, väljas on külm. Vanaisal on sall kaelas ja kalossid jalas. Me võtame kinda käest, kui teretame kedagi ['someone']. Mehel on frakk seljas ja naisel on karusnahk õlgadel. Laps paneb särgi selga ja sokid jalga. Ta võtab kingad jalast ja käib paljajalu ['barefoot'].

5. *Translate into Estonian:* I get up early in the morning and get dressed. Men wear suits. My suit consists of a jacket and pants. I put on the suit and go out. (You [*sing.*]) Take off the suit! My brother has a suit on. Do you [*sing.*] have a hat on? The handkerchief is in the pocket. Where is the billfold? In the purse are a pocket mirror, lipstick tube, brush, comb, powder case. When it is cold outside, then I put an overcoat on and a scarf around the neck. When it rains, I open my umbrella. At the beach men wear swimming trunks and women bathing suits.

Expressions

Riietus ja välimus	Clothing and Appearance
Ma riietun. = Ma riietan end.	I am getting dressed.
= Ma panen end riidesse.	= I am putting my clothes on.
= Ma panen riided selga.	
Ma riietun lahti. = Ma riietan end lahti. = Ma võtan end riidest lahti. = Ma võtan riided ära.	I am getting undressed. = I am taking my clothes off.
Ta on hästi riietatud.	He/She is well dressed.
Ta käib alati hästi (korralikult, lohakalt) riides.	He/She is always well (properly, sloppily) dressed.
Sa näed [Te näete] kena välja.	You look good.
Ta on kena välimusega.	He/She has a nice appearance.
Sul/Teil on kena soeng.	You have a nice hairdo.

Sul/Teil on hea maitse.	You have good taste.

Sul/Teil on hea maitse. | You have good taste.
See kübar ja kleit sobivad sulle/teile hästi. | That hat and dress suit you well.
See ei sobi mulle. | It does not suit me.
See on liiga kitsas; liiga lai. | It is too tight; too loose.
See on paras suurus. | This is the right size.
Need kingad/saapad on mulle parajad. | These shoes/boots fit me [are just my size].
King pigistab. | The shoe pinches.
See on viimane mood. | It's the latest style.
See on praegu moes. | It's currently in fashion.
Moeasi. Moekarje. Moenarr. | A matter of fashion. All the rage. Fashion plate [Fashionmonger].

Pane end kiiresti riidesse. | (You [*sing.*]) Get dressed quickly.
Pane riided selga ja tule jalutama. | Put your clothes on and come for a walk.
Rahvariided. Tööriided. Argipäeva-riided. | Folk costume. Work clothes. Everyday clothes.
Sa pead end (õhtuks) ümber riietama. | You [*sing.*] must change clothes (for tonight).
Seo lips/kaelaside ette. | Tie a necktie on.
Pane nööbid kinni. Nööbid on lahti. | Button (up) the bottons. The buttons are unbuttoned.

Võta võtmed ja rahakott kaasa. | Take the keys and billfold along.
Ma olen taskurätiku ja rahakoti maha unustanud. | I forgot the handkerchief and billfold.
Pane end soojasti riidesse. | (You [*sing.*]) Dress warmly.
Võta (end) riidest lahti ja mine magama. | Take your clothes off and go to sleep.
Mugav/Ebamugav riietus. | Comfortable/Uncomfortable clothing.
Välimus petab. | Appearance is deceiving.

Answers to Exercises

2.

Singular	Plural	Singular	Plural	Singular	Plural
vend	vennad	pea	pead	raamat	raamatud
venna	vendade	pea	peade	raamatu	raamatute
venda	(vendi)	pead	(päid)	raamatut	(raamatuid)
vennasse/venda	vendadesse	peasse/pähe	peadesse	raamatusse	raamatutesse
vennas	vendades	peas	peades	raamatus	raamatutes
vennast	vendadest	peast	peadest	raamatust	raamatutest
vennale	vendadele	peale	peadele	raamatule	raamatutele
vennal	vendadel	peal	peadel	raamatul	raamatutel
vennalt	vendadelt	pealt	peadelt	raamatult	raamatutelt
vennaks	vendadeks	peaks	peadeks	raamatuks	raamatuteks
vennani	vendadeni	peani	peadeni	raamatuni	raamatuteni
vennana	vendadena	peana	peadena	raamatuna	raamatutena
vennaga	vendadega	peaga	peadega	raamatuga	raamatutega
vennata	vendadeta	peata	peadeta	raamatuta	raamatuteta

Singular	Plural	Singular	Plural
inimene	inimesed	poiss	poisid
inimese	inimeste	poisi	poiste/poisside
inimest	(inimesi)	poissi	(poisse)
inimesse	inimestesse	poisisse/poissi	poistesse/poissidesse
inimeses	inimestes	poisis	poistes/poissides
inimesest	inimestest	poisist	poistest/poissidest
inimesele	inimestele	poisile	poistele/poissidele
inimesel	inimestel	poisil	poistel/poissidel
inimeselt	inimestelt	poisilt	poistelt/poissidelt
inimeseks	inimesteks	poisiks	poisteks/poissideks
inimeseni	inimesteni	poisini	poisteni/poissideni
inimesena	inimestena	poisina	poistena/poissidena
inimesega	inimestega	poisiga	poistega/poissidega
inimiseta	inimesteta	poisita	poisteta/poissideta

Singular	Plural	Singular	Plural	Singular	Plural
proua	prouad	viga	vead	mägi	mäed
proua	prouade	vea	vigade	mäe	mägede
prouat	(prouasid)	viga	(vigu)	mäge	(mägesid)
prouasse	prouadesse	veasse	vigadesse	mäesse/mäkke	mägedesse
prouas	prouades	veas	vigades	mäes	mägedes
prouast	prouadest	veast	vigadest	mäest	mägedest
prouale	prouadele	veale	vigadele	mäele	mägedele
proual	prouadel	veal	vigadel	mäel	mägedel
proualt	prouadelt	vealt	vigadelt	mäelt	mägedelt
prouaks	prouadeks	veaks	vigadeks	mäeks	mägedeks
prouani	prouadeni	veani	vigadeni	mäeni	mägedeni
prouana	prouadena	veana	vigadena	mäena	mägedena
prouaga	prouadega	veaga	vigadega	mäega	mägedega
prouata	prouadeta	veata	vigadeta	mäeta	mägedeta

3. Ladies like to go shopping [in the shops]. Grandfather reads without glasses. Cars drive on the streets. The son sent a telegram to the parents. A book for (the) children. In the market hall there are several shops which belong to Estonians. The daughter arrived home for the holidays. (The) Father is walking [taking a walk] with the children. From good children grow good people. How many children do you [pl.] have? (The) Mother is talking with her/the daughters and sons. He/She is looking me in the face/eyes, as if he/she would like to eat me up with his/her eyes. A song without words.

4. I put on an (over)coat and a hat (on my head). (The) Brother has his coat and hat on. (You [sing.]) Take your (suit-)jacket off and start to work. Put a shirt and tie on. I have a tie on. He/She put a nightshirt/nightgown on and slippers on (the feet). (The) Sister put

on a new dress and went to the party. You [sing.] are putting the billfold in the/your pocket. I take a/the handkerchief from the/my pocket. Do you [sing.] have money along (with you)? Take a handbag along, when you [sing.] go out. Put a scarf around the/your [sing.] neck; it's cold outside. (The) Grandfather has a scarf around the/his neck and galoshes on the/his feet. We take the glove off the hand, when we greet someone. The man has a dress coat on and the woman has a fur on the/her shoulders. The child puts a shirt on and socks on (the feet). He/She takes his/her shoes off (his/her feet) and goes barefoot.

5. Ma tõusen hommikul vara üles ja panen riided selga [= riietun = panen end riidesse = riietan end]. Mehed kannavad ülikonda. Minu ülikond koosneb kuuest ja pükstest. Ma panen ülikonna selga ja lähen välja. Võta kuub ära (seljast)! Mu vennal on kuub seljas. Kas sul on müts peas? Taskurätik on taskus. Kus on rahakott? Käekotis on taskupeegel, huulepulk, hari, kamm, puudritoos. Kui väljas/õues on külm, siis ma panen mantli selga ja salli kaela. Kui vihma sajab, siis ma avan oma vihmavarju [teen oma vihmavarju lahti]. Rannas/Rannal on meestel supelpüksid jalas ja naistel supeltrikoo seljas.

Lesson 31

Grammar

Partitive Plural

§ 252. The partitive plural may end in **-id, -sid**, or a vowel (**-e, -i, -u**). It answers the questions **keda?** 'whom?' and **mida?** 'what?'. It is used in the same way as the partitive singular (Lessons 27 & 28). For example:

Karp **sigarette** 'a pack of *cigarettes*'. Osa **inimesi** 'some *people*'. Palju **lapsi** 'many *children*'. Enne **pühi** 'before the *holidays*'. Õpilased loevad **huvitavaid raamatuid** 'The students read *interesting books*'. Me armastame oma **vanemaid** 'We love our *parents*'.

§ 253. The partitive plural is used for a partial object or partial predicate complement. The subject of a sentence may also be in the partitive plural, if there is an undetermined quantity or extent (e.g., in expressions with **on olemas** or **leidub** 'there is/are' + a plural noun). For example:

On olemas **inimesi**, kes kunagi millegagi rahul pole 'There are (*some*) *people* who are never content with anything'. **Inimesi** ruttas kirikusse '(*Some*) *People* hurried into the church'. Metsast kostab **hääli** '(*Some*) *Voices* from the forest are heard'. Eesti kirjanike **teoseid** on ilmunud ka inglise keeles '(*Some*) *Works* of Estonian writers have also appeared in the English language.'

Note the use of the partitive plural in headlines and titles:

<<**Mõningaid märkusi**>> "(Some) Notations". <<**Vanasõnu** ja **kõnekäände**>> "(Some) Proverbs and Sayings". <<Eesti **muinasjutte**>> "(Some) Estonian Fairy Tales". <<Minu **mälestusi**>> "(Some of) My Memories". <<**Väljendusi**>> "(Some) Expressions". <<Eesti **linnu**>> "(Some of) Estonia's Towns".

§ 254. The predicate complement is in the partitive plural when it indicates a group, type, or kind to which the subject belongs. In such cases, the English translation often uses the phrase 'one of...', especially in a statement with a comparative or superlative adjective. For example:

Anton Hansen Tammsaare on **suurimaid** eesti **kirjanikke** 'Anton Tammsaare is *one of the greatest* Estonian *writers*'. Winston Churchill on meie aja **kuulsamaid mehi** 'Winston Churchill is *one of the most famous men* of our time'.

§ 255. After the words **palju** 'much, many' and **vähe** 'little, few', the partitive plural is used when the noun is something that can be counted. Recall, however, that the partitive *singular* is used after numbers from 2 on up (§209 in Lesson 27). Compare the following:

palju **raamatuid** (*part. pl.*) 'many books'	kaks **raamatut** (*part. sing.*) 'two books'
vähe **inimesi** (*part. pl.*) 'few people'	sada **inimest** (*part. sing.*) 'a hundred people'

213

Formation of the Partitive Plural

The construction of the partitive plural involves certain complications. For this reason, this case will be included *in all the word lists* from now on, *as a fourth basic form.* Below is an overview of the three basic groupings into which partitive plural endings can be classified.

§ 256. I. The ending -id (-aid, -eid, -uid, -äid, -öid) is used for most one-syllable words which end in a long vowel, such as **maa** 'earth, ground'. It is also used for some words with two or more syllables.

Nominative Singular	Gen. Sing.	Part. Sing.	Partitive Plural
maa 'earth, ground'	maa	maad	**ma/id**
puu 'tree, wood'	puu	puud	**pu/id**
hea 'good'	hea	head	**hä/id**
aasta 'year'	aasta	aastat	**aasta/id**
süda 'heart'	südame	südant	**südame/id**
sinine 'blue'	sinise	sinist	**sinise/id**
raamat 'book'	raamatu	raamatut	**raamatu/id**

Examples of other words that belong to this group include: kuu 'moon, month' > (palju) **kuid** '(many) moons', öö 'night' > **öid**, pea 'head' > **päid**, nädal 'week' > **nädalaid**, tänav 'street' > **tänavaid**, õpetaja 'teacher' > **õpetajaid**, aken 'window' > **aknaid**, rikas 'rich' > **rikkaid**, tugev 'strong' > **tugevaid**, ilus 'beautiful' > **ilusaid**, aus 'honest' > **ausaid**, hele 'light' > **heledaid**, tume 'dark' > **tumedaid**, armas 'beloved' > **armsaid**, kallis 'dear, expensive' > **kalleid**, tütar 'daughter' > **tütreid**, punane 'red' > **punaseid**, valge 'white' > **valgeid**, raske 'heavy, difficult' > **raskeid**, missugune 'which (kind)' > **missuguseid**, selline 'such' > **selliseid**, eksam 'exam' > **eksameid**, mõte 'thought' > **mõtteid**, uudis '(something) new' > **uudiseid** '(some) news', riie 'cloth' > **riideid** '(some) clothes', juus 'hair' > **juukseid**, õhtu 'afternoon, evening' > **õhtuid**, hommik 'morning' > **hommikuid**.

Silmad on täis **pisaraid** 'The eyes are full of *tears.*' Uuel majal ei ole veel **aknaid** 'The new house has no *windows* yet'. Ema silitab lapse **juukseid** 'The mother strokes the child's *hair*'. Kuulame raadiost **päevauudiseid** 'We listen to the *news* on the radio'. Ära viska **pärleid** sigade ette 'Don't (you [*sing.*]) cast *pearls* before swine'.

§ 257. II. The ending -sid is used primarily for two-syllable words which have a short vowel in the first syllable and end in a short vowel (e.g., **nimi** 'name', **ema** 'mother', **kalju** 'cliff'). It is also used for words with the feminine suffix **-nna** (e.g., **jumalánna** 'goddess'). Here are some examples:

Nominative Singular	Gen. Sing.	Part. Sing.	Partitive Plural
ema 'mother'	ema	ema	**ema/sid**
isa 'father'	isa	isa	**isa/sid**
küla 'village'	küla	küla	**küla/sid**
nimi 'name'	nime	nime	**nime/sid**
jõgi 'river'	jõe	jõge	**jõge/sid**
mägi 'mountain'	mäe	mäge	**mäge/sid**
kõne 'speech'	kõne	kõnet	**kõne/sid**
tubli 'good, able'	tubli	tublit	**tubli/sid**
kalju 'cliff'	kalju	kaljut	**kalju/sid**
eestlanna 'Estonian woman'	eestlanna	eestlannat	**eestlanna/sid**

214

Other examples: õde 'sister' > **õdesid**, kodu 'home' > **kodusid**, maja 'house' > **majasid**, karu 'bear' > **karusid**, lõvi 'lion' > **lõvisid**, mure 'worry' > **muresid**, vale 'lie' > **valesid**, valu 'pain' > **valusid**, summa 'sum' > **summasid**, tantsijanna '(female) dancer' > **tantsijannasid**.

Armastus võib sünnitada **imesid** 'Love can make [give birth to] *miracles*'. Usk võib kangutada **mägesid** 'Faith can move *mountains*'. Ma ei oska **kõnesid** pidada 'I cannot make *speeches*'.

§ 258. III. **The vowel endings -e, -i, -u** are used for many different types of words. In their case, the partitive plural is derived from the *stem of the partitive singular*, with the plural suffix depending on the vowel which the partitive singular ends with.

1) If the *partitive singular* ends in **-i** or **-u**, the *partitive plural* ends in **-e**. For example:

Nominative Singular	Gen. Sing.	Part. Sing.	Partitive Plural
poiss 'boy'	poisi	`poiss/i	`poiss/e
kool 'school'	kooli	`kool/i	`kool/e
pilt 'picture'	pildi	`pilt/i	`pilt/e
lind 'bird'	linnu	`lind/u	`lind/e
laul 'song'	laulu	`laul/u	`laul/e
kirjanik 'writer'	kirjaniku	kirjanikk/u	kirjanikk/e

Luba mulle **tikke** '(Please) Let me have some *matches*'. Lapsed laulsid palju ilusaid **laule** 'The children sang many beautiful *songs*'. Vanaema jutustab lastele **muinasjutte** 'Grandmother is telling *fairy tales* to the children'.

§ 259. 2) If the *partitive singular* ends in **-e**, the *partitive plural* ends in **-i**.

Nominative Singular	Gen. Sing.	Part. Sing.	Partitive Plural
lill 'flower'	lille	`lill/e	`lill/i
järv 'lake'	järve	`järv/e	`järv/i
ajaleht 'newspaper'	ajalehe	ajaleht/e	ajaleht/i

Kui sa tuled, too mull' **lilli**, lillekesi armastan 'When you come, bring me *flowers*, I love little flowers' (from a poem by Anna Haava). Soomes on palju `**järvi** 'In Finland there are many *lakes*'. `Taevas on palju **tähti** 'In the sky there are many stars'.

§ 260. Among the words in this group (ending in **-i** in the partitive plural) are words that end in a consonant in the partitive singular and end in -e in the genitive singular. In these cases, the vowel ending of the genitive (**-e**) is the decisive factor in determining the ending of the partitive plural (**-i**). For example:

Nominative Singular	Gen. Sing.	Part. Sing.	Partitive Plural
keel 'language'	keel/e	keelt	`keel/i
suur 'big'	suur/e	suurt	`suur/i
inimene 'person'	inimes/e	inimest	inimes/i

Note the following:

Nominative Singular	Gen. Sing.	Part. Sing.	Partitive Plural
laps 'child'	laps/e	last	`laps/i
mees 'man'	meh/e	meest	meh/i
käsi 'hand, arm'	kä/e	kätt	käs/i

Mu sõber oskab mitmeid `keeli 'My friend knows (how to speak) several *languages*'. Pargis on **mehi, naisi** ja **lapsi** 'In the park there are *men, women*, and *children*'. Ma tunnen palju **eestlasi** ja **ameeriklasi** 'I know many *Estonians* and *Americans*'. Meil oli eile palju **külalisi** 'We had many *guests* yesterday'.

§ 261. 3) If the *partitive singular* ends in **-a**, the *partitive plural* ends in either **-i** or **-u**.

a) **The ending -i** is used if the preceding syllable contains one of the following vowels: **e o u ä ö ü**, or a diphthong with one of these vowels as the first sound (e.g., **ea, oe, äe**, etc.). The diphthongs **ei** and **äi** are exceptions, as discussed below.

Nominative Singular	Gen. Sing.	Part. Sing.	Partitive Plural
mets 'forest'	metsa	`mets/a	`mets/i
vend 'brother'	venna	`vend/a	`vend/i
poeg 'son'	poja	`poeg/a	`poeg/i
nurk 'corner'	nurga	`nurk/a	`nurk/i
päev 'day'	päeva	`päev/a	`päev/i
külm 'cold'	külma	`külm/a	`külm/i
püha 'holiday'	püha	püh/a	püh/i

Põhja-Rootsis leidub suuri `**metsi** 'In northern Sweden there are large *forests*'. Vanamees oli elus näinud raskeid `**päevi** 'The old man had seen hard *days* in (his) life'. Enne **pühi** oli meil kõigil palju tegemist 'Before the *holidays* we all had lots to do'.

§ 262. b) **The ending -u** is used if the preceding syllable ends in the vowels **-a, -i, -õ**, or the diphthongs **-ei** or **-äi**. For example:

Nominative Singular	Gen. Sing.	Part. Sing.	Partitive Plural
maja 'house'	maja	maj/a	maj/u
viga 'error'	vea	vig/a	vig/u
sõber 'friend'	sõbra	`sõpr/a	`sõpr/u
sein 'wall'	seina	`sein/a	`sein/u
väin '(nautical) sound'	väina	`väin/a	`väin/u

Vähem **sõnu**, rohkem tegusid! 'Fewer *words*, more deeds!'. Igal inimesel on **sõpru** ja vaenlasi 'Every person has (both) *friends* and enemies'. Sogases vees on hea **kalu** püüda 'In muddy water the fishing is good [*lit.*: it is good to catch *fish*]'. Vältige **vigu**! 'Avoid *mistakes*!'.

§ 263. Exceptions:

a) The ending **-e** *instead of* **-i** is used after a stem ending in **j**.

Nominative Singular	Gen. Sing.	Part. Sing.	Partitive Plural
tühi 'empty'	tühja	`tühj/a	`**tühj/e** [not `tühj/i]
kuri 'angry, evil'	kurja	`kurj/a	`**kurj/e** [not `kurj/i]

The ending **-e** is also used *in place of* the expected **-i** in two-syllable words with a short **-u-** in the first syllable and an **-a** at the end.

Nominative Singular	Gen. Sing.	Part. Sing.	Partitive Plural
tuba 'room'	toa	tub/a	**tub/e** [not tub/i]
muna 'egg'	muna	mun/a	**mun/e**
nuga 'knife'	noa	nug/a	**nug/e**
uba 'bean'	oa	ub/a	**ub/e**

The ending **-u** *instead of* **-i** is used in two words:

Nominative Singular	Gen. Sing.	Part. Sing.	Partitive Plural
neli 'four'	nelja	`nelj/a	`**nelj/u** [not `nelj/i]
väli 'field'	välja	`välj/a	`**välj/u** [not `välj/i]

b) Another exceptional pattern is **-i** *instead of* **-u** in three common words:

Nominative Singular	Gen. Sing.	Part. Sing.	Partitive Plural
pikk 'long'	pika	pikk/a	**pikk/i** [not pikk/u]
silm 'eye'	silma	`silm/a	`**silm/i**
king 'shoe'	kinga	`king/a	`**king/i**

§ 264. The following table summarizes the different ways the partitive plural endings are determined.

Vowel in Preceding Variable	Ending in Partitive Singular	Plural	Example in Partitive Singular	Plural
---	**-i**	**-e**	**poiss/i**	**poiss/e**
---	**-u**	**-e**	**lind/u**	**lind/e**
---	**-e**	**-i**	**lill/e**	**lill/i**
e o u ä ö ü and diphthongs beginning with these, *except* **ei äi**	**-a**	**-i**	**vend/a**	**vend/i**
a i õ and diphthongs beginning with these, *plus* **ei äi**	**-a**	**-u**	**sõpr/a**	**sõpr/u**

§ 265. Note: Some words have two forms of the partitive plural, one with the vowel ending **-e**, **-i**, or **-u**, and one with the suffix **-sid**.

Nominative Singular	Gen. Sing.	Part. Sing.	Partitive Plural
jalg 'foot'	jala	`jalga	`**jalgu, jalgasid**
vaba 'free'	vaba	vaba	**vabu, vabasid**
tuba 'room'	toa	tuba	**tube, tubasid**
pesa 'nest'	pesa	pesa	**pesi, pesasid**
põld 'field'	põllu	`põldu	`**põlde, põldusid**
jutt 'story'	jutu	juttu	**jutte, juttusid**
kukk 'rooster'	kuke	kukke	**kukki, kukkesid**

§ 266. The following table summarizes *all case endings* in the singular and plural.

Case (*kääne*)	Questions	Endings in Singular	Plural
1. *Nominative* (*nimetav*)	kes? mis?	--	**-d**
2. *Genitive* (*omastav*)	kelle? mille?	vowel	**-de, -te**
3. *Partitive* (*osastav*)	keda? mida?	**-d, -t;** **-a,-e,-i,-u**	**-id, sid;** **-e,-i,-u**
4. *Illative* (*sisseütlev*)	kellesse? millesse?	**-sse**	**-de/sse,-te/sse**
Short Illative		**-de, -te** **-he, -hu** **-a,-e,-i,-u**	
5. *Inessive* (*seesütlev*)	kelles? milles?	**-s**	**-de/s, -te/s**
6. *Elative* (*seestütlev*)	kellest? millest?	**-st**	**-de/st, -te/st**
7. *Allative* (*alaleütlev*)	kellele? millele?	**-le**	**-de/le, -te/le**
8. *Adessive* (*alalütlev*)	kellel? millel?	**-l**	**-de/l, -te/l**
9. *Ablative* (*alaltütlev*)	kellelt? millelt?	**-lt**	**-de/lt, -te/lt**
10. *Translative* (*saav*)	kelleks? milleks?	**-ks**	**-de/ks, -te/ks**
11. *Terminative* (*rajav*)	kelleni? milleni?	**-ni**	**-de/ni, -te/ni**
12. *Essive* (*olev*)	kellena? millena?	**-na**	**-de/na, -te/na**
13. *Comitative* (*kaasaütlev*)	kellega? millega?	**-ga**	**-de/ga, -te/ga**
14. *Abessive* (*ilmaütlev*)	kelleta? milleta?	**-ta**	**-de/ta, -te/ta**

Note: A partitive singular form that ends in a vowel is often the same as the short illative. Compare, for example:

Ma tunnen seda `**linna.** (*part. sing.*)   'I know this town.'
Ma lähen homme `**linna.** (*short ill.*)   'I am going to town tomorrow.'

Text

Inimese keha

Inimese keha koosneb peast, kerest, kätest ja jalgadest.
Pealagi on kaetud juustega. Noortel inimestel on heledad, pruunid
või tumedad juuksed. Vanade inimeste juuksed on aga sageli
muutunud halliks. Leidub ka inimesi, kellel üldse pole juukseid.
Need on paljaspead ehk kiilaspead.
Inimesel on kaks silma, kaks kõrva, nina ja suu. Näo ülemist osa
kutsume otsaesiseks ehk laubaks ja alumist osa lõuaks. Näo paremal
ja vasakul küljel on põsed. Suus on keel ja hambad. Huuled on
punased. Tervel inimesel on ka põsed punased. Haigel inimesel on
aga sageli kahvatu nägu. Vanade inimeste näos on kortsud.
Blondidel inimestel on tavaliselt sinised või hallid silmad.
Pruunide ja tumedate juustega inimestel on aga enamasti pruunid
silmad. Leidub ka rohelisi silmi. Silmade juurde kuuluvad ka
kulmud ja ripsmed.
Me näeme silmadega ja kuuleme kõrvadega. Me räägime ja sööme
suuga. Hammastega me hammustame ja närime. Keelega me
maitseme ja ninaga haistame. Inimene, kes ei näe, on pime, ja see,
kes ei kuule, on kurt. Kes ei saa rääkida, on tumm. Mõned inimesed
näevad halvasti. Nad vajavad sel juhul prille. Kas teie kannate
prille?

Pea ja kere vahcl on kael. Kerel on parem ja vasak külg. Ees asu-
vad rind ja kõht. Taga asub selg. Tugevatel inimestel on laiad õlad.
Meil on kaks kätt ja kaks jalga. Paremal käel on viis sõrme.
Vasakul käel on samuti viis sõrme. Kui palju sõrmi on inimesel
kokku? Jalgadel on varbad. Sõrmede ja varvaste otsas kasvavad
küüned.
Kätega me töötame. Suurem osa inimesi kirjutab parema käega,
kuid leidub ka selliseid, kes teevad kõike vasaku käega. Sõrmedega
me kombime, katsume, silitame, paitame. Kui me sõrmed kokku
surume, saame rusika. Rusikaga saab näiteks poksida. Jalgadega me
võime kõndida, joosta, hüpata, tantsida.
Kogu meie keha on kaetud nahaga. Kui meil riided on seljas, siis
oleme riides. Kui aga meil riideid pole seljas, siis oleme alasti.
Kehal on olemas ka elundid, mis asuvad keha sees. Tähtsamad
siseelundid on aju, süda, kopsud, magu, maks ja neerud. Rinnas
tuksub soe süda. Kopsudega me hingame. Ajuga me mõtleme.
Inimese viis meelt on järgmised: nägemine, kuulmine, maitsmine,
haistmine ja kompimine.

Vocabulary

(pea)aju, -, -, -sid	brain
alumi/ne, -se, -st, -si	lower
blond, -i, -i, -e	blond
elund, -i, -it, -eid	organ
enamasti	mainly, usually
haist/ma, -a, -an	to (detect by) smell
haistmi/ne, -se, -st, -si	(sense of) smell
hammas, `hamba, hammast, `hambaid	tooth
hammusta/ma, -da, -n	to bite
hinga/ma, -ta, -n	to breathe
huul, -e, -t, -i	lip
`juuksed [pl.], `juuste, `juukseid	hair
kael, -a, -a, -u	neck
kaetud	covered
kahvatu, -, -t, -id	pale
katsu/ma, -da, -n	to feel, touch, try
keha, -, -, kehi or kehasid	body
kere, -, -t, -sid	trunk, body
kiilas/pea, -pea, -pead, -päid	baldhead
kompi/ma, -da, kombin	to feel, touch, grope
kompimi/ne, -se, -st, -si	(sense of) touch
kops, -u, -u, -e	lung
korts, -u, -u, -e	wrinkle
kulm, -u, -u, -e	eyebrow
kur/t, -di, -ti, -te	deaf
kuulmi/ne, -se, -st, -si	(sense of) hearing
kõht, kõhu, `kõhtu, `kõhte	stomach
kõndi/ma, -da, kõnnin	to walk, stroll
kõrv, -a, -a, -u	ear
külg, külje, `külge, `külgi	side
küüs, küüne, küünt, `küüsi	nail
lai, -a, -a, -u	wide
lau/p, -ba, -pa, -pu	forehead, brow
lõug, lõua, `lõuga, `lõugu	jaw
magu, mao, magu, magusid	stomach
maitsmi/ne, -se, -st, -si	(sense of) taste
maks, -a, -a, -asid or -u	liver
meel, -e, -t, -i	sense, mood
muutu/ma, -da, -n	to change [v.i.]
nahk, naha, `nahka, `nahku	skin
neer, -u, -u, -e or -sid	kidney
nimetissõrm, -e, -e, -i	pointing (index) finger
nina, -, -, -sid	nose
nägemi/ne, -se, -st, -si	(sense of) sight
näri/ma, -da, -n	to chew
otsaesi/ne, -se, -st, -seid	forehead, brow
paita/ma, -da, -n	to stroke, pat affectionately
paljaspea, -pea, -pead, -päid	baldhead
pea/lagi, -lae, -lagi, -lagesid	skullcap
pime, -da, -dat, -daid	blind

220

poksi/ma, -da, -n	to box
prillid [pl.], -e, prille	eyeglasses
põsk, põse, `põske, `põski	cheek
pöial, pöidla, pöialt, `pöidlaid	thumb
ripse, `ripsme, ripset, `ripsmeid	eyelash
rusika/s, -, -t, -id	fist
sel juhul	in that case
selg, selja, `selga, `selgi	back
selli/ne, -se, -st, -seid	such (a one)
silita/ma, -da, -n	to stroke
siseelund, -i, -it, -eid	internal organ
suru/ma, -da, -n	to press
sõrm, -e, -e, -i	finger
tuksu/ma, -da, -n	to beat, pulsate
tumm, -a, -a, -i	dumb
tähtsam, -a, -at, -aid	more important
vaja/ma, -da, -n	to need
varvas, `varba, varvast, `varbaid	toe
õlg, õla, `õlga, `õlgu	shoulder
ülemi/ne, -se, -st, -si	upper

Exercises

1. *Answer the following questions in Estonian:* Mis värvi on su juuksed? Mis värvi võivad juuksed veel olla? Mitu silma sul on? Mitu kõrva on inimesel? Mis me teeme silmadega? Kas me räägime kõrvadega? Millega me räägime? Mis me teeme jalgadega? kätega? Mida kannab see inimene, kes näeb halvasti? Kuidas kutsutakse seda inimest, kes üldse ei näe? Kui palju sõrmi on kahel käel kokku? Millega me hingame? Mitu meelt on inimesel?

2. *Form the partitive plural of the following words:*
a) aasta, nädal, tütar, öö, suu, masin, armas, puhas, hea, rikas, vaene, raske, õpetaja, valge, punane, sügav, kallis, ilus, õhtu, hommik, viimane
b) tädi, õde, kodu, nägu, onu, nimi, meri, auto, mägi, tuli
c) pilt, poiss, lind, lipp, õnnelik, park, tool, püss, rong, võit, arst, pruun, söök, jook, lamp
d) lill, sõrm, järv, külg, uus, täht, keel, eestlane, ameeriklane, ajaleht, huul, suur, noor, inimene, käsi, mees, naine
e) poeg, koht, keha, vend, mets, külm, päev, püha
f) viga, sõber, vana, kiri, linn, jalg, sein, rind, vaba, aeg, õlg, sild, maja, lai, rida
g) tühi, neli, tuba, silm, pikk, muna, kuri.

3. *Put the words in parentheses into the partitive plural:* Vanaisa näos on palju (sügav korts). Koer näitas (terav hammas). Ma näen laste (heledad juuksed) ja (sinine silm). Maailmas leidub nii (rikas) kui ka (vaene inimene). Nad kohtasid seal (vana mees) ja (noor naine). (Missugune raamat) te olete lugenud eesti keeles? Õpilase töös oli vähe (rida), aga palju (viga). Teatris oli palju (tühi koht). Nad laulavad (ilus laul). Pargis kasvab (kõrge puu). Meil on palju (hea sõber) ameeriklaste hulgas. Kas sa tunned neid (ilus tüdruk)? Rootslaste hulgas leidub palju (pikk mees) ja (naine). Õpilane kordab ['repeats'] õpetaja (sõna). Vanamees tuletas meelde (vana hea aeg). Kas teil on palju (laps)? Ma pesen (käsi) ja (jalg). Isa armastab väga oma (tütar) ja (poeg). Pea oli täis (suur plaan) [plaan, -i, -i, -e 'plan']. Ära tee (tühi sõna)! Kanadas leidub (suur mets) ja (järv).

221

4. *Translate into Estonian:* The heart and lungs are located in the chest. The teeth and tongue are in the mouth. Do you have eyeglasses? The teacher wears glasses. He has bad eyesight. Children usually have good hearing. We see with the eyes. The human being works with the hands and walks with the legs. That little girl has red cheeks. Sick people have pale faces. My wife has light hair. The young man has dark hair. Which books have you read in Estonian? I have many good friends among the Estonians.

5. *Make up Estonian-language sentences for the following words:*

a) cases where Estonian words have double meanings in English:

käsi	'hand'	jalg	'foot'
	'arm'		'leg'
keel	'tongue'	pime	'blind'
	'language'		'dark (outside)'
raske	'heavy'	valge	'white'
	'difficult'		'light (outside)'
kallis	'expensive'	terve	'whole'
	'dear, beloved'		'healthy'

b) cases where English words have double meanings in Estonian:

'hair (on head)'	juuksed
'(body) hair'	karvad
'can [have permission]'	või/n, tohi/n
'can [am capable]'	oska/n, saa/n
'walk'	käi/n, kõnni/n
'walk (in certain direction)'	lähe/n
'much' [*adjective*]	palju
'much' [*adverb*]	väga

Expressions

Inimese keha	The Human Body
Sul on ilusad silmad.	You [*sing.*] have beautiful eyes.
Säravad silmad.	Sparkling eyes.
Ma pilgutan silma. Hõõrun silmi.	I wink. I rub my eye.
Terav pilk.	A penetrating glance.
Nelja silma all.	Between the two of us [our four eyes].
Mu väike silmatera.	The apple of my eye.
Pisarad tulid tal silma.	Tears came to his/her eyes.
See torkas (mulle) silma.	It caught my eye.
Miks sa kulmu [otsaesist] kortsutad?	Why are you [*sing.*] wrinkling your brow?
Nuuska nina! Pese nägu puhtaks!	(You [*sing.*]) Blow your nose! Wash your face clean!

Tee suu lahti ja pane silmad kinni.	Open your mouth and close your eyes.
Punased huuled. Naeratus huulil.	Red lips. A smile on the lips.
Jäme, peenike, kõva, tasane hääl.	A deep, high-pitched, loud, soft voice.
Parem, vasak käsi. `	The right, left hand.
Plaksutan käsi.	I clap (my) hands.
Ta kehitas õlgu.	He/She shrugged his/her shoulders.
Laiad, kitsad õlad [puusad].	Wide, narrow shoulders [hips].
Käi sirgelt! Küür seljas. Küürus.	(You [sing.]) Walk with your back straight! A crook in the back. Hunchbacked.
Käed puusas.	Hands on hips.
Pakk kaenla all.	A package under the arm(pit).
Süda klopib. Süda valutab.	The heart beats. I am sad [My heart hurts].
Mis on sul südamel?	What's on your chest/mind?
Ära võta seda südamesse!	Don't let it get to you [sing.]!
Mul läks süda/hing täis.	I got fed up [angry].
Kops läks tal üle maksa.	He/She got really upset. [lit.: The lung went over the liver.]
Ülepeakaela.	Head over heels.
See jäi mul kahe silma vahele.	I overlooked it.
Miks sa mulle üle õla vaatad?	Why do you [sing.] look down on me?
Käsi peseb kätt.	One hand washes the other.
Ära astu mu varbale!	Don't (you [sing.]) step on my toe!
Silm on hinge peegel.	The eye is the mirror to the soul.
Oma silm on kuningas.	Seeing is believing. [lit.: One's own eye is king.]
Vaim on valmis, aga liha on nõder.	The spirit is willing, but the flesh is weak.
Terves kehas terve vaim!	A sound mind in a sound body!
Alati valmis!	Ever ready!

Answers to Exercises

1. (Sample answers): Mu juuksed on pruunid. Juuksed võivad veel olla kollased, mustad, valged, hallid või punased. Mul on kaks silma. Inimesel on kaks kõrva. Me näeme silmadega. Ei, me kuulame kõrvadega. Me räägime suuga. Me kõnnime, käime, jalutame, jookseme, hüppame, tantsime jalgadega. Me kombime, katsume, paitame, töötame, hoiame kätega. Inimene, kes ei näe hästi, kannab prille. Inimest, kes üldse ei näe, kutsutakse pimedaks. Kahel käel kokku on kümme sõrme. Me hingame kopsudega. Inimesel on viis meelt.

2. a) aastaid, nädalaid, tütreid, öid, suid, masinaid, armsaid, puhtaid, häid, rikkaid, vaeseid, raskeid, õpetajaid, valgeid, punaseid, sügavaid, kalleid, ilusaid, õhtuid, hommikuid, viimaseid

b) tädisid, õdesid, kodusid, nägusid, onusid, nimesid, meresid, autosid, mägesid, tulesid

c) pilte, poisse, linde, lippe, õnnelikke, parke, toole, püsse, ronge, võite, arste, pruune, sööke, jooke, lampe

d) lilli, sõrmi, järvi, külgi, uusi, tähti, keeli, eestlasi, ameeriklasi, ajalehti, huuli, suuri, noori, inimesi, käsi, mehi, naisi

e) poegi, kohti, kehi, vendi, metsi, külmi, päevi, pühi

f) vigu, sõpru, vanu, kirju, linnu/linnasid, jalgu, seinu, rindu, vabu/vabasid, aegu, õlgu, sildu, maju, laiu, ridu

g) tühje, nelju, tube/tubasid, silmi, pikki, mune, kurje.

223

3. Vanaisa näos on palju sügavaid kortse. Koer näitas teravaid hambaid. Ma näen laste heledaid juukseid ja siniseid silmi. Maailmas leidub nii rikkaid kui ka vaeseid inimesi. Nad kohtasid seal vanu mehi ja noori naisi. Missuguseid raamatuid te olete lugenud eesti keeles? Õpilase töös oli vähe ridu, aga palju vigu. Teatris oli palju tühje kohti. Nad laulavad ilusaid laule. Pargis kasvab kõrgeid puid. Meil on palju häid sõpru ameeriklaste hulgas. Kas sa tunned neid ilusaid tüdrukuid? Rootslaste hulgas leidub palju pikki mehi ja naisi. Õpilane kordab ['repeats'] õpetaja sõnu. Vanamees tuletas meelde vanu häid aegu. Kas teil on palju lapsi? Ma pesen käsi ja jalgu. Isa armastab väga oma tütreid ja poegi. Pea oli täis suuri plaane [plaan, -i, -i, -e 'plan']. Ära tee tühje sõnu! Kanadas leidub suuri metsi ja järvi.

4. Süda ja kopsud on [asuvad] rinna sees. Hambad ja keel on suus. Kas sul/teil on prillid? Õpetaja kannab prille. Tal on halb nägemine. Lastel on tavaliselt hea kuulmine. Me näeme silmadega. Inimene töötab kätega ja käib jalgadega. Sellel väikesel tüdrukul on punased põsed. Haigetel inimestel on kahvatu nägu [kahvatud näod]. Mu abikaasal on heledad juuksed. Noorel mehel on tumedad juuksed. Missuguseid [Milliseid] raamatuid oled sa [olete te] eesti keeles lugenud? Mul on eestlaste seas palju häid sõpru.

Lesson 32

Grammar

Declension of Pronouns

The following table is a review of how personal pronouns are declined.

Nominative	mina -- ma 'I'	sina -- sa 'you'	tema -- ta 'he, she, it'
Genitive	minu -- mu	sinu -- su	tema -- ta
Partitive	mind	sind	teda
Illative	minusse -- musse	sinusse -- susse	temasse -- tasse
Inessive	minus -- mus	sinus -- sus	temas -- tas
Elative	minust -- must	sinust -- sust	temast -- tast
Allative	minule -- mulle	sinule -- sulle	temale -- talle
Adessive	minul -- mul	sinul -- sul	temal -- tal
Ablative	minult -- mult	sinult -- sult	temalt -- talt
Translative	minuks	sinuks	temaks
Terminative	minuni	sinuni	temani
Essive	minuna	sinuna	temana
Comitative	minuga	sinuga	temaga
Abessive	minuta	sinuta	temata

§ 268.   P l u r a l

Nominative	meie -- me 'we'	teie -- te 'you'	nemad -- nad 'they'
Genitive	meie -- (me)	teie -- (te)	nende
Partitive	meid	teid	neid
Illative	meisse	teisse	nendesse -- neisse
Inessive	meis	teis	nendes -- neis
Elative	meist	teist	nendest -- neist
Allative	meile	teile	nendele -- neile
Adessive	meil	teil	nendel -- neil
Ablative	meilt	teilt	nendelt -- neilt
Translative	meieks -- (meiks)	teieks -- (teiks)	nendeks -- (neiks)
Terminative	meieni	teieni	nendeni
Essive	meiena	teiena	nendena
Comitative	meiega	teiega	nendega
Abessive	meieta	teieta	nendeta

§ 269. The demonstrative pronoun **see** 'this, that' and the reflexive pronoun **ise** '(one)self' are declined as follows:

Singular

Nominative	**see** 'this, that'	**ise** '(one)self'
Genitive	**selle**	**enese -- enda**
Partitive	**seda**	**ennast -- end**
Illative	**sellesse -- sesse**	**enesesse -- endasse**
Inessive	**selles -- ses**	**eneses -- endas**
Elative	**sellest -- sest**	**enesest -- endast**
Allative	**sellele**	**enesele -- endale**
Adessive	**sellel -- sel**	**enesel -- endal**
Ablative	**sellelt -- selt**	**eneselt -- endalt**
Translative	**selleks -- seks**	**eneseks -- endaks**
Terminative	**selleni**	**eneseni -- endani**
Essive	**sellena**	**enesena -- endana**
Comitative	**sellega**	**enesega -- endaga**
Abessive	**selleta**	**eneseta -- endata**

Plural

Nominative	**need** 'these, those'	**ise** '-selves'
Genitive	**nende**	**eneste -- endi**
Partitive	**neid**	**endid**
Illative	**nendesse -- neisse**	**enestesse -- endisse**
Inessive	**nendes -- neis**	**enestes -- endis**
Elative	**nendest -- neist**	**enestest -- endist**
Allative	**nendele -- neile**	**enestele -- endile**
Adessive	**nendel -- neil**	**enestel -- endil**
Ablative	**nendelt -- neilt**	**enestelt -- endilt**
Translative	**nendeks -- neiks**	**enesteks -- endiks**
Terminative	**nendeni**	**enesteni -- endini**
Essive	**nendena**	**enestena -- endina**
Comitative	**nendega**	**enestega -- endiga**
Abessive	**nendeta**	**enesteta -- endita**

Note: There are compound pronouns for all the forms of **ise** except the nominative: *gen.* **iseenese (iseenda)**, *part.* **iseennast**, *ill.* **iseenesesse**, etc. They mean the same thing as the simpler forms, but add an element of emphasis.

The pronoun **too, tolle, toda, tollesse,** etc. is used in place of **see, selle, seda, sellesse,** etc. when something more distant is meant, like 'that over there'. For example, **tookord = tol korral** 'that time', **tol ajal** 'at that time'. The plural forms **nood, nonde, noid, nondesse,** etc. are not in common usage. The plural forms **need, nende, neid, nendesse,** etc. tend to be used instead.

§ 270. The interrogative pronouns **kes?** 'who?' and **mis?** 'what? what sort of?' are declined as shown in §266 in Lesson 31. They can also be used as relative pronouns. In such instances, their case form is determined by their position in the sentence. The short form exists only for the adessive case: **kel** (kellel) and **mil** (millel).

Ma ei tea, **kes** homme siia tuleb 'I don't know *who* is coming here tomorrow'. Ma sain eile kirja koolivennalt, **kes** elab Vancouveris 'I got a letter yesterday from a (male) classmate, *who* lives in Vancouver'. Siin on kiri, **mis** saabus eile 'Here is the letter *which* arrived yesterday'. Siin on raamat, **mida** ma praegu loen 'Here is the book *which* I am currently reading'. Mul on sõber, **kelle** õde on lauljanna 'I have a friend *whose* sister is a songstress'. See on raamat, **millest** kõik räägivad 'Here is the book *that* everyone is talking about'.

Note: English may use the double pronoun 'he who' where Estonian uses a single form of **kes**. For example:

Kes teisele auku kaevab, langeb ise sisse '*He who* digs a hole for someone else will fall into it himself'. **Kel(lel)** palju raha, **sel(lel)** palju muret '*He who* has a lot of money has a lot of worry'.

§ 271. The pronoun **keegi** 'someone, a certain (someone)' is declined by adding the particle **-ki/-gi** to forms of **kes: kelle/gi, keda/gi, kellesse/gi, kelles/ki,** and so on. (Refer to discussion of the **-ki/-gi** particle in §185 in Lesson 25).

The same principle is used in declining **miski** 'something, a certain (something)': **mille/gi, mida/gi, millesse/gi, milles/ki, millest/ki,** and so on.

The words **kumbki** 'either' (see below) and **ükski** 'a single (something)' are declined according to this same pattern: **kumb/ki, kumma/gi, kumba/gi, kummasse/gi,** etc.; **üks/ki, ühe/gi, ühte/gi, ühesse/gi,** etc.

When the sentence is negative, then all the above pronouns are given a negative meaning in English:

Palju kära **mitte millestki** 'Much ado about *nothing*'. Ma **ei** tunne **kumbagi** 'I am acquainted with *neither* one of them'.

§ 272. Kumb 'who or which (of the two)' and **kumbki** 'either' indicate a choice between two persons, animals, or things. For example:

Kumba sa rohkem armastad, kas mind või teda? '*Whom* do you love more, me or him/her?' **Kumb** sulle rohkem meeldib? '*Which* (of the two) do you like more?' **Ei kumbki** '*Neither* (of them)'.

§ 273. As in English, some pronouns lack plural forms. These include **iga** 'each', **igaüks** 'everyone', **teineteise** 'each other's (of two people)' [*gen.*; there is no nominative], **üksteise** 'each other's (of more than two people)' [*gen.*; no nominative], and the abovementioned **kumb, kumbki, ükski.**

The plural forms of **kes** and **mis** (*gen. pl.* **kelle/de** and **mille/de**) are rarely used--only when you want to avoid misunderstanding, as in the following sentence: Arvemasin ja kirjutusmasin, **milledega** ma töötasin, on kontoris 'The calculator and the typewriter, (*both of*) *which* I was working with, are in the office'. Using the singular form **millega** would imply that just the latter machine was used.

§ 274. For the pronoun **kõik** 'everyone, everything, all', the nominative form is the same in the singular and plural.

See on **kõik** 'That is *all*'. **Kõik** maailma tarkus '*All* the wisdom of the world'. **Kõik** on kohal '*Everyone* is present'. **Kõik** jõed voolavad merre '*All* rivers flow to the sea'.

The other case forms are distinguishable:

Singular: **kõik**, *gen.* **kõige**, *part.* **kõike**, *ill.* **kõige/sse** or **kõike**, *iness.* **kõige/s**, etc.

Plural: **kõik**, *gen.* **kõigi**, *part.* **kõiki**, *ill.* **kõikide/sse** or **kõigi/sse**, *iness.* **kõikide/s** or **kõigi/s**, etc.

§ 275. The pronoun **mõlemad** 'both' has no nominative singular form, but the genitive, partitive, and other cases are usually in the singular. If there is an accompanying noun, it follows the same pattern.

nom. pl. **mõlemad** pojad '*both* sons', *gen. sing.* **mõlema** poja '*both* sons", *part. sing.* **mõlemat** poega (The plural form **mõlemaid** would usually be employed if there were no accompanying noun), *ill. sing.* **mõlema/sse** pojasse '*into both* sons', *iness. sing.* **mõlema/s** pojas '*in both* sons', etc.

Isa kinkis **mõlemale** pojale jalgratta 'The father gave (as a present) a bicycle *to each* of the sons'. **Mõlemalt** poolt '*From both* sides'. Ma armastan **mõlemat** liiki 'I love *both* types'. Ma armastan **mõlemaid** 'I love (them) *both*'.

§ 276. The pronoun **kogu** 'all of, the whole of' is not declined. It keeps the same form regardless of how it is used. For example, **kogu** maailm 'the *whole* world', **kogu** maailma 'the *whole* world's', **kogu** maailmas 'in the *whole* world', **kogu** maailmale 'to the *whole* world', etc.

§ 277. Other pronouns are declined altogether regularly, by adding the appropriate case endings to the singular and plural forms of the genitive. For example:

milli/ne, -se, -st, -seid 'which, what kind (of)':
   millise/sse, millise/s, millise/st, millise/le, ...millise/ga, etc. *in the singular*;
   milliste/sse, milliste/s, milliste/st, milliste/le ...milliste/ga etc. *in the plural*.
missugu/ne, -se, -st, -seid 'what kind (of)'
niisugu/ne, -se, -st, -seid 'this kind (of)'
seesugu/ne or **säära/ne, -se, -st, -seid** 'such (a)'
mitmes, mitmenda, mitmendat, mitmendaid 'which (in a certain order)'
(see)sama, -, -, samu or **samasid** 'the same'
mingi, mingi, mingit, mingeid 'any'

228

Use of the Pronoun 'oma'

§ 278. The pronoun **oma** 'own' is used to indicate possession by the subject of the sentence. It is the same, regardless of which person is the subject. In English, the equivalent would be 'my (own)', 'your (own)', 'his/her (own)', 'our (own)', or 'their (own)'.

Mina loen **oma** raamatut.	'I am reading *my (own)* book.'
Sina loed **oma** raamatut.	'You [*sing.*] are reading *your (own)* book.'
Tema loeb **oma** raamatut.	'He/She is reading *his/her (own)* book.'
Meie loeme **oma** raamatut.	'We are reading *our (own)* book.'
Teie loete **oma** raamatut.	'You [*pl.*] are reading *your (own)* book.'
Nemad loevad **oma** raamatut.	'They are reading *their (own)* book.'

Compare the above to the following: Mina loen **sinu** raamatut 'I am reading *your* [*sing.*] book'. Sina loed **tema** raamatut 'You [*sing.*] are reading *his/her* book'.

§ 279. The pronoun **oma** is normally not declined. For example:

Ma armastan **oma** sõpra 'I love *my* friend'. Ma räägin **oma** sõbraga 'I talk with *my* friend'. Ma kirjutan **oma** sõbrale 'I write to *my* friend'. Me rääkisime **oma** sõbrast 'We talked about *our* friend'.

The pronoun **oma** is declined when special emphasis is to be placed on it. Adding an emphatic 'own' would be the equivalent in English: Need on ju **omad** inimesed 'These are *our own* people'. Need on **meie omad** vead 'These are *our own* faults'. **Omal** vastutusel '*At your own* risk'. **Omal** jõul '*By your own* effort'. Ta elab **omas** majas 'She lives in *her own* house'.

§ 280. The pronoun **oma** is also declined when it stands alone, without an accompanying noun. For example:

Sinu lapsed on juba suured, aga **minu omad** on veel väikesed 'Your [*sing.*] children are already big, but *mine* are still small'.

In the written language especially, a sentence must not end with a genitive form indicating ownership. Rather, the pronoun **oma** should be used to end the statement. (A similar rule is found in English, where 'mine, yours, hers, ours, theirs' are used instead of 'my, your, her, our, their' at the end of a sentence.) For example:

See raamat on **õe oma** 'This book is *Sister's (own)*'. See on **tema oma** 'It is *hers*'. See pilt on **minu oma** 'This picture is *mine*'.

When used in this sense, **oma** is declined to agree with the object of possession:

Need raamatud on **venna omad** 'These books are *Brother's (own books)*'. Need pildid on **minu omad** 'These pictures are mine'.

229

Use of the Pronoun 'end/ennast'

§ 281. As in English, the reflexive pronoun **end/ennast** '-self' is used when the subject of the sentence receives the action of the verb:

Ma pesen **end/ennast** puhtaks.	'I wash *myself* clean.'
Sa pesed **end/ennast** puhtaks.	'You wash *yourself* clean.'
Ta peseb **end/ennast** puhtaks.	'He/She washes *himself/herself* clean.'
Me peseme **end/ennast** puhtaks.	'We wash *ourselves* clean.'
Te pesete **end/ennast** puhtaks.	'You wash *yourselves* clean.'
Nad pesevad **end/ennast** puhtaks.	'They wash *themselves* clean.'

Other examples: Ma panen **end** riidesse 'I put clothes on (*myself*)'. Sa tunned **end** hästi 'You [*sing.*] feel good'. Ta külmetas **end** ära 'He caught a cold'. Me seame **end** valmis 'We get (*ourselves*) ready'. Te tunnistate **end** süüdi 'You [*pl.*] admit your guilt'. Nad valmistavad **end** eksamiks 'They prepare (*themselves*) for the exam'.

Text

Kõnekäände ja vanasõnu

Inimene on nii vana, kui ta *end* tunneb. Tunne *iseennast*, pärast tunne teist. Aita *iseennast*, siis aitab ka Jumal. Näita *ennast* mitte ainult sõnades, vaid ka tegudes. Üks *kõigi* eest ja *kõik* ühe eest. Ahnus on *kõige* kurja juur. *Iga* inimene on *ise oma* õnne sepp. *Oma* tuba, *oma* luba. *Oma* silm on kuningas, lausub vanasõna.

Ütle *mulle, mille* üle sa naerad, ja ma ütlen *sulle, kes* sa oled. *Meile* meeldivad alati need, *kes meid* imetlevad, kuid *meile* ei meeldi alati need, *keda* meie imetleme.

<<Võta *oma* voodi ja kõnni.>> Armasta *oma* abikaasat. Inimesed kaebavad *oma* mälu üle, kuid *keegi* ei kaeba *oma* mõistuse üle. Ära ehi *end* võõraste sulgedega! Meelitada--see tähendab ütelda inimesele *seda*, mis ta *ise enesest* arvab.

*

Kumb on kasulikum?

-- Mis te arvate, *kummast* on inimesel rohkem kasu--kas päikesest või kuust?

-- Muidugi kuust!

-- Mispärast?

-- Seepärast, et kuu paistab öösel, kui väljas on pime. Päike aga paistab päeval, kui isegi on valge.

Kaks kirja

Kallis sõber!

Kuulsin hiljuti Su õe käest, et Sul on kavatsus varsti Stockholmi külastada. Kahjuks pole mind *ennast* siin, kui Sa tuled, sest sõidan *neil* päevil välismaale puhkusele. Loomulikult oleksin heameelega Sind siin kohanud ja Sulle linna näidanud. Loodan aga, et Sa edaspidi jälle Stockholmi tuled.

Kirjad palun saada mulle mu Stockholmi aàdressil. Välismaal mul pole veel kindlat aadressi.

Parimate tervitustega

Sinu Valter

Mu armas Anneke!

Sinu kiri valmistas mulle suurimat rõõmu. Ole südamest tänatud! Kuidas Su tervis on? Palun kirjuta meile lähemalt *oma* elust. Palju tervisi Sulle ja Ilmarile meie *mõlema* poolt.

Sinu ema

Vocabulary

aadress, -i, -i, -e	address
ahnus, -e, -t, -i	greed, gluttony
ehti/ma, -da, ehin	to adorn, decorate
end tund/ma, -a;	to feel (health-wise)
tunnen end	
iga, -, -	each
Ilmar, -i, -it	man's name
imetle/ma, -da, -n	to admire
iseennast	oneself
isegi	even, of itself
juur, -e, -t, -i	root
kasu, -, -, -sid	use, utility
kind/el, -la, -lat, -laid	certain, definite
kuri, kurja, `kurja, `kurje	evil [*n., adj.*]
külasta/ma, -da, -n	to visit
lausu/ma, -da, -n	to state

231

luba, loa, luba, lubasid	permission, license
lähemalt	in more detail
meelita/ma, -da, -n	to flatter
mõistus, -e, -t, -i	understanding, mind, intellect, reason
mälu, -, -, -sid	memory (storage)
neil päevil	during these days, shortly
ole tänatud	thanks [*lit.*: (you [*sing.*]) be thanked]
oleksin sind kohanud	(I) would have met you
rõõm, -u, -u, -e	joy
`rõõmu valmista/ma, -da;   valmistan `rõõmu	to bring joy
seepärast	because
sepp, sepa, seppa, seppi	smith
sulg, sule, `sulge, `sulgi	feather
suurim, -a, -at, -aid	biggest
tegu, teo, tegu, tegusid	deed, action
tervitus, -e, -t, -i	greeting
tähenda/ma, -da, -n, -tud	to mean, signify
valmista/ma, -da, -n, -tud	to prepare, make
õnn, -e, -e, -i or -esid	luck, fortune, happiness

Exercises

1. *Translate into Estonian:* Whose is this book? This book is mine. That man lives here. That man's wife. I wrote a letter to that man. I know that man. He is satisfied [rahul] with himself and his life. What are you [*sing.*] seeking? Whom are you [*pl.*] waiting for? I have a friend whose brother is a schoolteacher. We love our homeland [kodumaa]. The parents love their children. (You [*sing.*]) Take your book. My friend lives at his sister's (place). (You [*sing.*]) Give me your hand. Have you [*sing.*] read my book? I am talking with my brother. You [*sing.*] are talking with your brothers. I am taking your [*sing.*] fountain pen. Take your [*sing.*] pen and write down my address.

Which of the two sisters do you [*sing.*] like best? In which direction are you [*sing.*] going, to the right or to the left? Promise me that you [*sing.*] won't tell anyone about it. What school do you [*sing.*] go to? I don't want to live in such a house. Do you [*sing.*] know yourself? Everyone knows him.

2. *Translate into Estonian:* I intend to travel to Canada soon. I was in Germany not so long ago. How do you [*pl.*] feel? I admire your intellect. He complains about his bad memory. Don't (you [*sing.*]) flatter me! Do you [sing.] have permission to do it? The sun is shining. We received your [*pl.*] letter. Dear friend, I thank you so much for your friendly/ kind letter. I hope you [*sing.*] will visit me soon. I would really like to meet you.

3. *Make up sentences using the following words:*
   miks? = mispärast?   'why?' (asking for reason)
   milleks? = misjaoks?   'why, what for?' (asking about purpose or goal)

4. *Translate the following antonyms into English:* pikk -- lühike, paks -- kõhn, lai -- kitsas, kõrge -- madal, ilus -- inetu, tark -- rumal, rikas -- vaene, tugev -- nõrk, sügav -- madal, külm -- soe, terav -- nüri, kõva -- pehme, õnnelik -- õnnetu, rõõmus -- kurb.

Expressions

Nii on elu.	That's life.
Mis mõte sel on?	What's the idea [point] of that?
Mis see aitab?!	What good will that do?!
Mis asi see on?	What's that (thing)?
Mis inimene see on?	What sort of person is that?
Mispärast? Seepärast.	Why? Because.
Milline küsimus!	What a question!
Palju kära ei mitte millestki.	Much ado about nothing.
See ei tähenda mitte kui midagi.	It doesn't mean anything at all.
See on iseasi.	That's a matter in itself.
Mida varem, seda parem.	The sooner, the better.
Mul pole sellest ei külma ega sooja.	It doesn't matter to me. [*lit*.: It doesn't mean cold or warm to me.]
Ära räägi sellest kellelegi.	Don't (you [*sing*.]) talk to anyone about it.
Sellest ei ole mingit kasu.	It's of no use at all.
See ei mängi mingit `rolli [osa].	It makes no difference. [*lit*.: plays no part]
Igaüks eraldi.	Each one separately (in turn).
Igaühele sama palju.	The same (amount) for each one.
Omal vastutusel.	At your own risk. [On your own responsibility.]
Jutusta oma sõnadega.	Tell it in your [*sing*.] own words.
Pea oma sõna!	Keep your [*sing*.] word!
Ma hoian sind (nagu oma silmatera).	I cherish you [*sing*.] (like the apple of my eye).
Igaüks on oma õnne sepp.	Everyone is the creator [smith] of his own happiness.
Iga hinna eest.	At any price.
Mul on selle kohta oma (eri) arvamus.	I have my own (different) opinion about that.
Mu muudan [ei muuda] oma arvamust.	I'll change [won't change] my mind.
Kuidas sa ennast tunned? Kuidas te ennast tunnete?	How do you feel?
Ma tunnen end hästi/halvasti.	I feel well/badly.
Ta on ennast täis.	He's wrapped up in [*lit*.: full of] himself [conceited, putting on airs].
Ma ei või seda endale lubada.	I can't afford it. [*lit*.: I can't allow that for myself.]
Tunne iseennast.	Know yourself [*sing*.].
<<Arst, aita iseennast.>>	"Physician, heal [help] thyself."
Võta end kokku.	Pull yourself [*sing*.] together.
Se(lle)ks korraks jätkub.	That's enough for now [this time].

Kirjavahetus	*Correspondence*
Kirja algus	Opening of the Letter
Kallis... Armas...	Dear...
Kallis/Armas sõber!	Dear friend!
Kallim!	Dearest!

Tervist sõber!	Greetings, (my) friend!
Kallis proua/preili/härra...	Dear Mrs./Miss/Mr. ...
(Väga) austatud proua...	My (very) esteemed Mrs. ...
(Väga) lugupeetud proua...	My (very) respected Mrs. ...

Väljendusi	Phrases
Sain kätte Sinu/Teie kirja 12. märtsist.	I received your letter of March 12.
Vastuseks Teie kirjale 15. maist teatame...	In answer to your [pl.] letter of May 15, we inform you...
Käesolevaga tõendan, et...	Herewith I certify that...
Südamlik tänu Sinu/Teie lahke kirja eest.	Heartfelt thanks for your kind letter.
Vabanda, et ma pole Sulle varem vastanud.	Please excuse me for not answering you [sing.] sooner.

Kirja lõpp	Closing of the Letter
Austavalt... Lugupidavalt...	Respectfully,...
Austusega...	With respect,...
(Suurima) lugupidamisega...	With (the greatest) respect,...
Tervitades... Palju tervisi...	Salutations,... Many greetings,...
Parimate tervitustega...	With best wishes,...
Parimaid tervitusi (meilt kõigilt)...	Best wishes (from us all),...
Kõike head (sulle/teile)...	All the best (to you),...
Südamlikult tervitades...	With heartfelt greetings,...
Südamlikke tervitusi (teile kõigile)...	Heartfelt greetings (to you all),...
Tervitan ja kallistan...	I greet and embrace (you),...
(Peatse) jällenägemiseni...	Until our next meeting (soon),...

Ümbrik, postkaart, postmark.	Envelope, postcard, postage stamp.
Aadress, saatja, saaja.	Address, sender, addressee.
Tähitud kiri.	Registered letter.
Armastuskiri.	Love letter.
Vii kiri posti!	(You [sing.]) Mail the letter!

Answers to Exercises

1. Kelle raamat see on? See raamat on minu oma. See [Too] mees elab siin. Selle [Tolle] mehe naine [abikaasa]. Ma kirjutasin (ühe) kirja sellele [tollele] mehele. Ma tunnen seda meest. Ta on endaga [enesega] ja oma eluga rahul. Mida [Mis] sa otsid? Keda te ootate? Mul on (üks) sõber, kelle vend on kooliõpetaja. Me armastame oma kodumaad. (Lapse)vanemad armastavad oma lapsi. Võta oma raamat. Mu sõber elab oma õe juures. Anna mulle (oma) käsi. Kas sa oled [Oled sa] lugenud minu raamatut? [raamatu läbi, if book was read all the way through]. Ma räägin [vestlen, ajan juttu] oma vennaga. Sa räägid oma vendadega. Ma võtan sinu sulepea. Võta oma sulepea ja kirjuta minu aadress. Kumb õdedest [kahest õest] meeldib sulle paremini? Kuhu(poole) sa lähed, kas paremale või vasakule? Luba mulle, et sa ei räägi sellest kellelegi. Mis [Kus] koolis sa käid? Ma ei taha niisuguses [sellises, seesuguses, säärases] majas elada. Kas sa tunned iseennast? Kõik tunnevad teda.

2. Ma kavatsen [Mul on kavatsus] varsti sõita Kanadasse. Ma olin hiljuti [mõnda aega tagasi] Saksamaal. Kuidas te ennast [end] tunnete? Ma imetlen sinu/teie mõistust. Ta kaebab [kurdab] oma halva mälu üle. Ära meelita mind! Kas sul on luba(tud) seda teha? Päike paistab. Me saime kätte teie kirja. Armas sõber, ma tänan sind väga su lahke kirja eest. (Ma) loodan, et sa varsti mind külastad [tuled (mulle) külla]. Ma tahaksin heameelega sind kohata.

4. long/tall -- short, fat/thick -- thin, wide -- narrow, high/tall -- low, beautiful -- ugly, smart -- stupid, rich -- poor, strong -- weak, deep -- shallow, cold -- warm, sharp -- dull, hard -- soft, fortunate/happy -- unfortunate/unhappy, happy -- sad.

Lesson 33

Grammar

Declension of Attributes

§ 282. In most cases, an adjective agrees with the noun it modifies. That is, it takes the same case form as the noun. For example: *nom.* **väikene laps** 'small child', *gen.* **väikese lapse** 'small child's', *part.* **väikest last**, *ill.* **väikesesse lapsesse**, etc.

Külmale talvele järgnes **soe suvi** 'After *the cold winter* followed *a warm summer*'. Nad asusid elama **suurde linna** [*short ill.*] 'They moved *to* (live in) *a big town*'. Me tulime koju **rõõmsas meeleolus** 'We came home *in a good mood*'. Ma lugesin seda **tänasest ajalehest** 'I read it in *today's newspaper*'.

The same is true in the plural: **Külmadele talvedele** järgnevad tavaliselt **soojad suved** 'After *cold winters* (there) follow usually *warm summers*'.

§ 283. Only in four cases does the adjective fail to take the same case as the noun. These are the terminative (ending in **-ni**), essive (**-na**), comitative (**-ga**), and abessive (**-ta**). When the noun is in one of these four forms, the accompanying adjective is in the genitive, which is the same as the noun before one of these other endings is added. For example, *nom.* **suur mees** 'big man', *gen.* **suure mehe** 'big man's', *term.* **suure mehe/ni** 'as far as the big man', *ess.* **suure mehe/na** 'as a big man', *comit.* **suure mehe/ga** 'with a big man', *abess.* **suure mehe/ta** 'without a big man'.

Examples in the singular: **Viimse veretilgani** '*Until the last drop of blood*'. **Hea näitena** '*As a good example*'. Me vaatasime filmi **suure huviga** 'We watched the film *with great interest*'. Nimeta asja tema **õige nimega** '(You [*sing.*]) Call the thing *by its right name*'. See mees räägib inglise keelt **tugeva aktsendiga** 'That man speaks English *with a heavy accent*'. Ilma **suurema vaevata** '*Without major difficulty*'.

Examples in the plural: Ta armastab mängida **väikeste lastega** 'He/She loves to play *with small children*'. Nimi oli kirjutatud **suurte tähtedega** 'The name was written in [*with*] *large letters*'. Ära ehi end **võõraste sulgedega** 'Don't (you [*sing.*]) adorn yourself *with strange feathers*'. **Tühjade kätega** 'Empty-handed [*With empty hands*]'. Ilma **suurte raskusteta** '*Without major difficulties*'.

§ 284. The same principle applies to pronouns and numbers, when they appear as attributes of nouns.

a) In most cases, there is agreement with the noun's case form. For example:

Mis sa ütlesid **sellele mehele**? 'What did you [*sing.*] say *to that man?*'. Kes püüab **kõigest väest**, saab üle **igast mäest**! 'He who strives *with all* his *might* will get over *every mountain*' (Estonian saying).

Ühel hommikul '*One morning* [Once upon a morning]'. **Esimesel/teisel märtsil** '*On the first/second of March*'. Meie perekond koosneb **viiest inimesest** 'Our family consists *of five persons*'. Nad sõitsid **kolmeks nädalaks** välismaale 'They went abroad *for three weeks*'. Ta tuli **esimesele kohale** 'She came *in first place*'.

236

§ 285. b) Pronouns and numbers are in the genitive, if the accompanying noun is in the terminative, essive, comitative, or abessive case.

Ma rääkisin **selle mehega** 'I talked *with that man'*. Ta saab **iga asjaga** hästi hakkama 'He can adjust well *to anything'*.
Ühe jalaga hauas *'With one foot* in the grave'. **Ühe käega** ei saa sõlme siduda *'With one hand* you cannot tie a knot'. Me mängisime **nelja käega** kaarte 'We played cards *with four hands* [four players]'.

§ 286. Declension of *Adjective + Noun*

Case	Singular	Plural
nom.	huvitav raamat 'interesting book'	huvitava/d raamatu/d 'interesting books'
gen.	huvitava raamatu	huvitava/te raamatu/te
part.	huvitava/t raamatu/t	huvitava/id raamatu/id
ill.	huvitava/sse raamatu/sse	huvitavate/sse raamatute/sse
iness.	huvitava/s raamatu/s	huvitavate/s raamatute/s
elat.	huvitava/st raamatu/st	huvitavate/st raamatute/st
all.	huvitava/le raamatu/le	huvitavate/le raamatute/le
adess.	huvitava/l raamatu/l	huvitavate/l raamatute/l
abl.	huvitava/lt raamatu/lt	huvitavate/lt raamatute/lt
transl.	huvitava/ks raamatu/ks	huvitavate/ks raamatute/ks
term.	huvitava raamatu/ni	huvitavate raamatute/ni
ess.	huvitava raamatu/na	huvitavate raamatute/na
comit.	huvitava raamatu/ga	huvitavate raamatute/ga
abess.	huvitava raamatu/ta	huvitavate raamatute/ta

§ 287. Declension of *Pronoun + Noun*

Case	Singular	Plural
nom.	see tüdruk 'this girl'	nee/d tüdruku/d 'these girls'
gen.	selle tüdruku	nen/de tüdruku/te
part.	seda tüdruku/t	ne/id tüdruku/id
ill.	selle/sse tüdruku/sse	nende/sse tüdrukute/sse
iness.	selle/s tüdruku/s	nende/s tüdrukute/s
elat.	selle/st tüdruku/st	nende/st tüdrukute/st
all.	selle/le tüdruku/le	nende/le tüdrukute/le
adess.	selle/l tüdruku/l	nende/l tüdrukute/l
abl.	selle/lt tüdruku/lt	nende/lt tüdrukute/lt
transl.	selle/ks tüdruku/ks	nende/ks tüdrukute/ks
term.	selle tüdruku/ni	nende tüdrukute/ni
ess.	selle tüdruku/na	nende tüdrukute/na
comit.	selle tüdruku/ga	nende tüdrukute/ga
abess.	selle tüdruku/ta	nende tüdrukute/ta

Indeclinable Attributes

§ 288. The genitive (possessive) form is used more extensively in Estonian than in English. As discussed in Lesson 7, the genitive is used in phrases such as: **eesti** keel '*Estonian* language', **linna** tänavad 'the streets *of the town*'.

In such situations, the genitive attribute remains unchanged while the noun is declined:

Meil on **eesti keele** tund ja me räägime **eesti keelt** 'We have an Estonian (*language*) class and we speak (*the*) *Estonian* (*language*)'. See raamat on kirjutatud **eesti keeles** 'This book is written *in* (*the*) *Estonian* (*language*)'. Kas sa saad aru **eesti keelest?** 'Do you [*sing.*] understand (*the*) *Estonian* (*language*)?'.

The names of other nationalities are also indeclinable when used as attributes of a noun like 'language': **inglise** keel 'the *English* language', **rootsi** keel 'the *Swedish* language', **soome** keel 'the *Finnish* language', **prantsuse** keel 'the *French* language', **saksa** keel 'the German language', **vene** keel 'the Russian language', etc.

§ 289. In addition, the following are indeclinable.

a) attributes that already have case endings, as in these examples:

nom. **habeme/ga** mees 'bearded man [man *with beard*]', *gen.* habemega mehe, *part.* habemega meest, etc.; *nom.* **abielu/s** naine 'married woman [woman *in marriage*]', *gen.* abielus naine, *part.* abielus naist, etc.; **elu/s** loom 'live animal [animal *in life*]', *gen.* elus looma, *part.* elus ˋlooma, etc.

§ 290. b) -nud and -tud participles (Lessons 24 and 36):

nom. **täiskasvanud** inimene '*full-grown* person', *gen.* täiskasvanud inimese, *part.* täiskasvanud inimest, *nom. pl.* täiskasvanud inimesed, *gen. pl.* täiskasvanud inimeste, *part. pl.* täiskasvanud inimesi, etc.; *nom.* **avatud** aken, *gen.* avatud akna, *part.* avatud akent, *ill.* avatud aknasse, etc.

§ 291. c) miscellaneous attributes, such as:

valmis 'ready, finished', **alasti** 'naked', **purjus** 'drunk', **sassis** 'unkempt', **kogu** 'whole'.

§ 292. d) titles before names:

nom. **härra** 'Mr.' Jaanson, *gen.* härra Jaansoni, *all.* härra Jaansonile, *comit.* härra Jaansoniga, etc. The same pattern also occurs with **proua** 'Mrs.', **preili** 'Miss', **professor, doktor, kindral** 'General', **onu** 'Uncle', **tädi** 'Aunt', etc.

Also, when two or more of a person's names are listed, only the last name takes on case endings: *nom.* Rein Jänes, *gen.* Rein Jänese, *all.* Rein Jänesele, *comit.* Rein Jänesega, etc.

Kas te tunnete **proua Smithi**? 'Do you [*pl.*] know *Mrs. Smith*?'. Kas võib **doktor Paul Kuusikuga** kokku saada? 'Is it possible to get together *with Dr. Paul Kuusik*?'. Luuletaja pühendas luuletuse **preili Saarele** 'The poet dedicated the poem *to Miss Saar*'.

More about Numbers and Nouns

§ 293. Recall that the noun after a number (above 1) is in the partitive singular, not plural (Lesson 27, § 209).

When a number + noun combination is the subject of a sentence, the number is in the nominative case while the subsequent noun is in the partitive singular. For example:

Kaks sõpra jutlevad '*Two friends* converse'. Siin toas on **viis inimest** 'In this room (there) are *five people*'.

§ 294. Even as a total object (Lesson 28), the number is in the nominative case while the accompanying noun is in the partitive singular.

Ma ostsin eile **kaks [kolm, neli,...] raamatut** 'I bought *two [three, four,...] books* yesterday'. Anna mulle **kümme dollarit** '(You [*sing.*]) Give me *ten dollars*'.

Exception: The number **üks** 'one' always takes the same case form as the noun, and thus would be in the genitive as a total object:

Ma ostsin eile **ühe raamatu** 'I bought *one book* yesterday'.

§ 295. As a partial object, both the number and the noun are in the partitive singular case:

Ta oskab **kolme keelt** 'She knows *three languages*'. Ma tunnen teda nagu oma **viit sõrme** 'I know him like my (own) *five fingers*'. Lähed **kahte jänest** püüdma, ei saa ühtegi kätte '(If) you [*sing.*] go to capture *two rabbits*, you won't catch even one'.

§ 296. In other cases, both the number and noun are usually in agreement and in the singular. The exceptions occur when the number is in the genitive and the noun is in the terminative (-ni), essive (-na), comitative (-ga), or abessive (-ta). This is the same pattern as discussed above for adjective + noun combinations. Examples:

Kahe sõbra jutuajamine 'two friends' conversation', **kahes sõbras** 'in two friends', **kahele sõbrale** 'to two friends', but **kahe sõbrana** 'as two friends', **kahe sõbraga** 'with two friends'.

Kolmele tüdrukule 'to three girls', **kaheteistkümnest lapsest** '(out) of twelve children', **sajalt inimeselt** 'from a hundred people', **kahe tuhande dollariga** 'with two thousand dollars'.

§ 297. Note: The partitive plural of round numbers (tens, hundreds, thousands, etc.) is used to give an approximate quantity. The accompanying noun is also in the partitive plural. For example:

Platsile oli kogunenud **sadu [tuhandeid, miljoneid] inimesi** *'Hundreds [thousands, millions] of people* had gathered in the plaza'.

§ 298. With compound numbers (Lesson 12, §65), all parts agree in the nominative, genitive, and partitive cases. In other cases, only the final number takes the case ending, while the preceding ones are in the genitive.

Nominative	**kaks tuhat kolmsada nelikümmend viis**	(2,345)
Genitive	**kahe tuhande kolmesaja neljakümne viie**	
Partitive	**kaht tuhat kolmesada neljakümmend viit**	
	but	
Illative	**kahe tuhande kolmesaja neljakümne viiesse**	
Inessive	**kahe tuhande kolmesaja neljakümne viies**	
	etc.	

§ 299. Note! If the subject of a sentence is a number + noun combination, the verb is normally in the singular:

Aias **kasvas** [*3rd person sing.*] kolm puud 'In the yard grew three trees'. Selles majas **elab** [*sing.*] kümme inimest 'In this house live(s) ten people'.

The predicate is in the plural, when you want to emphasize that the action is performed by each member of the group, or when the noun is modified by an adjective. For example:

Kaks sõpra **jalutasid** [*3rd person pl.*] aias 'Two friends strolled in the garden'. Aias **kasvasid** [*3rd person pl.*] kolm kõrget puud 'In the yard grew three tall trees'.

§ 300.   Examples of Declension of *Number + Noun* Combinations

Nominative	**üks nädal** 'one week'	**kaks sõpra** 'two friends'
Genitive	**ühe nädala**	**kahe sõbra**
Partitive	**üht(e) nädalat**	**kaht(e) sõpra**
Illative	**ühesse nädalasse**	**kahesse sõbrasse**
Inessive	**ühes nädalas**	**kahes sõbras**
Elative	**ühest nädalast**	**kahest sõbrast**
Allative	**ühele nädalale**	**kahele sõbrale**
Adessive	**ühel nädalal**	**kahel sõbral**
Ablative	**ühelt nädalalt**	**kahelt sõbralt**
Translative	**üheks nädalaks**	**kaheks sõbraks**
Terminative	**ühe nädalani**	**kahe sõbrani**
Essive	**ühe nädalana**	**kahe sõbrana**
Comitative	**ühe nädalaga**	**kahe sõbraga**
Abessive	**ühe nädalata**	**kahe sõbrata**

(Notice that the *number + noun* combination is always declined in the singular, even if the quantity is two or more.)

240

Text

Sõit

Ma sõidan täna välismaale. Praegu pakin ma kodus oma asju. Olen varemgi palju reisinud ja tean hästi, mis on tarvis reisile kaasa võtta. Ma pakin kohvrisse käterätiku, seebi, hambaharja ja hambapasta, pesu ja muud vajalikud esemed. Ma pean kiirustama, sest rongi minekuni pole enam palju aega. Pean veel jaamas pileti ostma. Ma sõidan rongiga, sest kuulun nende inimeste hulka, kes ei armasta lennukiga lennata.

Kui olen lõpuks valmis pakkimisega, helistan takso välja. Panen palitu selga ja kübara pähe, võtan kohvri ja väljun trepikotta. Sõidan liftiga alla. Auto ootab juba. Palun autojuhti sõita kiiresti, sest aega on vähe. Autojuhil on aga nähtavasti palju aega ja ta ei kiirusta sugugi. Närvitsen, kuid teha pole midagi.

Lõpuks jõuame jaama. Õnneks on jaamas piletikassa juures vähe inimesi ja ma saan pileti kiiresti kätte. Jooksen perróonile. Rong seisab juba sõiduvalmis. Reisijad on vagunites ja ütlevad läbi avatud akende viimaseid lahkumissõnu saatjatele perroonil.

Hüppan kiiruga esimesse vagunisse. Rong hakkab liikuma. Perroon saatjatega kaob peagi silmist.

Vagunis on palju reisijaid, kuid leian siiski ühe vaba koha. Istun pingile ja ohkan sügavalt: <<Õnn, et jõudsin õigeks ajaks. Peaaegu oleksin rongist maha jäänud!>>

Kiri

Kallis sõber!

Palju tänu Su kirja eest. Vabanda väga, et ma varem ei ole vastanud. Olin vahepeal kaks nädalat kodunt ära ja sain Su kirja alles eile, kui koju tagasi jõudsin. Olin nimelt Saksamaal ühel teaduslikul konverentsil. Peamiselt olime Hamburgis, kuid tegime väljasõite ka mujale. Kõike ma ei jõua Sulle praegu oma huvitavast reisist kirjutada. Jutustan pikemalt siis, kui kohtume. Tänan Sind väga küllakutse eest. Loodetavasti saan aega tulla paari nädala pärast. Nüüd lõpetan. Pean kiirustama tööle. Tervitan Sind ja Su perekonda ning soovin teile kõigile head tuju ja tervist,

peatse jällenägemiseni
Sinu Karl

P.S. Palun tervita minu poolt ka onu Arnoldit ja tädi Hildat.

K.

Terava keelega

-- Ma kindlustasin oma hääle poole miljoni dollari eest, ütles kuulus lauljanna.
-- Ja mis sa tegid rahaga? küsis ta rivaal.

Vocabulary

alles	for the first time, not until
autojuh/t, -i, -ti, -te	chauffeur, driver
ese, -me, -t, -meid	object, thing
hambahar/i, -ja, -ja, -ju	toothbrush
helista/ma, -da, -n, -tud	to ring, telephone
`hulka, hulgas, hulgast	into, in, out of the midst of
`kaasa võt/ma, -ta	to take along, bring
võtan `kaasa	
kiiruga	hurriedly
kiirusta/ma, -da, -n	to hurry, accelerate
kindlusta/ma, -da, -n	to insure
kohv/er, -ri, -rit, -reid	suitcase
konverents, -i, -i, -e	conference
käterätik, -u, -ut, -uid	handkerchief

242

käterät/t, -i, -ti, -te	handkerchief
kätte saa/ma, -da;	to receive
saan kätte	
küllakutse, -, -t, -id	invitation
lahkumisõn/a, -a, -a, -u	parting word
lei/dma, -da, -an, -tud	to find
lift, -i, -i, -e	elevator
loodetavasti	hopefully
(rongist) maha jää/ma, -da;	to miss (the train)
jään (rongist) maha	
minek, -u, -ut, -uid	departure
mujale, mujal, mujalt	(to, at, from) elsewhere
nimelt	namely
nähtavasti	seemingly
närvitse/ma, -da, -n	to be nervous
ohkama, ohata, ohkan	to sigh
pakki/ma, -da, pakin	to pack
pakkimi/ne, -se, -st, -si	packing
peamiselt	mainly
peatse jällenägemiseni	until we meet again soon
perróon, -i, -i, -e	(railway station) platform
(alus)pesu, -, -, -sid	underwear
pikemalt	at greater length
piletikassa, -, -t, -sid	ticket window
reis, -i or -u, -i or -u, -e	trip, journey
reisija, -, -t , -id	traveller
riváal, -i, -i, -e	rival
saatja, -, -t, -id	sender, escort
see/p, -bi, -pi, -pe	soap
silmist kadu/ma, -da; kaon silmist	to disappear from view
sõiduvalmis	ready to travel
sõi/t, -du, -tu, -te	trip
tagasi jõud/ma, -a; jõuan tagasi	to get back, return
takso [taksiauto], -, -t, -sid	taxi
teaduslik, -u, -ku, -ke	scholarly
trepiko/da, -ja, -da, -dasid	entryway, stairwell
vabanda/ma, -da, -n, -tud	to excuse
vahepeal	in the meanwhile
varem(gi)	(even) earlier
välismaale	(to) abroad
välja helista/ma, -da;	to phone for
helistan välja	
väljasõi/t, -du, -tu, -te	excursion
välju/ma, -da, -n	to go out
õnneks	fortunately

Exercises

1. *Give all the case forms of the following:*
   - a) noor tüdruk, väike laps, suur mees, vana maja
   - b) see raamat, see ilus naine, missugune poiss
   - c) üks inimene, kaks last, kolm tüdrukut, sada dollarit

2. *Put the words in parentheses into the correct case:* Ma ostsin eile (huvitav) raamatu. Ma loen praegu (üks huvitav) raamatut. Mul on palju (huvitavad) raamatuid. Kas sa näed (see valge) maja seal? Kas sa tunned (see noor) tüdrukut? Vend kirjutas mulle (pikk) kirja. Ta kirjutas kirja ka (noorem) õele ja (vana) isale. Mees asus (valge) majasse. Me läksime (soe) toast välja külma kätte. (Head) lastest kasvavad (head) inimesed. Isa jalutas (oma väike) pojaga. Ta andis (väike) pojale kompveki ['a piece of candy']. Kas sa oled varem näinud (see) meest? Ma rääkisin eile (see) mehega. Ta räägib (eesti) keelt (tugev) aktsendiga. Kuidas on (eesti) keeles 'zebra'? Ma ei saa (see) sõnast aru. Kas sa said (see) ülesandega hakkama? Ma tunnen (need) õpilasi hästi. Ma olen sageli (need) inimestega rääkinud. Nad elavad (ilusad) ja (uued) majades. Kas sa tunned (see) preilit? Kas sa tunned (preili) Saart? Ma õppisin (preili) Saarega koos (Stockholm) ülikoolis.

3. *Put the words in parentheses into the correct case:* Iga nädal koosneb (seitse) päevast. Ma ostsin eile (üks) raamatu ja (kolm) pliiatsit. Mis sa teed (kolm) pliiatsiga? Anna (üks) pliiats mulle. Sulle aitab ['suffice'] (kaks) pliiatsist. Selles majas elab lesk naine ['widow'] koos (neli) lapsega. Eesti tähestik ['alphabet'] koosneb kolmekümne kahest (täht). Mitmest (täht) koosneb inglise tähestik? Mu sõber ostis (uus) auto. Kui palju (raha) eest ta selle ostis? Ta ostis selle (kümme tuhat) dollari eest. Ma ostsin televiisori ['TV set'] (kolmsada) dollari eest. Professor pidas loengut (kakssada) üliõpilasele.

4. *Translate into Estonian:* I have traveled much. Do you [*sing.*] know what one should take along on a trip? He packed a handkerchief and two bars of soap in the suitcase. He hurried to the station. Have you [*sing.*] bought the ticket? We must buy two tickets. I will give you [*sing.*] a ticket. They are [belong among] the kind of people who are always in a good mood. Finally he was finished with the packing. My friend put on his coat and hat and went out. She rode down in the elevator. The taxi waited down in the street. The chauffeur did not want to drive fast. He said that one is not permitted [ei tohi] to drive fast in town. There were many travellers on the (railway station) platform. Everyone hurried into the wagons. Now I will finish.

Expressions

Ühel ilusal päeval.	One fine day.
Ühel ja samal ajal.	At the same time.
Ühekorraga.	(All) at once. At the same time.
Ühisel jõul ja ühisel nõul.	With united force and united opinion.
Ühe sõnaga. Teiste sõnadega.	In a word. In other words.
Kahe teraga mõõk.	A two-edged sword.
Kahe tule vahel.	Between two fires. [Between a rock and a hard place.]
See jäi kahe silma vahele.	It was overlooked.
Räägime sellest nelja silma all.	Let's talk about that between the two of us.
Tuhandejärve maa (Soome).	The land of a thousand lakes (Finland).
Suure rõõmuga.	With great pleasure.
Suure vaevaga.	With a lot of trouble.
Suurte raskustega.	With great difficulties.
Ilma suurema vaevata.	Without great(er) difficulty.
Kerge [Raske] südamega.	With a light [heavy] heart.
Lühikese ajaga.	In a little while.
Viimse veretilgani.	To the last drop of blood.
Võiduka lõpuni.	To the victorious end.
Praegustes oludes.	Under current conditions.

244

Sa oled heades kätes.	You [*sing.*] are in good hands.
Tehnilistel põhjustel.	For technical reasons.
Ma loodan parematele päevadele.	I'm hoping for better days.
Mälestuseks kalli(s)tele sõpradele.	In commemoration of dear friends.
Südamlike tervitustega autorilt.	With heartfelt greetings from the author.

Autosõit ja reisimine

Driving and Travelling

Kas sa oskad autot juhtida?	Do you [*sing.*] know how to drive a car?
Kas sul/teil on sõiduluba?	Do you have a driver's license?
Ma panen auto käima. [Ma käivitan masina.]	I start the car.
Ma annan [lisan] `gaasi.	I step on the gas.
Ma vahetan `käiku.	I change gears.
Ma pidurdan.	I brake.
Ma annan signaali.	I give a signal.
Ma sõidan mööda.	I am passing.
Jäta auto seisma!	(You [*sing.*]) Stop the car!
Lase tagasi!	Back (it) up!
Sõida ettevaatlikult [aeglaselt]!	Drive carefully [slowly]!
Ära sõida nii kiiresti!	Don't drive so fast!
Auto, mootorratas, mopéed.	Car, motorcycle, moped.
Käigukang, (käsi)pidur, rool.	Gear shift, (hand)brake, steering wheel.
(Gaasi)pedaal, autovõti, süütevõti.	(Gas) pedal, car key, ignition key.
Garaaž, bensiin, õli.	Garage, gasoline, oil.
Võtame takso. Helista takso välja!	Let's take a taxi. (You [*sing.*]) Call for a taxi!
Kas sa saadad mind rongile [lennuväljale, sadamasse]?	Will you [*sing.*] accompany me to the train (station) [airport, harbor]?
Ma tulen sulle (jaama) vastu.	I'll come to meet you (at the station).
Kas see koht on vaba?	Is this seat free?
See koht on kahjuks kinni.	This seat is unfortunately taken.
Kas sul pilet on olemas?	Do you [*sing.*] have a ticket?
Meie teed lähevad lahku.	Our paths diverge.
Head reisi!	Have a good trip! [Bon voyage!]
Õnn kaasa!	(May) Luck be with you!

Answers to Exercises

1. a) *Singular:* noor tüdruk, noore tüdruku, noort tüdrukut, nooresse [noor(d)e] tüdrukusse, noores tüdrukus, noorest tüdrukust, noorele tüdrukule, noorel tüdrukul, noorelt tüdrukult, nooreks tüdrukuks, noore tüdrukuni, noore tüdrukuna, noore tüdrukuga, noore tüdrukuta;
Plural: noored tüdrukud, noorte tüdrukute, noori tüdrukuid, noortesse tüdrukutesse, noortes tüdrukutes, noortest tüdrukutest, noortele tüdrukutele, noortel tüdrukutel, noortelt tüdrukutelt, noorteks tüdrukuteks, noorte tüdrukuteni, noorte tüdrukutena, noorte tüdrukutega, noorte tüdrukuteta.

Singular: väike laps, väikse lapse, väikest last, väiksesse lapsesse, väikses lapses, väiksest lapsest, väiksele lapsele, väiksel lapsel, väikselt lapselt, väikseks lapseks, väikse lapseni, väikse lapsena, väikse lapsega, väikse lapseta;

Plural: väiksed lapsed, väikeste laste, väikseid lapsi, väikestesse lastesse, väikestes lastes, väikestest lastest, väikestele lastele, väikestel lastel, väikestelt lastelt, väikesteks lasteks, väikeste lasteni, väikeste lastena, väikeste lastega, väikeste lasteta.

Singular: suur mees, suure mehe, suurt meest, suuresse [suur(d)e] mehesse, suures mehes, suurest mehest, suurele mehele, suurel mehel, suurelt mehelt, suureks meheks, suure meheni, suure mehena, suure mehega, suure meheta;
Plural: suured mehed, suurte meeste, suuri mehi, suurtesse meestesse, suurtes meestes, suurtest meestest, suurtele meestele, suurtel meestel, suurtelt meestelt, suurteks meesteks, suurte meesteni, suurte meestena, suurte meestega, suurte meesteta.

Singular: vana maja, vana maja, vana maja, vanasse majasse [majja], vanas majas, vanast majast, vanale majale, vanal majal, vanalt majalt, vanaks majaks, vana majani, vana majana, vana majaga, vana majata;
Plural: vanad majad, vanade majade, vanu maju, vanadesse majadesse, vanades majades, vanadest majadest, vanadele majadele, vanadel majadel, vanadelt majadelt, vanadeks majadeks, vanade majadeni, vanade majadena, vanade majadega, vanade majadeta.

b) *Singular:* see raamat, selle raamatu, seda raamatut, sellesse [sesse] raamatusse, selles [ses] raamatus, sellest [sest] raamatust, sellele raamatule, sellel [sel] raamatul, sellelt [selt] raamatult, selleks raamatuks, selle raamatuni, selle raamatuna, selle raamatuga, selle raamatuta;
Plural: need raamatud, nende raamatute, neid raamatuid, nendesse raamatutesse, nendes raamatutes, nendest raamatutest, nendele raamatutele, nendel raamatutel, nendelt raamatutelt, nendeks raamatuteks, nende raamatuteni, nende raamatutena, nende raamatutega, nende raamatuteta.

Singular: see ilus naine, selle ilusa naise, seda ilusat naist, sellesse [sesse] ilusasse naisesse [naise], selles [ses] ilusas naises, sellest [sest] ilusast naisest, sellele ilusale naisele, sellel [sel] ilusal naisel, sellelt [selt] ilusalt naiselt, selleks [seks] ilusaks naiseks, selle ilusa naiseni, selle ilusa naisena, selle ilusa naisega, selle ilusa naiseta;
Plural: need ilusad naised, nende ilusate naiste, neid ilusaid naisi, nendesse ilusatesse naistesse, nendes ilusates naistes, nendest ilusatest naistest, nendele ilusatele naistele, nendel ilusatel naistel, nendelt ilusatelt naistelt, nendeks ilusateks naisteks, nende ilusate naiseni, nende ilusate naistena, nende ilusate naistega, nende ilusate naisteta.

Singular: missugune poiss, missuguse poisi, missugust poissi, missugusesse poisisse [poissi], missuguses poisis, missugusest poisist, missugusele poisile, missugusel poisil, missuguselt poisilt, missuguseks poisiks, missuguse poisini, missuguse poisina, missuguse poisiga, missuguse poisita;
Plural: missugused poisid, missuguste poiste [poisside], missuguseid poisse, missugustesse poistesse [poissidesse], missugustes poistes [poissides], missugustest poistest [poissidest], missugustele poistele [poissidele], missugustel poistel [poissidel], missugustelt poistelt [poissidelt], missugusteks poisteks [poissideks], missuguste poisteni [poissideni], missuguste poistena [poissidena], missuguste poistega [poissidega], missuguste poisteta [poissideta].

c) üks inimene, ühe inimese, üht(e) inimest, ühesse [ühte] inimesse, ühes inimeses, ühest inimesest, ühele inimesele, ühel inimesel, ühelt inimeselt, üheks inimeseks, ühe inimeseni, ühe inimesena, ühe inimesega, ühe inimeseta.

kaks last, kahe lapse, kaht(e) last, kahesse lapsesse [kahte lapse], kahes lapses, kahest lapsest, kahele lapsele, kahel lapsel, kahelt lapselt, kaheks lapseks, kahe lapseni, kahe lapsena, kahe lapsega, kahe lapseta.

kolm tüdrukut, kolme tüdruku, kolme tüdrukut, kolmesse [kolme] tüdrukusse, kolmes tüdrukus, kolmest tüdrukust, kolmele tüdrukule, kolmel tüdrukul, kolmelt tüdrukult, kolmeks tüdrukuks, kolme tüdrukuni, kolme tüdrukuna, kolme tüdrukuga, kolme tüdrukuta.

sada dollarit, saja dollari, sada dollarit, sajasse [satta] dollarisse, sajas dollaris, sajast dollarist, sajale dollarile, sajal dollaril, sajalt dollarilt, sajaks dollariks, saja dollarini, saja dollarina, saja dollariga, saja dollarita.

2. Ma ostsin eile huvitava raamatu. Ma loen praegu üht(e) huvitavat raamatut. Mul on palju huvitavaid raamatuid. Kas sa näed seda valget maja seal? Kas sa tunned seda noort tüdrukut? Vend kirjutas mulle pika kirja. Ta kirjutas kirja ka nooremale õele ja vanale isale. Mees asus valgesse majasse. Me läksime soojast toast välja külma kätte. Headest lastest kasvavad head inimesed. Isa jalutas oma väikse pojaga. Ta andis väiksele pojale kompveki.

Kas sa oled varem näinud seda meest? Ma rääkisin eile selle mehega. Ta räägib eesti keelt tugeva aktsendiga. Kuidas on eesti keeles 'zebra'? Ma ei saa sellest [sest] sõnast aru. Kas sa said selle ülesandega hakkama? Ma tunnen neid õpilasi hästi. Ma olen sageli nende inimestega rääkinud. Nad elavad ilusates ja uutes majades. Kas sa tunned seda preilit? Kas sa tunned preili Saart? Ma õppisin preili Saarega koos Stockholmi ülikoolis.

3. Iga nädal koosneb seitsmest päevast. Ma ostsin eile ühe raamatu ja kolm pliiatsit. Mis sa teed kolme pliiatsiga? Anna üks pliiats mulle. Sulle aitab kahest pliiatsist. Selles majas elab lesk naine koos nelja lapsega. Eesti tähestik koosneb kolmekümne kahest tähest. Mitmest tähest koosneb inglise tähestik? Mu sõber ostis uue auto. Kui palju raha eest ta selle ostis? Ta ostis selle kümne tuhande dollari eest. Ma ostsin televiisori kolmesaja dollari eest. Professor pidas loengut kahesajale üliõpilasele.

4. Ma olen palju reisinud. Kas sa tead, mida peab reisile kaasa võtma [mida tuleb reisule kaasa võtta]? Ta pakkis käteräti(ku) ja kaks seepi kohvrisse. Ta kiirustas [ruttas] jaama. Kas sa oled pileti ostnud? Me peame ostma kaks piletit. Ma annan sulle ühe pileti. Nad kuuluvad selliste inimeste hulka, kes on alati heas tujus. Lõpuks [Viimaks] oli [sai] ta pakkimisega valmis. Mu sõber pani palitu selga ja mütsi pähe ja läks välja. Ta sõitis liftiga alla. Takso [Taksiauto] ootas all tänaval. Autojuht ei tahtnud kiiresti sõita. Ta ütles, et linnas ei tohi kiiresti sõita. Perroonil oli palju reisijaid. Kõik kiirustasid [ruttasid] vagunitesse. Nüüd ma lõpetan.

Lesson 34

Grammar

The Imperative

§ 301. The imperative form of a verb expresses a command or request. When speaking to a familiar person who may be addressed with the **2nd person singular** (s i n a), the imperative is derived from the *stem of the present tense* of the verb, minus the personal ending (See Lesson 3, §14.). For example: **tule!** '(you [*sing.*]) come!', from **tule/n** 'I come'.

The 2nd Person Plural Imperative

§ 302. When speaking to two or more people, or to someone for whom some social distance or respect must be shown, the 2nd person plural form (t e i e) is used. The imperative form for the **2nd person plural** is derived from the *stem of the -da infinitive* (Lesson 21), by adding the suffix **-ge** or **-ke**.

§ 303. If the -da infinitive actualy ends in **-da**, the imperative takes the ending **-ge**.

-da Infinitive		*2nd Person Plural Imperative*	
luge/da	'to read'	**luge/ge!**	'(you [*pl.*]) read!'
rääki/da	'to talk'	**rääki/ge!**	'talk!'
laul/da	'to sing'	**laul/ge!**	'sing!'
luba/da	'to permit'	**luba/ge!**	'permit!'
küsi/da	'to ask'	**küsi/ge!**	'ask!'

Astuge sisse! '(You [*pl.*]) *Step* in!'. Palun, **istuge!** '*Please, sit*!'. **Vabandage**, et ma hilinesin '*Excuse* me for being late'. **Ütelge** oma nimi! '*Say* your name!'.

§ 304. If the -da infinitive ends in **-ta**, the 2nd person plural imperative takes the ending **-ke**.

-da Infinitive		*2nd Person Plural Imperative*	
seis/ta	'to stand'	**seis/ke!**	'(you [*pl.*]) stand!'
ooda/ta	'to wait'	**ooda/ke!**	'wait!'
vasta/ta	'to answer'	**vasta/ke!**	'answer!'
korra/ta	'to repeat'	**korra/ke!**	'repeat!'

Tõuske püsti! '(You [*pl.*]) Get up [*Rise*]!'. **Vaadake**, mis seal on! '*Look* (at) what's there!'. **Oodake** üks hetk! '*Wait* a moment!'. **Makske** arve! '*Pay* the bill!'.

§ 305. If the -da infinitive ends in **-a**, the 2nd person plural imperative ending depends on the last letter in the infinitive stem.

a) If the stem of the -da infinitive ends in a **vowel** or a voiced consonant (**l, n, r**), the 2nd person plural imperative ends in **-ge**.

248

-da Infinitive	2nd Person Plural Imperative
vii/a 'to convey'	**vii/ge!** '(you [*pl.*]) convey!'
müü/a 'to sell'	**müü/ge!** 'sell!'
tull/a 'to come'	**tul/ge!** 'come!' (llg>lg)
minn/a 'to go'	**min/ge!** 'go!' (nng>ng)

Olge rahulikud! '(You [*pl.*]) *Be* calm!'. **Pange** riided selga! '*Put* clothes on!'. **Tulge** ruttu siia! '*Come* here quickly!'. **Käige** sirgelt! '*Walk* (with your back) straight!'.

§ 306. If the stem of the -da infinitive ends in an unvoiced consonant (**d, h, t**), the 2nd person plural imperative ends in **-ke**. (See Point 2 in the Introduction, on how the letter **d** among others is a voiced consonant in English but unvoiced in Estonian.)

-da Infinitive	2nd Person Plural Imperative
sõi/ta 'to ride, drive'	**sõit/ke!** '(you [*pl.*]) ride! drive!'
and/a 'to give'	**and/ke!** 'give!'
teh/a 'to make, do'	**teh/ke!** 'make! do!'
võtt/a 'to take'	**võt/ke!** 'take!' (tt>t)

Sõitke aeglaselt! '(You [*pl.*]) *Drive* slowly!'. **Tundke** rõõmu ilusast loodusest! '*Feel* glad about the beauty of nature!'. **Hoidke** oma tervist! 'Watch [*Keep*] your health!'. **Tehke** nii, nagu ma ütlen! '*Do* as I say!'.

§ 307. E x c e p t i o n s: For a few words, the 2nd person plural imperative is derived from the present-tense stem (not the -da infinitive).

-ma Infinitive	-da Infinitive	Present	2nd Person Plural Imperative
`too/ma 'to bring'	`tuu/a	**too/n**	**too/ge!** '(you [*pl.*]) bring!'
`loo/ma 'to create'	`luu/a	**loo/n**	**loo/ge!** 'create!'
`joo/ma 'to drink'	`juu/a	**joo/n**	**joo/ge!** 'drink!'
`söö/ma 'to eat'	`süü/a	**söö/n**	**söö/ge!** 'eat!'
`löö/ma 'to hit'	`lüü/a	**löö/n**	**löö/ge!** 'hit!'

§ 308. The negative imperative for the 2nd person plural is made by putting the negative word **ärge** 'don't (you [*pl.*])' before the affirmative form of the imperative.

Affirmative	Negative
rääkige! '(you [*pl.*]) talk!'	**ärge rääkige!** 'don't (you [*pl.*]) talk!'
seiske! 'stand!'	**ärge seiske!** 'don't stand!'
tulge! 'come!'	**ärge tulge!** 'don't come!'
naerge! 'laugh!'	**ärge naerge!** 'don't laugh!'

Ärge segage mind töö juures! '*Don't* (you [*pl.*]) *bother* me during work!'. **Ärge katkestage** mind! '*Don't interrupt* me!'. **Ärge kartke!** '*Do not fear*!'. **Ärge pange** pahaks! '*Don't take* offense!' **Ärge alahinnake** oma oskusi, aga **ärge** neid ka **ülehinnake!** '*Don't underestimate* your abilities, but *don't overestimate* them either!'.

Other Forms of the Imperative

§ 309. In addition to the 2nd person singular and plural, the imperative form in Estonian also exists for the 1st person plural and the 3rd person singular and plural. In other words, only the 1st person singular lacks an imperative form.

The other forms of the imperative are constructed like the 2nd person plural (**-ge/-ke**) form, by adding the endings **-gem/-kem** and **-gu/-ku** to the -*da infinitive*. For example: **luge/da** 'to read', **luge/gem!** 'let's read!', **luge/gu!** 'let him/her read! [may he/she read!]'.

The choice between **-gem** and **-kem** (or between **-gu** and **-ku**) is made on the same basis as the choice between **-ge** and **-ke**, as discussed above.

Verbs like **too/ma** (see §307) are exceptions here, too. Their imperative forms are made from the *present tense* rather than the -da infinitive.

§ 310. The **1st person plural imperative** ('let us' form) is used to encourage others to do something that the speaker also wants to take part in.

Palugem! *'Let us pray!'.* **Võtkem** loosi, kes meist algab! *'Let's draw* lots [straws], to see which of us will begin!'.* **Olgem** eestlased, aga **saagem** ka eurooplasteks! *'Let us be* Estonians, but *let us* also *become* Europeans!' (well-known slogan from the turn of the century). **Hoidkem** kokku! *'Let's keep* [stick] together!'

§ 311. N o t e: In everyday conversation, the above form is often replaced by the *present tense* form of the 1st person plural. Instead of **olgem**, for example, one could say **oleme**. The former conveys more formality or more of a command, while the latter is more informal or suggestive.

Võtame loosi! (instead of: **Võtkem** loosi!) 'Let's draw straws!'. **Hakkame** peale! 'Let's get started!' **Veame** kihla! 'Let's bet (on it)!'. **Teeme** suitsu! 'Let's (have a) smoke!'. **Lepime** ära 'Let's make up!'. **Mängime** üks partii malet! 'Let's play a game of chess!'.

N o t e ! **Lähme** ära! (instead of: **Mingem** ära!) 'Let's go away!'.

§ 312. The negative form is made by placing the word **ärgem** 'let us not' before the formal version of the 1st person plural imperative, or the word **ärme** before the informal version.

Ärgem mingem! = **Ärme lähme!** 'Let's not go!'. **Ärgem unustagem!** = **Ärme unustame!** 'Let us not forget!'. **Ärgem tülitsegem!** = **Ärme tülitseme!** 'Let's not quarrel!'.

§ 313. The **3rd person imperative** is the same in singular and plural, with the suffix **-gu/ -ku**. It indicates an indirect order issued to a third party, or a sense of wishfulness or resignation regarding the action of someone who is not being directly addressed by the speaker.

Kellel on kõrvad, see **kuulgu**! 'Whoever has ears *ought to listen*!' Jumal **hoidku**! 'God *forbid*!'. See **jäägu** meie vahele! '*May it remain* (a secret) between (just) us!'.

<<Kuningas on surnud, **elagu** kuningas!>> "The king is dead, *long live* the king!". Nad **elagu**! '*May they live* (and prosper)!'. Sinu tahtmine **sündigu**! '*May* your wish *be realized*!' **Saagu** valgus! '*Let there be* light!'.

Tulgu, mis tuleb! '*Come* what may!'. **Olgu** peale '*Let it be*!'. **Arvaku** nad, mis nad tahavad! '*Let them think* what they want!'. **Maksku**, mis maksab! '*Let it cost* whatever it costs!'.

§ 314. When used to indicate resignation or acceptance of a third party's action, the 3rd person imperative may be replaced in everyday conversation with the word **las** 'let', followed by the present tense or the -da infinitive.

Las ta **tuleb**, kui ta tahab! (instead of: **Tulgu**, kui ta tahab!) '*Let her come*, if she wants!'. **Las rääagivad**, mis tahavad! '*Let them say* what they will!'. **Las minna**! '*Let it go* [happen]!'. **Las olla**! '*Let it be*! [Leave it (alone)!]'.

§ 315. The negative form is made by placing **ärgu** before the 3rd person imperative.

<<**Ärgu** vasak käsi **teadku**, mida parem käsi teeb>> "*Let* the left hand *not know* what the right hand is doing". Poisid **ärgu mängigu** tulega! 'The boys *must not play* with (the) fire!'.

§ 316. Here is a review of the different forms of the imperative in Estonian, using the verb **tege/ma, teh/a, tee/n** 'to make, do' as an example:

	Affirmative	Negative
1st person singular	---	---
2nd person singular	**tee!** 'do it!'	**ära tee!** 'don't do it!'
3rd person singular	(ta) **tehku!** **las** (ta) **teeb!** 'may he/she do it!'	**är/gu teh/ku!** 'may he/she not do it!'
1st person plural	**teh/kem!** **tee/me!** 'let's do it!'	**är/gem teh/kem!** **är/me tee/me!** 'let's not do it!'
2nd person plural	**teh/ke!** 'do it!'	**är/ge teh/ke!** 'don't do it!'
3rd person plural	(nad) **teh/ku!** **las** (nad) **teevad!** 'may they do it!'	**är/gu teh/ku!** 'may they not do it!'

251

§ 317. All the different verb forms derived from the **-da** infinitive have now been presented. These include:

1) the gerund (**-des** form) (Lesson 22, §152)
2) the **-nud** participle, and thus the negative imperfect and related forms (Lesson 24)
3) the imperative, except the 2nd person singular

For example:

-da infinitive
ütel/da 'to say'

1) **ütel/des** 'saying'

2) **ütel/nud** 'said'
   ma **ei ütelnud** 'I did not say'
   ma **olen ütelnud** 'I have said'
   ma **olin ütelnud** 'I had said'
   ma **oleksin ütelnud** 'I would have said'

3) **ütel/gem!** 'let us say!'
   ütel/ge! '(you [*pl.*]) say!'
   ütel/gu! 'may he/she/they say!'

Text

Külas

-- Tere õhtust.

-- Tere, palun *astuge* sisse. Üks silmapilk, ma teatan kohe prouale.

Hetk hiljem astub eestuppa proua Kivistik ja teretab südamlikult oma endist töökaaslast preili Tammelaant.

-- Tere tulemast! Küll on kena, et sa tulid. Tore sind jälle üle hulga aja näha!

-- Tänan väga küllakutse eest. Mul on heameel jälle siin olla. Kas ma olen palju hilinenud?

-- Ei, mitte sugugi. *Võta* nüüd kiiresti mantel seljast ja *lähme* teiste külaliste juurde.

Mõlemad daamid lahkuvad elavalt juttu ajades eestoast ja lähevad saali, kus nende juurde tõttab ka härra Kivistik.

-- Tere tulemast, preili Tammelaan! Tõeline heameel teid jälle näha. Palun *astuge* edasi. *Lubage* teid tutvustada insener Lagendikuga. *Olge* head, *saage* tuttavaks, härra Lagendik ja preili Tammelaan.

-- Mul on helameel teiega tutvuda, ütleb härra Lagendik.

-- Väga rõõmustav, vastab preili Tammelaan.

-- Teie ka siin! Milline meeldiv üllatus! hüüab järsku keegi preili Tammelaane selja taga.

252

Ümber pöörates silmab preili Tammelaan kunstnik Valdur Rannastet, keda ta on kord paar aastat tagasi kohanud.
-- Kas te olete juba tuttavad? küsib härra Kivistik üllatusega.
-- Arvan, et me tunneme teineteist, vastab kunstnik Rannaste ja pöördub naeratades preili Tammelaane poole: Ma ei tea, kas te mind enam mäletate, armuline preili? Mina aga mäletan teid väga hästi!
Külaliste jutuajamise katkestab perenaine hüüdes üle saali:
-- Armsad külalised! Palun *astuge* edasi söögituppa. Palun *istuge* lauda.

Kohvilauas

-- Mida te soovite, proua Kallaste, kas teed või kohvi?
-- Paluksin kohvi.
-- Kas soovite kohvi koorega või ilma?
-- Joon kohvi ilma kooreta.
-- Kas soovite suhkrut?
-- Jah, palun.
-- *Olge* head, siin on teie tass.
-- Tänan väga.
-- Palun.

-- Mida teie soovite, härra Kuusik?
-- Mul on täiesti ükskõik, armuline proua.
-- Heaküll, siis saate teed. Ma joon ise ka teed. Kas joote teed sidruniga või ilma?
-- Sidruniga, palun.

-- Ja sina, Elmar, mida sa soovid?
-- Kas ma võin valida?
-- Palun väga: mul on kohvi, teed, šokolaadi, mahla, limonaadi ja piima. *Vali*, mida soovid.
-- Sel juhul paluksin klaas piima.

-- Ja sina, Henrik?
-- Sooviksin vähe teed.
-- Palun *võta* tass vastu.
-- Suur tänu.
-- *Võta* heaks!

253

Vocabulary

elavalt	animatedly
endi/ne, -se, -st, -si	former
hetk, -e, -e, -i	moment
jah, palun	yes, please
jooma, juua, joon	to drink
jutuajami/ne, -se, -st, -si	conversation
katkesta/ma, -da, -n	to interrupt
Kivistik, -u, -ku	(last name)
kohvilau/d, -a, -da, -du	coffee table
koor, -e, -t, -i	cream
kunstnik, -u, -ku, -ke	artist
küll on kena	it sure is nice
Lagendik, -u, -ku	(last name)
`lauda istu/ma, -da; istun `lauda	to sit down at the table
limonaad, -i, -i, -e	lemonade
mahl, -a, -a, -u	juice
mant/el, -li, -lit, -leid	coat, cloak
meeldiv, -a, -at, -aid	pleasant
mul on (tõeline) heameel	I'm (really) glad; it's a (real) pleasure
mäleta/ma, -da, -n	to remember
ole hea, olge head	please (would you [sing./pl.] be so kind as to...)
palu/ma, -da, -n, -tud	to beg, ask for
perenai/ne, -se, -st, -si	hostess, lady of the house
(ümber) pööra/ma, -ta, -n	to turn (around)
pöördu/ma, -da, -n	to turn (oneself)
Rannaste, -, -t	(family name)
saage tuttavaks	(please) get acquainted
saal, -i, -i, -e	(large) room
sidrun, -i, -it, -eid	lemon
silma/ma, -ta, -n	to notice, see
suhk/ur, -ru, -rut	sugar
söögi/tuba, -toa, -tuba, -tube	dining room
südamlikult	heartily
Tammelaan, -e, -t	(last name)
tass, -i, -i, -e	cup
teata/ma, -da, -n	to inform, announce
tee, -, -d, -sid or teid	tea
tere tulemast!	welcome!
tere õhtu(s)t!	good evening!
tutvu/ma, -da, -n	to become acquainted
tutvusta/ma, -da, -n	to introduce, make acquainted
tõeli/ne, -se, -st, -si	real, genuine
tõttama, tõtata, tõttan	to hurry
täiesti	completely, altogether
töökaasla/ne, -se, -st, -si	coworker
Valdur, -i, -it	(man's first name)
vali/ma, -da, -n, -tud	to choose
`vastu võt/ma, -ta; võtan `vastu	to receive, accept
võta heaks	you're welcome; think nothing of it

väga rõõmustav
(mul on) ükskõik
üllatus, -e, -t, -i

enchanted, delighted (to know you)
(it's) all the same (to me)
surprise

Exercises

1. *Construct all the forms of the imperative, both affirmative and negative, for the following verbs:* õppima, mängima, vaatama, olema, panema, tegema, sööma.

2. *Translate into English:* Jaga ja valitse! Ärge pange pahaks, kui ma teile tõtt näkku ütlen. Ärge mind haavake. Rääkigu inimesed, mis nad tahavad, mind see ei puuduta. Tule, lähme parki jalutama. Mängime kaarte! Lepime ära! Usu või ära usu, kuid see on tõsi. Elagu noorus! Lapsed mängigu toas ja ärgu mingu tänavale. Kell on juba palju, lähme koju. Jõudke õnnelikult koju! Ärgem tõuskem üles, magagem veel! Olgu see teile õpetuseks!

3. *Change the 2nd person singular imperative to the 2nd person plural form:* Ära mine minema! Palun tule siia ja aita mind! Palun korda! Räägi aeglaselt! Tõlgi see peatükk inglise keelde! Tunne end nagu oma kodus. Ära tee nii! Ära ole nii kuri! Räägi iga päev eesti keelt oma eesti sõpradega. Telli eesti ajaleht ja loe seda iga päev. Osta eesti keele õpik ja hakka keelt õppima. Vabanda, et ma tülitan. Ära enam kunagi nii tee! Ära usu, mis ta räägib. Ära katkesta mind! Mine toast välja! Ära seda unusta! Seisa sirgelt! Ära end liiguta! Palun võta istet! Palun, istu. Ära minu pärast muretse. Ära mind puuduta! Tule tuppa ja mine magama. Maga hästi.

Example: Ära mine minema! -- Ärge minge minema!

4. *Put the verb in parentheses into the correct imperative form:* Õpilane (tõusma) püsti, kui ta õpetajaga räägib. Me oleme kõik väsinud, (minema) magama! Nad (tegema) ruttu, kui nad tahavad õigeks ajaks jõuda. Olge head, (tooma) see raamat siia! Lapsed (olema) tänaval ettevaatlikud! Ärge (rääkima) nii kiiresti. Ole hea, (tegema) aken lahti. Ärge veel (minema) koju! Sünnipäevalaps ['The birthday child'] (elama)! Palun, (ütlema), härra Lagendik, kus te elate? Ära (kartma), lapseke, ma kaitsen sind. Isa, (tulema) appi! Külalised (sööma) ja (jooma) ja (tundma) end nagu oma kodus.

Note: Remember that the 2nd person singular imperative is usually made from the *present tense stem*, and the other forms from the *-da infinitive!*

5. *Translate into Estonian:* Do you [*pl.*] know my brother? Permit me to introduce my brother to you [*pl.*]. Have you [*pl.*] met him before? Do you [*pl.*] want to become acquainted with Mr. Lagendik? Please take your [*pl.*] coat off. Bring your [*sing.*] sister along, when you come. What would you [*pl.*] like, tea or coffee? I would like to have coffee. I drink coffee without cream. My sister drinks tea with lemon. Would you [*pl.*] like a glass of wine? Yes, please. No, thank you. I don't drink. Could I have a glass of milk? How does it taste? Good appetite! Please (you [*pl.*]) sit. (You [*pl.*]) Eat and drink! Let us eat and drink and be merry! Dont (you [*pl.*]) eat so much. It is not good for the health [-le]. Have you [*sing.*] stopped smoking? Don't (you [*pl.*]) go home! Please (you [*pl.*]) have a cup of tea. (You [*pl.*]) Wait a moment! Let's say 'sina' to each other. Let's go home and go to bed. Please (you [*sing.*]) translate this sentence ['lause']. I don't know how to translate this sentence. (You [*pl.*]) Translate this word! May she live long! May they live long!

Expressions

Külas	Visiting

Tere tulemast, kallid sõbrad!	Welcome, dear friends!
Tore, et sa tulid [te tulite].	It was grand, that you came!
Üle hulga aja!	It's been a while!
Vabanda(ge), et hilinesin.	Excuse me for being late.
Pole viga. Astu(ge) sisse.	No problem. Come on in.
Palun võta [võtke] palitu seljast.	Please take your coat off.
Palu võta [võtke] istet.	Please take a seat.
Tunne [Tundke] end nagu oma kodus!	Make yourself at home!
<<Mu kodu on mu kindlus.>>	"My home is my castle."
Kas te olete juba tuttavad?	Are you already acquainted?
Kas ma võin tutvustada?	May I introduce you?
Saage tuttavaks!	(Please) get acquainted.
Väga rõõmustav.	Delighted (to meet you).
Mul on heameel teiega tuttavaks saada. [Rõõmustan väga teid kohata.]	I am pleased to become acquainted with you.
(Tänan), mina samuti.	(Thanks), the same for me.
Ütleme teineteisele sina!	Let's say 'sina' to one another.
Pidu(õhtu) tantsuga.	(Evening) celebration with dance.
Pererahvas, peremees, perenaine.	Host family, host, hostess.
(Au)külaline. Kontvõõras.	Guest (of honor). Party crasher.
Lauanaaber. Lauakõne.	Neighbor at table. Speech at table.
Armsad külalised! Kallid sõbrad!	Beloved guests! Dear friends!
Armas pererahvas! Kallis juubilar!	Beloved host family! Dear (birthday) celebrant.
Kas tohin pakkuda?	May I offer you some?
Tänan, (heameelega).	Thanks, (with pleasure) [I'd love some].
Palun!	Please (take some)! [or:] You're welcome!
Ei tänan.	No thanks.
Ma olen väsinud.	I am tired.
Järgmine tants.	The next dance.
Kell on juba palju. Lähme koju.	The hour is (already) late. Let's go home.
Tervita(ge) kodus!	Greet the folks at home!
Kas võib sind [teid] koju saata?	May I escort you home?
Loodan, et varsti jälle kohtume.	I hope that we'll meet again soon.
Palju tänu kena õhtu eest!	Many thanks for the wonderful evening!
Palun tul(ge) varsti jälle!	Please come again soon.
Palju tänu lahkuse eest!	Many thanks for your kindness.
Teie juures oli eelmine kord kena olla.	It was nice being at your [pl.] place last time.
Tänan veelkord.	I thank you once again.

Söök ja jook	Food and Drink

Söök on valmis.	The food is ready.
Laud on kaetud.	The table is set.
Palun (istu/istuge) lauda!	Please come (sit) at the table.

Head isu!	Good appetite!
Lapsed, tulge sööma!	Children, come and eat!
Kuidas maitseb?	How does it taste?
See maitseb oivaliselt!	It tastes wonderful!
Toit on väga maitsev!	The food is very tasty!
Kas soovid [soovite] veel?	Would you like some more?
Palju tänu söögi eest!	Thank you very much for the food!
Võta [Võtke] heaks! Palun!	You're welcome. [Think nothing of it!]
Mu kõht on täis. Mul pole isu.	My stomach is full. I have no appetite.
(Homminku)eine, lantš, lõuna(söök), õhtusöök.	Breakfast, lunch, midday meal, dinner.
Pearoog. Magussöök [Magustoit].	Main course [dish]. Dessert.
Leib, sai, supp, praad.	Dark (rye) bread, white (wheat) bread, soup, roast.
Liha, kala, kana, kartulid, kaste [soust].	Meat, fish, chicken, potatoes, gravy [sauce].
Sool, suhkur, pipar, äädikas, sinep.	Salt, sugar, pepper, vinegar, mustard.
Magus, soolane, hapu, kibe [mõru].	Sweet, salty, sour, bitter.
Lusikas, kahvel, nuga.	Spoon, fork, knife.
Taldrik, tass, kann, laudlina.	Plate, cup, pitcher, tablecloth.
Kas soovid [soovite] kohvi koorega või ilma (kooreta)?	Would you like coffee with cream or without (cream)?
Joon kohvi koorega [ilma kooreta].	I drink coffee with [without] cream.
Palun tass kohvi. Tass teed.	May I have a cup of coffee? A cup of tea.
Mida võin sulle [teile] pakkuda?	What may I offer you?
Kas soovid [soovite] klaas veini?	Would you like a glass of wine?
Jah, palun. Ei, tänan (väga).	Yes, please. No, thank you (very much).
Tänan, ma ei joo.	Thanks, (but) I don't drink.
Tänan, mulle aitab (juba).	Thanks, that's enough for me (already).
Klaas vett, piima, limonaadi.	A glass of water, milk, lemonade.
Klaas likööri, konjakit, õlut.	A glass of liqueur, cognac, beer.
Terviseks! [Tervist!]	To your health!
Külaliste terviseks!	To the health of our guests!
Pererahva terviseks!	To the health of our hosts!
Ma tõstan klaasi sinu [teie] terviseks!	I raise my glass to (drink to) your health.
Elagu! Ta elagu! Nad elagu!	Long life! May he/she live long! May they live long!
Joome sinasõprust!	Let's drop the formality. [Let's drink for 'sina' friendship!]

Answers to Exercises

1. *Imperatives:*

2nd person singular

affirmative	õpi	mängi	vaata	ole
negative	ära õpi	ära mängi	ära vaata	ära ole

2nd person plural

affirmative	õppige	mängige	vaadake	olge
negative	ärge õppige	ärge mängige	ärge vaadake	ärge olge

3rd person singular affirmative	õppigu	mängigu	vaadaku	olgu
	las (ta) õpib	las mängib	las vaatab	las olla
negative	ärgu õppigu	ärgu mängigu	ärgu vaadaku	ärgu olgu

3rd person plural

affirmative	õppigu	mängigu	vaadaku	olgu
	las (nad) õpivad	las mängivad	las vaatavad	las olla
negative	ärgu õppigu	ärgu mängigu	ärgu vaadaku	ärgu olgu

1st person plural

affirmative	õppigem	mängigem	vaadakem	olgem
	õpime	mängime	vaatame	oleme
negative	ärgem õppigem	ärgem mängigem	ärgem vaadakem	ärgem olgem
	ärme õpime	ärme mängime	ärme vaatame	ärme oleme

2nd person singular

affirmative	pane	tee	söö
negative	ära pane	ära tee	ära söö

2nd person plural

affirmative	pange	tehke	sööge
negative	ärge pange	ärge tehke	ärge sööge

3rd person singular

affirmative	pangu	tehku	söögu
	las (ta) paneb	las teeb	las sööb
negative	ärgu pangu	ärgu tehku	ärgu söögu

3rd person plural

affirmative	pangu	tehku	söögu
	las (nad) panevad	las teevad	las söövad
negative	ärgu pangu	ärgu tehku	ärgu söögu

1st person plural

affirmative	pangem	tehkem	söögem
	paneme	teeme	sööme
negative	ärgem pangem	ärgem tehkem	ärgem söögem
	ärme paneme	ärme teeme	ärme sööme

2. (You [*sing.*]) Divide and conquer! Don't be offended if [when] I tell you [*pl.*] the truth to your face. Don't (you [*pl.*]) wound [hurt] me. Let people say what they want, it won't [doesn't] get to me [touch me]. (You [*sing.*]) Come, let's go to the park for a walk. Let's play cards! Let's make up! (You [*sing.*]) Believe it or (do) not (believe it), but it is true. Long live youth! The children must [are to] play indoors and (they must) not go [they are not to go] in the street. The hour is already late; let's go home. (You [*pl.*]) Get home safely [with good fortune]! Let's not get up; let's sleep some more. Let that be a lesson to you [*pl.*].

3. Ärge minge minema! Palun tulge siia ja aidake mind! Palun korrake! Rääkige aeglaselt! Tõlkige see peatükk inglise keelde! Tundke end nagu oma kodus. Ärge tehke nii! Ärge olge nii kuri! Rääkige iga päev eesti keelt oma eesti sõpradega. Tellige eesti ajaleht ja lugege seda iga päev. Ostke eesti keele õpik ja hakake keelt õppima. Vabandage, et ma tülitan. Ärge enam kunagi nii tehke! Ärge uskuge, mis ta räägib. Ärge katkestage mind! Minge toast välja! Ärge seda unustage! Seiske sirgelt! Ärge end liigutage! Palun võtke istet! Palun, istuge. Ärge minu pärast muretsege. Ärge mind puudutage! Tulge tuppa ja minge magama. Magage hästi.

4. Õpilane tõusku püsti, kui ta õpetajaga räägib. Me oleme kõik väsinud, mingem [läheme] magama! Nad tehku ruttu, kui nad tahavad õigeks ajaks jõuda. Olge head, tooge see raamat siia! Lapsed olgu tänaval ettevaatlikud! Ärge rääkige nii kiiresti. Ole hea, tee aken lahti. Ärge veel minge koju! Sünnipäevalaps elagu! Palun, ütelge, härra Lagendik, kus te elate? Ära karda, lapseke, ma kaitsen sind. Isa, tule appi! Külalised söögu ja joogu ja tundku end nagu oma kodus.

5. Kas te tunnete mu venda? Lubage, et ma tutvustan teile oma venda [Lubage, et ma teen teid oma vennaga tuttavaks. Lubage mind tutvustada teid oma vennaga]. Kas te olete teda varem kohanud? Kas te tahate saada tuttavaks härra Lagendikuga? Palun võtke palitu seljast. Võta õde kaasa, kui sa tuled. Mida te soovite, kas teed või kohvi? Ma tahaksin saada [sooviksin] kohvi. Ma joon kohvi ilma kooreta. Mu õde joob teed sidruniga. Kas te soovite klaas veini? Jah, palun. Ei, tänan. Ma ei joo. Kas ma võiksin saada klaas piima? Kuidas (see) maitseb? Head isu! Palun [Olge head], istuge. Sööge ja jooge! Söögem ja joogem ja olgem rõõmsad [Sööme ja joome ja oleme rõõmsad]! Ärge sööge nii palju. See pole [ei ole] tervisele kasulik [hea]. Kas sa oled suitsetamise maha jätnud? Ärge minge koju! Palun [Olge head], võtke üks tass teed. Oodake üks hetk [silmapilk]! Ütleme üksteisele sina! Lähme [Mingem] koju ja (lähme/mingem) magama. Ole hea [Palun], tõlgi see lause. Ma ei oska seda lauset tõlkida. Tõlkige see sõna! Ta elagu! Nad elagu!

Lesson 35

Grammar

The Present (-v) Participle

§ 318. The present participle is formed by adding the suffix **-v** to the stem of the **-ma** infinitive. It is used as an adjective, like the English '-ing' form: **kasva/v tüdruk** 'a growing girl'. It may also be translated as a relative clause: 'a girl who is growing'. (When English '-ing' words indicate some kind of activity that accompanies the action of a verb, then the gerund or **-des** form is employed in Estonian (Lesson 22, §152.)

Here are some examples of how the present participle is formed:

-ma Infinitive	*-v Participle*
luge/ma 'to read'	**luge/v** 'reading'
tööta/ma 'to work'	**tööta/v** 'working'
võitle/ma 'to struggle'	**võitle/v** 'struggling'
lenda/ma 'to fly'	**lenda/v** 'flying'

Töötav inimene 'A working person'. **Võitlev rahvas** 'A struggling nation'. **<<Lendav hollandlane>>** "The Flying Dutchman". **Kasvav noorus** 'Growing (time of) youth'. **Rõõmustav uudis** 'A gladdening bit of news'. **Sobiv juhus** 'A fitting occasion'.

Note that the names of cases in Estonian employ the present participle: **nimetav** kääne [nimeta/ma 'to name'] = '*naming* [nominative] case', **omastav** [omasta/ma 'to own'] = '*owning* [genitive]', **olev** [ole/ma 'to be'] = '*being* [essive]' and so on.

§ 319. The present participle is used primarily to describe a noun. Like other adjectives, it is declined so as to be in agreement with the noun it describes. The genitive form of a present participle always ends in **-a**. For example: *nom. sing.* **töötav** inimene 'a *working* person', *gen. sing.* **töötav/a** inimese 'a *working* person's', *part. sing.* **töötav/at** inimest, *ill. sing.* **töötav/a/sse** inimesse 'into a *working* person', and so on.

Läikivad silmad '*Sparkling* eyes'. **Lõhnavad** roosid '*Fragrant* roses'. **Raskendavad** asjaolud '*Trying* circumstances'. **Äraootaval** seisukohal 'With a wait-and-see attitude [*lit.*: At a *waiting* position]'.

§ 320. If the stem of the **-ma** infinitive ends in a consonant, for example **laul/ma** 'to sing', an **-e-** is added before the **-v** in the *nominative singular* case for ease of pronunciation: **laul/e/v** 'singing'. The **-e-** is not found in other case forms: *gen. sing.* **laul/v/a**, *part. sing.* **laul/v/at**, *ill. sing.* **laul/v/asse**, etc.

Jooksev vesi '*Running* water'. **Jooksval** lindil 'On a *running* (assembly) line'. **Kestev** mõju 'A *lasting* influence'. **Kestvad** lokid '*Lasting* curls'.

Note: After a short vowel, the final consonant in the stem is doubled before the **-ev** suffix is added. For example, **nut/ma** 'to cry' > **nutt/ev** laps 'a *crying* child', but **nut/vad** lapsed '*crying* children'. Following the same pattern: **kat/ma** 'to cover' > **katt/ev**, **kat/vad**; **tap/ma** 'to kill' > **tapp/ev**, **tap/vad**.

§ 321. There is also a passive present participle, ending in **-dav** or **-tav**. (The passive voice is discussed in the next lesson.) This form often corresponds to adjectives ending in -able or -ible in English. For example:

Söö/dav seen '*Edible* mushroom'. Kergesti **kättesaa/dav** 'Easily *reachable*'. Raskesti **arusaa/dav** 'Hardly *understandable*'. **Nähtav** enamus 'A *visible* majority'. **Kardetav** vanus 'The *dangerous* age'. **Elukardetav** relv 'Lethal weapon [*Life-endangering* firearm]'.

The -v Participle as a Substitute for Clauses

§ 322. Following verbs that indicate feeling, sensation, or opinion (such as **tundma** 'to feel', **tunduma** 'to feel like', **paistma** 'to seem', **nägema** 'to see', **kuulma** 'to hear', **leidma** 'to find, consider', **teadma** 'to know', **arvama** 'to think', **lootma** 'to hope'), a relative clause can be shortened by dropping the 'who', 'that', or 'which' and exchanging the verb for a present (**-v**) participle in the partitive singular (ending in **-vat**).

The word which served as the subject of the dependent clause thereby becomes an object in the main clause and usually takes the partitive case. Compare the following:

Ma kuulen, **et lind laulab.**	=	Ma kuulen **lindu** [*part. sing.*] **laulvat.**
'I hear *that a bird sings*.'		'I hear *a bird singing*'.

Ma näen, **et mehed tulevad.**	=	Ma näen **mehi** [*part. pl.*] **tulevat.**
'I see *that the men come*.'		'I see *the men coming*.'

If the object in the shortened version is a so-called total object, it may be in the genitive case as long as it is singular. (Recall the discussion of case forms of objects in Lesson 28.)

Ma arvan, **et vend tuleb.**	=	Ma arvan **venna** [*gen. sing.*] **tulevat.**
'I think *that Brother is coming*.'		

§ 323. If the main clause and the dropped dependent clause have the same subject, the reflexive pronoun **ise** '-self', *gen. sing.* **enda/enese**, *part. sing.* **end/ennast** is used in the shortened version.

Ma tunnen, **et ma olen** haige.	=	Ma tunnen **end** haige **olevat.**
'I feel *that I am* sick.'		'I feel (*myself being*) sick.'

N o t e ! If an impersonal construction like **paistab** 'it seems' or **tundub** 'it feels like' is used in the main clause, the subject of the dependent clause becomes the subject (rather than the object) in the shortened version.

Paistab, **et sa oled** haige.	=	Sa paistad haige **olevat.**
'It seems *like you are* sick.'		'*You* seem *to be* sick.'

The Oblique Mode

§ 324. The Estonian language has a special verb form which indicates an action or situation of which the speaker only has indirect knowledge. That is, the speaker retells something heard from someone else. This indirect verb form, called **kaudne kõneviis** in

Estonian, is usually employed after an introductory phrase such as 'They say that...', 'I heard that...', 'She says that...', 'It is reported that...', etc. Even if the oblique mode is used without an introductory phrase, it is there implicitly, and the English translation should somehow reflect the speaker's lack of direct knowledge.

Ma kuulsin, et ta **olevat** halb inimene = Ta **olevat** halb inimene 'I heard that he (*reportedly*) *is* a bad person = (*It is said* that) he *is* a bad person'. Voltaire **olevat** ütelnud, et... 'Voltaire *supposedly said...*'.

§ 325. The oblique mode is made from the *stem of the -ma infinitive*, by adding the suffix **-vat**. For example, **aita/ma** 'to help' > *oblique mode* **aita/vat**. (This form was originally the partitive singular of the abovementioned present participle, which explains the identical endings.)

The oblique mode is the same for all persons, both singular and plural, in both affirmative and negative statements. Here is an example, using the verb **tule/ma** 'to come':

		Affirmative		*Negative*
Singular	1. mina	**tule/vat**	mina	**ei tule/vat**
	2. sina	**tule/vat**	sina	**ei tule/vat**
	3. tema	**tule/vat**	tema	**ei tule/vat**
Plural	1. meie	**tule/vat**	meie	**ei tule/vat**
	2. teie	**tule/vat**	teie	**ei tule/vat**
	3. nemad	**tule/vat**	nemad	**ei tule/vat**

Tema **tulevat** homme, aga teie **ei tulevat** 'He is supposedly coming tomorrow, but you [*pl.*] are reportedly not coming'.

§ 326. The oblique mode has a *past perfect* tense, which is formed with the auxiliary verb **olevat** + **-nud participle**.

Mina **olevat tulnud** 'I supposedly had come', sina **olevat tulnud** 'you supposedly had come', etc.

As a contraction, sometimes only the **-nud** participle is used to express the oblique past tense, especially in stories:

Elanud kord eit ja taat... 'An old woman and old man were *supposed to have lived* once upon a time...'. Poisid **püüdnud** suure kala 'The boys (*reportedly*) *had caught* a big fish'.

The Agent Ending -ja

§ 327. The suffix **-ja** indicates the performer of a verb's action, when added to the stem of the **-ma** infinitive. It corresponds to the suffix -er in English (read/er, smok/er) or the phrase 'the one who (is dying)'. Here are some examples:

-ma Infinitive		-ja Noun	
mängi/ma	'to play'	**mängi/ja**	'player'
luge/ma	'to read'	**luge/ja**	'reader'
teata/ma	'to announce'	**teata/ja**	'announcer'
jooks/ma	'to run'	**jooks/ja**	'runner'
suitseta/ma	'to smoke'	**suitseta/ja**	'smoker'

An agent noun ending in **-ja** is declined like other nouns. The *genitive singular* is always the same as the *nominative* (ending in **-ja**), the *partitive singular* ends in **-ja/t**, and the *partitive plural* ends in **-ja/id**. For example: **kirjutaja, -, -t, -id** 'writer'.

§ 328. Here are some commonly used examples:

Õpetaja 'teacher' (õpetama 'to teach'), **laulja** 'singer', **luuletaja** 'poet', **näitleja** 'actor' (näitlema 'to act in a play'), **teenija** 'servant', **ettekandja** 'entertainer, (restaurant) waiter', **suvitaja** 'summer guest', **saatja** 'sender', **saaja** or **vastuvõtja** 'recipient' (saama 'to get', vastu võtma 'to receive'), **ostja** 'buyer, consumer', **müüja** 'vendor, salesperson', **võistleja** 'competitor' (võistlema 'to compete'), **võitleja** 'fighter' (võitlema 'to fight'), **võitja** 'winner', **kaotaja** 'loser', **suusataja** 'skier', **ujuja** 'swimmer', **võimleja** 'gymnast', (kodumaa) **kaitsja** 'defender (of the homeland)', **kohusetäitja** 'surrogate, substitute', **pilvelõhkuja** 'skyscraper' (pilv 'cloud', lõhkuma 'to wreck').

<<**Hüüdja** hääl kõrbes>> "A (*Caller's*) Voice in the (Desert) Wilderness". **Lamajat** ei lööda 'One does not hit *someone who is lying down*'. See **näitleja** mängib näidendis esimest **armastajat** 'That *actor* plays the first *lover* in the play'. **Võitjale** jääb alati õigus 'The *winner* is always right'.

§ 329. N o t e ! For some verbs which end in **-e/ma** in the -ma infinitive, the **-e-** at the end of the stem turns into **-i-** before **-ja**. For example: **tul/e/ma** 'to come' > **tul/i/ja** 'one who comes'.

Other examples of this type include: olema 'to be' > **olija** 'being, one who is', panema 'to put' > **panija** 'one who puts', surema 'to die' > **surija** 'dying one', pesema 'to wash' > **pesija** 'washer', nägema 'to see' > **nägija** 'seer', tegema 'to make, do' > **tegija** 'maker, doer'.

Töö kiidab **tegijat** 'The work praises the *doer* [the one who does it]'. Kus on **tegijaid**, seal on ka **nägijaid** 'Where there are *doers*, there are also *watchers* [those who notice it]'. Sa oled mu **heategija!** 'You are my *do-gooder* [benefactor]!'. **Koosolijad** plaksutasid käsi '*Those in attendance* clapped hands'.

§ 330. The agent (-ja) noun often accompanies another noun:

Ristija Johannes 'John the *Baptist*'. **Kaotaja** pool 'The *losing* side'. **Hakkaja** mees 'An *enterprising* man'. **Latsutaja** madu 'Rattlesnake [*Rattler* snake]'.

Compare the agent (-ja) noun with the present (-v) participle in the following sentences. Notice the difference in nuance.

Haukuja koer ei ammusta 'A dog *who barks* (*a lot*) won't bite'. **Haukuv** koer ei ammusta 'The dog *who is barking* (*just now*) won't bite'.

Verbal Nouns Ending in -mine

§ 331. The suffix **-mine**, added to the *stem of the -ma infinitive*, is used to form a noun which refers to the action of the verb in general. It corresponds to the -ing suffix in English, when used in a similar context (e.g., Read/ing is fun).

-ma Infinitive		*Verbal Noun*	
luge/ma	'to read'	**luge/mine**	'reading'
mõtle/ma	'to think'	**mõtle/mine**	'thinking, thought'
õppi/ma	'to study'	**õppi/mine**	'studying'
hinga/ma	'to breathe'	**hinga/mine**	'breathing'
oota/ma	'to wait'	**oota/mine**	'waiting'

Verbal nouns that end in **-mi/ne** in the *nominative singular* always end in **-mi/se** in the *genitive singular*, in **-mi/st** in the *partitive singular*, and in **-mi/si** in the *partitive plural*. For example: **teadmi/ne, -se, -st, -si** 'knowing, knowledge'.

§ 332. Note the following common words ending in **-mine**: **võimlemine** 'tumbling, gymnastics' (**võimlema** 'to tumble, do gymnastics'), **kuulmine** '(sense of) hearing', **nägemine** '(sense of) sight', **hääldamine** 'pronunciation' (**hääldama** 'to pronounce'), **laulmine** 'singing', **lahkumine** 'departure', **raiskamine** 'waste [wasting]', **joomine** 'drinking', **liigsöömine** 'overeating'.

Suitsetamine keelatud! '*Smoking* prohibited!'. Jäta **suitsetamine** maha! 'Quit *smoking!*'. Kuidas **õppimine** läheb? 'How's (your) *studying* going?' **Teadmised** [*pl.*] on võim '*Knowledge* [*sing.*] is power'. Ei maksa enam **rääkimisega** aega viita! 'There's no point in wasting (any) more time (*with*) *talking!*'.

§ 333. All the different verb forms derived from the -ma infinitive have now been presented. These include:

1) the simple past or imperfect tense (Lesson 23)
2) the present (-v) participle (Lesson 35, §318)
3) the oblique (-vat) mode (§325)
4) the agent (-ja) noun (§327)
5) the verbal (-mine) noun (§331)

For example:

-ma infinitive
mõtle/ma 'to think'
{
1) **mõtle/sin** 'I thought'
2) **mõtle/v inimene** 'a thinking person'
3) **mõtle/vat** 'it is thought (that)...'
4) **mõtle/ja** 'thinker'
5) **mõtle/mine** 'thinking (is...)'

Text

Rääkimine on hõbe, *vaikimine* kuld. *Kordamine* on õppimise ema. Inimese suurim *teadmine* on see, et ta väga vähe teab. *Eksimine* on inimlik.

Üks tunnikene *tukkumist*
toob eluks ajaks *kukkumist!* (Vanasõna)

Eestlased *olevat* <<*laulja* rahvas>>. *Liikuval* kivil ei kasva sammalt.
Uppuja haarab õlekõrrestki kinni. *Haukuja* koer *ei hammustavat.*

*

Eesti linnu

Eesti pealinn on Tallinn. Tallinn asub Eesti põhjarannikul ja on ka
tähtis sadamalinn ning tööstuslik keskus. Lõuna poolt piirab ˋlinna
kõrge Lasnamägi, millel asub Ülemiste järv.
Tallinn on üks vanemaid linnu mitte üksnes Baltimaadel, vaid
Läänemere-maadel üldse. Linna asutas Taani kuningas Valdemar II
[teine] aastal tuhat kakssada üheksateist. Kuid juba enne seda asus
samal kohal vana eestlaste linnus Lindanisa. Tallinnas leidub veel
praegugi hulk keskaegseid ehitusi--elumaju, kirikuid, torne. Kohati
on säilinud ka vana linnamüür.
Üks tähtsamaid linnu Eestis on Tartu, mis asub Lõuna-Eestis
Emajõe kaldal. Tartu on tuntud kui vana ülikoolilinn ja kultuuri-
keskus. Tartu ülikooli asutas Rootsi kuningas Gustav II [teine] Adolf
aastal tuhat kuussada kolmkümmend kaks.
Kirde-Eestis asub kuulus Narva linn, mille lähedal on aset leidnud
mitmed ajaloolised lahingud. Narva jõe suudmes Soomelahe ääres
asub suvituskoht Narva-Jõesuu. Tuntud on ka Pärnu linn oma ilusa
supelrannaga. Nii Pärnut kui ka Narva-Jõesuud külastas enne sõda
suveti palju suvitajaid välismaalt, eriti Soomest ja Rootsist.

Miks Tallinn valmis ei saa?

Üks vana rahvajutt räägib järgmist:

Igal sügisel *tõusvat* pimedal ööl väike hall vanamees Ülemiste järvest, *minevat* mäge mööda alla Tallinna linnavärava juurde ja *küsivat* väravavahilt: <<Kas Tallinn on juba valmis või on siin veel midagi ehitada?>>

Linnades juhtub ikkagi, et mõni ehitus on pooleli. Kui ka uusi hooneid parajasti ei ehitata, siis on vanade hoonete juures *parandamist*, nii et kõik *ehitajad* iialgi ühekorraga ei puhka. Aga kui peakski kogemata töö seisma jääma, siis *ei tohtivat* seda iialgi Ülemiste järve hallile vanamehele ütelda! Linna väravavahid *vastavat* alati vanamehele, et Tallinn *ei olevat* veel valmis, et palju ehitusi *olevat* veel pooleli ja et nende ehitamine *kestvat* veel mitu head aastat.

Räägitakse, et vanamees sellepeale iga kord vihaselt pead *raputavat* ja mingeid võõraid sõnu *pomisevat*, millest keegi aru *ei saavat*. Siis *pöörduvat* vanamees ümber ja *minevat* Ülemiste järve tagasi, kus tema elupaik *olevat*.

Kui Ülemiste vanakese küsimuse peale kogemata keegi vastaks, et linn on juba valmis, siis oleks samal tunnil Tallinna ots käes. Ülemiste järv langeks kogu oma veega alla orus *oleva* linna peale ja uputaks kõik ära.

(M. Eiseni ja Joh. Aaviku j.)

Vocabulary

ajalooli/ne, -se, -st, -si	historic(al)
aset leid/ma, -a;	to take place
leian aset	
asuta/ma, -da, -n	to found, establish
Baltimaad [pl.], -e	the Baltic countries
ehitami/ne, -se, -st, -si	(act of) building
ehitus, -e, -t, -i	building
ei ehitata	are not being built
eksimi/ne, -se, -st, -si	making mistakes, erring
eluks ajaks	for (the rest of one's) life
elumaj/a, -a, -a, -u	dwelling (house)
elupai/k, -ga, -ka, -ku	place of residence
Ema/jõgi, -jõe, -jõge	Mother River [name]
(kinni) haara/ma, -ta;	to grab (hold)
haaran (kinni)	
hauku/ma, -da, haugun	to bark
igakord	every time
inimlik, -u, -ku, -ke	human
j. = järele	after, according to

266

järv, -e, -e, -i	lake
kal/las, -da, -last, -daid	shore
keskaeg/ne, -se, -set, -seid	medieval
keskus, -e, -t, -i	center
kirde-	northeastern
kirik, -u, -ut, -uid	church
kogemata	accidentally
kohati	here and there, in places
kordama, korrata, kordan	to repeat
kordami/ne, -se, -st, -si	repetition
kui ka	even if
kukkumi/ne, -se, -st, -si	(act of) falling
kultuurikeskus, -e, -t, -i	cultural center
lahing, -u, -ut, -uid	battle
(Soome) lah/t, -e, -te, -ti	bay (of Finland)
Lasna/mägi, -mäe, -mäge	(name of hill)
laulja, -, -t, -id	singer
liikuv, -a, -at, -aid	moving, stirring
Lindanisa, -, -	(place name)
linnamüür, -i, -i, -e	town wall
linnavärav, -a, -at, -aid	town gate
linnus, -e, -t, -eid	fort
Läänemer/i, -e, -d	Baltic [Western] Sea
ming/i, -i, -it, -eid	some (kind of)
mitu head aastat	a good many years
mäge mööda alla	down the mountain
org, oru, orgu, orge	valley
parajasti	at the moment
peakski	should anyway
piira/ma, -ta, -n	to border on, to limit
pomise/ma, -da, -n	to mumble
pooleli	half-finished
põhjarannik, -u, -ut, -uid	northern coast
Pärnu, -, -t	(name of city)
rahvajut/t, -u, -tu, -te	folk tale
(pead) raputa/ma, -da;	to shake (the head)
raputan (pead)	
räägitakse	it is said, they say
rääkimi/ne, -se, -st, -si	talking
sadam, -a, -at, -aid	harbor
sadamalinn, -a, -a, -u	harbor town, port
sam/mal, -bla, -malt, -blaid	moss
seisma jää/ma, -da;	to (come to a) stop
jään seisma	
sellepeale	thereupon, then
supelran/d, -na, -da, -du	swimming beach
suu/e, -dme, -et, -dmeid	mouth (of river)
suvitaja, -, -t, -id	summer visitor
suvituskoh/t, -a, -ta, -ti	summer resort
sõda, sõja, sõda, sõdu or sõdasid	war
säili/ma, -da, -n	to be preserved
Tartu, -, -t	(name of city)
teadmi/ne, -se, -st, -si	(bit of) knowledge
tukkumi/ne, -se, -st, -si	dozing, napping

tun/d, -ni, -di, -de	hour, (decisive) moment
tuntud	(well)-known
tööstuslik, -u, -ku, -ke	industrial
uppu/ma, -da, upun	to drown [*v.i.*]
(ära) uputa/ma, -da;	to drown [*v.t.*], submerge
uputan (ära)	
vaikimi/ne, -se, -st, -si	being quiet, silence
valmis saa/ma, -da;	to become finished
saan valmis	
vanake/ne, -se, -st, -si	the (little) old one
vihaselt	angrily
väravavah/t, -i, -ti, -te	gatekeeper
ühekorraga	at the same time
üksnes	only [*adv.*]
ülikoolilinn, -a, -a, -u	university town

Exercises

1. *Answer the following questions about the reading selection on Estonian towns:* Mis on Eesti pealinn? Kus asub Ülemiste järv? Kes asutas Tallinna? Mis aastal? Kus asub Tartu? Mis asub Tartus? Kes asutas Tartu ülikooli? Kui vana on Tartu ülikool?

2. *Substitute present-tense forms for all the oblique (-vat) verb forms (in italics) in the story about unfinished Tallinn.*

3. *Translate into English:* Nuttev laps. Töötav inimene. Kasvav noorus. Vaikiv sfinks. Põlev maja. Veerev kivi. Poiss jooksis põlevasse majja ja äratas magavad inimesed. Seisev vesi ei kõlba [kõlbama = to be suited] joomiseks. Ega kiri valeta, vaid valetab kirjutaja. Võimlemine on tervisele kasulik. See on jumala tahtmine, ütles kirikuõpetaja. Mees jättis suitsetamise ja joomise maha. Olen vaimustatud võimlemisest, kuid tüdinud õppimisest. Odava kauba ostmine on raha raiskamine.

4. *Translate into English:* Sa tundud olevat väga huvitatud sellest küsimusest. Me nägime teda tulevat. Me kuulsime venda laulvat. Näen aknast rongi lähenevat jaamale. Ta olevat suitsetamise maha jätnud ja paksemaks läinud. Ma lugesin lehest, et Lõuna-Eestis olevat eile ilus ilm olnud. Nagu ma olen kuulnud, olevat ta praegu väga haige. See mees olevat omal ajal ['in his day'] rikas olnud, hiljem jooma hakanud ja nii kogu oma varanduse kaotanud. See polevat õige, ütleb mu sõber. See olevat vale.

5. *Substitute the oblique mode for the infinitives in parentheses:* Meie õpetaja (olema) haige. Peeter ütles, et nad (sõitma) homme välismaale. Sel aastal (tulema) soe suvi. Ta ütles, et mul (olema) ilus käekiri. Õpetaja ütles, et ta (õppima) hästi. Härra Orveste (oskama) hästi malet mängida. See noor tüdruk (laulma) hästi. Onu (minema) suvel maale.

Example: Meie õpetaja <u>olevat</u> haige.

6. *Substitute the present tense for the infinitives in parentheses in the previous exercise.*

Example: Meie õpetaja <u>on</u> haige.

7. *Translate into Estonian:* You [*sing.*] have good pronunciation. Silence is better than talking. I see poorly--I have bad eyesight. That is supposedly wrong, said my friend. In this house, a great author reportedly lived. Everyone supposedly loved him. I heard there was bad weather this morning. Lake Ülemiste is located on Lasna Hill. Tallinn is Estonia's biggest city. Tartu is one of the most famous cities in Estonia. Gustav II Adolf founded Tartu University in the year 1632. Narva is a well-known city. Near Narva is a beautiful summer resort. Before the war, many Swedes travelled to Pärnu. There were always many summer visitors from abroad there.

Expressions

Koosolekul	At a Meeting
Kallid sõbrad!	Dear friends!
Armsad [Lugupeetud] kuulajad!	Beloved [Esteemed] listeners!
Austatud koosolijad!	Honored participants!
Mu daamid ja härrad!	Ladies and gentlemen!
Koosolek, kokkutulek.	Meeting, gathering.
Valime koosoleku juhataja.	We will elect a chairperson for the meeting.
Avan [Lõpetan] koosoleku.	I open [adjourn] the meeting.
Päevakorra kinnitamine.	Affirming the agenda.
Protokolli kinnitamine.	Approval of the minutes.
Sõna on vaba. Palun sõna!	The floor is open. I ask for the floor!
Sul [Teil] on sõna.	You have the floor.
Räägi [Rääkige] kõvemini!	Speak louder!
Tähtis teadaanne.	Important announcement.
Koosolek venib pikale.	The meeting is dragging on.
Kõne. Hea kõneleja.	Speech. A good speaker.
Segane kõne. Sütitav kõne.	An unclear speech. A rousing speech.
Pilkav ütlus. Tabav vastus.	A derisive remark. A pointed reply (that hit the mark).
Panen ettepaneku hääletamisele.	I'll put the motion to a vote.
Hääletus. Salajane hääletus.	A vote. Secret ballot.
Kes on selle ettepaneku poolt? vastu?	Who is in favor of this motion? against?
Ettepanek on vastu võetud.	The motion carries [is accepted].
Ma olen äraootaval seisukohal.	I abstain.
Nähtav [Rõhuv] enamus.	A clear [overwhelming] majority.
Otsustav hääl. Ühel häälel.	Deciding vote. Unanimously.
Avasõna. Lõppsõna.	Opening words. Closing words.
Koosolek on lõppenud.	The meeting is adjourned.

Answers to Exercises

2. *oblique mode > present tense:* tõusvat > tõuseb, minevat > läheb, küsivat > küsib, ei tohtivat > ei tohi, vastavat > vastavad, ei olevat > ei ole, olevat > on, kestvat > kestab, raputavat > raputab, pomisevat > pomiseb, ei saavat > ei saa, pöörduvat > pöördub, minevat > läheb, olevat > on.

3. Crying child. Working person. Growing youth. Silent Sphinx. Burning house. Rolling stone. The boy ran into the burning house and awakened the sleeping people.

Standing water is not suited for drinking. (After all) A letter does not lie, but the writer does. Gymnastics [Tumbling] is good for the health. It is God's will [wish], said the preacher. The man stopped smoking and drinking. I'm enthused about gymnastics, but tired of studying. Buying cheap wares is wasting money.

4. You [sing.] seem to be very interested in this question. We saw him/her coming. We heard Brother's singing. I see from the window the train approaching the station. He reportedly stopped smoking and got fatter. I read in the paper that it was (supposedly) good weather yesterday in Southern Estonia. As I heard it, he/she was supposed to be very sick right now. That man was reportedly rich in his day, later started drinking and thereby lost his whole fortune [all his property]. That is not supposed to be true, says my friend. It is supposedly a lie.

5. Meie õpetaja olevat haige. Peeter ütles, et nad sõitvat homme välismaale. Sel aastal tulevat soe suvi. Ta ütles, et mul olevat ilus käekiri. Õpetaja ütles, et ta õppivat hästi. Härra Orveste oskavat hästi malet mängida. See noor tüdruk laulvat hästi. Onu minevat suvel maale.

6. Meie õpetaja on haige. Peeter ütles, et nad sõidavad homme välismaale. Sel aastal tuleb soe suvi. Ta ütles, et mul on ilus käekiri. Õpetaja ütles, et ta õpib hästi. Härra Orveste oskab hästi malet mängida. See noor tüdruk laulab hästi. Onu läheb suvel maale.

7. Sul on hea hääldamine. Vaikimine on parem kui rääkimine. Ma näen halvasti--mul on halb nägemine. See olevat vale, ütles mu sõber. Selles majas olevat (üks) suur [tuntud, kuulus] kirjanik elanud. Kõik olevat teda armastanud. Täna hommikul olevat halb ilm olnud. Ülemiste järv asub Lasnamäel. Tallinn on Eesti suurim [kõige suurem] linn. Tartu on üks kuulsamaid linnu Eestis. Gustav II Adolf asutas Tartu ülikooli aastal tuhat kuussada kolmkümmend kaks [tuhande kuuesaja kolmekümne teisel aastal]. Narva on (üks) tuntud linn. Narva lähedal asub (üks) ilus suvituskoht. Enne sõda sõitis palju rootslasi Pärnu(sse). Seal oli alati palju suvitajaid välismaalt.

Lesson   36

Grammar

The -tud Participle

§ 334. The **-tud** (passive perfect) participle corresponds to the past participle in English, which usually ends in -ed, -en, or -t (beloved, taken, bought). In both Estonian and English, this verbal form can be used as an adjective that describes what has happened to a noun. For example: **armastatud** õpetaja 'beloved teacher', **ärahellitatud** laps 'spoiled child'.

Sometimes the **-tud** participle is translated with the passive voice or an impersonal construction in English. For example: Maja on **ehitatud** kaljule 'The house is [was] built on the cliff = They built the house on a cliff'.

§ 335. The **-tud** participle is one of the four basic forms of an Estonian verb. (The others, already presented, are the **-ma** infinitive, the **-da** infinitive, and the present tense.) The **-tud** participle is used to make compound and negative forms of the past impersonal or passive form, as discussed below.

§ 336. The **-tud** participle may end in either **-tud** or **-dud**, depending on the sound that precedes the suffix.

1) If preceded by a **short vowel** or the consonant **s** or **h**, the participle ends with **-tud**: armasta/tud 'beloved', karde/tud 'feared', pes/tud 'washed', näh/tud 'seen'.

2) If preceded by a **long vowel**, a **diphthong**, or the consonants **l, n, r**, the participle ends with **-dud**: söö/dud 'eaten', käi/dud 'walked', laul/dud 'sung', pan/dud 'put', väljanaer/dud 'mocked'.

§ 337. E x c e p t i o n s :

1) Contrary to the second rule above, **-tud** is used after a diphthong, **n**, or **r** if the verb has a **-d-** before **-ma** in the infinitive: leid/ma 'to find' > **lei/tud** 'found', kand/ma 'to carry' > **kan/tud** 'carried', murd/ma 'to break' > **mur/tud** 'broken', tund/ma 'to know' > **tun/tud** 'known'.

§ 338. 2) Also in contradiction to the second rule above, **-tud** is used after a long vowel or diphthong if there is a shift in the vowel sound of the stem.

-ma Infinitive	*Present Tense*	*-tud Participle*
vedama 'to drag'	vean 'I drag'	vee/tud 'dragged'
lugema 'to read'	loen 'I read'	loe/tud 'read'
võtma 'to take'	võtan 'I take'	võe/tud 'taken'

Such shifts in sound are discussed in more detail in Lesson 38.

§ 339. Like its counterpart in English, the **-tud** participle can be used as an adjective or predicate complement.

Haavatud sõdur 'A *wounded* soldier'. Sõdur on **haavatud** 'The soldier is *wounded*'.

Keelatud vili '*Forbidden* fruit'. Suitsetamine **keelatud** 'Smoking *prohibited*'.

§ 340. Here are some further examples of how the **-tud** participle can be used:

Austatud kuulajad! '*Honored* listeners!' **Haritud** ja hästi **kasvatatud** inimene 'An *educated* and well *brought up* person'. **Tuntud** tegelane 'A *well-known* personage'. **Väljavalitud** rahvas 'The *chosen* people'. **Leitud** raha '*Found* money'. **Murtud** süda 'A *broken* heart'. **Löödud** mees 'A *defeated* man'. **Haavatud** enesetunne '*Wounded* self-esteem'. **Kutsutud** külaline 'An *invited* guest'. **Aheldatud** Prometheus 'Prometheous *bound*'. **Läbimõeldud** vastus 'A (well) *thought out* answer'. **Läbivõetud** materjal 'The *examined* material'. **Päheõpitud** luuletus 'A *memorized* poem'. **Muudetud** sõiduplaan 'A *changed* itinerary'.

Täielikult õhust **võetud** '*Taken* right out of thin air'. Ta päevad on **loetud** 'His days are *numbered*'. **Kaalutud** ja **leitud** kerge olevat '*Weighed* and *found* wanting [(too) light]'. <<Tuulest **viidud**>> "*Gone* with the Wind".

§ 341. In contrast to an ordinary adjective, the **-tud** participle cannot be declined. For example:

	Singular	*Plural*
nom.	**haavatud** sõdur 'wounded soldier'	**haavatud** sõdurid 'wounded soldiers'
gen.	**haavatud** sõduri	**haavatud** sõdurite
part.	**haavatud** sõdurit	**haavatud** sõdureid
ill.	**haavatud** sõdurisse	**haavatud** sõduritesse

Sõdur on **haavatud** 'The soldier is *wounded*'. Sõdurid on **haavatud** 'The soldiers are *wounded*'.

Note: In certain instances, the **-tud** participle is modified, by dropping the final **-d**, to create a noun. This noun form *is* declined, in contrast to the adjective form, according to the following pattern: *nom. sing.* **haavatu** 'the wounded one', *gen. sing.* **haavatu**, *part. sing.* **haavatu/t**, *part. pl.* **haavatu/id**.

Haavatu oigas valust 'The *wounded one* sighed from the pain'. Haiglas oli palju **haavatuid** 'In the hospital were many *wounded*" (but: palju **haavatud sõdureid** 'many *wounded soldiers*').

The Passive Voice (Impersonal Form)

§ 342. In Estonian, the passive voice (**umbisikuline tegumood**) is an impersonal verb form. That is, the agent responsible for the action of the verb is usually unknown or generalized. It can be translated into English either by using the passive voice or the indefinite 'one' or 'they'. For example:

Kassa **avatakse** kell 8 'The cashier's window *is opened* at 8:00 [*One opens* the cashier's window at 8:00]'. Sind **oodatakse** 'You *are awaited* [*They're waiting* for you]'.

The object of a verb in the passive voice can be either a total object or a partial object, which is determined by the same criteria as in an ordinary sentence (Lesson 28), but there is a difference. In the singular, a total object normally takes the genitive case, but when the passive voice is used and no subject is specified, the total object tends to take the nominative case form as if it were the subject of the sentence. For example:

Siin ehitatakse **uut maja.**   [*partial object* due to unfinished activity]
'Here they are building a *new house.*'

Uus maja ehitati kiiresti valmis.   [*total object* because action is completed]
'The *new house* was built (to the finish) fast.'

Verbs can appear in the passive voice also if there is no object: Siin **lauldakse** 'Here *they sing*'. Seal **tantsitakse** '*They dance* there'. **Tullakse** ja **minnakse** '*They* [People] *come* and *go*'.

§ 343. In English, the passive voice tends to be accompanied by a prepositional phrase indicating the performer of the action: 'The house is being painted *by* workers'. This type of construction is not often used in Estonian. If the agent is known, it tends to be presented as the subject of the sentence: 'Workers are painting the house'. Occasionally, the postposition **poolt** 'on the part of' is used to form a construction similar to the phrasing in English, with the agent in the genitive case.

Tartu ülikool asutati **Gustav II Adolfi poolt** 'Tartu University was founded *by Gustav II Adolf*'. Luuletus kanti ette **luuletaja poolt** 'The poem was read (out loud) *by the poet*'.

The Present Passive Voice

§ 344. In the present, the passive voice has the suffix **-takse** or **-dakse**. It is made from the *stem of the -tud participle*. If the latter verb form ends in **-tud**, this ending is replaced by **-takse**. If it ends in **-dud**, the ending is replaced by **-dakse**. Here are some examples:

-tud Participle	*Present Passive Voice*
räägi/**tud** 'spoken'	räägi/**takse** 'it is spoken'
luba/**tud** 'allowed'	luba/**takse** 'it is allowed'
keela/**tud** 'forbidden'	keela/**takse** 'it is forbidden'
kirjuta/**tud** 'written'	kirjuta/**takse** 'it is written'
loe/**tud** 'read'	loe/**takse** 'one reads'
võe/**tud** 'taken'	võe/**takse** 'one takes'
lõpeta/**tud** 'finished'	lõpeta/**takse** 'one finishes'
öel/**dud** 'said'	öel/**dakse** 'it is said'
laul/**dud** 'sung'	laul/**dakse** 'one sings'
mõel/**dud** 'thought'	mõel/**dakse** 'it is thought'
naer/**dud** 'laughed'	naer/**dakse** 'one laughs'
võrrel/**dud** 'compared'	võrrel/**dakse** 'one compares'
saa/**dud** 'received'	saa/**dakse** 'one receives'
jää/**dud** 'remained'	jää/**dakse** 'one remains'

§ 345. For some verbs, the **-d-** in the **-dakse** suffix is replaced by a lengthening of the **l, n,** or **r** consonant that precedes it. In all these exceptions, the resulting verb is like the **-da** infinitive, with a **-kse** ending.

-tud Participle		*Present Passive Voice*	
ol/**dud**	'been'	ol/**lakse**	'one is'
tul/**dud**	'come'	tul/**lakse**	'one comes'
min/**dud**	'gone'	min/**nakse**	'one goes'
pan/**dud**	'put'	pan/**nakse**	'one puts'
sur/**dud**	'died'	sur/**rakse**	'one dies'

§ 346. For some verbs with a one-syllable stem, the **-d-** in **-dakse** disappears with no replacement. This is especially likely when there is a shift in vowel sound between the **-tud** participle and the present passive (**oo > uu,** or **öö > üü**). Here again, the present passive is in effect the **-da** infinitive with a **-kse** ending.

-tud Participle		*Present Passive Voice*	
too/**dud**	'brought'	tuu/**akse**	'one brings'
loo/**dud**	'created'	luu/**akse**	'one creates'
joo/**dud**	'drunk'	juu/**akse**	'one drinks'
söö/**dud**	'eaten'	süü/**akse**	'one eats'
löö/**dud**	'struck'	lüü/**akse**	'one strikes'

Examples without vowel shifts:

käi/**dud**	'walked'	käi/**akse**	'one walks'
müü/**dud**	'sold'	müü/**akse**	'one sells'
vii/**dud**	'transported'	vii/**akse**	'one transports'

Two verbs drop the **-t-** in the **-takse** suffix:

teh/**tud**	'done'	teh/**akse**	'one does'
näh/**tud**	'seen'	näh/**akse**	'one sees'

§ 347. Here are some examples of the use of the present passive voice:

Ojamaa saart **kutsutakse** Läänemere pärliks 'The island of Gotland (Sweden) *is called* the pearl of the Baltic Sea'. Meest **mõõdetakse** mõistusest 'A man *is measured* [judged] by his reason [intellect]'. **Võidakse** küsida, miks see nii on *'One can ask why it is so'.* Lambid **pannakse** põlema 'The lamps *are being* lit [*lit.: set* to burn]'. Vesi **kallatakse** kastrulisse ja **keedetakse** 'The water *is put* into the pan and *(is) boiled'.*

The Negative of the Present Passive Voice

§ 348. The *negative present passive* is made with the negation word **ei + present passive without the -kse ending.**

Affirmative Present Passive		*Negative Present Passive*	
räägi/ta/kse	'one speaks'	**ei räägi/ta**	'one does not speak'
palu/ta/kse	'one begs'	**ei palu/ta**	'one does not beg'
luba/ta/kse	'it is allowed'	**ei luba/ta**	'it is not allowed'
öel/da/kse	'it is said'	**ei öel/da**	'it is not said'
laul/da/kse	'one sings'	**ei laul/da**	'one does not sing'

§ 349. The negative present passive always ends in **-ta** or **-da**, even if the affirmative drops the **-t-** or **-d-** from the **-takse** or **-dakse** suffix, as discussed above. While the affirmative may sometimes have a vowel shift in the stem (e.g., **too/dud > tuu/akse**), the negative form is always formed directly from the **-tud** participle, with no exceptions to complicate matters.

-tud Participle	Affirmative Present Passive	Negative Present Passive
tul/dud	tul/lakse	**ei tul/da** 'one does not come'
ol/dud	ol/lakse	**ei ol/da** 'one is not'
too/dud	tuu/akse	**ei too/da** 'one does not bring'
söö/dud	süü/akse	**ei söö/da** 'one does not eat'
käi/dud	käi/akse	**ei käi/da** 'one does not walk'
teh/tud	teh/akse	**ei teh/ta** 'it is not done'

The Past Passive Voice

§ 350. The simple past of the passive is formed by replacing the ending of the **-tud/ -dud** participle with **-ti** or **-di**, respectively.

-tud Participle	Present Passive	Past Passive
räägi/**tud**	räägi/**takse**	räägi/**ti** 'it was spoken'
palu/**tud**	palu/**takse**	palu/**ti** 'one begged'
loe/**tud**	loe/**takse**	loe/**ti** 'one read'
sõide/**tud**	sõide/**takse**	sõide/**ti** 'one drove, rode'
laul/**dud**	laul/**dakse**	laul/**di** 'one sang'
saa/**dud**	saa/**dakse**	saa/**di** 'one received'
tul/**dud**	tul/lakse	tul/**di** 'one came'
min/**dud**	min/nakse	min/**di** 'one went'
joo/**dud**	juu/akse	joo/**di** 'one drank'
müü/**dud**	müü/akse	müü/**di** 'one sold'
näh/**tud**	näh/akse	näh/**ti** 'one saw'

Vanasti **sõideti** voorimehevankriga, nüüd **sõidetakse** taksoga 'In olden days *people rode* in a droshky [carriage], but now *they ride* in a taxi'. Kas sind **kutsuti** külla? *'Were* you *invited* (to visit)?'. **Tantsiti** hilisõhtuni *'People danced* until late in the evening'. Elevas meeleolus **tuldi** koju tagasi *'They came* home in a happy [lively] mood'.

The Negative Past Passive

§ 351. The negative of the past passive consists of the negation word **ei** + **-tud participle**.

-tud Participle	Affirmative Past Passive	Negative Past Passive
loetud	loeti 'one read'	**ei loetud** 'one did not read'
osatud	osati 'one could'	**ei osatud** 'one could not'
oodatud	oodati 'one waited'	**ei oodatud** 'one did not wait'
oldud	oldi 'one was'	**ei oldud** 'one was not'
kardetud	kardeti 'one feared'	**ei kardetud** 'one feared not'

§ 352. Here is a summary of the different verb forms of the present and past passive, using the verb **paluma** 'to beg' (-tud participle: **palu/tud**):

	Affirmative Passive	Negative Passive
Present	palu/ta/kse 'one begs'	ei palu/ta 'one does not beg'
Past	palu/ti 'one begged'	ei palu/tud 'one did not beg'

Compound Forms of the Passive

§ 353. The past perfect and the pluperfect of the passive voice are formed with the auxiliary verb on/oli (the 3rd person singular of olema 'to be', translated here as 'has/had') + -tud participle.

	Affirmative Passive	Negative Passive
Past Perfect	on palu/tud 'one has begged'	ei ole palu/tud 'one has not begged'
Pluperfect	oli palu/tud 'one had begged'	ei olnud palu/tud 'one had not begged'

Other Forms of the Passive

§ 354. The passive can also appear in conditional, oblique, or imperative forms. In these cases, it is formed from the -tud participle, often with a -ta-/-da- element, which indicates the receipt rather than the initiation of an action.

Conditional Passive

	Affirmative	Negative
Present	palu/ta/ks 'one would beg'	ei palu/ta/ks 'one would not beg'
Past	oleks palu/tud 'one would have begged'	ei oleks palu/tud 'one would not have begged'

§ 355. ### Oblique Passive

	Affirmative	Negative
Present	palu/ta/vat 'one reportedly begs'	ei palu/ta/vat 'one reportedly does not beg'
Past	olevat palu/tud 'one reportedly begged'	ei olevat palu/tud 'one reportedly did not beg'

§ 356. ### Imperative Passive

	Affirmative	Negative
Present	palu/ta/gu! 'may it be begged!'	ärgu palu/ta/gu! 'may it not be begged!'
Past	olgu palu/tud! 'may it have been begged!'	ärgu olgu palu/tud! 'may it not have been begged!'

§357. Infinitives can be converted into a passive form by replacing the ending of the **-tud** participle with **-ta/ma**: **palu/ta/ma** 'to be begged', **loe/ta/ma** 'to be read', **räägi/ta/ma** 'to be spoken', etc.

The passive form of the present participle is formed with the suffix **-ta/v**, added to the stem of the **-tud** participle: **palu/tav** 'being begged', **loe/tav** 'being read, legible', **karde/tav** 'being feared, dangerous' (kartma 'to fear', kardetud 'feared').

§ 358. Here are some examples of these other forms of the passive:

Ta soovib, et teda **austataks** 'He wishes that he *would be honored* [that one would honor him]'. Kui tema iseloomu **tuntaks**, siis teda **ei usaldataks** 'If her nature *were known*, then she *would not be trusted*'. Kas sa soovid, et siin **mängitakse** klaverit? 'Do you wish that the piano *would be played* here?'. **Mängitagu**, kuid **ärgu segatagu**! *'Let it be played*, but *may I not be disturbed*!'. **Tehtagu** rohkem ja **kõneldagu** vähem! *'May more be done* and (*may*) less *be said*!'. **Arvatagu**, mis tahes! *'Let them think* whatever they want!'. Teda **ei olevat** külla **kutsutud** 'He *was reportedly not invited* (to visit)'. Sellele peaks lõpp **tehtama** 'One should put an end to that [An end should *be made* to that]'. Teda peaks **aidatama** 'He should *be helped*'.

Text

Loomad

Loomad võivad olla kas metsloomad või koduloomad. Metsloomad elavad metsades, koduloomad aga on taltsad ja elavad koos inimestega. Metsloomade hulka kuuluvad: lõvi, elevant, ahv, karu, hunt, ilves, põder, rebane, orav, jänes.

Lõvi *kutsutakse* <<loomade kuningaks>>. Inimesi *võrreldakse* sageli loomadega. Mees võib näiteks olla <<tugev kui karu>>. Mõne inimese kohta *öeldakse*, et ta on <<kaval kui rebane>>. Mõni teine on aga <<arg kui jänes>>. Kui keegi teeb teisele teene, mis tegelikult kahju toob, siis *nimetatakse* seda <<karuteeneks>>.

Tähtsamad koduloomad on: koer, kass, hobune, lehm, lammas, siga. Koera kohta *öeldakse*, et ta on <<inimese parim sõber>>. Tuntud on ütlus: <<Käib nagu kass ümber palava pudru>>. *Räägitakse* ka, et <<koer, kes haugub, ei hammusta>>.

Peale loomade on olemas ka linnud. Lindudest võib siinkohal nimetada kotkast, öökulli, kägu, harakat, varest, tuvi, varblast, pääsukest, lõokest ja ööbikut. Lindudel on tiivad, millega nad lendavad. Kuid mitte kõik linnud ei oska lennata. Nii näiteks kana ja part ei lenda, kuigi neil on olemas tiivad. Mõned linnud oskavad nagu kaladki ujuda, näiteks luik, hani, part, kajakas. Kaladest on tuntumad: haikala, lõhi, tursk, räim, kilu, angerjas, haug, ahven.

Meie metsades roomavad ka ussid. Maod elavad aga soojematel maadel.

*

Elu on vaid ükskord *antud*. Harva *ollakse* rahul sellega, mida *omatakse*. Mida sa ei taha, et sulle *tehakse*, seda ära tee ka teistele. Küsija suu peale *ei lööda*, aga võtja käe peale *lüüakse*. Lamajat *ei lööda*. Maitse üle *ei vaielda*. Siga *ei osteta* kotis. Vara tööle, hilja voodi, nõnda rikkus majja *toodi* (Rahvatarkus).

-- Me olime eile külla *kutsutud*.
-- Mis seal *tehti*?
-- Mis külas ikka *tehakse*? *Süüakse* ja *juuakse* ja *ollakse* rõõmsad. Nii oli ka eile. Algul *oldi* saalis ja *räägiti* juttu. Siis *paluti* külalised lauda. Lauas *söödi* ja *joodi*. *Peeti* kõnesid üksteise auks. *Kanti* ette luuletusi. *Tehti* ka muud nalja. Hiljem *lauldi* ja *tantsiti* hilisõhtuni. Elevas meeleolus *lahkuti* peolt. Nagu *öeldud*, pidu oli hästi *korraldatud*. Oli lõbus õhtu!

-- Miks *pannakse* üks silm kinni, kui püssi *lastakse*?
-- Seepärast, et kui mõlemad silmad kinni *pandaks*, siis *ei nähtaks* ju midagi.

Vocabulary

ahven, -a, -at, -aid	perch, bass
angerja/s, -, -t, -id	eel
arg, ara, `arga, `argu	timid, cowardly
elev, -a, -at, -aid	high-spirited, lively, happy
ette kand/ma, -da;	to present, recite, perform
kannan ette, ette kantud	
haikal/a, -a, -a, -u [= hai, -, -d, -sid]	shark
haraka/s, -, -t, -id	magpie
haug, -i, -i, -isid [= havi, -, -, -sid]	pike
hilisõhtu, -, -t, -id	late evening
ilves, -e, -t, -eid	lynx
juttu rääki/ma, -da;	to converse
räägin juttu, juttu räägitud	
jänes, -e, -t, -eid	rabbit, hare
kahju tooma, tuua;	to cause harm, damage
toon kahju, kahju toodud	
kajaka/s, -, -t, -id	seagull
karu/teene, `teene, -teenet, -`teeneid	disservice
kaval, -a, -at, -aid	sly, cunning
kinni panema, panna;	to close (up)
panen kinni, kinni pandud	
kodu/loom, -looma, -`looma, -`loomi	domestic animal

278

koer, -a, -a, -i	dog
korralda/ma, -da, -n, -tud	to arrange, organize
kotka/s, -, -st, -id	eagle
kuigi	although
kutsu/ma, -da, -n, -tud	to invite, call, name
kõnet pida/ma, -da;	to make a speech
pean kõnet, kõnet peetud	
kägu, käo, kägu, kägusid	cuckoo
küsija, -, -t, -id	questioner, inquirer
lamaja, -, -t, -id	reclining person
lammas, `lamba, lammast, `lambaid	sheep
luik, luige, `luike, `luiki	swan
luuletus, -e, -t, -i	poem
lõbus, -a, -at, -aid	fun [adj.]
lõh/i, -e, -e, -esid	salmon
lõoke, -se, -st, -si	lark
madu, mao, madu, madusid	serpent, large snake
majja = majasse	into the house
meeleolu, -, -, -sid	mood
mets/loom, -looma, -`looma, -`loomi	wild animal
`nalja tegema, teha;	to make fun, joke
teen `nalja, `nalja tehtud	
oma/ma, -da, -n, -tud	to own
palav, -a, -at, -aid	hot
part, pardi, `parti, `parte	duck
puder, pudru, `putru, `putre or `putrusid	porridge
põder, põdra, `põtra, `põtru	elk, moose
pääsuke, -se, -st, -si	swallow (bird)
püss, -i, `püssi, `püsse	gun
`püssi laskma, lasta;	to fire a gun
lasen `püssi, `püssi lastud	
rahvatarkus, -e, -t, -i	folk wisdom
reba/ne, -se, -st, -seid	fox
rikkus, -e, -t, -i	wealth, riches
rooma/ma, -ta, -n, -tud	to crawl, creep
räim, -e, `räime, `räimi	Baltic herring
siga, sea, siga, sigu	pig
siinkohal	here
soojem, -a, -at, -aid	warmer
taltsas, `taltsa, taltsast, `taltsaid	tame
teene, `teene, teenet, `teeneid	service, favor
tegelikult	actually
tuntum, -a, -at, -aid	better known
tursk, tursa, `turska, `turski	cod
tuvi, -, -, -sid	dove, pigeon
tähtsam, -a, -at, -aid	more important
uss, -i, `ussi, `usse	worm, small snake
valaskala, -, -, valaskalu	whale
[= vaal, vaala, `vaala, `vaalu]	
varbla/ne, -se, -st, -si	sparrow
vares, -e, -t, -eid	crow
`voodi = voodisse	(in)to bed
võrdlema, võrrelda, võrdlen, võrreldud	to compare
võtja, -, -t, -id	taker

ööbik, -u, -ut, -uid   nightingale
öö/kull, -kulli, -`kulli, -`kulle   (night)owl
ükskord   once
ütlus, -e, -t, -i   expression, saying

Exercises

1. *Give the present and past passive forms of the following verbs, in both the affirmative and negative:* andma (-tud participle: antud), vaatama (vaadatud), maksma (makstud), käskima (kästud), töötama (töötatud), lõpetama (lõpetatud), teadma (teatud), tahtma (tahetud), algama (alatud), viskama (visatud), sulgema (suletud), avama (avatud), saatma (saadetud), leidma (leitud), võtma (võetud), jätma (jäetud), jääma (jäädud), ajama (aetud), pidama (peetud), õppima (õpitud), õpetama (õpetatud), võrdlema (võrreldud);

     minema (mindud), olema (oldud), panema (pandud);

     käima (käidud), sööma (söödud), tegema (tehtud), müüma (müüdud).

     Example: antud > antakse, ei anta, anti, ei antud

2. *Translate into English:* Ärid on avatud kella üheksast kella viieni. Kas töö on lõpetatud? Uks oli suletud. Millal avatakse uksed? Kauplustes müüakse igasuguseid kaupu. Koolis õpitakse mitmesuguseid tarkusi. Meil hiina keelt ei õpita. Suvel käiakse suplemas. Öeldakse, et muna on targem kui kana. Piimast tehakse võid. On raske leida mingit asja, kui ei teata kus see asub. Nii ei tehta tavaliselt. Seal tehti palju tööd. Mulle öeldi, et sa olevat ära sõitnud. Uks avati suure võtmega. Kas sind ka kutsuti külla? Mind ei kutsutud külla. Mind valiti juhatusse. Kas sind ka valiti? Teda ei valitud. Haritud inimene räägib viisakalt. Kodus mängiti bridži. Kas see seen on söödav? See on iseenesest ['in itself'] mõistetav. Kirjaniku uuest romaanist kõneldakse igal pool ['everywhere']. Sinust ei kõnelda üldsegi. Sellest mehest kõneldi ainult halba. Meist ei kõneldud sageli. Kõneldagu sellest, mida teatakse ja ärgu kõneldagu sellest, mida ei teata! See mis siia on kirjutatud, on tõsi.

3. *Translate into Estonian:* When do they open the store? A wounded soldier lay on the ground [maas]. The schedule has been changed. The university was founded by the king. Smoking (is) prohibited. Is that allowed? Has the work been finished? Why is one [are people] sad? That question is not talked about. That isn't done. The house was sold for $100,000. At the party people danced and were happy. You [*sing.*] weren't expected [awaited] here. He was invited, but he did not come. We had not been invited. If one knew that, one would be much wiser. If I had been asked to do it, I would have done it. One can think what one wants, but one must not talk about things that one does not know (about).

4. *Answer the following questions, referring to the section of the text on animals:* Millised loomad kuuluvad metsloomade hulka? Milliseid koduloomi te tunnete? Kuidas kutsutakse lõvi? Kellega võrreldakse inimesi? Millist inimest võrreldakse rebasega? Kas karu on koduloom või metsloom? Kes on <<inimese parim sõber>>? Milline on see inimene, keda võrreldakse karuga? Mis on karuteene? Mida öeldakse koera kohta, kes haugub? Nimetage mõned linnud, mida tunnete. Missugune lind laulab ilusasti? Missugused linnud ei oska lennata? Missugused linnud oskavad ujuda? Kas te oskate ujuda? Nimetage mõned kalad, mida te tunnete. Kus elavad kalad? Kus lendavad linnud? Kus elavad metsloomad?

5. *Translate the following verb opposites into English:*

alustama (algama) -- lõpetama	sündima -- surema
algama -- lõppema	kiitma -- laitma
avama -- sulgema	magama -- ärkvel olema
lahti tegema -- kinni panema	saabuma -- lahkuma
tõmbama -- lükkama	tulema -- minema
võitma -- kaotama	jooksma -- kõndima
armastama -- vihkama	seisma -- käima

Expressions

Töö on tehtud.	The work is done.
Mis tehtud, see tehtud.	What's done is done.
Öeldud-tehtud.	Said and done.
See on lubatud [keelatud].	It is permitted [prohibited].
Võõrastele sisseminek keelatud.	Entry forbidden to unauthorized persons.
Ole tänatud!	Consider yourself [Be] thanked!
Olge tervitatud!	Consider yourselves greeted!
Ma olen liigutatud su/teie tähelepanust.	I am moved by your attention.
Mulle on tehtud ülesandeks...	I have been given the task...
Ma olen sellest huvitatud.	I am interested in it.
Nagu öeldud,...	As (was) said (before),...
Öeldakse, et... [Räägitakse, et...]	They say that...
Arvatakse, et...	It is thought that...
Võta [Võtke], kui pakutakse.	Accept, when (something is) offered.
Seda tehakse nii.	It's done this way.
Palutakse käega mitte puutuda.	You are requested not to touch.
Palutakse mitte suitsetada.	You are requested not to smoke.
Millal avatakse (teatri)kassa?	When will they open the (theater's) ticket window?
Käesolevaga tõendatakse, et...	Herewith it is certified that...
Mulle öeldi, et...	I was told that...
Sellest ei kõnelda!	One doesn't talk about that!
Nii ei tehta!	That isn't done!
Arusaadav.	Understandable.
Iseenesest mõistetav.	Self-evident.

Answers to Exercises

1.

Affirmative Present	*Negative Present*	*Affirmative Past*	*Negative Past*
antakse	ei anta	anti	ei antud
vaadatakse	ei vaadata	vaadati	ei vaadatud
makstakse	ei maksta	maksti	ei makstud
kästakse	ei kästa	kästi	ei kästud
töötatakse	ei töötata	töötati	ei töötatud
lõpetatakse	ei lõpetata	lõpetati	ei lõpetatud
teatakse	ei teata	teati	ei teatud
tahetakse	ei tahta	tahti	ei tahetud
alatakse	ei alata	alati	ei alatud
visatakse	ei visata	visati	ei visatud

Affirmative Present	Negative Present	Affirmative Past	Negative Past
suletakse	ei suleta	suleti	ei suletud
avatakse	ei avata	avati	ei avatud
saadetakse	ei saadeta	saadeti	ei saadetud
leitakse	ei leita	leiti	ei leitud
võetakse	ei võeta	võeti	ei võetud
jäetakse	ei jäeta	jäeti	ei jäetud
jäädakse	ei jääda	jäädi	ei jäädud
aetakse	ei aeta	aeti	ei aetud
peetakse	ei peeta	peeti	ei peetud
õpitakse	ei õpita	õpiti	ei õpitud
õpetatakse	ei õpetata	õpetati	ei õpetatud
võrreldakse	ei võrrelda	võrreldi	ei võrreldud
minnakse	ei minda	mindi	ei mindud
ollakse	ei olda	oldi	ei oldud
pannakse	ei panda	pandi	ei pandud
käiakse	ei käida	käidi	ei käidud
süüakse	ei sööda	söödi	ei söödud
tehakse	ei tehta	tehti	ei tehtud
müüakse	ei müüda	müüdi	ei müüdud

2. The stores are open from 9:00 to 5:00. Is the work finished? The door was closed. When will the doors be open? All sorts of wares are sold in the shops. Various types of knowledge are learned in school. Chinese isn't studied by us [at our school]. In the summer people go swimming. They say that the egg is smarter than the hen. Butter is made from milk. It's hard to find something when it is not known where it is (located). That isn't usually done. A lot of work was done there. I was told that you [*sing.*] had reportedly gone away. The door was opened with a big key. Were you [*sing.*] also invited (to come visit)? I was not invited (to come visit). I was elected to the leadership [executive committee]. Were you [*sing.*] also elected? He/She was not elected. An educated person speaks politely. At home they [one] played bridge. Is this mushroom edible? That is self-evident [understandable in itself]. They're talking everywhere about the writer's new book. You [*sing.*] are not being talked about at all. Only bad things were said about that man. We were not often talked about. May one talk about what one knows (about), and may one not talk about what one doesn't know (about). What is written here is the truth.

3. Millal avatakse äri [kauplus, pood]? Haavatud sõdur lamas maas. Sõiduplaan on muudetud. Ülikool asutati kuninga poolt. Suitsetamine (on) keelatud. Kas see on lubatud? [Kas lubatakse?] Kas töö on lõpetatud? Miks [Mispärast] ollakse kurb? Sellest küsimusest ei räägita. Nii ei tehta. Maja müüdi saja tuhande dollari eest. Peol tantsiti ja oldi rõõmsad. Sind ei oodatud siia. Ta oli kutsutud, aga ta ei tulnud. Meie [Meid] polnud [ei olnud] kutsutud. Kui seda teataks, siis oldaks palju targem. Kui mind oleks palutud seda teha, oleksin ma [siis ma oleksin] seda teinud. Mõeldagu [Arvatagu] mis tahes, aga ärgu räägitagu asjade üle, mida ei tunta.

5.
to start -- to finish (something)	to be born -- to die
to begin -- to end	to praise -- to criticize
to open -- to close	to sleep -- to be awake
to open -- to close	to arrive -- to depart
to pull -- to push	to come -- to go
to win -- to lose	to run -- to walk
to love -- to hate	to stop [stand] -- to go [walk]

Lesson 37

Grammar

Adverbs

§ 359. Estonian adverbs can be divided into the following groups.

1) so-called *original adverbs*, such as:

siis 'then', **juba** 'already', **veel** 'yet', **ikka** 'still, ever', **jälle** 'again', **kohe** 'immediately', **alles** 'yet, only', **nii** or **nõnda** 'so', **ka** 'also', **ruttu** 'quickly', **otse** 'straight, directly', **väga** 'very', **palju** 'much', **üsna** 'rather', **vist** 'probably', **muidugi** 'certainly', **just** 'just', **kunas** 'when', **täna** 'today', **homme** 'tomorrow', **hilja** 'late', **vara** 'early', and others.

§ 360. 2) *case-adverbs*, which are formed from other words in a regular way by adding case endings:

a) ablative forms of adjectives

tõsine 'serious', *gen.* tõsise	>	**tõsise/lt**	'seriously'
kurb 'sad', *gen.* kurva	>	**kurva/lt**	'sadly'
kiire 'rapid', *gen.* ˋkiire	>	**kiire/lt**	'rapidly'

Following the same principle: **selgelt** 'clearly', **aeglaselt** 'slowly', **rahulikult** 'calmly', **südamlikult** 'heartily', **täpselt** 'exactly', **õnnelikult** 'fortunately', **õnnetult** 'unfortunately', etc. Note: **lühidalt** 'briefly'.

§ 361. b) adverbs which are declined in three locative forms (whither? where? whence?). This group includes some original adverbs and postpositions without objects (compare with §107, Lesson 17).

whither? (to where?)	*where? (at where?)*	*whence? (from where?)*
kaugele '(to) far away'	**kaugel** 'far away'	**kaugelt** 'from far away'
lähedale '(to) near'	**lähedal** 'near'	**lähedalt** 'from near'
üles '(to) up'	**ül(ev)al** 'up'	**ül(ev)alt** 'from up'
taha '(to) behind'	**taga** 'behind'	**tagant** 'from behind'
sisse '(to) inside'	**sees** 'inside'	**seest** 'from inside'
ette '(to) in front'	**ees** 'in front'	**eest** 'from in front'
sinna 'thither, (to) there'	**seal** 'there'	**sealt** 'thence, from there'
siia 'hither, (to) here'	**siin** 'here'	**siit** 'hence, from here'
kuhu 'whither, (to) where?'	**kus** 'where?'	**kust** 'whence, from where?
kuskile [kuhugi] '(to) some-where'	**kuskil** 'somewhere'	**kuskilt** 'from somewhere'

For compound adverbs of this type, both parts are declined: **ettepoole, eespool, eestpoolt** 'toward the front, at the front, from the front'; **igale poole, igal pool, igalt poolt** (written as separate words!) '(to) everywhere, everywhere, from everywhere'.

§ 362. c) other adverbs with case endings:

vaevalt 'hardly', **nimelt** 'namely', **küllalt** 'sufficiently', **ainult** 'only', **millal** 'when', **milleks [miks]** 'why? what for?', **lõpuks** 'eventually', **viimaks** 'finally', **hiljaks** 'late', **meelega** 'deliberately', **kogemata** 'accidentally', **asjata** 'in vain', and others.

In this group belong the vestigial forms of an ancient case, the *"instructive"* case, which answered the question **mismoodi?** 'in what manner?'. For example, **palja jalu** 'with bare feet', **paljapäi** 'with a bare head', **püstijalu** '(standing) on (one's) feet', **püstipäi** 'with head held high', **pikisilmi** 'longingly [with long eyes]'.

§ 363. 3) adverbs with various suffixes:

-sti: With this ending, a number of adverbs are formed from adjective stems (the genitive forms of adjectives), to indicate the way in which something is carried out. For example: ilus 'beautiful', *gen.* ilusa > **ilusa/sti** 'beautifully, finely'; rõõmus 'glad', *gen.* rõõmsa > **rõõmsa/sti** 'gladly'; halb 'bad', *gen.* halva > **halva/sti** 'badly'; uus 'new', *gen.* uue > **uue/sti** 'anew'. Note: hea (hää) 'good', *gen.* hea (hää) > **hä/sti** (ää>ä) 'well'.

The **-sti** ending is often equivalent to the ending **-lt**, which was introduced in §360. In some cases, both forms of an adverb can be constructed, with identical meanings: **selgesti** or **selgelt** 'clearly', **kiiresti** or **kiirelt** 'rapidly'.

Note, however, the difference in the usages of the following pairs of adverbs: ta tuleb **kindlasti** 'he will surely come' > ta käib **kindlalt** 'he walks surefootedly'; **vanasti** 'formerly, in olden days' > **vanalt** (vanast peast) 'in old age'.

-ti: This ending indicates both time and manner: **hommikuti** 'in the mornings', **õhtuti** 'in the evenings', **öösiti** 'during the nights', **suviti** 'in the summers', **talviti** 'in the winters', **viimati** 'lately', **hiljuti** 'recently', **paiguti** 'in (some) places', **põigiti** 'crosswise', **vastakuti** 'facing off, face-to-face', **teisiti** 'otherwise', **samuti** 'likewise', **eriti** 'especially', **ometi** 'after all, even so'.

-li: **põlvili** 'on one's knees' [põlvili langema 'to fall to one's knees'], **pikali** 'stretched out, laying down' [pikali olema 'to lie', pikali kukkuma 'to fall down flat', pikali heitma 'to lie down'], **laiali** 'spread out' [laiali kätega 'with outstretched arms', laiali laotama 'to spread (something) out', laiali minema 'to (go and) spread out, to split off (from each other)', mõtted on laiali 'thoughts are scattered'], **ammuli** 'agape, wide open' [suu oli ammuli 'the mouth was wide open'], **pooleli** 'halfway, unfinished' [töö on pooleli 'the work is unfinished, the work is still going on'].

-ldi: **pooleldi** valmis 'half done', **eraldi** 'separately', **meeleldi** 'readily'.

-kesi: **kahekesi** 'two together', **kolmekesi** 'three together', **neljakesi** 'four together', **viiekesi** 'five together', etc., **mitmekesi** 'several together' (compare: **üksi** 'alone'), **tasakesi** 'gradually, quietly'.

-vel, -il: **ärkvel** 'awake', **liikvel** 'a-moving', **ärevil** 'agog', **pinevil** 'intently, tautly' [pinevil olema 'to be on tiptoe, on the edge of one's seat'].

Compound adverbs with the endings **-haaval, -võitu, -pärast, -viisi, -moodi,** etc. For example: **ükshaaval** 'one by one', **vähehaaval** 'little by little', **jupphaaval** 'piecemeal', **paksuvõitu** 'rather corpulent', **käepärast** 'at hand', **vanaviisi** 'in the old(fashioned) way', **niimoodi** 'thus, like this', **aegamööda** 'gradually, after a while'.

Comparative Forms of Adverbs

§ 364. Adverbs which end in **-lt** and **-sti** have comparative forms with the endings **-malt** and **-mini**, respectively:

aeglase/lt 'slowly'	>	**aeglase/malt** 'more slowly'
rahuliku/lt 'calmly'	>	**rahuliku/malt** 'more calmly'
tugeva/sti 'powerfully'	>	**tugeva/mini** 'more powerfully'
kiire/sti 'rapidly'	>	**kiire/mini** 'more rapidly'

N o t e : hästi 'well' > **paremini** 'better' (different stem), halva/sti 'badly' > **halve/mini** 'worse' (see §118 in Lesson 19, regarding the **-e-** before the suffix in words like **halb** and **vana**).

§ 365. A few adverbs form the comparative with the ending **-m**: vara 'early' > **varem** 'earlier', hilja 'late' > **hiljem** 'later', kaua 'long' > **kauem** 'longer', vähe 'little' > **vähem** 'less', palju 'much' > **rohkem** or **enam** 'more', ruttu 'fast' > **rutem(ini)** 'faster', harva 'seldom' > **harvem(ini)** 'more seldom'.

Note: Kumb teile **rohkem** meeldib? 'Which (of the two) appeals to you more?'. Ma **enam** ei mäleta 'I don't remember any more'. Ikka **enam** ja **enam** inimesi 'More and more people'.

§ 366. The comparative form of adverbs often takes on a superlative meaning, indicating the highest degree. For example:

Kes viimasena naerab, naerab **paremini**. 'He who laughs last, laughs *best*'.

The superlative is usually formed by putting the word **kõige** before the comparative, as discussed in §121 in Lesson 19. For example:

Adverb	*Comparative*	*Superlative*
kiiresti 'fast'	**kiiremini** 'faster'	**kõige kiiremini** 'fastest'
selgelt 'clearly'	**selgemalt** 'more clearly'	**kõige selgemalt** 'most clearly'
hästi 'well'	**paremini** 'better'	**kõige paremini** 'best'
halvasti 'badly'	**halvemini** 'worse'	**kõige halvemini** 'worst'

Omad vitsad peksavad **kõige valusamalt** 'One's own whips hurt *the most (painfully)*'. Igaüks teab ise **kõige paremini**, kust king pigistab 'Everyone knows *best* himself where his shoe pinches'.

Adverbial Particles

§ 367. In certain combinations with verbs, an adverb may mean something different than it usually does. Some examples:

ette '(to) in front': ette astuma 'to perform', ette heitma 'to reproach', ette kujutama 'to imagine', kell käib ette 'the clock runs fast', ette panema 'to suggest', jalga ette panema 'to trip up', ette valmistama 'to prepare', ette vaatama 'to watch out'

järele 'after': järele andma 'to yield', järele jõudma 'to catch up', järele jätma 'to cease'

kaasa 'along': kaasa aitama 'to help out', kaasa arvatud 'including', kaasa tegema 'to join in', kaasa tundma 'to sympathize'

kinni 'fast, fixed': kinni keerama 'to shut off', kinni panema 'to close (up)'

kokku 'together': kokku arvama 'to count up', kokku hoidma 'to save up', kokku leppima/rääkima 'to reach agreement', kokku saama 'to meet', kokku seadma 'to compose, compile'

läbi 'through': läbi ajama 'to make do', läbi elama 'to experience', läbi kukkuma (eksamil) 'to fail (an exam)', läbi käima 'to hobnob', läbi saama 'to get along'

maha 'down (onto the ground)': maha istuma 'to sit down', maha jätma 'to abandon', suitsetamise maha jätma 'to quit smoking', maha jääma 'to lag', rongist maha jääma 'to miss the train', maha kirjutama 'to copy', maha laskma 'to shoot dead', maha suruma 'to repress', maha tegema 'to criticize', kaalus maha võtma 'to lose weight'

peale 'onto': peale hakkama 'to get started', peale käima 'to insist', peale tungima 'to attack'

pealt 'off': pealt kuulama 'to eavesdrop', pealt vaatama 'to observe', pealt nägema 'to witness'

sisse 'into': sisse juhatama 'to introduce', sisse kukkuma 'to be taken in, fooled', sisse seadma 'to install'

välja 'out': välja andma 'to publish', välja arvatud 'excluding', välja heitma/viskama (koolist) 'to expel (from school)', välja naerma 'to laugh at'

ära 'away': ära andma 'to betray', ära hoidma 'to prevent', ära jooma 'to drink up', ära kirjutama 'to transcribe', ära minema 'to go away', ära nägema 'to realize', ära olema 'to be gone', ära ootama 'to wait to the end', ära sööma 'to eat up', ära tundma 'to recognize', ära ütlema 'to refuse'

üle 'over': üle elama 'to survive', üle jääma 'to remain', üle kuulama 'to interrogate', üle hindama 'to overrate', üle saama (raskusest) 'to overcome (a difficulty)'

üles 'up': üles astuma 'to behave', kella üles keerama 'to wind up a clock', üles kutsuma 'to exhort', üles tunnistama 'to confess', üles tõusma 'to get up', (korterit) üles ütlema 'to give notice (of intention to vacate an apartment)'

Text

Eesti (I)

Eesti piiriks põhjas on Soome laht, idas Peipsi järv, lõunas Lätimaa ja läänes Läänemeri. Eestile kuulub üle kaheksasaja saare, nendest on suuremad Saaremaa ja Hiiumaa. Sisemaal leidub umbes tuhat viissada järve, kuid need on enamasti väikesed järved.   Jõgedest on tähtsamad Pärnu jõgi, Narva jõgi ja Emajõgi.

Meie kodumaa on lauskmaa, kus puuduvad suured mäed.   Kõrgeim mägi on Munamägi, mis asub Lõuna-Eestis ja on kolmsada kuusteist meetrit üle merepinna.   Eesti põldudel kasvab nisu, rukis, oder, kaer jne.   Metsades kasvavad mitmesugused puud nagu: tammed, kased, vahtrad, kuused, männid.   Tähtsaim maapõuevara on põlevkivi, mida leidub suurel hulgal Põhja-Eestis.

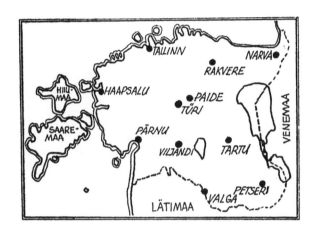

Mu isamaa
(Eesti hümn)

Mu isamaa, mu õnn ja rõõm,
kui kaunis oled sa.
Ei leia mina iial teal,
see suure laia ilma peal,
mis mull' nii armas oleks ka,
kui sa, mu isamaa.

Sa oled mind ju sünnitand
ja üles kasvatand.
Sind tänan mina alati
ja jään sull' truuks surmani.
Mul kõige armsam oled sa,
mu kallis isamaa.

Su üle Jumal valvaku,
mu armas isamaa.
Ta olgu sinu kaitseja
ja võtku rohkest' õnnista'.
Mis iial ette võtad sa,
mu kallis isamaa.

(J.V. Jannsen   1819-1890)

Vocabulary

ei iial(gi)	never
ette võt/ma, -ta;	to undertake
võtan ette, ette võetud	
Hiiumaa, -, -d	(2nd largest) Estonian island
ida, -, -	east
iial	ever
(maa)ilm, -a, -a, -u	world
ismaa, -, -d, isamaid	fatherland
jne. = ja nii edasi	and so on; etc.
ka	too [used here in poem to add emphasis]
kaer, -a, -a, -u	oat
kaits(e)ja, -, -t, -id	protector
kas/k, -e, -ke, -ki	birch
kasvatan(u)d	raised
kuus/k, -e, -ke, -ki	spruce
kõrgeim = kõige kõrgem	highest
lauskmaa, -, -d, lauskmaid	flat land
Lõuna-Eesti	South Estonia
Lätimaa, -, -d	Latvia
lääs, lääne, läänt	West
maapõuevara, -, -, -sid	mineral resources
merepin/d, -na, -da	sea level
mitmesugu/ne, -se, -st, -seid	varied, various
mull' [= mulle]	to me
män/d, -ni, -di, -de	pine
nisu, -, -, -sid	wheat
oder, odra, `otra, `otri	barley
piir, -i, -i, -e	border, limit
puudu/ma, -da, -n, -tud	to be absent or lacking
Põhja-Eesti	North Estonia
põlevkivi, -, -	oil shale
rohkest' [= rohkesti]	abundantly
ruk/is, -ki, -ist, -keid	rye
saar, -e, -t, -i	island
Saaremaa, -, -d	(largest) Estonian island
see suure [= selle suure]	on this great
sisemaa, -, -d	inland
sull' [= sulle]	to you
surm, -a, -a, -i	death
suurel hulgal	in great quantities

288

sünnitan(u)d	given birth
tamm, -e, -e, -i	oak
teal	here [archaic form]
truuks jää/ma, -da;	to remain faithful
jään truuks, truuks jäädud	
vah/er, -tra, -trat or -ert, -traid	maple
valva/ma, -ta, -n, -tud	to guard
võtku õnnista(da)	may (God) bless
õnnista/ma, -da, -n, -tud	to bless
üles kasvatan(u)d	raised (up)

Exercises

1. *Form adverbs ending in -sti or -lt, using the following adjectives. Then make up short sentences with them:* lõbus, hea, tore, armas, ilus, kole, kuri, halb, odav.

2. *Translate into English:* Ma tulen nii kiiresti, kui ma jõuan. Mu mõtted on laiali ja ma ei saa töötada. Sa pead selle töö uuesti tegema. See on väga halvasti tehtud. Päike paistab soojasti. Poiss oli murul pikali ja vaatas üles taevasse. Ma olin väga väsinud ja heitsin voodisse pikali. Õpetaja vaatas mulle kurjalt otsa. Anna andeks, ma ei teinud seda meelega, see tuli kogemata. Tee kiiremini, ära jää hiljaks! Ära räägi nii kõvasti, räägi tasemini! Jüri kirjutab hästi, aga Jaan kirjutab veel paremini. Kaks silma näevad kaugemale kui üks. Kes teab paremini kui arst, mis mõnel inimesel puudub? Ma saan paremini aru, kui ma oskan rääkida. Võta asja rahulikult!

Nad tulid ülevalt alla. Meie läksime alt üles(se). Vaata taha! Vaata, kes tagant tuleb. Sa kõnnid minu ees. Mine eest ära! Ma vaatasin pealt, kuidas poisid mängisid jalgpalli. Mul jäi töö pooleli. Nad on mulle lähedalt sugulased. Me käisime neljakesi teatris. Väikesed lapsed jooksid väljas palja jalu ringi. Mulle meeldib teater rohkem kui kino. Jäta järele! Küsi järele! Mõtle järele! Tee järele! Jõua järele! Vaata järele!

Ainult seal on puhas vesi, kus ta voolab tasakesi. Jumala veski jahvatab ['grinds'] aeglaselt. Aegamööda asjad käivad (Estonian proverb). Mida harvem tuled, seda armsam oled. Eks igaüks tea ise kõige paremini, kust king pigistab.

3. *Translate and memorize these contrasting pairs:*

edasi -- tagasi	kaugel -- lähedal
üles -- alla	kõvasti -- tasa
ette -- taha	rõõmsalt -- kurvalt
tihti -- harva	meelega -- kogemata
sageli -- vahel	aeglaselt -- kiiresti
alati -- (ei) iialgi	hästi -- halvasti

4. *Translate into Estonian:* Don't walk so slowly, go faster! We observed how the children played in the park. I like tea better than coffee. He bought the suit very cheaply. I work a lot; I am very tired. The girl is reclining on the couch and is reading a book. We sat, the two of us, and conversed. I no longer remember what we talked about. Is your watch right? My watch is running fast. We suggested to him that he should come along. They agreed to meet again soon. Did you [pl.] overcome that difficulty? Difficulties should not be overestimated.

Expressions

Varem või hiljem.	Sooner or later.
Mida varem, seda parem.	The sooner, the better.
Parem hilja kui mitte kunagi.	Better late than never.
Kord siin, kord seal.	Now here, now there.
Suurel määral. Suurel hulgal.	To a great extent. In great quantity.
Suuremalt jaolt.	For the most part.
Kas sa mõtled seda tõsiselt?	Do you [*sing.*] really mean that?
Jah, muidugi.	Yes, of course.
Nimelt. Vaevalt. Peamiselt.	Namely. Hardly. Mainly.
Loomulikult. Muidugi.	Naturally. Of course.
Lühidalt ja selgelt.	Short and sweet.
Kindlasti. Igatahes. Teatavasti.	Certainly. In any case. As is (well) known.
Arvatavasti. Loodetavasti.	Presumably. Hopefully.
Nähtavasti. Enamasti. Igavesti.	Seemingly. Mostly. Forever.
Peaaegu. Meeleldi.	Almost. Gladly.
Alati. Ei kunagi [Ei iialgi].	Always. Never.
Ükshaaval. Vähehaaval. Jupphaaval.	One by one. Little by little. Piecemeal.
Otsusta(ge) kiiresti.	Decide quickly.
Räägi kõvemini, tasemini.	(You [*sing.*]) Talk louder, softer.
Rääkige kiiremini, aeglasemalt.	(You [*pl.*]) Talk faster, slower.
Tee ruttu! [Tee rutemini!]	(You [*sing.*]) Hurry up!
(Käi, Tee) kiiremini!	(Walk, Do it) faster!

Answers to Exercises

1. lõbusasti, lõbusalt; hästi; toredasti, toredalt; armsasti, armsalt; ilus(as)ti; koledasti, koledalt; kurjasti, kurjalt; halvasti; odavasti, odavalt.

2. I am coming as fast as I can. My thoughts are scattered and I cannot work. You [*sing.*] have to do this work over again. This is very poorly done. The sun is shining warmly. The boy was reclining on the grass and was looking up toward the sky. I was very tired and lay down in bed. The teacher gave me a dirty look. (You [*sing.*]) Forgive me, I didn't do it on purpose; it happened accidentally. Do it faster; don't be late! Don't talk so loud; talk softer! Jüri writes well, but Jaan writes even better. Two eyes see farther than one. Who knows better than the doctor what someone's deficiencies are [what some person lacks]? I understand better than I can speak. (You [*sing.*]) Take it easy!

They came down from up there. We went up from down there. (You [*sing.*]) Look back! Look, who's coming from behind. You [*sing.*] are walking in front of me. Get out of the way! I observed how the boys played football. My work ended up (only) half finished [My work was interrupted]. They are close relatives of mine. The four of us went to the theater. The small children ran around outside barefooted. I like the theater better than the movies. (You [*sing.*]) Cut it out! Find out [Ask]! Think about it! Imitate! Catch up! Check it out!

There is clean water only where it flows slowly. God's mill grinds slowly. Things go slowly [step by step]. The more rarely you [*sing.*] come, the dearer you are. Everyone knows best himself where his shoe pinches, right?

3. forward -- back   far -- near
    up -- down   loudly -- softly
    (to) in front -- (to) behind   merrily -- sadly
    frequently -- rarely   intentionally -- accidentally
    often -- sometimes   slowly -- rapidly
    always -- never   well -- badly

4. Ära käi [Ärge käige] nii aeglaselt, käi(ge) kiiremini [rutemini]! Me vaatasime pealt, kuidas lapsed mängisid pargis. Mulle meeldib tee rohkem kui kohv. Ta ostis ülikonna väga odavalt. Ma töötan palju, ma olen väga väsinud. Tütarlaps [Tüdruk] on pikali diivanil [sohval] ja loeb raamatut. Me istusime kahekesi ja ajasime juttu [rääkisime]. Ma ei mäleta enam, millest me rääkisime. Kas sinu/su [teie/te] kell käib õigesti? Mu kell käib ette. Me panime talle ette, et ta tuleks kaasa. Nad leppisid kokku varsti jälle kokku saada [kohtuda]. Kas te saite sellest raskusest üle [jagu]? Raskusi [Ühte raskust; Mingit raskust] ei tule ülehinnata.

Lesson 38

Grammar

Gradation

§ 368. In Lessons 8 and 21 among others, we saw that sound changes can occur in the stem as a word takes on different forms. For example, **lipp** 'flag', *gen.* **lip/u** 'the flag's' (pp > p), **leib** '(dark) bread', *gen.* **leiv/a** (b > v), **luge/ma** 'to read' > **loe/n** 'I read' (g disappears, u > o). The grammatical term for sound changes like these is *gradation* (**astmevaheldus** in Estonian).

Word stems that undergo gradation can appear in two forms, called a *strong grade* and a *weak grade*. The weak grade is marked by one or more of the following: 1) a shorter duration for one of the sounds in the stem, 2) a voiced consonant instead of a voiceless consonant, 3) omission of a consonant from the stem.

Below you will find an overview of these three types of gradation for (a) *nouns, adjectives, numbers* (in three forms: nominative, genitive, and partitive singular cases), and (b) *verbs* (the -ma infinitive, -da infinitive, and present tense).

§ 369. 1) *Change in duration* or quantitative change. (Review Point 6 of the pronunciation guide in the Introduction.) In the first examples presented here, the change of gradation is shown by a change of spelling (kk > k, k > g, etc.).

Strong Grade	*Weak Grade*	*Examples*
kk	k	**pakk**, paki, **pakki** 'package'
		kukkuma, kukkuda, kukun 'to fall'
pp	p	**kapp**, kapi, **kappi** 'cupboard'
		õppima, õppida, õpin 'to learn, study'
tt	t	**kott**, koti, **kotti** 'sack'
		ruttama, rutata, **ruttan** 'to hurry'
ss	s	**poiss**, poisi, **poissi** 'boy'
k	g	**rääkima, rääkida**, räägin 'to speak'
p	b	**karp**, karbi, **karpi** 'small box'
t	d	**vaatama**, vaadata, **vaatan** 'to look'

§ 370. Within this category are also changes between long (second-degree) and extra-long (third-degree) sounds, where the difference in quantity is not revealed by the spelling. In the examples below, the third degree is indicated by the ` mark.

Strong Grade	*Weak Grade*	*Examples*
extra long vowel	long vowel	`saal, saali, `saali 'large room'
		`suur, suure, `suurt 'big'
		`keelama, keelata, `keelan 'to forbid'

Strong Grade	Weak Grade	Examples
extra long diphthong	long diphthong	ˋsein, seina, ˋseina 'wall' ˋlaulma, ˋlaulda, laulan 'to sing'
extra long consonant	long consonant	ˋlinn, linna, ˋlinna 'town' ˋkallama, kallata, ˋkallan 'to pour'
extra long consonant combination	long consonant combination	ˋjärv, järve, ˋjärve 'lake' ˋarstima, ˋarstida, arstin 'to heal'

§ 371. 2) *Change of sound quality*, where **b, d, g** (voiceless consonants in Estonian pronunciation) are replaced by **v** and **j** (voiced):

Strong Grade	Weak Grade	Examples
b	v	**leib**, leiva, **leiba** '(dark) bread' **kaebama**, kaevata, **kaeban** 'to complain'
d	j	**sõda**, sõja, **sõda** 'war' **eeskoda**, eeskoja, **eeskoda** 'vestibule'
g	j	**selg**, selja, **selga** 'back' **nälg**, nälja, **nälga** 'hunger'

Note also the dropping of **e** in these cases:

poeg, poja, **poega** 'son'
aeg, aja, **aega** 'time'
aed, aia, **aeda** 'yard, fence'

§ 372. *Omission of consonant* in weak grade:

Strong Grade	Weak Grade	Examples
b mb	-- mm	**kuub**, kuue, **kuube** 'suit coat' hammas, **hamba**, hammast 'tooth'
d ld	-- l, ll	**laud**, laua, **lauda** 'table' **keeld**, keelu, **keeldu** 'prohibition' **valdama**, vallata, **valdan** 'to command'
nd rd	n, nn r, rr	**kääne**, **käände**, käänet 'case form' **tundma**, **tunda**, tunnen 'to feel, know' pööre, **pöörde**, pööret 'turning' **kord**, korra, **korda** 'order, time, occasion'
g lg rg	-- l r	**mägi**, mäe, **mäge** 'mountain' **algama**, alata, **algan** 'to begin' **org**, oru, **orgu** 'valley'
s (t) rs (rt) ks (ht)	-- rr h	**kuus**, kuue, **kuut** 'six' **kõrs**, kõrre, **kõrt** 'straw' **üks**, ühe, **üht(e)** 'one'

Strong Grade	Weak Grade	Examples
s k	s	**kask**, kase, **kaske** 'birch'
hk	h	**vihkama**, vihata, **vihkan** 'to hate'
ht	h	**leht**, lehe, **lehte** 'leaf'

§ 373. In some stems, the omission of **b, d, g, s** in the weak grade is even accompanied by a vowel change: **i** > e, **u** > o, **ü** > ö.

Strong Grade	Weak Grade	Examples
-ida-	-ea-	**rida**, rea, **rida** 'row'
		pidama, pidada, pean 'to hold, have to'
-idu-	-eo-	**pidu**, peo, **pidu** 'feast'
		siduma, siduda, seon 'to tie'
-iga-	-ea-	**viga**, vea, **viga** 'flaw, mistake'
-igu-	-eo-	**tigu**, teo, **tigu** 'snail'
-uba-	-oa-	**tuba**, toa, **tuba** 'room'
-uge-	-oe-	**lugema, lugeda**, loen 'to read'
-ugu-	-oo-	**sugu**, soo, **sugu** 'gender, sort'
-üde-	-öe-	**küdema, küdeda**, köen 'to smoulder'
-üga-	-öa-	**pügama, pügada**, pöan 'to clip, fleece'
-üsi-	-öe-	**süsi**, söe, (**sütt**) 'coal'

Partition of Grades

§ 374. In an earlier stage in the development of Estonian, the division between the strong and weak grades was based on a simple regularity, following the change from an open syllable (ending in a vowel) to a closed one (ending in a consonant). This pattern is found, for example, in comparing the third-degree `linna (*part. sing.*) with the second-degree **linnad** (*nom. pl.*). The strong grade of `linna is a result of the open ending (the vowel **-a**) of the last syllable, while the weak grade of **linnad** is a result of the closed ending (the consonant **-d**) of the last syllable.

As a consequence of evolving changes in pronunciation, some syllables which were originally closed have become open and vice versa. The nominative singular `linn has, for instance, lost the original vowel ending it had in the archaic form `linna; the genitive has lost its original **-n** ending, so it is now **linna** instead of **linnan**, etc. This complicates the picture considerably, so the best thing is simply to memorize which case forms take the strong grade and which take the weak. Here the following rules apply:

§ 375. 1) If there is gradation in the declension of nouns, adjectives, pronouns, and numbers:

a) The *nominative singular* and *genitive singular* always have *opposite* gradations. That is, if the nominative singular takes the strong grade, the genitive singular takes the weak grade, and vice versa. For example: **leht** > lehe 'leaf', hammas > **hamba** 'tooth'.

b) The *nominative singular* and the *partitive singular* usually have the *same* grade. For example, **leht** > **lehte**, hammas > **hammast**. There are a few exceptional words which take the weak grade in the nominative singular and the strong grade in the partitive singular: sõber > **sõpra** 'friend', padi > **patja** 'pillow', kiri > **kirja** 'letter'.

c) The *genitive singular* and the *partitive singular* have, accordingly, *opposite* gradations. This is important to remember with regard to pronunciation of words that are spelled alike but are of different grades and have different meanings. For example, selle **linna** tänavad (*gen. sing.*, 2nd degree) 'this town's streets' > tunnen hästi seda `**linna** (*part. sing.*, 3rd degree) 'I know this town well'; peale **kooli** 'besides school' > peale `**kooli** 'after school'; kirjutasin **kirja** 'I wrote out a letter' > kirjutasin `**kirja** 'I was writing a letter'. It may be useful to review the list in §205 in Lesson 27, as well as the note at the end of §266 in Lesson 31. In these cases, the partitive always takes the strong (3rd) degree.

d) The *partitive singular* and *genitive plural* usually have the *same* grade. For example: **leht** > **lehtede**, hammast > hammaste.

e) The *partitive plural* always takes the *strong* grade: **lehti, hambaid**.

§ 376. All the cases formed with the genitive singular, which include the remaining cases in the singular and also the nominative plural (§192 in Lesson 26), take of course the same grade as the genitive singular. Likewise in the plural, all the cases that are formed with the genitive plural (§243 in Lesson 30) take the same grade as it has. Compare the following:

Nom. Sing.	Gen. Sing., etc.	Part. Sing.	Gen. Pl., etc.	Part. Pl.
leht 'leaf'	lehe lehe/sse lehe/s, etc. lehe/d	**lehte**	**lehtede** **lehtede/sse** **lehtede/s**, etc.	**lehti**
hammas 'tooth'	**hamba** **hamba/sse** **hamba/s**, etc. **hamba/d**	hammast	hammaste hammaste/sse hammaste/s, etc.	**hambaid**

§ 377. 2) In the conjugation of verbs:

a) The *present tense* and the *-da infinitive* have *opposite* grades:

Present Tense	*-da Infinitive*
loen 'I read' [weak grade]	**lugeda** 'to read' [strong grade]
õpin 'I learn, study' [weak]	**õppida** 'to learn, study' [strong]
oskan 'I can' [strong]	osata 'to be able' [weak]
hakkan 'I begin' [strong]	hakata 'to begin' [weak]

b) The *-ma infinitive* always takes the *strong* grade: **lugema, õppima, oskama, hakkama** 'to read, to learn, to be able, to begin'.

c) The *-tud participle* (passive perfect participle) usually takes the *weak* grade: loetud, õpitud, osatud, hakatud '(it has been) read, learned, able, begun'.

295

Verbs that have certain consonants (d, k, l, n, r, s) in the -ma infinitive just before the -ma ending take the strong grade for the -tud participle and the weak grade for the present tense.

-ma Infinitive		-tud Participle		Present Tense	
murdma	'to break'	`murtud	'broken'	murran	'I break'
teadma	'to know'	`teatud	'known'	tean	'I know'
tõusma	'to rise'	`tõustud	'(been) risen'	tõusen	'I rise'
laulma	'to sing'	`lauldud	'sung'	laulan	'I sing'
laskma	'to allow'	`lastud	'allowed'	lasen	'I allow'

§ 378. Verb forms that are derived from the present tense, -ma infinitive, -da infinitive, or -tud participle (Lessons 6, 34-36) take the same grade as the basic form. Compare:

	Weak Grade	Strong Grade
Present Tense:	loen, ei loe	oskan, ei oska
Conditional Present:	loeksin, ei loeks	oskaksin, ei oskaks
Imperative, 2nd person singular:	loe!	oska!

	Strong Grade	Weak Grade
-da Infinitive:	lugeda	osata
Gerund:	lugedes	osates
-nud Participle:	lugenud	osanud
Other Imperatives:	lugegu! lugegem! lugege!	osaku! osakem! osake!

	Strong Grade	Strong Grade
-ma Infinitive:	lugema	oskama
Imperfect:	lugesin	oskasin
-v Participle:	lugev	oskav
-vat Form:	lugevat	oskavat
Agent Noun:	lugeja	oskaja
Verbal Noun:	lugemine	oskamine

	Weak Grade	Weak Grade
-tud Participle:	loetud	osatud
Passive Present:	loetakse, ei loeta	osatakse, ei osata
Passive Imperfect:	loeti, ei loetud	osati, ei osatud
Passive Conditional:	loetaks	osataks
Oblique Mode:	loetavat	osatavat
Passive Imperative:	loetagu!	osatagu!
Passive Present Participle:	loetav	osatav
Passive Infinitive:	loetama	osatama

More about Declension in the Plural:

The <<-i Plural>>

§ 379. In addition to the ordinary plural with the **-de (-te)** element (Lesson 30), a shorter plural form is also used. For example: **lähemail päevil** (= lähematel päevadel) 'during the next few days', **äri asjus** (= äri asjades) 'in business affairs'. This shorter plural form is known as the *-i plural* or *vowel plural*. The -i plural is an ancient plural form in Estonian, which appears often in folk songs and archaic expressions. It has been reinstated in the modern written language as a fully acceptable parallel form alongside the **-de** plural.

The -i plural is formed with the usual case endings (-sse, -s, -st, -le, etc.), but without the usual plural element -de or -te. Instead, it has the vowel i (or in some cases e or u) before the case endings. To know how to apply the -i plural, you need to be familiar with the *partitive plural* (Lesson 31).

§ 380. There are two types of -i plural (or rather vowel plural) forms:

1) If the partitive plural ends in -id (-aid, -eid, -uid), the -i plural is formed simply by taking off the final d and adding the ordinary case ending.

Nominative Singular	Partitive Plural	-i Plural	-de Plural
ilus 'beautiful'	ilusa/id	ilusa/i/sse	ilusa/te/sse
		ilusa/i/s	ilusa/te/s
		ilusa/i/st	ilusa/te/st
		ilusa/i/le	ilusa/te/le
		etc.	
tütar 'daughter'	tütre/id	tütre/i/sse	tütar/de/sse
		tütre/i/s	tütar/de/s
		tütre/i/st	tütar/de/st
		tütre/i/le	tütar/de/le
		etc.	
raamat 'book'	raamatu/id	raamatu/i/sse	raamatu/te/sse
		raamatu/i/s	raamatu/te/s
		raamatu/i/st	raamatu/te/st
		raamatu/i/le	raamatu/te/le
		etc.	

Vanamees on vajunud **sügavaisse mõtteisse** (= sügavatesse mõtetesse) 'The old man has sunk *into deep thoughts*'. Ta oli oma elu **parimais aastais** (= paremates aastates) 'He was *in the best years* of his life'. Õpetaja jutustas **võõraist maist** ja **rahvaist** (= võõrastest maadest ja rahvastest) 'The teacher talked *of foreign lands and peoples*'. **Ilusail hommikuil** (= Ilusatel hommikutel) on tore jalutada 'It is fun to stroll *on beautiful mornings*'.

§ 381. 2) If the partitive plural ends in a vowel (-e, -i, or -u), the case endings are added directly to this ending. For example: **vana** 'old'; *part. pl.* **vanu**; *-i plural* **vanu/sse, vanu/s, vanu/st, vanu/le**, etc.

For words with gradation changes (see §368-376 in this lesson), the -i plural takes the same grade as the corresponding case has in the singular, which means the weak grade for almost all words in this group. For example:

Nom. Sing.	Gen. Sing., etc.	Part. Pl.	-i Plural	-de Plural
sõber 'friend'	sõbra	sõpr/u	---	---
	sõbra/sse		sõbr/u/sse	sõpra/de/sse
	sõbra/s		sõbru/s	sõpra/de/s
	sõbra/st		sõbru/st	sõpra/de/st
	sõbra/le		sõbru/le	sõpra/de/le
	etc.		etc.	

Ta kadus mu **silmist** (= silmadest) 'He disappeared from my sight [*out of my eyes*]'. Õnnelik naeratus **huulil** (= huultel) 'A happy smile *on the lips*'. Me ootame uusi töid meie **kunstnikelt** ja **kirjanikelt** (= kunstnikkudelt ja kirjanikkudelt) 'We await new works *from our artists* and *writers*'.

Exceptions: Words which end in **-si** in the partitive plural have the same gradation as the partitive plural. For example: **käsi** 'hand'; *gen. sing.* **käe**; *part. pl.* **käsi**; *-i plural* **käsi/sse, käsi/s, käsi/st, käsi/le,** etc.

§ 382. N o t e ! The **-i** plural cannot be formed for words ending in **-sid** in the partitive plural, such as **ema** 'mother', *part. pl.* **emasid**; **jõgi** 'river', *part. pl.* **jõgesid** (§257 in Lesson 31). The same restriction applies to words that can end in either **-sid** or a vowel in the partitive plural (§265), such as **org** 'valley', *part. pl.* **orgusid** or **orge**; **rida** 'row', *part. pl.* **ridasid** or **ridu**.

§ 383. One should also bear in mind that the **-i** plural is normally not used in the terminative, essive, comitative, or abessive cases.

The following table shows all forms of plural declension for **aasta** 'year' and **päev** 'day'.

Case	-i Plural		-de Plural	
Nominative	---	---	aastad	päevad
Genitive	---	---	aastate	päevade
Partitive	aastaid	päevi	aastaid	päevi
Illative	aastaisse	päevisse	aastatesse	päevadesse
Inessive	aastais	päevis	aastates	päevades
Elative	aastaist	päevist	aastatest	päevadest
Allative	aastaile	päevile	aastatele	päevadele
Adessive	aastail	päevil	aastatel	päevadel
Ablative	aastailt	päevilt	aastatelt	päevadelt
Translative	aastaiks	päeviks	aastateks	päevadeks
Terminative	---	---	aastateni	päevadeni
Essive	---	---	aastatena	päevadena
Comitative	---	---	aastatega	päevadega
Abessive	---	---	aastateta	päevadeta

Text

Eesti (II)

Eesti rahvas on paljudel aladel suutnud anda väärtuslikku lisa inimkonna kultuurivarade salve. Eestlaste seas on tekkinud üks suurimaid rahvaluule kogusid Euroopas: on üles kirjutatud umbes kaheksasada tuhat rahvalaulu, mis on rahva seas sajandite jooksul loodud ja suulise pärandina põlvest põlve edasi kantud.

Tuhande üheksasaja kuuekümne esimesel aastal (1861. a.) möödus sada aastat eesti rahvaeepose <<Kalevipoja>> trükis ilmumisest. Kalevipoeg on muinas-eesti kangelane, kelle vägitegusid kirjeldabki nimetatud eepos. See on lugulaulude kogu, mille on kokku seadnud ja ümber töötanud <<lauluisa>> Fr. R. Kreutzwald.

Üle saja aasta on ka möödunud eesti suurte laulupidude algusest. Laulupidusid korraldatakse iga nelja aasta tagant ja neile koguneb kümneid tuhandeid lauljaid. Öeldakse, et eestlased on <<laulja rahvas>>. Selles ütluses on tõesti palju tõtt. Igal pool, kus eestlased kokku tulevad, kõlab ka peagi eesti laul.

Esimesed trükitud eestikeelsed raamatud ilmuvad kuueteist-kümnenda (16.) sajandi alguses. Need on kõik usulise sisuga tõlke-teosed. Eesti ilmaliku kirjanduse algus langeb hilisemasse aega ja pääseb õitsele alles möödunud sajandi keskpaiku--ajal, mida me nimetame eesti <<ärkamisajaks>>. Peamist osa mängib sel ajal luule. Sajandi suurim luuletaja on Lydia Koidula, kelle luuletusi loeb rahvas tol ajal tõelise vaimustusega. Ilmuvad ka mitmed ajaloolised romaanid eesti rahva minevikust, mis aitavad tõsta eestlaste rahvus-likku iseteadvust.

Käesoleva sajandi kirjanikest ja kunstnikest võib paljusid esile tõsta, kelle looming kuulub rahvusvahelisse klassi. Kirjanik Jaan Kross'i romaanid on tõlgitud mitmesse keelde. Vanema põlve kirjanikest tuleb mainida Anton Hansen Tammsaare't, Eduard Vilde't, Karl August Hindrey'd, August Gailit'it. Väärib esiletõstmist ka luuletajate Gustav Suits'u ja Marie Under'i kõrgeklassiline looming. Rahvusvaheliselt tuntud ja hinnatud on eesti graafik Eduard Viiralt.

Paljude noorema põlve eesti kirjanike, kunstnike ja teadlaste saavutused on tunnustust leidnud kogu maailmas.

Ema süda

Üks paigake siin ilmas on,
kus varjul truudus, arm ja õnn;
kõik, mis nii harv siin ilma peal,
on pelgupaiga leidnud seal.

Kas ema südant tunned sa?
Nii õrn, nii kindel, muutmata,
ta sinu rõõmust rõõmu näeb,
su õnnetusest osa saab.

(Lydia Koidula   1843-1886)

299

Vocabulary

alles	first, only, left (over)
arm, -u, -u, -e [= armastus]	love
eestikeel/ne, -se, -set, -seid	Estonian (language) [adj.]
esile tõst/ma, -a;	to emphasize, give special attention to
tõstan esile, esile tõstetud	
esiletõstmi/ne, -se, -st, -si	emphasis, special attention
graafik, -u, -ut, -uid	graphic artist
harv, -a, -a, -u	rare
hili/ne, -se, -st, -seid	late, recent
hindama, hinnata, hindan, hinnatud	to value, admire
igal pool	everywhere
ilm(a)lik, -u, -ku, -ke	worldly, secular
ilmumi/ne, -se, -st, -si	appearance, publication
inimkon/d, -na, -da, -di	humanity
iseteadvus, -e, -t, -i	self-consciousness
keskpaiku	in the middle of
kind/el, -la, -lat, -laid	sure, secure
kirjanikest [= kirjanikkudest]	of writers
kirjelda/ma, -da, -n, -tud	to describe
klass, -i, -i, -e	class
kogu, -, -, -sid	collection
kogune/ma, -da, -n, -tud	to gather
kokku sead/ma, -a;	to assemble, bring together
sean kokku, kokku seatud	
kultuurivara, -, -, -sid	cultural riches
kunstnikest [= kunstnikkudest]	of artists
kuueteistkümnes sajand	sixteenth century (1500's)
kõla/ma, -da, -n, -tud	to resound
kõrgeklassili/ne, -se, -st, -si	high-class
käesolev, -a, -at, -aid	current, this
lauluisa, -, -, -sid	father of song
laulu/pidu, -peo or -pidu, -pidu, -pidusid	song festival
ligi [= peaaegu]	almost, nearly
lisa, -, -, -sid	addition
looming, -u, -ut, -uid	creation, work
lugulaul, -u, -u, -e	epic song
luule, -, -t	poetry
luuletaja, -, -t, -id	poet
maini/ma, -da, -n, -tud	to mention
minevik, -u, -ku, -ke	the past
mitmed	several
muinas-	ancient
muutmata	unchanged, unchanging
möödu/ma, -da, -n, -tud	to pass, go by
nimetatud	(above)mentioned
osa saa/ma, -da, saan osa, osa saadud	to share, partake
paik, paiga, paika, paiku	place, location
peami/ne, -se, -st, -si	main
pelgupai/k, -ga, -ka, -ku	sanctuary, retreat
põlv, -e, -e, -i	knee, generation
pärand, -i, -it, -eid	heritage

300

rahvaeepos, -e, -t, -eid	national epic
rahvaluule, -, -t, -sid	folk poetry
rahvuslik, -u, -ku, -ke	national
rahvusvaheli/ne, -se, -st, -si	international
saavutus, -e, -t, -i	achievement
sajand, -i, -it, -eid	century
salv, -e, -e, -i	bin, storehouse
sisu, -, -, -sid	content
suuli/ne, -se, -st, -si	oral
suut/ma, -a, suudan, suudetud	to manage, be able
tagant [= järele]	after
teadla/ne, -se, -st, -si	scientist
tekki/ma, -da, tekin, tekitud	to arise, emerge
tol ajal	at that time
truudus, -e, -t, -i	loyalty
trükis ilmuma	to be published
trükki/ma, -da, trükin, trükitud	to print
tunnustus, -e, -t, -i	recognition
tõlketeos, -e, -t, -eid	translation, translated work
tõlki/ma, -da, tõlgin, tõlgitud	to translate
usklik, -u, -ku, -ke	religious, believing
usuli/ne, -se, -st, -si	religious
vaimustus, -e, -t, -i	rapture, enthusiasm
varjul	hidden, protected
vägi/tegu, -teo, -tegu, -tegusid	great deed
vääri/ma, -da, -n, -tud	to merit, deserve
väärtuslik, -u, -ku, -ke	worthy, valuable
õitsele pääsema [= lööma]	to blossom
õrn, -a, -a, -u	frail, tender
ärkamis/aeg, -aja, -aega, -aegu	time of awakening, renaissance
üles kirjuta/ma, -da;	to write down
kirjutan üles, üles kirjutatud	
ümber tööta/ma, -da;	to revise
töötan ümber, ümber töötatud	

Exercises

1. *Give an example of the weak grade that corresponds to each strong grade word listed below:* kepp, linn, sada, rida, õde, vend, lambad, viis, viga, käsi, päev, poeg, sulg, põld, juht, sõpradel, nahk, silm;
    hakkan, rääkida, laulma, õppida, lugesin, pidama, tundsin, teadsin, oskan, ruttan, karjuda.

Examples: kepp > kepi; hakkan > hakata

2. *Give an example of the strong grade that corresponds to each weak grade word in the list:* kääne, hammas, mõte, rikas, kased, mäed, käed, lehest;
    tunnen, laulame, teavad, võtan, tahame, osata, naeran, alates, vaadanud.

3. *For each of the following words, form (a) the partitive plural, (b) the adessive -i plural, (c) the partitive singular, and (d) the adessive -de plural:* raamat, hammas, pliiats, maja, aken, põrand, rikas, õhtu, hommik, eestlane, kirjanik, suur, uus, puhas, valge, punane, kollane, armas, kallis.

Examples: raamatuid, raamatuil, raamatut, raamatutel
hambaid, hambail, hammast, hammastel

4. *Construct the -i plural form for each of the following cases:* rikastel meestel, vanades majades, armsatele lastele, vaestest inimestest, uutel õpilastel, suurtes linnades, kallitelt sugulastelt, pikkadest juttudest, noortel kirjanikkudel ja kunstnikkudel, eestlastest ja ameeriklastest, ilusatesse tüdrukutesse, tugevatel kätel.

Expressions

Perekond	Family
Esivanemad. Vanemad.	Ancestors. Parents.
Vanaisa. Vanaema.	Grandfather. Grandmother.
Isa. Ema. Laps(ed).	Father. Mother. Child(ren).
Poeg. Tütar. Vend. Õde.	Son. Daughter. Brother. Sister.
Kasuisa. Kasuema. Kasulaps.	Foster father. Foster mother. Foster child.
Äi. Ämm.	Father-in-law. Mother-in-law.
Väimees. Minia.	Son-in-law. Daughter-in-law.
Onu. Lell. Tädi. Sõtse.	Uncle (mother's brother). Uncle (father's brother). Aunt (mother's sister). Aunt (father's sister).
Sugulane. Kodurahu.	Relative. Domestic tranquility.
Abielu. Abielluma.	Marriage. To marry.
Ma abiellun.	I am getting married.
Abikaasa. Mees. Naine.	Spouse. Husband. Wife.
Kihlus. Laulatus. Pulmad.	Engagement. Marriage ceremony. Wedding (feast).
Pruut. Peigmees.	Fiancée or bride. Fiancé.
Kihlasõrmus. Laulatussõrmus.	Engagement ring. Wedding ring.
Mesinädalad. Pulmareis.	Honeymoon (period). Honeymoon trip.
Hõbepulm. Kuldpulm.	Silver wedding. Gold wedding.
Abielus. Vallaline.	Married. Unmarried.
(Abielu)lahutus. Lein.	Divorce. Mourning.
Lahutatud. Lesk.	Divorced. Widow(er).
Ristsed. Ristiema. Ristiisa.	Baptism. Godmother. Godfather.
Leer. Leerilaps [Leeriõpilane].	Confirmation. Confirmee.

Answers to Exercises

1. kepi, linnad, saja, rea, õe, venna, lammas, viie, vea, käe, päevad, poja, sule, põllu, juhi, sõbral, nahal, silmad;
   hakata, räägin, laulda, õpin, loen, pean, tunnen, tean, osanud, rutata, karjun.

2. käände, hamba, mõtte, rikka, kask, mägi, kätt, leht;
   tundma, laulma, teadma, võtta, tahtma, oskama, naerma, algama, vaatama.

3.
raamatuid	raamatuil	raamatut	raamatutel
hambaid	hambail	hammast	hammastel
pliiatseid	pliiatseil	pliiatsit	pliiatsitel
maju	majul	maja	majadel

aknaid	aknail	akent	akendel
põrandaid	põrandail	põrandat	põrandatel
rikkaid	rikkail	rikast	rikastel
õhtuid	õhtuil	õhtut	õhtutel
hommikuid	hommikuil	hommikut	hommikutel
eestlasi	eestlasil	eestlast	eestlastel
kirjanikke	kirjanikel	kirjanikku	kirjanikkudel
suuri	suuril	suurt	suurtel
uusi	uusil	uut	uutel
puhtaid	puhtail	puhast	puhastel
valgeid	valgeil	valget	valgetel
punaseid	punaseil	punast	punastel
kollaseid	kollaseil	kollast	kollastel
armsaid	armsail	armsat	armsatel
kalleid	kalleil	kallist	kalli(s)tel

4. rikkail mehil, (vanus majus), armsaile lapsile, vaeseist inimesist, uusil õpilasil, (suuris linnus), kalleilt sugulasilt, pikist jutest, nooril kirjanikel ja kunstnikel, eestlasist ja ameeriklasist, ilusaisse tüdrukuisse, tugevail käsil.

Lesson 39

Grammar

Derivatives

§ 384. A derivative refers to a word that is formed from another, e.g. 'owner' from the verb 'to own'. Estonian is rich in so-called suffix derivatives, which are formed by adding certain endings onto words. Some of the most common derivative endings for forming nouns, adjectives, and verbs are presented below.

Noun Derivatives

§ 385. a) *People*:

-ja: This derivative suffix is added to the stem of the verb's -ma infinitive (§327-329 in Lesson 35) and indicates the agent of the verb's action, as well as an occupation. It corresponds to endings like -er, -or, -ant in English. Examples: **algaja** 'beginner', **esindaja** 'representative', **kõneleja** 'speaker', **kuulaja** 'listener', **osavõtja** 'participant', **pärija** 'inheritor', **tunnistaja** 'witness', **valija** 'voter', **valitseja** 'ruler', **õmbleja** 'seamstress', **õpetaja** 'teacher'.

-ur: This signifies someone whose job or habit it is to do something. Examples: **kalur** 'fisherman', **kujur** 'sculptor', **laekur** 'treasurer', **lendur** 'flyer', **sõdur** 'soldier', **valvur** 'guard'. Note that this suffix appears even in words that denote objects: **kahur** 'cannon', **tegur** 'factor', **tööstur** 'industrialist', **vedur** 'locomotive'.

-nik: This indicates a person with some kind of constant employment or an enduring situation. Examples: **ametnik** 'official', **kirjanik** 'writer', **kunstnik** 'artist', **kohtunik** 'judge', **elanik** 'inhabitant', **kodanik** 'citizen', **põgenik** 'refugee'. Note occasional applications to inanimate substances: **hapnik** 'oxygen', **vesinik** 'hydrogen'.

-ik: **isik** 'person(age)', **imik** '(suckling) infant', **lemmik** or **soosik** 'pet, favorite', **saadik** 'envoy, delegate', **teisik** 'double', **võhik** 'layman'.

-lane: This indicates a person of a certain nationality, residence, or occupation. Examples: **eestlane** 'Estonian', **ameeriklane** 'American', **soomlane** 'Finn', **tartlane** 'inhabitant of Tartu', **linlane** 'town dweller', **pagulane** 'exile', **sugulane** 'relative', **õpilane** 'student', **teadlane** 'scientist', **kaaslane** 'companion, follower'. Note also: **kangelane** 'hero', **karsklane** 'teetotaler', **süüdlane** 'culprit'.

-line: **abiline** 'assistant', **külaline** 'visitor', **tööline** 'worker'.

-nna, -tar: These indicate either the female counterpart or the wife of the man which the root word describes. Examples: **eestlanna** 'Estonian woman', **ameeriklanna** 'American woman', **lauljanna** or **lauljatar** 'songstress', **müüjanna** 'saleslady', **sõbranna** or **sõbratar** '(female) friend', **tantsijanna** or **tantsijatar** '(female) dancer', **kaunitar** 'beauty', **kuninganna** 'queen' (**kuningas** 'king'), **krahvinna** 'countess' (**krahv** 'count').

304

§ 386. b) *Action* or *result* of action:

-mine: This is added to the stem of the -ma infinitive (§331 in Lesson 35) and indicates the action of the verb in the most general sense. It corresponds to -ing in English. For example: **laulmine** 'singing', **võimlemine** 'tumbling (gymnastics)', **lugemine** 'reading'.

-us: When added to a verb stem, this indicates an action or the result of an action. For example: **kasvatus** 'upbringing' (kasvatama 'to bring up, raise'), **armastus** 'love' (armastama 'to love'), **võitlus** 'struggle', **arvamus** 'opinion', **harjutus** 'practice', **ettevaatus** 'carefulness' (ette vaatama 'to be careful'), **suudlus** 'kiss', **lubadus** 'promise', **haridus** 'education', **igatsus** 'longing', **luuletus** 'poem', **kaotus** 'loss'.

-is: This indicates the result of an action. For example: **keedis** 'preserves', **küpsis** 'pastry, cookie', **kivistis** 'fossil', **leiutis** 'invention'.

-e: **hüpe** 'jump' (hüppama 'to jump'), **palve** 'prayer, request' (palvetama 'to pray', paluma 'to beg'), **mõte** 'thought', **tunne** 'feeling', **tõlge** 'translation', **vanne** 'oath', **valve** 'guard duty'.

-ng: **loeng** 'lecture', **istung** 'session', **leping** 'contract'.

-k: **sissetulek** 'income', **väljaminek** 'expense', **sissekäik** 'entrance', **kojutulek** 'homecoming', **üleminek** 'transition'.

§ 387. *Abstract* concepts:

-us: This is added to an adjective stem. For example: **tarkus** 'wisdom' (tark 'wise'), **rumalus** 'ignorance', **noorus** 'youth', **selgus** 'clarity', **pikkus** 'length', **laius** 'width', **vanus** 'age', **valgus** 'light' (valge 'white'). Note: **ainsus** 'singular(ity)', **mitmus** 'plural(ity)', **sõprus** 'friendship'.

-dus: **vabadus** 'freedom', **vanadus** 'old age', **iludus** 'beauty', **truudus** 'faithfulness'.

§ 388. *Place, group, area*:

-la: **haigla** 'hospital', **söökla** 'diner', **suvila** 'summer house', **vangla** 'prison', **võimla** 'gymnasium'.

-stik: **sõnastik** 'dictionary, glossary', **tähestik** 'alphabet', **laevastik** 'fleet' (laev 'ship'), **maastik** 'landscape', **mäestik** 'mountain range'.

-kond: **ühiskond** 'society', **seltskond** 'company (of people)', **inimkond** 'humanity, human race', **õhkkond** 'atmosphere' (õhk 'air'), **keskkond** 'environment', **teaduskond** '(academic) department' (teadus 'knowledge').

-ndus: **kaubandus** 'commerce' (kaup, *gen.* kauba 'ware'), **kaevandus** 'mine' (kaevama 'to dig'), **ühendus** 'union, connection'.

-ik: **kaasik** 'birch grove' (kask 'birch'), **kuusik** 'spruce grove' (kuusk 'spruce'), **männik** 'pine grove' (mänd 'pine, fir'), **lepik** 'alder grove' (lepp 'alder').

§ 389. Diminutives:

-ke(ne): This indicates a small form of the basic noun, or an attitude of endearment (See §54-57 in Lesson 10). Examples: **emake** 'little mother, mommy', **lillekene** 'little flower'.

Adjective Derivatives

§ 390. a) References to *material, place, time, manner*:

-ne: This derivative suffix is added to a noun or adverb and corresponds to -en, -ful, -y in English. Examples: **Kuldne** kesktee 'The *golden* middle way' (kuld 'gold'). **Kuldne** süda 'A heart *of gold*'. **Raudne** tervis 'An *iron* constitution' (raud 'iron'). **Villane** riie '*Woollen* cloth'. **Liivane** tee 'A *sandy* road'. **Rasvane** hani 'A fat [*greasy*] goose' (rasv 'fat, grease'). **Tänane** ajaleht '*Today's* newspaper' (täna 'today'). **Eilne** '*Yesterday's*' (eile 'yesterday'). **Homne** '*Tomorrow's*' (homme 'tomorrow'). **Moodne** noorus '*Modern* youth'. **Praegune** aeg 'The *current* time' (praegusel ajal 'these days'). Kolmekümne-**aastane** mees 'A thirty-*year-old* man'. **Igavene** elu '*Eternal* life'. **Patune** inimene 'A *sinful* person'. Meie **ühine** sõber 'Our *mutual* [common, joint] friend'.

§ 391. b) Different *characteristics*:

-line: This is usually added to the genitive form of a noun. Examples: **keeleline** 'linguistic' (keel 'language', *gen.* keele), **ruuduline** 'square, checkered, plaid' (ruut 'square', *gen.* ruudu), **tumedajuukseline** 'dark-haired'. Note: **omavaheline** tüli 'internal dispute', **tehniline** saavutus 'technological achievement'.

-lik: **Mehelik** '*Manly*'. **Naiselik** '*Ladylike*'. **Pidulik** silmapilk 'A *festive* moment'. **Imelik** lugu! '*Peculiar* story!' **Kirjalik** teadaanne '*Written* notification'. **Avalik** saladus 'An *open* secret'. **Ekslik** arvamus '*Mistaken* opinion'. **Piinlik** olukord 'A *painful* [awkward] situation'. **Usklik** inimene 'A *believing* [religious] person'. **Südamlik** tänu 'A *hearty* [heartfelt] thank-you'.

-kas: This is added to the genitive form of the noun. Examples: **vaimukas** 'spirited, clever' (vaim 'spirit', *gen.* vaimu), **töökas** 'hard-working', **andekas** 'talented', **sarmikas** 'charming', **naljakas** 'funny' (nali 'joke', *gen.* nalja). Note: **punakas** 'reddish', **sinakas** 'bluish', **hapukas** 'somewhat sour'.

§ 392. c) *Lack of certain traits*:

-tu: This is added to the genitive form of the noun or to the -ma infinitive of the verb. **Muretu** elu 'A *worry-free* life'. **Südametu** tegu '*Heartless* deed'. **Valutu** operatsioon '*Painless* operation'. **Alusetu** kuuldus '*Baseless* rumor'. **Süütu** nali '*Innocent* joke'. **Surematu** hing '*Immortal* soul' (surema 'to die'). **Tundmatu** suurus '*Unknown* size' (tundma 'to know, be acquainted with'). **Tundmatu** sõduri haud 'The tomb of the *unknown* soldier'. **Saamatu** katse 'A *clumsy* effort' (saama 'to get, be able'). See on **lubamatu** tegu! 'That is an *impermissible* act!'

In some cases, however, **-tu** indicates the *presence* of a certain trait rather than its absence. Examples: **kahvatu** 'pallid' (kahv 'pale'), **alatu** 'low, ignoble' (ala- 'sub-').

306

Verb Derivatives

§ 393. a) *Causative* verbs:

-ta- (-da-): When this element is added to the end of the stem of an intransitive verb, the verb becomes transitive. That is, it changes from a verb that has no object receiving the action to one that directs the action toward an object. Compare the following pairs of verbs:

ripun	'I hang (by myself)'	>	**riputan** 'I hang up (something)'
liigun	'I move (around)'	>	**liigutan** 'I move (something)'
ärkan	'I wake'	>	**äratan** 'I wake (someone)'
kaon	'I disappear'	>	**kaotan** 'I lose (something)'
arenen	'I develop (myself)'	>	**arendan** 'I develop (something)'
kustun	'I fade out'	>	**kustutan** 'I turn off, erase (something)'

Sometimes there is a -sta- or -t- instead of a -ta- or -da-: **vabastama** 'to free (someone)' (vabanema 'to become free'), **söötma** 'to feed (someone)' (sööma 'to eat').

§ 394. b) *Reflexive* verbs:

-u-: This element at the end of a verb stem indicates that the action of the verb is directed back at the subject. Compare the following pairs:

muutma	'to change (something)'	>	**muutuma** 'to change (oneself)'
tõmbama	'to pull (something)'	>	**tõmbuma** 'to pull (oneself)'
kordama	'to repeat (something)'	>	**korduma** 'to be repeated'
kohtama	'to meet (someone)'	>	**kohtuma** 'to meet (with someone)'
viskama	'to throw (something)'	>	**viskuma** 'to throw oneself'
ärritama	'to irritate'	>	**ärrituma** 'to get irritated'

§ 395. c) *Translative* verbs:

-ne-: This is added to the end of the stem of a noun or adjective, to indicate the subject's transition from one state to another. Examples: **kodunema** 'to adapt, feel at home' (kodu 'home'), **järgnema** 'to follow' (järg 'sequence'), **võlgnema** 'to owe' (võlg 'debt'), **tugevnema** 'to get stronger' (tugev 'strong'), **suurenema** 'to get bigger' (suur 'big'), **lühenema** 'to get shorter' (lühike 'short'), **pikenema** 'to get longer' (pikk 'long').

§ 396. d) *Momentary* verbs:

-ata-: Adding this to the end of the verb stem indicates a sudden, unexpected action. Compare the following pairs: **karjuma** 'to shout' > **karjatama** 'to cry out'; **seisma** 'to stand' > **seisatama** 'to come to a halt'.

Constructions with *eba-*

§ 397. Putting the prefix **eba-** at the beginning of a word gives it the opposite meaning. This corresponds to elements like un- (as in *un*natural), in-, im-, dis-, or mis- in English. Compare the following: aus 'honest' > **ebaaus** 'dishonest', harilik 'usual' >

ebaharilik 'unusual', oluline 'important' > **ebaoluline** 'unimportant', mugav 'comfortable' > **ebamugav** 'uncomfortable', viisakas 'polite' > **ebaviisakas** 'impolite', õiglane 'just' > **ebaõiglane** 'unjust', õnn 'fortune' > **ebaõnn** 'misfortune'.

Note: õnnestuma 'to come off, succeed' > **ebaõnnestuma** 'to go awry, fail', jumal 'god' > **ebajumal** 'idol', usk 'faith' > **ebausk** 'superstition'.

Text
Eesti keel ja teised keeled

Eesti keel kuulub soome-ugri keelte hulka. Sellesse keeltegruppi kuuluvad veel soome ja ungari keel ja rida teisi, vähem tuntud keeli. Eestlaste lõunanaabrite lätlaste keel ei ole aga eesti keelega üldse sugulane. Läti keel koos leedu keelega moodustavad nn. (niinimetatud) balti keelte grupi, mis omakorda kuulub suurde indoeuroopa keeltegruppi. Ka inglise keel kuulub indo-euroopa keelte hulka, samuti nagu suurem osa teisi euroopa keeli.

Eriti lähedalt on eesti keel sugulane soome keelega. Nii sõnavaras kui ka grammatikas on mõlemal keelel palju ühist. Tuleb aga meeles pidada, et ühise päritoluga sõnad on eesti keeles sageli palju suuremal määral <<kulunud>> ja seepärast lühemad kui soome keeles. Nii on eesti keeles kadunud lõpphäälik sellistes sõnades nagu *jalg* -- võrdle: soome *jalka*, eesti *mets* -- soome *metsä*, *üks* -- *yksi*, *kaks* -- *kaksi*, *eile* -- *eilen* jt. (ja teised). Ka käänamises on soome lõpud pikemad, näiteks *kaugest metsast* kõlab soome keeles *kaukaisesta metsästä*. Paljudel juhtudel eraldab eesti keelt soome keelest vaid väike erinevus hääldamises, näit. (näiteks) eesti *isa* -- soome *isä*, *mina* -- *minä*, *sõna* -- *sana*, *jõgi* -- *joki*, *töö* -- *työ*. Selliseid näiteid võib tuua sadu.

Võib ka juhtuda, et mõni sõna tähendab eesti keeles ühte asja, kuid soome keeles hoopis midagi muud. Eesti *sulane* on inglise keeles 'farm hand', kuid soome *sulhanen*, mis on sama päritoluga, on parema tähendusega: 'fiancé'. Eesti keeles tähendab *siunata* 'to curse', soome keeles aga sama sõna *siunata* tähendab 'to bless'. Selliseid nähtusi esineb sageli lähedastes sugulaskeeltes. Eks näiteks rootslanegi võib asjast valesti aru saada, kui taanlane või norralane talle ütleb 'ta det roligt [take it easy]'--'rolig' tähendab nimelt taani ja norra keeles *rahulik*, kuid rootsi keeles sama sõna tähendab *tore*, ka *naljakas, lõbus*.

Mõningate erinevuste peale vaatamata on eesti ja soome keel väga lähedased ja tundes ühte keelt on kerge ära õppida teist keelt.

Eesti keel ja rootsi keel ei ole küll omavahel sugulased, kuid neil on siiski rohkem ühiseid elemente kui tavaliselt arvatakse. Nii eestlased kui ka rootslased on elanud Läänemere kallastel tuhandeid aastaid. Selle aja jooksul on mõlemal rahval olnud teineteisega palju kokkupuuteid. Eesti keeles leidub terve rida laensõnu rootsi keelest, mis on eesti keelde tulnud peamiselt Eesti saartel elanud rootslaste vahendusel. Kuid see pole veel kõik. Me leiame suure hulga ühiseid sõnu, mis mõlemal keelel on laensõnad alam-saksa keelest. Paljudel juhtudel on raske ütelda, kas üks või teine sõna on tulnud eesti keelde otse alam-saksa keelest või rootsi keele kaudu. Teatavasti oli alam-saksa keel hilisel kesk-ajal (Hansa Liidu ajal) tähtsaks kaubanduskeeleks Põhja-Euroopas. Peale selle on eesti keeles ja ka teistes soome-ugri keeltes rida igivanu laensõnu muinas-germaani keelest.

Toome allpool näiteid selliste sõnade kohta, mis on ühised nii eesti kui ka rootsi keelele. Vahel kirjutatakse või hääldatakse neid sõnu kummaski keeles vähe erinevalt, kuid pole raske ära tunda, et sõnad on ühise algupäraga.

Nii näiteks tähistavad eesti ja rootsi keeles ühte ja sama asja järgmised sõnad: just, ju, säng, torn, lärm, ring, särk, sama (rootsi keeles samma), paar (par), klaar (klar), rott (råtta), riik (rike), rikas (rik), tursk (torsk), köök (kök), kokk (kock), muld (mull), näkk (näck), kelk (kälke), kepp (käpp), ämber (ämbar), taldrik (tallrik), tünn (tunna), kann (kanna), nõel (nål), märkama (märka), praalima (prala), röövima (röva). Võrdle ka: kraav (grav), kuld (guld), kardin (gardin), pilt (bild), pood (bod), pluus (blus), plika (flicka), tuvi (duva), värske (färsk), sohva (soffa), tuhvel (toffel), kohver (koffert), peegel (spegel), lips (slips), tumm (stum), torm (storm), rand (strand) jm. (ja muud).

Leidub ka sõnu, mis on väliselt sarnased, kuid tähendavad eri asju. Siin on tegemist juhusliku kokkusattumusega. Vaadelgem näiteks järgmisi sõnu: arm ('wound', rootsi keeles 'arm'), arv ('quantity', rootsi keeles 'inheritance'), arg ('cowardly', rootsi keeles 'angry'), korv ('basket', rootsi keeles 'sausage'), ära ('away', rootsi keeles 'honor'), viska! ('throw!', rootsi keeles 'whisper!'). Ühtemoodi hääldatakse eesti saak 'loot' > rootsi sak 'thing', vist 'presumably' > visst 'certainly', nii 'so' > ni 'you [pl.]', öö 'night' > ö 'island', kuu 'moon' > ko 'cow'.

309

Vocabulary

alam-saksa	Low German
algupära, -, -, -sid	origin
allpool	below
elemen/t, -di, -ti, -te	element
eralda/ma, -da, -n, -tud	to differentiate, separate
eri	different, special
erinevalt	differently
erinevus, -e, -t, -i [= vahe]	difference
esine/ma, -da, -n, -tud	to occur, perform
euroopa	European
grammátika, -, -t, -id	grammar
grup/p, -i, -pi, -pe	group
Hansa Liit	Hanseatic League
hulka kuulu/ma, -da;	to belong to, be part of
kuulun hulka, hulka kuulutud	
igivan/a, -a, -a, -u	ancient
indo-euroopa	Indo-European
jt. (ja teised)	etc. (and others)
juhuslik, -u, -ku, -ke	coincidental
kaubandus, -e, -t, -i	commerce
kauge, -, -t, -id	distant
keeltegrup/p, -i, -pi, -pe	language family
kesk-aeg	Middle Ages
kokkupuu/de, -te, -det, -teid	contact
kokkusattumus, -e, -t, -i	concurrence
korv, -i, -i, -e	basket
kulu/ma, -da, -n, -tud	to wear out
käänami/ne, -se, -st, -si	declension
laensõn/a, -a, -a, -u	loan-word
leedu	Lithuanian
lii/t, -du, -tu, -te or -tusid	league, union, alliance
lõpphäälik, -u, -ut, -uid	final sound
lõunanaab/er, -ri, -rit, -reid	southern neighbor
lähedalt	(from up) close
läti	Latvian [adj.]
lätla/ne, -se, -st, -si	Latvian [n.]
meeles pida/ma, -da;	to remember
pean meeles, meeles peetud	
moodusta/ma, -da, -n, -tud	to form, comprise
muinas-germaani	Old German
määr, -a, -a, -i	degree, extent
naljaka/s, -, -t, -id	funny
nn. (niinimetatud)	so-called
norrala/ne, -se, -st, -si	Norwegian
nähtus, -e, -t, -i	phenomenon
omakorda	in turn
omavahel	between themselves
(selle) peale vaatamata	despite (this)
pikem, -a, -at, -aid	longer
päritolu, -, -, -sid	origin
sada, saja, sada, sadu	hundred

siuna/ma, -ta, -n, -tud	to curse
soome-ugri	Finno-Ugric
sugula/ne, -se, -st, -si	relative
sugulaskeel, -e, -t, -i	related language
sula/ne, -se, -st, -seid	farm hand
suuremal määral	to a greater extent
sõnavara, -, -, -sid	vocabulary
taanla/ne, -se, -st, -si	Dane
teatavasti	as is (well) known
(siin on) tegemist	(this) involves
tähista/ma, -da, -n, -tud	to mean, signify
vaatlema, vaadelda, vaatlen, vaadeldud	to observe
vahendus, -e, -t, -i	mediation
vähem	less
väliselt	externally, on the surface
ühi/ne, -se, -st, -seid	common, joint
(palju) ühist	(much) in common
üldse (mitte)	(not) at all

Exercises

1. *Form new words with the help of derivative endings. Translate all words:*
   -ja: võimlema, laulma, õpetama, näitlema, algama;
   -ur: lendama, vedama, sõda, tööstus, valvama;
   -nik: kunst, elama, põgenema, kohtu;
   -nna: ameeriklane, eestlane, prantslane, sportlane, kuningas, näitleja
   -us: armastama, võitlema, kaotama, suudlema, igatsema, suur, pikk, rumal, tark, vana, noor, selge, raske, valge, sõber;
   -dus: vaba, hea, vana, truu;
   -la: söök, haige, suvi;
   -lik: (with nominative form) rahu, püha, rahvus, riik, kirjandus, isik, seltskond, ühiskond, kunst;
   (with genitive form) vend, õnn, naine, mees, rahvas;
   -tu: (with genitive form) mõte, abi, kord, asi, süü, õnn;
   (with -ma infinitive) tänama, oskama, lahendama, lubama, tundma.

2. *Translate and list all case forms:* A written work. Today's newspaper. A gifted writer.

3. *Translate into English:* Elu on võitlus. Ettevaatus on tarkuse ema. Ühenduses on jõud. Katsu olla noor nii kaua kui saad: vanadus tuleb niikuinii ja tüütab isegi ära [ära tüütama 'to weary or bore someone']. Välimus petab. Mis noorus kokku paneb, seda vanadus leiab. Pea oma lubadust! See on väga tähtis küsimus! Tänane kaotus valmistab ette homset võitu. Isa loeb tänast ajalehte. Kus on eilne leht? Tiivulised [tiivuline 'winged'] sõnad on sellised sõnad, mis on just ära lennanud, kui neid vaja läheb. Väike kolmeaastane laps mängib õues. Need on täiesti tundmatud inimesed. See on küll naljakas jutt! Te olete vaimukas inimene. Ole rahulik!

   Mis kella ajal sa ärkasid täna hommikul? Ärata mind homme kell pool seitse. Ma olen oma rahakoti kaotanud. Lennuk kadus metsa taha. Me tutvusime linnaga. Mu sõber tutvustas mulle oma õde.

4. *Translate the following words and form their opposites with eba- :* kindel, meeldiv, normaalne, moraalne, selge, oluline, sõbralik, täpne, õige, huvitav, sobiv, küps.

5. *Answer in Estonian the following questions about the above text:* Millisesse keeltegruppi kuulub eesti keel? Millised keeled kuuluvad nn. balti keelte gruppi? Millise keelega on eesti keel eriti lähedalt sugulane? Mis tähendab soome keeles 'jalka'? Kuidas on eesti keeles soome 'joki'? Kuidas on soome keeles 'üks, kaks, kolm'? Kas eesti ja rootsi keel on omavahel sugulased? Kui kaua on eestlased ja rootslased elanud Läänemere ääres? Mis keelest on eesti ja rootsi keelde tulnud palju ühiseid laensõnu? Nimeta mõningaid sõnu, mis tähistavad eesti ja rootsi keeles samu asju.

Expressions

Grammatika	Grammar
Kirjakeel. Kõnekeel.	Written language. Spoken language.
Lause. Pealause. Kõrvallause.	Sentence. Main clause. Subordinate clause.
Sõna. Võõrsõna. Laensõna.	Word. Foreign word. Loan-word.
Silp. Täht. Häälik.	Syllable. Letter. Sound.
Suur täht. Väike täht.	Capital letter. Small letter.
Heliline häälik. Helitu häälik.	Voiced sound. Unvoiced sound.
Täishäälik. Kaashäälik. Diftong.	Vowel. Consonant. Diphthong.
Punkt. Koma. Koolon. Semikoolon.	Period. Comma. Colon. Semicolon.
Küsi(mus)märk. Hüüumärk.	Question mark. Exclamation point.
Jutumärgid. Sulud [Klambrid].	Quotation marks. Parentheses.
Mõttekriips. Sidekriips.	Dash. Hyphen.
Lühendus. Nimisõna. Omadussõna.	Abbreviation. Noun. Adjective.
Määrsõna.	Adverb.
Arvsõna. Asesõna. Tegusõna.	Numeral. Pronoun. Verb.
Eessõna. Tagasõna.	Preposition. Postposition.
Sidesõna. Hüüdsõna.	Conjunction. Exclamation.
Meessugu. Naissugu. Kesksugu.	Masculine gender. Feminine gender. Neuter.
Ainsus. Mitmus.	Singular. Plural.
Kääne. Käänamine.	Case. Declension.
Nimetav. Omastav. Osastav.	Nominative. Genitive. Partitive.
Sisseütlev. Seesütlev. Seestütlev.	Illative. Inessive. Elative.
Alaleütlev. Alalütlev. Alaltütlev.	Allative. Adessive. Ablative.
Saav. Rajav. Olev.	Translative. Terminative. Essive.
Kaasütlev. Ilmaütlev.	Comitative. Abessive.
Pööramine.	Conjugation (of a verb).
Olevik. Tulevik.	Present tense. Future tense.
Minevik. Lihtminevik.	Past tense. Imperfect tense.
Täisminevik. Enneminevik.	Perfect tense. Past perfect tense.
Kindel kõneviis. Tingiv kõneviis.	Indicative. Conditional.
Käskiv kõneviis. Kaudne kõneviis.	Imperative. Oblique mode.
Jaatav kõne. Eitav kõne.	Affirmative. Negative.
Algvõrre. Keskvõrre. Ülivõrre.	Positive. Comparative. Superlative.
Põhiarv. Järgarv. Murdarv.	Cardinal number. Ordinal number. Fraction.
Alus. Öeldis. Sihitis.	Subject. Predicate. Object.
Määrus. Täiend. Lisand.	Adverbial phrase. Complement. Apposition.

Answers to Exercises

1. võimlema 'to do gymnastics' > võimleja 'gymnast', laulma 'to sing' > laulja 'singer', õpetama 'to teach' > õpetaja 'teacher', näitlema 'to act' > näitleja 'actor', algama 'to begin' > algaja 'beginner';

lendama 'to fly' > lendur 'flyer', vedama 'to haul' > vedur 'locomotive', sõda 'war' > sõdur 'soldier', tööstus 'industry' > tööstur 'industrialist', valvama 'to guard' > valvur 'guard';

kunst 'art' > kunstnik 'artist', elama 'to live' > elanik 'resident', põgenema 'to flee' > põgenik 'refugee', kohtu 'court' > kohtunik 'judge';

ameeriklane 'American' > ameeriklanna 'American woman', eestlane 'Estonian' > eestlanna 'Estonian woman', prantslane 'Frenchman' > prantslanna 'Frenchwoman', sportlane 'athlete' > sportlanna 'female athlete', kuningas 'king' > kuninganna 'queen', näitleja 'actor' > näitlejanna 'actress';

armastama 'to love' > armastus 'love', võitlema 'to struggle' > võitlus 'struggle', kaotama 'to lose' > kaotus 'loss', suudlema 'to kiss' > suudlus 'kiss', igatsema 'to yearn' > igatsus 'yearning', suur 'big' > suurus 'size', pikk 'long' > pikkus 'length', rumal 'foolish' > rumalus 'foolishness', tark 'wise' > tarkus 'wisdom', vana 'old' > vanus 'age', noor 'young' > noorus 'youth', selge 'clear' > selgus 'clarity', raske 'heavy' > raskus 'weight', valge 'white' > valgus 'light', sõber 'friend' > sõprus 'friendship';

vaba 'free' > vabadus 'freedom', hea 'good' > headus 'goodness', vana 'old' > vanadus 'old age', truu 'loyal' > truudus 'loyalty';

söök 'food' > söökla 'diner', haige 'sick' > haigla 'hospital', suvi 'summer' > suvila 'summer cottage';

rahu 'peace' > rahulik 'peaceful, calm', püha 'holiday' > pühalik 'sacred', rahvus 'nationality' > rahvuslik 'national', riik 'state' > riiklik 'state' [*adj.*], kirjandus 'literature' > kirjanduslik 'literary', isik '(an) individual' > isiklik 'individual, personal', seltskond 'company' > seltskondlik 'social', ühiskond 'community' > ühiskondlik 'communal', kunst 'art' > kunstlik 'artificial', vend 'brother' > vennalik 'brotherly', õnn 'happiness' > õnnelik 'happy', naine 'woman' > naiselik 'ladylike', mees 'man' > mehelik 'manly', rahvas 'people' > rahvalik 'popular';

mõte 'thought' > mõttetu 'thoughtless', abi 'help' > abitu 'helpless', kord 'order' > korratu 'disorderly', asi 'thing' > asjatu 'pointless', süü 'guilt' > süütu 'innocent', õnn 'happiness' > õnnetu 'unhappy', tänama 'to thank' > tänamatu 'unthankful', oskama 'to be able' > oskamatu 'incompetent', lahendama 'to solve' > lahendamatu 'unsolvable', lubama 'to permit' > lubamatu 'impermissible', tundma 'to know' > tundmatu 'unknown'.

2.

(üks) kirjalik töö	tänane ajaleht	andekas kirjanik
(ühe) kirjaliku töö	tänase ajalehe	andeka kirjaniku
(üht(e)) kirjalikku tööd	tänast ajalehte	andekat kirjanikku
(ühesse) kirjalikusse töösse/	tänasesse ajalehesse/	andekasse kirjanikusse/
(ühte) kirjalikku töhe	tänasesse ajalehte	andekasse kirjanikku
(ühes) kirjalikus töös	tänases ajalehes	andekas kirjanikus
(ühest) kirjalikust tööst	tänasest ajalehest	andekast kirjanikust
(ühele) kirjalikule tööle	tänasele ajalehele	andekale kirjanikule
(ühel) kirjalikul tööl	tänasel ajalehel	andekal kirjanikul
(ühelt) kirjalikult töölt	tänaselt ajalehelt	andekalt kirjanikult
(üheks) kirjalikuks tööks	tänaseks ajaleheks	andekaks kirjanikuks
(ühe) kirjaliku tööna	tänase ajalehena	andeka kirjanikuna
(ühe) kirjaliku tööni	tänase ajaleheni	andeka kirjanikuni
(ühe) kirjaliku tööga	tänase ajalehega	andeka kirjanikuga

3. Life is a struggle. Caution is the mother of wisdom. In unity there is strength. Try to be young as long as you [sing.] can; old age will come anyway and will even weary you. (External) Appearance is deceiving. What youth gathers together, old age will find. Keep your [sing.] promise! This is a very important question! Today's defeat will prepare tomorrow's victory. Father is reading today's newspaper. Where is yesterday's newspaper? Winged words are the kind of words that have just flown away, when they're needed. A [The] little three-year-old child is playing outside. These are totally unknown people. That sure is a funny story! You [pl.] are a spirited person. (You [sing.]) Be calm!
At what time did you [sing.] wake up this morning? (You [sing.]) Wake me tomorrow at six thirty. I have lost my wallet. The airplane disappeared behind the woods. We got acquainted with the town. My friend introduced his/her sister to me.

4. kindel 'secure' -- ebakindel 'insecure', meeldiv 'pleasant' -- ebameeldiv 'unpleasant', normaalne 'normal' -- ebanormaalne 'abnormal', moraalne 'moral' -- ebamoraalne 'immoral', selge 'clear' -- ebaselge 'unclear', oluline 'important' -- ebaoluline 'unimportant', sõbralik 'friendly' -- ebasõbralik 'unfriendly', täpne 'exact' -- ebatäpne 'inexact', õige 'right' -- ebaõige 'wrong', huvitav 'interesting' -- ebahuvitav 'uninteresting', sobiv 'suitable' -- ebasobiv 'unsuitable', küps 'ripe' -- ebaküps 'unripe'.

5. Eesti keel kuulub soome-ugri keeltegruppi. Niinimetatud balti keelte gruppi kuuluvad läti keel ja leedu keel. Eesti keel on eriti lähedalt sugulane soome keelega. Soome sõna 'jalka' tähendab jalg. Soome 'joki' on eesti keeles jõgi. Üks, kaks, kolm on soome keeles 'yksi, kaksi, kolmi'. Eesti keel ja rootsi keel ei ole omavahel sugulased, aga neil on palju ühiseid sõnu. Eestlased ja rootslased on elanud Läänemere ääres tuhandeid aastaid. Palju ühiseid laensõnu on tulnud eesti ja rootsi keelde alam-saksa keelest. Järgmised sõnad tähistavad eesti ja rootsi keeles samu asju: just, ju, säng, torn, lärm, ring, pilt/bild, plika/ flicka, tuvi/duva jm.

Lesson 40

Grammar

Review of Prepositions and Postpositions

I. Prepositions

§ 398. *With the genitive case:*

läbi 'through' -- läbi tule ja vee 'through fire and water'.

peale 'besides' -- peale selle 'besides this', peale kauba 'into the bargain (besides the merchandise)'.

üle 'over' -- Ta kasvab mul üle pea 'He is growing over [taller than] my head'. Me sõitsime üle silla 'We rode over the bridge'.

ümber 'around' -- ümber tule 'around the fire', käib nagu kass ümber palava pudru 'walks like a cat around hot porridge'.

§ 399. *With the partitive case:*

alla 'down' -- alla mäge 'down the mountain(side)'.

enne 'before' -- enne lõunat (e.l.) 'before noon (a.m.)', enne Kristust (e.Kr.) 'before Christ (B.C.)'.

kesk or **keset** 'amid, in the middle of' -- kesk `linna 'in the middle of town', kesk `päeva 'in the middle of the day'.

mööda 'along' -- mööda teed 'along the road', mööda tänavat 'along the street'.

piki 'along(side)' -- piki kallast 'along the shore', piki `kraavi 'alongside the ditch'.

pärast or **peale** 'after' -- pärast [peale] lõunat (p.l.) 'after noon (p.m.)', pärast Kristust (p.Kr.) 'after Christ' (A.D.)', pärast `surma 'after death'.

vastu 'against' -- vastu `seina 'against the wall', vastu `voolu 'against the current'.

§ 400. *With other cases:*

ilma 'without' (with abessive case) -- ilma minuta 'without me', ilma rahata 'without money'.

kuni 'until, up to, as far as' (with terminative case) -- kuni linnani 'as far as the town', kuni pühapäevani 'until Sunday'.

ühes or **koos** 'with, together with' (with comitative case) -- ühes vennaga 'together with Brother', koos teistega 'with others'.

315

II. Postpositions

§ **401.** *With the genitive case:*

alla - all - allt '(to) under - underneath - from under' -- (See §107 in Lesson 17.) Pole midagi uut päikese all 'There is nothing new under the sun'.

ette - ees - eest '(to) in front of - in front of - from in front of' -- (See §107 in Lesson 17.) Also note: **eest** 'for'. Võitlus olemasolu eest 'Struggle for existence'. Iga hinna eest 'For [At] any price'. Ta põgeneb vaenlase eest 'He flees before the enemy'. Tee seda minu eest 'Do it for me (in my place)'. Viie dollari eest 'for five dollars'. Üks kõigi eest ja kõik ühe eest 'One for all and all for one'.

jaoks 'for' -- Mul on midagi sinu jaoks 'I have something for you [*sing.*]'.

juurde - juures - juurest 'to - at - from'. Ma sõidan venna juurde 'I (will) drive to Brother's (place)'. Elan venna juures 'I am staying at my brother's (place)'. Sõidan ära venna juurest 'I am leaving (from) my brother's (place)'. Note: hea tervise juures 'in good health'.

järele - järel - järelt '(to) after - after - from after' -- Ma tulen raamatu järele 'I will come after [to fetch] the book'. Ta käib minu järel 'She is walking after [behind] me'. Ta kadus minu järelt 'He disappeared (from) behind me'. Note: Üks õnnetus teise järele 'One misfortune after another'. Ma igatsen sinu järele 'I long for [after] you'.

järgi 'after, according to, following' -- Avakõne järgi tuleb kontsert 'After the opening speech comes the concert'. Tegin tema õpetuse [nõuande] järgi 'I did it according to her instruction [advice]'. Minu kella järgi olete hiljaks jäänud 'According to my watch, you [*pl.*] are late'. Koon sukki vana mustri järgi 'I knit socks, following an old pattern'.

kaudu 'via, through, by means of' -- Ta sõitis Taani Malmö kaudu 'He went to Denmark via Malmö'. Posti kaudu 'By mail'.

keskele - keskel - keskelt -- '(in)to the middle - in the middle - from the middle'. Mine toa keskele! 'Go to the middle of the room' (whither?). Ta seisis toa keskel 'He stood in the middle of the room' (where?). Linna keskelt 'from the middle of town' (whence?). Note: inimeste keskel 'among people'.

kohale - kohal - kohalt '(to) above - at, above - from above'. Lennuk ilmus linna kohale 'An airplane appeared above the city'. Lennuk lendab linna kohal 'An airplane flies above the city'. Lennuk kadus linna kohalt 'An airplane disappeared from above the city'.

kohta 'about, regarding' -- Kelle kohta see käib? 'Whom is that about? [To whom does that apply?]'. Teated tema kohta 'Messages about him'. Oma vanuse kohta on ta suur 'For [In terms of] her age she is big'.

kätte - käes - käest 'to [into the hand of] - with [in the hand of] - from [out of the hand of]' -- Anna raamat minu kätte '(You [*sing.*]) Give the book to me'. Raamat on minu käes 'The book is in my possession [in my hand]'. Sain raamatu isa käest [isalt] 'I got the book from Father'. Note: Koht päikese käes 'A place in the sun'.

peale - peal - pealt 'onto - on - off' -- (See §105 in Lesson 17.) Pane raamat laua peale [lauale] '(You [*sing.*]) Put the book onto the table'. Vaas on laua peal [laual] 'The vase is on the table'. Võta lilled laua pealt [laualt] 'Take the flowers off the table'.

316

pärast 'after, on account of, for' -- ühe aasta pärast 'after one year', sinu pärast 'on account of you [*sing.*]', sellepärast 'for this reason'.

sisse - sees - seest 'into - in - out of' -- (See §105 in Lesson 17.) Note: selle aja sees 'during this time'.

taha - taga - tagant '(to) behind - behind - (from) behind' -- Ma panin käed selja taha 'I put my hands behind my back' (whither?). Ta seisab ukse taga 'He stands behind the door' (where?). Tule ukse tagant välja '(You [*sing.*]) Come out from behind the door' (whence?). Note: Ta tõusis laua tagant 'She rose from (behind) the (work/writing) table'. But: Ta tõusis lauast 'She rose from the (dining) table'.

vahele - vahel - vahelt '(to) between - between - (from) between' -- Tule istu meie vahele! '(You [*sing.*]) Come sit between us!' Maa ja taeva vahel 'Between earth and heaven'. Päike tuli pilvede vahelt välja 'The sun came out from between the clouds'. Note: Ma läksin kolonnide vahelt läbi 'I went through (between) the columns'.

vastu 'against, toward' -- Mul pole midagi selle vastu 'I have nothing against it'. Note: Ma tunnen huvi spordi vastu 'I am interested in [feel interest toward] sports'. Huvi kunsti vastu 'An interest in art'.

äärde - ääres - äärest '(to) beside - beside - (from) beside' -- (See §107 in Lesson 17.) Lähen laua äärde 'I go up to (beside) the table'. Istume mere ääres 'We sit by the sea'. Tuleme mere äärest 'We come from the seaside [from beside the sea]'.

üle 'over, about' -- Räägime selle üle [sellest] homme 'Let's talk about this tomorrow'. Nad olid tema tuleku üle väga imestunud 'They were very surprised by [over] his arrival'.

ümber 'around' -- Õpilased olid kogunenud õpetaja ümber 'The students had gathered around the teacher'.

§ 402. *With other cases:*

mööda 'along' (with partitive case) -- teed mööda [= mööda teed] 'along the way'.

alla 'down' (with elative case) -- Ta tuli trepist alla 'He came down the stairway'.

läbi 'through' (with elative case) -- kanalist läbi 'through the canal'.

peale 'since' (with elative case) -- Ma olen töötanud siin hommikust peale 'I have been working here since morning'.

saadik 'since' (with elative case) -- suvest saadik 'since last summer', mis ajast saadik? 'since when?'. Note: põlvest saadik 'up to the knee'.

Cases Governed by Verbs and Adjectives

§ 403. Verbs and adjectives, like prepositions and postpositions, require certain case forms for nouns and pronouns used with them. For example, **olenema** kellest? millest? 'to depend on whom? on what?' calls for the elative case with the **-st** suffix. (See oleneb **asjaoludest** 'That depends *on the circumstances*'.)

In some instances, it is possible to use several different case forms after the same word, e.g., jagama mida? millega? 'to divide what? by/with what?'. (Jaga **kaksteist neljaga** 'Divide *twelve by four*'.)

The section below reviews the most important instances where verbs and adjectives govern case forms. See also the relevant material in Lessons 14 (§83), 15 (§90), 18 (§111-116), 25 (§179), and 28 (§225), and recall the ways in which verbs and adjectives govern the form of -ma and -da infinitives (Lessons 21-22, §131-151).

§ 404. *Verbs*:

aitama keda? mida? 'to help': Aita **mind**! 'Help me!'.

aitab [*impersonal*] millest? 'suffices': **Sellest** aitab 'That's enough (of that)'.

armuma kellesse? millesse? 'to fall in love': Poiss armus **tüdrukusse** 'The boy fell in love with the girl'.

aru saama kellest? millest? 'to understand': Ma ei saa **sellest sõnast** aru 'I do not understand this word'.

arvestama keda? mida? (kellega? millega? in informal speech) 'to reckon with': Arvesta **seda võimalust**, et... 'Reckon with the possibility that...'.

eelistama keda? kellele? mida? millele? 'to prefer': Ma eelistan **teatrit kinole** 'I prefer the theater over the cinema'.

harjuma kellega? millega? 'to get accustomed to': Inimene harjub **kõigega** 'A person gets used to everything'.

huvi tundma kelle vastu? mille vastu? 'to be interested in': Ma tunnen huvi **selle töö** vastu 'I am interested in this work'.

imestama keda? mida? mille üle? 'to be amazed': Ma imestan su **kannatlikkust** 'I am amazed by your [*sing.*] patience'. **Mille üle** sa imestad? 'What amazes you [*sing.*]?'.

imetlema keda? mida? 'to adore': Nad imetlevad **moodsat kunsti** 'They adore modern art'.

jagama mida? millega? 'to divide': Jaga **kaksteist neljaga** '(You [*sing.*]) Divide twelve by four'.

jätkama mida? 'to continue': Me jätkame oma **tööd** 'We continue our work'.

jätkub millest? 'to suffice': **Sellest** jätkub [= aitab] 'That is enough (of that)'.

kaasa tundma kellele? millele? milles? 'to sympathize': Ma tunnen **teile** kaasa teie **leinas** 'I sympathize with you [*pl.*] in your grief'.

kadestama keda? 'to envy': Ta kadestab **sind** 'He envies you'.

kaebama kellele? mille üle? 'to complain': Ma kaeban **sulle** oma **häda üle** 'I complain to you [*sing.*] about my trouble'.

318

kahtlema kelles? milles? 'to doubt': Ma kahtlen tema **sõpruses** 'I doubt (the sincerity of) her friendship'.

keelduma millest? 'to refuse, say no to': Ta keeldus **sellest** 'He refused (to go along with) it'.

kiinduma kellesse? millesse? 'to become attached or devoted to': Õpilane kiindus oma **õpetajasse** 'The student became attached to her teacher'.

kohanema kellega? millega? 'to adjust, adapt to': Me kohanesime **ümbrusega** 'We adjusted to the surroundings'.

kohtama keda? 'to meet': Ma kohtasin **sõpra** tänaval 'I met my friend on the street'.

kohtlema keda? 'to treat, handle': See õpetaja kohtleb oma **õpilasi** sõbralikult 'This teacher treats his pupils in a friendly manner'.

kuulama keda? mida? 'to listen': Kuula **teda**! '(You [*sing.*]) Listen to her!'. Note: Kuula **sõna**! 'Obey! [*lit.*: Listen to (my) word!]'.

kuuluma kellele? millele? 'to belong to': Raamat kuulub **poisile** 'The book belongs to the boy'.

kõnelema kellest? millest? kelle üle? mille üle? 'to speak': Me kõneleme **muusikast** 'We speak of music'.

küsima kellelt? mida? 'to ask': Laps küsis **isalt**, kas... 'The child asked the father, whether...'. Me küsisime **õpetajalt nõu** 'We asked the teacher for advice'.

loobuma kellest? millest? 'to decline, renounce': Ma loobun **sellest aust** 'I decline this honor'.

lootma kellele? millele? 'to count on, put hopes in': Me kõik loodame **sinule** 'We are all counting on you [*sing.*]'.

lugu pidama kellest? millest? 'to respect': Ma pean **sinust** lugu 'I respect you [*sing.*]'.

läbi nägema kellest? millest? 'to see through': Ma näen **sust** [sinust] läbi 'I see through you [*sing.*] [I see you for what you are]'.

mõju avaldama kellele? millele? 'to influence, make an impression on': Viimane kõne avaldas **rahvale** suurt mõju 'The last speech made a big impression on the people'.

naerma kelle üle? mille üle? 'to laugh at, smile about': Kõik naersid **nalja üle** 'Everyone laughed at the joke'.

olenema kellest? millest? 'to depend on': See oleneb **asjaoludest** 'That depends on the circumstances'.

omama mida? 'to own, have': See küsimus omab **suurt tähtsust** 'This question has great importance'.

osa võtma millest? 'to take part in': Me võtsime **võistlusest** osa 'We took part in the contest'.

oskama mida? 'to know, be able': Kas te oskate eesti **keelt** 'Do you [*pl.*] know (how to speak) Estonian?'.

pettuma kelles? milles? 'to be disappointed in': Nad pettusid näitleja **mängus** 'They were disappointed in the actor's playing (of his role)'.

puudutama keda? mida? 'to touch': Ära puuduta **seda lille!** 'Don't (you [*sing.*]) touch this flower!'.

puutuma kellesse? millesse? 'to concern': See ei puutu **minusse** 'This does not concern me'.

rääkima kellest? millest?   kellega? 'to talk': Me räägime **maalist kunstnikuga** 'We talk about the painting with the artist'.

sarnanema or **sarnlema** kellega? millega? 'to resemble, be like': Poeg sarnaneb **isaga** 'The son resembles the father'.

suhtuma kellesse? millesse?   kellele? millele? 'to relate to, have an attitude toward': Kuidas te suhtute **sellesse küsimusse?** 'How do you [*pl.*] feel about [stand on] this question?'.

tegelema millega? 'to deal, be occupied with': Kas te tegelete **poliitikaga?** 'Are you [*pl.*] in [occupied with] politics?'.

tutvuma, tutvunema, or **tuttavaks saama** kellega? millega? 'to become acquainted with': Ma tutvusin **temaga** [Ma sain **temaga** tuttavaks] alles eile 'I became acquainted with him just yesterday'.

tutvustama keda? mida?   kellele? 'to introduce': Ma tutvustan **sind selle härraga** 'I shall introduce you to this gentleman'.

tänama keda? mille eest? 'to thank': Ma tänan **teid kingituse eest** 'I thank you [*pl.*] for the gift'.

uskuma keda? mida?   kellesse? millesse? 'to believe (in)': Ma usun **sind** 'I believe you [*sing.*]'. Ta usub **Jumalasse** 'She believes in God'.

valdama mida? 'to have command of': Õpilane valdab eesti **keelt** 'The student has command of the Estonian language'.

vastama kellele? millele? 'to (cor)respond': See ei vasta **tõele** 'It is not true [It does not correspond to the truth]'.

veenduma milles? 'to be convinced of': Ma olen veendunud sinu **aususes** 'I am convinced of your [*sing.*] honesty'.

võlgnema kellele? mida? 'to owe': Ma võlgnen **sulle palju tänu** 'I owe you [*sing.*] many thanks'.

§ 405. *Adjectives:*

kade kellele? (kelle peale?) 'jealous': Miks sa **mulle** kade oled? 'Why are you [*sing.*] jealous of me?'.

kasulik kellele? millele? 'useful': Võimlemine on **tervisele** kasulik 'Exercise is good [useful] for health'.

kindel kelles? milles? 'sure': Ta on oma **võidus** kindel 'He is sure of his victory'. Note: Ma olen sinule [sinu peale] kindel 'I am sure about you [*sing.*]'.

pahane kellele [kelle peale]? millele? mille üle? mille pärast? 'angry, mad': Ära ole **mulle [minu peale] selle pärast** pahane 'Don't (you [*sing.*]) be mad at me about that'.

rõõmus kelle üle? mille üle? 'happy': Ma olen rõõmus **kingituse üle** 'I am happy about the gift'.

sarnane kellega? millega? 'similar, like': Ta on emaga **sarnane** 'She is like her mother'.

teadlik millest? 'aware': Ma ei olnud **sellest** teadlik 'I was not aware of this'.

tänulik kellele? millele? mille eest? 'grateful': Me oleme **sulle** väga tänulikud **abi eest** 'We are very grateful to you [*sing.*] for the help'.

vihane [= pahane] kellele [kelle peale]? millele? mille üle? mille pärast? 'angry': Ära ole **mulle [minu peale]** vihane 'Don't (you [*sing.*]) be mad at me about that'.

Conjunctions

§ 406. Conjunctions serve to connect clauses or phrases.

aga [= **kuid**] 'but, however'
ehk 'or, that is' (Exercise 29:5)
ehkki [= **kuigi**] 'although'
enne kui 'before'
ei...ega... 'neither...nor...'
et 'that'
ja [= **ning**] 'and'
juhul kui 'in case'
kas 'if, whether'
kas...või... 'either...or...'
kui 'if, when, as'
kuigi 'though'
kuna 'since, (inasmuch) as, while'

mitte ainult...vaid ka... 'not only...but also...'
nagu 'as'
nii et 'so that'
niikaua kui 'as long as'
nii...kui (ka)... 'both...and...'
niipea kui 'as soon as'
seega [= **niisiis**] 'thus'
sel ajal kui 'while'
sellepärast et 'because'
sest 'for'
vaid 'rather'
või 'or' (Exercise 29:5, p. 201)

§ 407. Note the use of the following conjunctions:

Ma ei tea, **kas** ta tuleb **või** ei tule 'I don't know *whether* he is coming *or* not coming'.

Vend on sama vana **kui** õde 'The brother is (just) as old *as* the sister'. Ma olen vanem **kui** sina 'I am older *than* you [*sing.*]'. **Kui** sa tuled siia, võta raamat kaasa '*When* you [*sing.*] come here, take the book along'. Tee seda, **kui** sa oskad '(You [*sing.*]) Do this, *if* you can'.

321

Kuna oli juba hilja, hakkasime koju minema '*Since* it was already late, we started to go home'. Jüri istus toas ja luges, **kuna** teised poisid mängisid väljas jalgpalli 'Jüri sat indoors (in the room) and read, *while* the other boys played football outside'.

§ 408.   Common Abbreviations

a. = aastal '(in the) year': 1994. a. 'in the year 1994'
e. = ehk 'or, that is'
e.l. = enne lõunat 'a.m., in the morning'
hr. = härra 'Mister, Mr.'
jm. = ja muud 'and more; and other things'
jms. = ja muud seesugust 'and (more) such; and more of the same'
j. = järgi 'after, according to'
jne. = ja nii edasi 'and so on; etc.'
jt. = ja teised 'and others; et al.'
kl. = kell 'o'clock'; klass 'class'
lk. = lehekülg 'page [p.]'
lp. or **lgp.** = lugupeetud 'respected'
m.a. = möödunud aastal 'last year'
nn. = niinimetatud or nõndanimetatud 'so-called'
nr. = number 'number [no.]'
näit. = näiteks 'for example; e.g.'
n.ö. = nii-öelda 'so to speak'
p.l. = peale lõunat, pärast lõunat 'p.m., in the afternoon/evening'
pr. = proua 'Madam, Mrs.'
prl. = preili 'Miss'
s.a. = sel aastal 'this year': 23. augustil s.a. 'on August 23 of this year'
skp. = selle kuu päeval 'of this month': 25. skp. 'on the 25th of this month'
s.o. = see on 'that is to say; i.e.'
s.t. = see tähendab 'that means'
tel. = telefon 'telephone'
v.a. = väga austatud 'very honored'
vrd. = võrdle 'compare'
vt. = vaata 'see'

Without periods: international units of measurement, mathematical terms--**m** meeter, **g** gramm, **kg** kilogramm, **t** tonn, **l** liiter, **log** logaritm, etc.

Text

Mälestusi esimesest Eesti Majast Stockholmis

Stockholmi südalinnas, Regeringsgatan kakskümmend neli, asub neljakorruseline hoone, mille välisuksel oli kunagi silt <<AS Eesti Maja Stockholmis>>. See maja kuulus aktsiaseltsile, mille liikmeteks olid eestlased üle kogu Rootsi. Lühend AS tähendabki eesti keeles 'aktsiaselts'.

On möödunud palju aastaid sellest, kui eestlased Stockholmis tulid mõttele osta või ehitada maja, kus eesti organisatsioonid peavarju leiaksid. Kuid nagu öeldakse: <<Rooma linn ei loodud ühe päevaga>> -- nii ka Eesti Maja loomine võttis palju aega. Aastal tuhat üheksasada viiskümmend neli jõuti nii kaugele, et asutati aktsiaselts Eesti Maja, kuid maja ise osteti alles neli aastat hiljem, s.o. tuhande üheksasaja viiekümne kaheksandal aastal. Loomulikult ei lahendanud maja ostmine iseenesest veel kõiki probleeme. See oli vana ja lagunenud maja, mis hädasti vajas remonti. Oli tarvis muretseda uut kapitali parandustööde teostamiseks ja maja kordaseadmiseks. Raha selleks otstarbeks panid kohalikud eestlased ise kokku, ostes uusi Eesti Maja aktsiaid. Viimaks saabus kauaoodatud päev, kahekümne seitsmes detsember tuhat üheksasada viiskümmend kaheksa, mil Eesti Maja avati üldsusele.

Eesti Maja seltskondlikud ruumid asusid maja teisel korrusel. Seal korraldati koosolekuid, loenguid, eesti kunsti väljapanekuid -- ja ka lõbusaid pidusid ja seltskondlikke koosviibimisi. Päeval oli avatud söökla, kus Eesti Maja lahke perenaine kostitas külalisi eestipärase toiduga.

Maja teised ruumid olid välja üüritud mitmesugustele asutustele. Alumise korruse võttis enda alla suur esinduslik mööbliäri. Sissekäiguga kõrvaltänavast asusid alumisel korrusel ka eesti ajalehe toimetus ja väike eesti äri. Teistelt korrustelt leidsime eesti koguduse kantselei ja paari eesti firma kontorid. Ülemisel korrusel olid endale ruumid korda seadnud tuntud eesti üliõpilas-organisatsioonid. Peale selle oli Eesti Majja mahutatud Noortekodu, kus eesti noored koos käisid.

Peab ütlema, et Stockholmi Eesti Maja loomine oli tookord hästi õnnestunud. Maja asetses ka väga heal kohal südalinnas. Pealinna tähtsamad asutused, ärid, kaubamajad ja pangad asusid kõik nii-öelda <<käe ulatuses>>. Lähima allmaaraudteejaamani, mis asub Drottninggatanil [Kuninganna tänaval], oli vaid paari minuti tee. Seega oli maja kergesti kättesaadav kõigile eestlastele Stockholmis, vaatamata sellele, kus keegi elas.

Eesti Maja muutus kiiresti populaarseks Rootsi pealinna eestlaste hulgas, kes sageli täitsid seltskondlikke ruume viimse võimaluseni ja võtsid sinna külalistena kaasa ka oma sõpru rootslasi. Ka mujal Rootsis elunevad eestlased kasutasid Stockholmis viibides juhust külastada Eesti Maja.

See oli lugu esimesest Eesti Majast Stockholmis. Hiljem osteti uus ja suurem maja. Praegu töötab Eesti Maja Stockholmis uues avaras hoones aadressil: Wallingatan 34.

Vocabulary

aktsia, -, -t, -id	share (of stock)
aktsiaselts, -i, -i, -e	corporation [*lit.*: stock association]
allmaaraudteejaam, -a, -a, -u	subway station
avar, -a, -at, -aid	roomy, spacious
eestipära/ne, -se, -st, -seid	characteristically Estonian, Estonian-style
elune/ma, -da, -n, -tud [= elama]	to live
enda alla võtma	to take up, to take over
esinduslik, -u, -ku, -ke	imposing, representative
hädasti	urgently
iseenesest	by itself
juhus, -e, -t, -eid	occasion, chance, opportunity
juhust kasutama	to take advantage of an opportunity
kantselei, -, -d, -sid	office
kapital, -i, -i, -e	capital
kasuta/ma, -da, -n, -tud	to use
kauaoodatud	long-awaited
kaubamaj/a, -a, -a, -u	department store
kaugele	(to) far away
kogudus, -e, -t, -i	(church) congregation
kohalik, -u, -ku, -ke	local
kokku panema	to collect, put together
kontor, -i, -it, -eid	office
koos käima	to meet, gather
koosolek, -u, -ut, -uid	meeting
koosviibimi/ne, -se, -st, -si	get-together
`korda seadma	to put in order
kordaseadmi/ne, -se, -st, -si	putting in order, straightening
korrus, -e, -t, -eid	story (of building)
(teisel) korrusel	on the (second) floor
kostita/ma, -da, -n, -tud	to treat, entertain
kunagi	once, formerly
kõrvaltänav, -a, -at, -aid	side street
käe ulatuses	within (a hand's) reach
kättesaadav, -a, -at, -aid	accessible
lagunenud	dilapidated
lahenda/ma, -da, -n, -tud	to solve
lahke, -, -t, -id	friendly, kind
liige, liikme, liiget, liikmeid	member
loomi/ne, -se, -st, -si	creating, making
lugu, loo, lugu, lugusid	story
lähim [= kõige lähedam]	nearest
lühend, -i, -it, -eid	abbreviation
mahuta/ma, -da, -n, -tud	to have room for, accommodate
mil [= kui]	when
muretse/ma, -da, -n, -tud	to worry, procure
mõttele tulema	to come upon the idea
mööbliäri, -, -, -sid	furniture store
neljakorruseli/ne, -se, -st, -si	four-story
nii-öelda	so to speak
noortekodu, -, -, -sid	youth center
organisatsioon, -i, -i, -e	organization

324

ostmi/ne, -se, -st, -si	purchase
otstar/ve, -be, -vet, -beid	purpose
parandus, -e, -t, -i	repair
parandus/töö, -töö, -tööd, -töid	repair work
pea/vari, -varju, -`varju, -`varjusid or -`varje	shelter
populaar/ne, -se, -set, -seid	popular
probleem, -i, -i, -e	problem
remon/t, -di, -ti, -te	renovation
ruum, -i, -i, -e	room
sissekäi/k, -gu, -ku, -ke	entrance
söökla, -, -t, -id	dining facility
teosta/ma, -da, -n, -tud	to carry out, realize
tookord	at that time
ulatus, -e, -t, -i	extent, reach
viimaks	finally
viimse võimaluseni	completely, to the last place
välis/uks, -ukse, -ust, -uksi	outer door
välja üürima	to rent out
väljapanek, -u, -ut, -uid	exhibit
üldsus, -e, -t, -i	public
üle saama	to overcome, get over
üliõpilasorganisatsioon, -i, -i, -e	university student organization
üüri/ma, -da, -n, -tud	to rent

Exercises

1. *Put the words in parentheses into the correct case form:* Poiss jooksis üle (tänav).
Lapsed jooksid ümber (park). Me jalutasime läbi (linn). Ära hõiska enne (õhtu)! Pärast
(raske töö) läheme koju puhkama. (Lapsed) pärast on vanematel palju muret. Ema jalutab
koos (tütar) mööda (tänav). Kui palju sa maksid (see raamat) eest? (Üks nädal) pärast
sõidame suvitama. Lennuk lendab (suur mets) kohal. Poisike seisis keset (suur tuba) ja
nuttis valju häälega. Ma läksin (uks) välja ja (trepp) alla. Laulupeole tulid kokku eestlased
üle (kogu maa). Ma saadan sind kuni (järgmine allmaaraudteejaam).

2. *Choose the right postposition:* Õpilane seisab laua (äärde - ääres - äärest) ja vastab
õpetaja küsimustele. Me sõidame tänavu suvel maale tädi (juurde - juures - juurest). Ta
igatseb oma perekonna (järele - järel - järelt). Kass jooksis kapi (taha - taga - tagant) välja
ahju (ette - ees - eest). Päikese (kätte - käes - käest) on palav, tule ära päikese (kätte - käes
- käest). Ma jätsin paki pingi (peale - peal - pealt). Me leidsime karbi (sisse - sees - seest)
ühe väikese nuku.

3. *Put the words in parentheses into the correct case form. (Add postpositions as needed):*
Vasta (see küsimus)! Me naersime tema (rumalus). Nad olid rõõmsad meie (tulek). Me
loodame (paremad päevad). (Kes) kuulub see raamat? (Mis) ta tegeleb? Me suhtume
(tema) suure lugupidamisega. (Uus olukord) oli vaja kiiresti kohaneda. See ei vasta mu
(maitse). Mees oli kiindunud (kunst). Me oleme veendunud sinu (sõprus). Mu sõbratar
valdab hästi (prantsuse keel). Jagage neli (kaks). Nad rääGivad (kirjandus) ja (kunst). See
suur maja kuulub (eestlased). Ma olen (teie) väga tänulik.

4. *Answer the following questions, which refer to the text above:* Mis tänaval asus
Stockholmi Eesti Maja? Kust saadi raha Eesti Maja ostmiseks? Mis asus maja alumisel

korrusel? Mitmendal korrusel asusid seltskondlikud ruumid? Mis seal tehti? Mispärast oli
Eesti Maja asukoht hea? Kas te olete käinud uues Stockholmi Eesti Majas?

Expressions

(Kellelegi) Auku pähe rääkima.	To talk (someone) into doing something.
Kõik rattad käima panema.	To pull out all the stops.
Tühja tuult tallama.	To try to catch the wind.
Peost suhu elama.	To live hand to mouth.
Silmi tegema.	To make eyes (at someone), flirt.
Jalga laskma.	To make tracks.
Mis ma sellega peale hakkan?	What am I supposed to do with this?
Kas sa saad sellega hakkama?	Can you [*sing.*] handle it?
Ta heitis sellele käega.	He gave up on it [threw in the towel].
Tal on kitsas käes.	She is in a tight spot.
Ta on ennast täis.	He is conceited.
Mul on süda täis.	I'm really angry.
Ma teen sulle välja.	It's on me. [I'll pay for you.]
Mu pea ei jaga.	I don't get it. [I don't understand.]
Mul vedas. Tal veab.	I was lucky. She is lucky.
Võta näpust!	No way!
Mine tea!	Who knows?
See jätab (palju) soovida.	That leaves something [a lot] to be desired.
See ei pea paika.	That doesn't hold up [hold water].
Nii palju kui süda kutsub.	To your heart's content.
Nagu kord ja kohus.	As it should be.
Aeg on käes. Tund on tulnud.	The time is at hand. The hour has come.

Answers to Exercises

1. Poiss jooksis üle tänava. Lapsed jooksid ümber pargi. Me jalutasime läbi linna. Ära
hõiska enne õhtut! Pärast rasket tööd läheme koju puhkama. Laste pärast on vanematel
palju muret. Ema jalutab koos tütrega mööda tänavat. Kui palju sa maksid selle raamatu
eest? Ühe nädala pärast sõidame suvitama. Lennuk lendab suure metsa kohal. Poisike
seisis keset suurt tuba ja nuttis valju häälega. Ma läksin uksest välja ja trepist alla.
Laulupeole tulid kokku eestlased üle kogu maa. Ma saadan sind kuni järgmise
allmaaraudteejaamani.

2. Õpilane seisab laua ääres ja vastab õpetaja küsimustele. Me sõidame tänavu suvel maale
tädi juurde. Ta igatseb oma perekonna järele. Kass jooksis kapi tagant välja ahju ette.
Päikese käes on palav, tule ära päikese käest. Ma jätsin paki pingi peale. Me leidsime
karbi seest ühe väikese nuku.

3. Vasta sellele küsimusele! Me naersime tema rumaluse üle. Nad olid rõõmsad meie
tuleku üle. Me loodame paremetele päevadele. Kellele kuulub see raamat? Millega ta
tegeleb? Me suhtume temasse/temale suure lugupidamisega. Uue olukorraga oli vaja
kiiresti kohaneda. See ei vasta mu maitsele. Mees oli kiindunud kunstisse. Me oleme
veendunud sinu sõpruses. Mu sõbratar valdab hästi prantsuse keelt. Jagage neli kahega.
Nad räägivad kirjandusest ja kunstist. See suur maja kuulub eestlastele. Ma olen teile väga
tänulik.

Estonian-English   Glossary

For *adjectives, nouns, pronouns,* and *numbers,* the following glossary lists four basic case forms, from which the remaining forms can be constructed: *nominative, genitive,* and *partitive singular,* as well as *partitive plural.* From the *genitive singular,* one can construct all other forms in the singular (except nominative and partitive singular) , along with the nominative plural (See §192 in Lesson 27 and §244 in Lesson 30). From the *partitive singular,* one can construct the genitive plural and all other plural forms (except nominative and partitive plural (See §243-244 in Lesson 30).

Example: **nai/ne, -se, -st, -si**   *n.* woman, wife

= *nom. sing.* **naine,** *gen. sing.* **naise,** *part. sing.* **naist,** *part. pl.* **naisi**

If the *partitive plural* has alternative forms (one ending in **-sid** and the other in a vowel), both are listed.

Example: **keha, -, -, -sid** or **kehi**   *n.* body

= *nom. sing.* **keha,** *gen. sing.* **keha,** *part. sing.* **keha,** *part. pl.* **kehasid** or **kehi**

If the *genitive plural* is not constructed from the partitive singular, in the regular manner (§243 in Lesson 30), the genitive plural is also listed in the glossary.

Example: **mer/i, -e, -d, -esid,** *gen. pl.* **-ede**   *n.* sea

= *nom. sing.* **meri,** *gen. sing.* **mere,** *part. sing.* **merd,** *part. pl.* **meresid,**
    gen.pl. **merede**

Some common short illative forms are also given. Consult an Estonian dictionary for complete information.

For *verbs,* the glossary lists the *-ma infinitive, -da infinitive, 1st person singular in present tense,* and the *passive perfect (-tud) participle,* from which the remaining forms can be constructed. From the *-ma infinitive,* one can obtain the imperfect (simple past), active present (-v) participle, oblique (-vat) mode, agent (-ja) noun, and verbal (-mine) noun (See §333 in Lesson 35). From the *-da infinitive,* one can obtain the gerund (-des), active perfect (-nud) participle, and all active imperative (command) forms, except for the 2nd person singular (See §317 in Lesson 34). From the *1st person singular in the present tense,* one can obtain all the remaining forms of the present tense and conditional present, as well as the 2nd person singular imperative (§29 in Lesson 6). From the *passive perfect (-tud) participle,* all the remaining passive forms are obtained (§352-357 in Lesson 36).

Example: **lep/pima, -pida, -in, -itud**   *v.i.* to agree, acquiesce

= *-ma infinitive* **leppima,** *-da infinitive* **leppida,** *1st person sing. present* **lepin,**
    passive perfect participle **lepitud**

Verbal phrases (§179 in Lesson 25) are generally given, under the verb's entry, only if their meaning cannot be obtained from a literal translation of their components.

Example: **jagu saama** to master, overcome
            (under **saama** 'to get', rather than **jagu** 'share, portion')

Adverbs, which are regularly formed by adding -sti or -lt to adjectives (§363 in Lesson 37), are often omitted from the glossary.

*

A slash means that the ending following it is dropped before adding the other endings in the list (indicated by dashes). A lone dash means that nothing is added to the stem.

Examples: **kas/k, -e, -ke, -ki** *n.* birch
read: **kask, kase, kaske, kaski**

vastus, -e, -t, -eid *n.* answer
read: **vastus, vastuse, vastust, vastuseid**

elu, -, -, -sid *n.* life
read: **elu, elu, elu, elusid**

*

The following symbols appear where clarification of pronunciation seems necessary. They do not appear as part of normal spelling. Consult an Estonian dictionary for complete information.

´   indicates that the stress is on a given syllable, in contrast to the usual pattern of stressing the first syllable.

`   indicates an extra long (third-degree) sound in the syllable that follows.

'   indicates palatalization of consonant.

*

Abbreviations for grammatical terms in glossary:

abess.	= abessive		*n.*	= noun
abl.	= ablative		*nom.*	= nominative
adess.	= adessive		*num.*	= number
adj.	= adjective		*part.*	= partitive
adv.	= adverb		*pass.*	= passive
all.	= allative		*pers.*	= person
comit.	= comitative		*pl.*	= plural
comp.	= comparative		*postp.*	= postposition
conj.	= conjunction		*prep.*	= preposition
dim.	= diminutive		*pron.*	= pronoun
elat.	= elative		*refl.*	= reflexive
gen.	= genitive		*rel.*	= relative
gram.	= grammatical term		*sing.*	= singular
ill.	= illative		*superl.*	= superlative
imper.	= imperative		*term.*	= terminative
imperf.	= imperfect		*transl.*	= translative
indecl.	= indeclinable		*v.*	= verb (both transitive and intransitive)
iness.	= inessive		*v.i.*	= intransitive verb (takes no object)
interj.	= interjection		*v.t.*	= transitive verb (takes an object)
interr.	= interrogative			

A

a. = **aastal** in the year
aabits, -a, -at, -aid   *n.* ABC book
aadress, -i, -i, -e   *n.* address
Aafrika, -, -t   *n.* Africa
aasta, -, -t, -id   *n.* year
aasta-/aeg, -aja, -aega, -aegu   *n.* season
   of the year
abi, -, -, -sid, *short ill.* **appi**   *n.* help
abiellu/ma, -da, -n, -tud   *v.i.* to get married
abielu, -, -, -sid   *n.* marriage
   abielus *iness.* married, in marriage
abikaasa, -, -t, -sid, *gen. pl.* -de   *n.* spouse
abil *postp.* with the help of
abili/ne, -se, -st, -si   *n.* assistant
ádvokaa/t, -di, -ti, -te   *n.* lawyer
aed, **aia**, `aeda`, `aedu`, *short ill.* `aeda`
   n. yard, garden, fence
aeg, **aja**, `aega`, `aegu`   *n.* time
   `aega viitma` to waste or pass time
aegamööda *adv.* by and by, eventually
aegla/ne, -se, -st, -si   *adj.* slow
aeglaselt *adv.* slowly
aeroplaan, -i, -i, -e   *n.* airplane
aga *conj.* but
ah *interj.* oh
ahelda/ma, -da, -n, -tud *v.t..* to chain, fetter
ah/i, -ju, -ju, -e, *short ill.* `ahju`   *n.* oven
ahne, -, -t, -id   *adj.* greedy
ahnus, -e, -t, -i   *n.* greed
ahv, -i, -i, -e   *n.* ape, monkey
ahven, -a, -at, -aid   *n.* perch, bass (fish)
aia (*gen. of* **aed**) *n.* yard, garden, fence
aim, -u, -u, -e or -**usid**   *n.* idea, inkling
ainsus, -e, -t, -i   *n.* singular(ity)
ainuke/(ne), -se, -st, -si   *adj.* only, sole
ainult *adv.* only
ain/us, -sa, -sat or -**ust**, -**said**, *gen. pl.*
   -**sate** *adj.* only
ai/tama, -**data**, -**tan**, -**datud** *v.* to help,
   suffice
aitäh *interj.* thanks
ajakirjanik, -u, -ku, -ke, *gen. pl.* -**kude** or
   -**e** *n.* journalist
ajaleh/t, -e, -te, -ti   *n.* newspaper
ajalooli/ne, -se, -st, -si   *adj.* historic(al)
aja/lugu, -**loo**, -**lugu**, -**lugusid** *n.* history
aja/ma, -**da**, -**n**, **aetud** *v.* to impel, drive
   habet ajama to shave (one's beard)
   juttu ajama to converse
aju, -, -, -sid   *n.* brain
akadéemili/ne, -se, -st, -si   *adj.* academic

ak/en, -na, -ent, -naid, *gen. pl.* -ende   *n.*
   window
aktsén/t, -di, -ti, -te   *n.* accent
aktsia, -, -t, -id   *n.* share (of stock)
aktsiaselts, -i, -i, -e   *n.* corporation
ala, -, -, -sid or **alu**   *n.* area, field, subject
alahin/dama, -**nata**, -**dan**, -**natud**   *v.t.* to
   underestimate, undervalue
alaleütlev, -a, -at, -aid   *adj.* allative
alalütlev, -a, -at, -aid   *adj.* adessive
alaltütlev, -a, -at, -aid   *adj.* ablative
alam-saksa *indecl. adj.* Low German
alates *prep., postp.* starting from
alasti *adv.* in a naked state
alati *adv.* always
algaja, -, -t, -id   *n.* beginner
algama, **alata**, **algan**, **alatud**   *v.* to begin
algkool, -i, -i, -e   *n.* grade school
algul *adv., postp.* in the beginning (of)
algupära, -, -, -sid   *n.* origin
algus, -e, -t, -i   *n.* beginning
algvõr/re, -de, -ret, -deid   *gram.* positive
   degree
alistu/ma, -da, -n, -tud   *v.i.* to submit
all *adv., postp.* underneath, down
alla *adv., postp.* (to) underneath, down
alles *adv.* for the first time, not until, left over
allmaaraud/tee,-**tee**,-**teed**,-**teid**   *n.* subway
allmaaraudteejaam, -a, -a, -u   *n.* subway
   station
allpool *adv.* below
alt *adv., postp.* from underneath
alumi/ne, -se, -st, -si   *adj.* lower
alus, -e, -t, -eid   *n.* basis, reason, *gram.*
   subject
alusetu, -, -t, -id *adj.*   groundless,baseless
aluspesu, -, -, -sid   *n.* underwear
aluspüks/id, -te, -e   *pl.n.* underpants
alusta/ma, -da, -n, -tud   *v.t.* to begin
Améerika, -, -t   *n.* America
améerikla/ne, -se, -st, -si   *n.* American
ameeriklánna, -, -t, -sid, *gen. pl.* -de
   n. American woman
amet, -i, -it, -eid   *n.* occupation, vocation
ametnik, -u, -ku, -ke, *gen. pl.* -**kude** or -**e**
   n. official, functionary
ammu *adv.* long ago, for a long time
andeks andma *v.* to forgive
andeks paluma *v.* to ask forgiveness
an/dma, -da, -nan, -tud *v.* to give
angerja/s, -, -t, -id   *n.* eel
an/ne, -de, -net, -deid   *n.* talent, aptitude
appi (*short ill.* of **abi**) to help
appi! help!

apríll, -i, -i, -e n. April
áptee/k, -gi, -ki, -ke, short ill. -ki n.
  apothecary, pharmacy
arenda/ma, -da, -n, -tud v.t. to develop
arene/ma, -da, -n, -tud v.i. to develop
ar/g, -a, -ga, -gu adj. timid, cowardly
arm, -i, -i, -e n. scar
arm, -u, -u, -e n. love
arm/as, -sa, -sat or -ast, -said,
  gen. pl. -sate adj. dear
armastaja, -, -t, -id n. lover, admirer
armasta/ma, -da, -n, -tud v.t. to love
armastus, -e, -t, -i n. love
armastuskir/i, -ja, -ja, -ju n. love letter
armuke/(ne), -se, -st, -si n. lover
armuli/ne, -se, -st, si adj. graceful, merciful
armu/ma, -da, -n, -tud v.i. to fall in love,
  lose one's heart (to)
arst, -i, -i, -e n. physician, doctor
arstim, -i, -it, -eid n. medicine
arsti/ma, -da, -n, -tud v.t. to doctor, heal
aru, -, -, -sid n. understanding
  aru saama to understand
aruka/s, -, -t, -id adj. intelligent, reasonable
arusaadav, -a, -at, -aid adj. understandable
aruta/ma, -da, -n, -tud v.t. to discuss,
  consider
arv, -u, -u, -e n. number
arva/ma, -ta, -n, -tud v. to believe, think
arvamus, -e, -t, -i n. opinion
arvatavasti adv. presumably, probably
arve, -, -t, -id n. bill, account
arvemasin, -a, -at, -aid n. calculator
arvesta/ma, -da, -n, -tud v.t. to consider,
  account, reckon with
arvsõn/a, -a, -a, -u n. numeral
AS = aktsiaselts Corp. = corporation
ase, -me, -t, -meid, gen. pl. -mete n.
  place, spot; aset leidma to take place
asesõn/a, -a, -a, -u n. pronoun
asetse/ma, -da, -n, -tud v.i. to be situated
as/i, -ja, -ja, -ju n. thing
asjaolu, -, -, -sid n. circumstance
asjata adv. in vain
asjatu, -, -t, -id adj. fruitless
asjatundja, -, -t, -id n. expert
aste, -, -t, -id n. step
ast/e, -me, -et, -meid, gen. pl. -mete n.
  step, degree; gram. sound quantity
astmevaheldus, -e, -t, -i n. change in
  sound quantity
astu/ma, -da, -n, -tud v.i. to step
asu/ma, -da, -n, -tud v.i. to be located

asuta/ma, -da, -n, -tud v.t. to found,
  establish
asutus, -e, -t, -i n. establishment, facility,
  institution
au, -, -, -sid n. honor
august, -i, -i, -e n. August
au/k, -gu, -ku, -ke, short ill. auku n. hole
  auku into a hole
aukülali/ne, -se, -st, -si n. guest of honor
aus, -a, -at, -aid adj. honest
austa/ma, -da, -n, -tud v.t. to honor, esteem
austus, -e, -t, -i n. respect
ausus, -e, -t, -i n. honesty
ausõn/a, -a, -a, -u n. word of honor
auto, -, -t, -sid, gen. pl. -de n. automobile
autojuh/t, -i, -ti, -te n. chauffeur, driver
autor, -i, -it, -eid n. author
autovõt/i, -me, -it, -meid, gen. pl. -mete
  n. car key
avalda/ma, -da, -n, -tud v.t. to express,
  reveal, publicize
avalik, -u, -ku, -ke, gen. pl. -kude or -e
  adj. open, public
ava/ma, -da, -n, -tud v.t. to open
avane/ma, -da, -n, -tud v.i. to open, unfold
avar, -a, -at, -aid adj. roomy, spacious
avasõn/a, -a, -a, -u n. opening speech
avatud adj. open

B

balti indecl. adj. Baltic
Baltima/a, -a, -ad, -id n. Baltic country
Belgia, -, -t n. Belgium
bensiin, -i, -i, -e n. gasoline
bibliotée/k, -gi, -ki, -ke n. library
blond, -i, -i, -e adj., n. blond
bridž, -i, -i n. bridge (game)
buss, -i, -i, -e n. bus
bussipeatus, -e, -t, -i n. bus stop
bussipilet, -i, -it, -eid n. bus ticket

D

daam, -i, -i, -e n. dame, lady
detsémb/er, -ri, -rit, -reid n. December
diftóng, -i, -i, -e n. diphthong
diktéeri/ma, -da, -n, -tud v. to dictate
diréktor, -i, -it, -eid n. director, principal
doktor, -i, -it, -eid n. doctor

dollar, -i, -it, -eid *n.* dollar
dotsén/t, -di, -ti, -te *n.* university lecturer

E

e. = ehk or
eas (*iness. of* iga) in/of (a certain) age
ebaaus, -a, -at, -aid *adj.* dishonest
ebaharilik, -u, -ku, -ke, *gen. pl.* -kude or -e *adj.* unusual
ebajumal, -a, -at, -aid *n.* idol
ebamugav, -a, -at, -aid *adj.* uncomfortable
ebaus/k, -u, -ku, -ke *n.* superstition
ebaviisaka/s, -, -t, -id *adj.* impolite
ebaõigla/ne, -se, -st, -si *adj.* unjust
ebaõnn, -e, -e, -i or -esid *n.* misfortune
ebaõnnestu/ma, -da, -n, -tud *v.i.* to fail
edasi *adv.* forward, further
edaspidi *adv.* in the future, hereafter
edaspidi/ne, -se, -st, -seid *adj.* future
edu, -, -, -sid *n.* success, progress
eelista/ma, -da, -n, -tud *v.t.* to prefer, favor
eelmi/ne, -se, -st, -si *adj.* preceding
eelviima/ne, -se, -st, -seid *adj.* next to last
eemale *adv.* away
eepos, -e, -t, -i *n.* epic
ees, *postp.* in front (of)
eesko/da, -ja, -da, -dasid *n.* vestibule
eeskuju, -, -, -sid *n.* model, paragon
eeslinn, -a, -a, -u *n.* suburb
eesnim/i, -e, -e, -esid *n.* first name
eesotsas *adv.* at the head
eespool *adv.* toward the front
eessõn/a, -a, -a, -u *n.* foreword
eest *adv., postp.* from front (of), for
Eesti, -, -t *n.* Estonia
eesti *indecl. adj.* Estonian
eestikeel/ne, -se, -set, -seid *adj.* Estonian language
eestipära/ne, -se, -st, -seid *adj.* Estonian-style, characteristically Estonian
eestla/ne, -se, -st, -si *n.* Estonian
eestlánna, -, -t, -sid, *gen. pl.* -de *n.* Estonian woman
eestpoolt *adv., prep.* from the front
ees/tuba, -toa, -tuba, -tube, *short ill.* -tuppa *n.* entry room, anteroom
ega *adv.* surely not; *conj.* nor
ehita/ma, -da, -n, -tud *v.t.* to build
ehitami/ne, -se, -st, -si *n.* (act of) building
ehitus, -e, -t, -i *n.* building

ehk *adv.* perhaps; *conj.* or, in other words
ehkki *conj.* although
ehti/ma, -da, ehin, ehitud *v.t.* to adorn, decorate
ei *interj.* no; *adv.* not; ei iialgi *adv.* never; ei keegi *pron.* no one; ei kunagi *adv.* never; ei ükski *adj.* no (one)
eile *adv.* yesterday
eil/ne, -se, -set, -seid *adj.* yesterday's
eine, -, -t, -id *n.* (light) meal, snack
ei/t, -de, -te, -ti or -tesid *n.* old lady
eita/ma, -da, -n, -tud *v.t.* to deny, negate
eks *adv.* isn't that so?
eksam, -i, -it, -eid *n.* exam
eksi/ma, -da, -n, -tud *v.i.* to err, be mistaken, get lost
eksimi/ne, -se, -st, -si *n.* erring, getting lost
ekslik, -u, -ku, -ke, *gen. pl.* -kude or -e *adj.* false, misleading
e.l. = enne lõunat a.m., in the morning
ela/ma, -da, -n, -tud *v.i.* to live
elanik, -u, -ku, -ke, *gen. pl.* -kude or -e *n.* resident
elav, -a, -at, -aid *adj.* living, lively
elavalt *adv.* animatedly
elékt/er, -ri, -rit *n.* electricity
elemen/t, -di, -ti, -te *n.* element
elev, -a, -at, -aid *adj.* high-spirited, lively, happy
elevan/t, -di, -ti, -te *n.* elephant
elu, -, -, -sid *n.* life
elu/aeg, -aja, -`aega, -`aegu *n.* lifetime
elukardetav, -a, -at, -aid *n.* life-threatening
elukoh/t, -a, -ta, -ti *n.* dwelling, domicile
eluksajaks for life
elumaj/a, -a, -a, -u *n.* dwelling (house)
elund, -i, -it, -eid *n.* body organ
elune/ma, -da, -n, -tud *v.i.* to live, reside
elupai/k, -ga, -ka, -ku *n.* place of residence
elurõõm/us, -sa, -sat or -ust, -said, *gen. pl.* -sate *adj.* glad (to be alive), enjoying life
elutse/ma, -da, -n, -tud *v.i.* to dwell
elu/tuba, -toa, -tuba, -tube, *short ill.* -tuppa *n.* living room
ema, -, -, -sid *n.* mother
Emajõ/gi, -e, -ge *n.* Mother River
emake/(ne), -se, -st, -si *n.* mother dear, little mother
emakeel, -e, -t, -i *n.* mother tongue, native language
enam *adv., pron.* (any) more
enamasti *adv.* mainly, usually
enamus, -e, -t, -i *n.* majority
enam-vähem *adv.* more or less

end *part. reflex. pron. (form of* **ise**) oneself
enda *gen. reflex. pron. (form of* **ise**) oneself
   enda alla võtma to take up, take over
endi *part. pl. of* **ise** themselves
endi/ne, -se, -st, -si *adj.* former
enesetun/ne, -de, -net, -deid *n.* spirits,
   feeling
ennast *part. pron.* oneself
enne *adv.* before, first
enneminevik, -u, -ku *gram.* past perfect
   tense
eralda/ma, -da, -n, -tud *v.t.* to
   differentiate, separate
eraldi *adv.* separately
eri *indecl. adj.* different, special
erine/ma, -da, -n, -tud *v.i.* to differ, diverge
erinevalt *adv.* differently
erinevus, -e, -t, -i *n.* difference
eriti *adv.* especially
ese, -me, -t, -meid, *gen. pl.* **-mete** *n.*
   object, thing
esile *adv.* to the forefront, into view
   esile tõstma to emphasize, pick out
esiletõstmi/ne, -se, -st, -si *n.* emphasis,
   special attention
esime/es, -he, -est, -hi *n.* chairman,
   president
esime/ne, -se, -st, -si *adj.* first
esindaja, -, -t, -id *n.* representative
esinda/ma, -da, -n, -tud *v.t.* to represent
esinduslik, -u, -ku, -ke, *gen. pl.* **-kude** or
   -e *adj.* imposing, representative
esine/ma, -da, -n,-tud *v.i.* to occur, perform
esiteks *adv.* first (of all)
esivanem, -a, -at, -aid *n.* ancestor
esmaspäev, -a, -a, -i *n.* Monday
et *conj.* that
etendus, -e, -t, -i *n.* performance, presenta-
   tion
ette *adv., postp.* forward, (to) in front (of)
   ette kandma to present, recite, perform;
   ette lugema to read out loud; **ette nägema**
   to foresee, forecast; **ette võtma** to undertake;
   ette ütlema to prompt
ettekandja, -, -t, -id *n.* performer, waiter
ettepanek, -u, -ut, -uid *n.* suggestion
ettepoole *adv., prep.* toward the front
ettevaatlik, -u, -ku, -ke, *gen. pl.* **-kude** or
   -e *adj.* careful
ettevaatus, -e, -t, -i *n.* care, caution
ettevalmistus, -e, -t, -i *n.* preparation
Euróopa, -, -t *n.* Europe
euróopa *indecl. adj.* European
euróopla/ne, -se, -st, -si *n.* European

F

fakultée/t, -di, -ti, -te *n.* faculty,
   academic department
film, -i, -i, -e *n.* film
filmitäh/t, -e, -te, -ti *n.* movie star
firma, -, -t, -sid, *gen. pl.* **-de** *n.* firm,
   company
foto, -, -t, -sid, *gen. pl.* **-de** *n.* photo
frak/k, -i, -ki, -ke *n.* dress coat (with tails)
füüsika, -, -t, -id *n.* physics

G

g = gramm gram
gaas, -i, -i, -e *n.* gas
garaaž, -i, -i, -e *n.* garage
generatsióon, -i, -i, -e *n.* generation
graafik, -u, -ut, -uid *n.* graphic artist
graatsia, -, -t, -id *n.* grace
grammátika, -, -t, -id *n.* grammar
grip/p, -i, -pi, -pe, *short. ill.* **-pi** *n.* flu
grup/p, -i, -pi, -pe, *short. ill.* **-pi** *n.* group

H

haara/ma, -ta, -n, -tud *v.t.* to grip, seize
   kinni haarama to grab hold
haav, -a, -a, -u *n.* wound, sore
haava/ma, -ta, -n, -tud *v.t.* to wound
habe, -me, -t, -meid, *gen. pl.* **-mete**
   n. beard; **habemega nali** old joke;
   habemes or **habetunud** *adj.* bearded;
   habet ajama to shave (one's beard)
habemeajami/ne, -se, -st, -si *n.* shaving
habemega nali old joke
hai, -, -d, -sid *n.* shark
haige, -, -t, -eid *adj., n.* sick (person)
haigeks jääma to get sick
haigestu/ma, -da, -n, -tud *v.i.* to get sick
haigla, -, -t, -id *n.* hospital
haigus, -e, -t, -i *n.* illness, disease
haiguta/ma, -da, -n, -tud *v.i.* to yawn
haikal/a, -a, -a, -u *n.* shark
haise/ma, -da, -n, -tud *v.i.* to stink
haist/ma, -a, -an, -etud *v.t.* to smell
haistmi/ne, -se, -st, -si *n.* (sense of) smell
hak/kama, -ata, -kan, -atud *v.i.* to begin
   peale hakkama to start up
halastaja/õde, -õe, -õde, -õdesid *n.* nurse

halasta/ma, -da, -n, -tud   v.i. to take pity, have mercy
hal/b, -va, -ba, -u adj. bad
hall, -i, -i, -e adj. gray
hallo interj. hello
halvasti adv. badly
hambaarst, -i, -i, -e   n. dentist
hambahar/i, -ja, -ja, -ju n. toothbrush
hambapasta, -, -t, -sid, gen. pl. -de   n. toothpaste
hambavalu, -, -, -sid n. toothache
ham/mas, -ba, -mast, -baid   n. tooth
hammusta/ma, -da, -n, -tud   v.t. to bite
han/i, -e, -e, -esid n. goose
hapnik, -u, -ku, -ke, gen. pl. -kude or -e n. oxygen
hapu, -, -t, -sid, gen. pl. -de adj. sour
hapukapsa/s, -, -st, -id n. sauerkraut
hapuka/s, -, -t, -id adj. sourish
hapukoor, -e, -t, -i n. sour cream
haraka/s, -, -t, -id n. magpie
har/i, -ja, -ja, -ju n. brush
haridus, -e, -t, -i n. education
harilik, -u, -ku, -ke, gen. pl. -kude or -ke adj. usual, ordinary
hari/ma, -da, -n, -tud   v.t.. to cultivate, cleanse, educate
harju/ma, -da, -n, -tud v.i. to become accustomed, get into the habit
harjuta/ma, -da, -n, -tud v. to practice
harjutus, -e, -t, -i n. exercise
harv, -a, -a, -u adj. rare
harva adv. rarely
hau/d, -a, -da, -du n. grave
haug, -i, -i, -isid n. pike (fish)
hau/kuma, -kuda, -gun, -gutud v.i. to bark
havi, -, -, -sid n. pike (fish)
hea, -, -d, häid adj. good
hea küll interj. all right, OK, well enough
head aega good-bye
heameel, -e, -t, -i n. pleasure, good mood
heameelega adv. with pleasure, gladly
heategija, -, -t, -id n. do-gooder
heeringa/s, -, -t, -id n. herring
hei/tma, -ta, -dan, -detud v. to throw, lie down
helde, -, -t, -id adj. kindhearted, generous
hele, -da, -dat, -daid adj. light, clear, pale
hele(sinine) adv. light (blue)
heli, -, -, -sid n. sound, note
helili/ne, -se, -st, -si adj. voiced, sonant
helin, -a, -at, -aid n. ringing sound
helise/ma, -da, -n, -tud v.i. to ring

helista/ma, -da, -n, -tud   v.t. to ring, telephone; välja helistama to phone for
helitu, -, -t, -id adj. silent, unvoiced
hellita/ma, -da, -n, -tud v.t. to coddle, spoil
helme/s, -, -st, -id n. pearl
Helsingi, -, -t   n. Helsinki (Finnish capital)
hetk, -e, -e, -i   n. moment
hiil/gama, -ata, -gan, -atud v.i. to glitter
Hiina, -, -t n. China
hiina indecl. adj. Chinese
hiinla/ne, -se, -st, -si n. Chinese (person)
hiir, -e, -t, -i   n. mouse
Hiiumaa, -, -d n. 2nd largest Estonian island
hili/ne, -se, -st, -seid   adj. late, recent
hiline/ma, -da, -n, -tud v.i. to be late
hilinemi/ne, -se, -st, -si n. tardiness, delay
hilisõhtu, -, -t, -id   n. late evening
hilja adv. late
hiljaks adv. late
hiljem adv. later
hiljuti adv. lately
hin/d, -na, -da, -du n. price
hindama, hinnata, hindan, hinnatud v.t. to value, admire
hing, -e, -e, -i   n. soul
hinga/ma, -ta, -n, -tud   v. to breathe
hingelda/ma, -da, -n, -tud v.i. to gasp, pant
hin/ne, -de, -net,-deid n. (report card) grade
hirm, -u, -u, -e   n. fear, anxiety
hirm/us, -sa, -sat, -said adj. terrible; adv. terribly
Hispáania, -, -t n. Spain
hispáania indecl. adj. Spanish
hispáanla/ne, -se, -st, -si n. Spaniard
hobu/ne, -se, -st, -seid n. horse
hoi/dma, -da, -an, -tud v.t. to hold, protect
Holland, -i, -it n. Holland
hollandi indecl. adj. Dutch
hollandla/ne, -se, -st, -si n. Dutchman
homme adv. tomorrow
hommik, -u, -ut, -uid   n. morning
hommikul adv. in the morning
hommikupalvus, -e, -t, -i n. morning prayer or worship
hommikuti adv. in the mornings
hom/ne, -se, -set, -seid adj. tomorrow's
hoo/g, -, -gu, -ge n. speed, swing
hool, -e, -t, -i   n. care, diligence
hooletus, -e, -t, -i n. carelessness
hooli/ma, -da, -n, -tud v.i. to care, heed
hoolitse/ma, -da, -n, -tud v.i. to take care
hoone, -, -t, -eid n. building
hoopis adv. altogether, quite
hotéll, -i, -i, -e n. hotel

hr. = härra   *n.* Mister, Mr.
hulgas   *postp.* in the midst of
hulgast   *postp.* out of the midst of
hul/k, -ga, -ka, -ki   *n.* bunch, some
hulka   *postp.* into the midst of
   hulka kuuluma   to belong to, be part of
hul/kuma, -kuda, -gun, -gutud   *v.i.* to
   wander, roam
hull, -u, -u, -e   *adj.* crazy
hun/t, -di, -ti, -te   *n.* wolf
huul, -e, -t, -i   *n.* lip
huulepul/k, -ga, -ka, -ki   *n.* lipstick tube
huv/i, -i, -i, -e or -isid   *n.* interest
huvita/ma, -da, -n, -tud   *v.t.* to interest
huvitatud   *indecl. adj.* interested
huvitav, -a, -at, -aid   *adj.* interesting
hõbe, -da, -dat, -daid   *n.* silver
hõbehall, -i, -i, -e   *adj.* silvery gray
hõbepulm, -a, -a, -i   *n.* silver wedding
hõis/kama, -ata, -kan, -atud   *v.i.* to cheer,
   exult
hõõru/ma, -da, -n, -tud   *v.t.* to rub, chafe
häbene/ma, -da, -n, -tud   *v.i.* to feel
   shame, be shy
häbi, -, -, -sid   *n.* shame, shyness
häda, -, -, -sid   *n.* need, trouble
hädaldaja, -, -t, -id   *n.* complainer, moaner
hädalda/ma, -da, -n, -tud   *v.i.* to complain,
   moan and groan
hädas   (*iness. of* häda) in need, in trouble
hädasti   *adv.* urgently
härra, -, -t, -sid   *n.* gentleman, Mr.
hästi   *adv.* well
hää, -, -d, häid   *adj.* good
hääl, -e, -t, -i   *n.* voice, sound
häälda/ma, -da, -n, -tud   *v.t.* to pronounce
hääldami/ne, -se, -st, -si   *n.* pronunciation
hääleta/ma, -da, -n, -tud   *v.* to vote
hääletus, -e, -t, -i   *n.* vote, ballot
häälik, -u, -ut, -uid   *gram.* sound
hüp/e, -pe, -et, -eid   *n.* hop, jump
hüp/pama, -ata, -pan, -atud   *v.* to hop, jump
hüvasti   *interj.* good-bye
hüüd/ma, -a, hüüan, hüütud   *v.* to shout,
   call out
hüüdsõn/a, -a, -a, -u   *gram.* interjection
hüüumär/k, -gi, -ki,-ke   *n.* exclamation mark

I

ida, -, -   *n.* east
Ida-   *indecl. adj. prefix* East(ern)

ideáal, -i, -i, -e   *n.* ideal
iga, -, -   *adj., pron.* each
iga, ea, iga, igasid   *n.* age, stage of life
igakord   *adv.* every time
igal pool   *adv.* everywhere
igapäev   *adv.* every day
igasugu/ne, -se, -st, -seid   *adj.* all kinds of
igatahes   *adv.* at any rate, in any case
igatse/ma, -da, -n, -tud   *v.t.* to yearn for
igatsus, -e, -t, -i   *n.* yearning
igav, -a, -at, -aid   *adj.* boring
igave/ne, -se, -st, -si   *adj.* eternal
iga/üks, -ühe, -üht(e)   *pron.* everyone
igivan/a, -a, -a, -u   *adj.* ancient
iial(gi)   *adv.* ever
ikka   *adv.* still, always, constantly
ilm, -a, -a, -u   *n.* weather, world
ilma   *prep.* without
ilm(a)lik, -u, -ku, -ke, *gen. pl.* -kude or
   -e   *adj.* worldly, secular
ilmaütlev, -a, -at, -aid   *gram.* abessive
ilmu/ma, -da, -n, -tud   *v.i.* to appear,
   come out, be issued
ilmumi/ne, -se, -st, -si   *n.* appearance,
   publication
iludus, -e, -t, -i   *n.* beauty
ilus, -a, -t, -aid   *adj.* beautiful, pretty
ilusti   *adv.* nicely, beautifully
ilves, -e, -t, -eid   *n.* lynx
ime, -, -t, -sid   *n.* miracle, wonder
imeilus, -a, -at, -aid   *adj.* amazingly beautiful
imelik, -u, -ku, -ke, *gen. pl.* -kude or -e
   adj. odd, strange
ime/ma, -da, -n, -tud   *v.t.* to suck
imesta/ma, -da, -n,-tud   *v.* to amaze, marvel
imestu/ma, -da, -n, -tud   *v.i.* to be amazed
imestus, -e, -t, -i   *n.* amazement
imetle/ma, -da, -n, -tud   *v.t.* to admire
imik, -u, -ut, -uid   *n.* suckling baby
indo-euróopa   *indecl. adj.* Indo-European
inetu, -, -t, -id   *adj.* ugly
ingla/ne, -se, -st, -si   *n.* Englishman
inglise   *indecl. adj.* English
Inglismaa, -, -d   *n.* England
inime/ne, -se, -st, -si   *n.* person, human
inimkon/d, -na, -da, -di   *n.* humanity
inimlik, -u, -ku, -ke, *gen. pl.* -kude or -e
   adj. human
insener, -i, -i, -e   *n.* engineer
instituu/t, -di, -ti, -te   *n.* institute
isa, -, -, -sid   *n.* father
isamaa, -, -d, isamaid   *n.* fatherland
ise, enese or enda, ennast or end, *gen. pl.*
   eneste or endi *pron.* self

334

iseenese *gen. reflex. pron.* one's own
iseenesest *elat. reflex. pron.* by itself
iseennast *part. reflex. pron.* self
isegi *adv.* even, of itself
iseloom, -u, -u, -e *n.* character, disposition
iseteadvus, -e, -t, -i *n.* self-consciousness
isik, -u, -ut, -uid *n.* individual
isiklik, -u, -ku, -ke, *gen. pl.* **-kude** or **-e** *adj.* personal, individual
isiklikult *adv.* individually
ist/e, -me, -et, -meid, *gen. pl.* **-mete** *n.* seat
istung, -i, -it, -eid *n.* session
istu/ma, -da, -n, -tud *v.i.* to sit
isu, -, -, -sid *n.* appetite
Itáalia, -, -t *n.* Italy
itáalla/ne, -se, -st, -si *n.* Italian

J

j. = järele, järgi *postp.* after, according to
ja *conj.* and
jaa = jah *interj.* yes
jaam, -a, -a, -u *n.* station
jaamahoone, -, -t, -id *n.* station building
jaanipäev, -a, -a, -i *n.* Midsummer Day, St. John's Day
jaanuar, -i, -i, -e *n.* January
jaata/ma, -da, -n, -tud *v.* to affirm, say yes
jaga/ma, -da, -n, -tud *v.t.* to divide, share
ja/gu, -o, -gu, -gusid *n.* share, allotment
jah = jaa *interj.* yes
jahe, -da, -dat, -daid *adj.* cool
jahi/mees, -mehe, -meest, -mehi *n.* hunter
jah/t, -i, -ti, -te *n.* hunt
jahvata/ma, -da, -n, -tud *v.t.* to grind, mill
jaksa/ma, -ta, -n, -tud *v.* to be able, bear to
jalatal/d, -la, -da, -du *n.* sole of foot
jal/g, -a, -ga, -gu, *gen. pl.* **-gade** or **-ge** *n.* foot, leg
jalga *adv.* on(to the feet or legs)
jalgpall, -i, -i, -e *n.* football
jalgrat/as, -ta, -ast, -taid *n.* bicycle
jaluta/ma, -da, -n, -tud *v.i.* to walk, stroll
janu, -, -, -sid *n.* thirst
jaoks *postp.* for
jm. = ja muud and more, and others
jms. = ja muud seesugust and more of the like
jne. = ja nii edasi and so on; etc.
joo/k, -gi, -ki, -ke *n.* drink
jooksja, -, -t, -id *n.* runner
jooks/ma, joosta, -en, joostud *v.i.* to run

jooma, juua, joon, joodud, *past* **jõin** *v.* to drink
joon, -i, -i, -e *n.* line, stripe
joonista/ma, -da, -n, -tud *v.* to draw, sketch
jt. = ja teised etc., and others
ju *adv.* of course, already
juba *adv.* already
juhataja, -, -t, -id *n.* leader, director
juhata/ma, -da, -n, -tud *v.t.* to lead, direct
juhatus, -e, -t, -i *n.* leadership
juhi/luba, -loa, -luba, -lubasid *n.* driver's license
juh/t, -i, -ti, -te *n.* leader, director
juh/t, -u, -tu, -te *n.* case, event, occasion
juh/tima, -tida, -in, -itud *v.* to direct, lead
juhtu/ma, -da, -n, -tud *v.i.* to happen
juhus, -e, -t, -eid *n.* occasion, chance, opportunity; **juhust kasutama** to take advantage of an opportunity
juhuslik, -u, -ku, -ke, *gen. pl.* **-kude** or **-e** *adj.* coincidental
julge, -, -t, -id *adj.* bold
julge/ma, -da, -n, -tud or **juletud** *v.* to dare
jumal, -a, -at, -aid *n.* god
jumalánna, -, -t, -sid, *gen. pl.* **-de** *n.* goddess
just *adv.* just, exactly, newly
jut/lema, -elda, -len, -eldud *v.i.* to converse
jut/t, -u, -tu, -te *n.* story, conversation
  juttu ajama, juttu rääkima to converse
jutuajami/ne, -se, -st, -si *n.* conversation
jutuka/s, -, -t, -id *adj.* talkative
jutumär/k, -gi, -ki, -ke *n.* quotation mark
juturaamat, -u, -ut, -uid *n.* storybook
jutusta/ma, -da, -n, -tud *v.* to narrate, tell
juubilar, -i, -i, -e *n.* birthday celebrator
juuksed, juuste, juukseid *pl. n.* hair
juuli, -, -t, -sid, *gen. pl.* **-de** *n.* July
juuni, -, -t, -sid, *gen. pl.* **-de** *n.* June
juur, -e, -t, -i *n.* root
juurde *adv., postp.* toward, to, in addition
juures *adv., postp.* near, beside, at
juurest *adv., postp.* (away) from
juu/s, -kse, -st, -kseid *n.* hair strand
jõ/gi, -e, -ge, -gesid *n.* river
jõu/d, -, -du, -de *n.* power, force, strength
jõud/ma, -a, jõuan, jõutud *v.* to arrive, manage to come, be able
jõul, -u, -u, -e or **-usid** *n.* Yule, Christmas
jõulukuus/k, -e, -ke, -ki *n.* Christmas tree
jõuluvana, -, -, -sid *n.* Santa Claus
jäl/g, -je, -ge, -gi *n.* trace, (im)print, mark

335

jälle *adv.* again
jäme, -da, -dat, -daid *adj.* thick, deep (voice)
jänes, -e, -t, -eid *n.* rabbit, hare
järel *adv., postp.* after, behind
järele *adv., postp.* (to) after, behind; järele andma to yield; järele jätma to leave alone, leave behind; laste järele vaatama to watch the children
jär/g, -je, -ge, -gi *n.* turn, order, situation
järgarv, -u, -u, -e *n.* ordinal number
järgi *postp.* after, according to
järgmi/ne, -se, -st, -si *adj.* next, following
järgne/ma, -da, -n, -tud *v.* to follow, continue
järjekor/d, -ra, -da, -di *n.* order, queue, turn in line
järs/k, -u, -ku, -ke *adj.* steep
järsku *adv.* suddenly
järv, -e, -e, -i *n.* lake
jätka/ma, -ta, -n, -tud *v.* to continue
jätku/ma, -da, -n, -tud *v.i.* to suffice
jät/ma, -ta, -an, jäetud *v.t.* to leave
jää, -, -d, -sid *n.* ice
jää/ma, -da, -n, jäädud, *past* jäin *v.i.* to stay, end up

K

ka *adv.* also, even
kaal, -u, -u, -e *n.* weight, scale
kaalu/ma, -da, -n, -tud *v.* to weigh, consider
kaar/t, -di, -ti, -te *n.* card
kaa/s, -ne, -nt, -si *n.* cover
kaasa *adv.* along
kaasa tundma *v.i.* to sympathize
kaasas *adv.* along
kaasaütlev, -a, -at, -aid *gram.* comitative
kaashäälik, -u, -ut, -uid *n.* consonant
kaasik, -u, -ut, -uid *n.* birch grove
kaasla/ne, -se, -st, -si *n.* companion, follower
kaasmaala/ne, -se, -st, -si *n.* fellow countryman
kade, -da, -dat, -daid *adj.* jealous
kadesta/ma, -da, -n, -tud *v.t.* to envy
kadu/ma, -da, kaon, kaotud *v.i.* to disappear, get lost
kaebama, kaevata, kaeban, kaevatud *v.i.* to complain
kael, -a, -a, -u *n.* neck

ˋkaela *adv.* on(to) the neck
ˋkaela langema to hug, fall on someone
kaelaside, -me, -t, -meid, *gen. pl.* -mete *n.* necktie
kaen/al, -la, -alt, -laid, *gen. pl.* -alde *n.* armpit
kaer, -a, -a, -u *n.* oat
kaetud *indecl. adj.* covered, *form of* katma
kaeva/ma, -ta, -n, -tud *v.t.* to dig
kaevandus, -e, -t, -i *n.* mine
kah *adv.* also
kahekesi *adv.* (two) together, two at a time
kaheksa, -, -t *num.* eight
kaheksakümmend, kaheksakümne, kaheksatkümmend *num.* eighty
kaheksa/s, -nda, -ndat, -ndaid *adj.* eighth
kaheksateist/(kümmend), -kümne, kaheksatteistkümmend *num.* eighteen
kahekõne, -, -t, -sid, *gen. pl.* -de *n.* dialogue
kahekümne/s, -nda, -ndat, -ndaid *adj.* twentieth
kaheteistkümne/s, -nda, -ndat, -ndaid *adj.* twelfth
kahetse/ma, -da, -n, -tud *v.t.* to regret
kahju, -, -, -sid *n.* loss, harm, misfortune
kahju tooma to cause harm, damage
kahjuks *adv.* unfortunately
kah/tlema, -elda, -tlen, -eldud *v.* to doubt, hesitate, suspect
kahtlus, -e, -t, -i *n.* doubt, suspicion
kahur, -i, -it, -eid *n.* cannon
kahvatu, -, -t, -id *adj.* pale
kahv/el, -li, -lit, -leid *n.* fork
kaitse, -, -t, -id *n.* defense, protection
kaits(e)ja, -, -t, -id *n.* protector
kaits/ma, -ta, -en, -tud *v.t.* to defend, protect
kajaka/s, -, -t, -id *n.* seagull
kaks, kahe, kaht(e), kaksi *num.* two
kakskümmend, kahekümne, kaht(e)-kümmend *num.* twenty
kakssada, kahesaja, kaht(e)sada *num.* two hundred
kaksteist(kümmend), kaheteistkümne, kaht(e)teistkümmend *num.* twelve
kala, -, -, kalu *n.* fish
kalju, -, -t, -sid, *gen. pl.* -de *n.* cliff, boulder
kalla/ma, -ta, -n, -tud *v.t.* to pour
kal/las, -da, -last, -daid *n.* shore
kallike/(ne), -se, -st, -si *n.* darling, lover
kallim, -a, -at, -aid *adj.* dearest; *n.* darling

336

kall/is, -i, -ist, -eid, *gen. pl.* **-iste** or **-ite**
adj. dear, beloved, precious, expensive
kallista/ma, -da, -n, -tud *v.t.* to hug, pet
kalóss, -i, -i, -e *n.* galosh
kalur, -i, -it, -eid *n.* fisherman
kamm, -i, -i, -e *n.* comb
kampsun, -i, -it, -eid *n.* sweater
kana, -, -, kanu *n.* hen
kan/dma, -da, -nan, -tud *v.t.* to carry, wear
kange, -, -t, -id *adj.* strong, harsh
kangela/ne, -se, -st, -si *n.* hero
kanguta/ma, -da, -n, -tud *v.t.* to hoist, wrench, break, pry
kann, -u, -u, -e *n.* pitcher, tankard
kannata/ma, -da, -n, -tud *v.* to suffer, endure, have patience
kannatlikkus, -e, -t, -i *n.* patience
kannatus, -e, -t, -i *n.* patience, suffering
kantselei, -, -d, -sid *n.* office
kaotaja, -, -t, -id *n.* loser
kaota/ma, -da, -n, -tud *v.* to lose
kaotus, -e, -t, -i *n.* loss
kapital, -i, -i, -e *n.* (finance) capital
kap/p, -i, -pi, -pe, *short ill.* **kappi** *n.* cupboard, cabinet
kapten, -i, -it, -eid *n.* captain
kardetav, -a, -at, -aid *adj.* dangerous
kardin, -a, -at, -aid *n.* curtain
karista/ma, -da, -n, -tud *v.t.* to punish
karja(h)ta/ma, -da, -n, -tud *v.i.* to scream, cry out, exclaim
karju/ma, -da, -n, -tud *v.i.* to shout
kar/p, -bi, -pi, -pe *n.* small box
karskla/ne, -se, -st, -si *n.* teetoaler
kart/ma, -a, kardan, kardetud *v.* to fear
kartul, -i, -it, -eid *n.* potato
karu, -, -, -sid *n.* bear
karusnah/k, -a, -ka, -ku *n.* fur, pelt
karuteene, -, -t, -id *n.* disservice
karv, -a, -a, -u *n.* hair strand
kas *interr.* is it that? do(es)?
kas/k, -e, -ke, -ki *n.* birch tree
kass, -i, -i, -e *n.* cat
kassa, -, -t, -sid, *gen. pl.* **-de** *n.* cashier's window
kast/e, -me, -et, -meid, *gen. pl.* **-mete** *n.* sauce
kastrul, -i, -it, -eid *n.* pan, stewpot
kasu, -, -, -sid *n.* use, utility
kasuema, -, -, -sid *n.* foster mother
kasuisa, -, -, -sid *n.* foster father
kasula/ps, -pse, -st, -psi *n.* foster child
kasulik, -u, -ku, -ke, *gen. pl.* **-kude** or **-e** *adj.* useful

kasuta/ma, -da, -n, -tud *v.t.* to use
kasv, -u, -u, -e *n.* growth, increase
kasva/ma, -da, -n, -tud *v.i.* to grow
kasvata/ma, -da, -n, -tud *v.t.* to grow
kasvatus, -e, -t, -i *n.* cultivation, growth, upbringing
katke/ma, -da, -n, -tud *v.i.* to break, be interrupted
katkesta/ma, -da, -n, -tud *v.t.* to interrupt
katki *adv.* asunder; *adj.* broken
katki tegema *v.t.* to break
kat/ma, -ta, -an, kaetud *v.t.* to cover
katse, -, -t, -id *n.* attempt, experiment
katsuma *v.t.* to try, feel
katus, -e, -t, -eid *n.* roof
kaua *adv.* long
kauaks *adv.* for a long time
kauaoodatud *indecl. adj.* long-awaited
kaubamaj/a, -a, -a, -u *n.* department store
kaubandus, -e, -t, -i *n.* commerce
kaud/ne, -se, -set, -seid *adj.* indirect
kaudu *postp.* via, by means of
kauge, -, -t, -id *adj.* distant
kaugel *adv.* far away
kaugele *adv.* (to) far away
kaugelt *adv.* from far away
kaun/is, -i, -ist, -eid, *gen. pl.* **-i(s)te** *adj.* lovely
kaunitar, -i, -i, -e *n.* beautiful woman
kau/p, -ba, -pa, -pu *n.* merchandise, deal
kauplus, -e, -t, -i *n.* store
kaupme/es, -he, -est, -hi *n.* merchant
kaval, -a, -at, -aid *adj.* sly, cunning
kavatse/ma, -da, -n, -tud *v.t.* to intend
kavatsus, -e, -t, -i *n.* plan, intention
-ke(ne), -kese, -kest, -kesi *dim.* little, dear
keda *pron.* (*part. of* **kes**) whom
kedagi *pron.* (*part. of* **keegi**) someone
keedis, -e, -t, -eid *n.* jam
keegi, kellegi, kedagi *pron.* someone; *adj.* some
keel, -e, -t, -i, *short ill.* **keelde** *n.* tongue, language
keela/ma, -ta, -n, -tud *v.t.* to forbid
keel/d, -u, -du, -de *n.* prohibition
keeldu/ma, -da, -n, -tud *v.i.* to refuse, deny oneself
keeleli/ne, -se, -st, -si *adj.* linguistic, language-related
keeltegrup/p, -i, -pi, -pe *n.* language family
kee/ma, -ta, -n, -tud *v.i.* to cook, boil
keemia, -, -t, -id *n.* chemistry
keera/ma, -ta, -n, -tud *v.t.* to turn
lahti keerama to turn on (radio, TV)

337

kee/tma, -ta, -dan, -tud *v.t.* to cook
keha, -, -, -sid or kehi *n.* body
kehita/ma, -da, -n, -tud *v.t.* to shrug
  õlgu kehitama to shrug one's shoulders
kehv, -a, -a, -i *adj.* poor, meager
kel/k, -gu, -ku, -ke *n.* sled
kell, -a, -a, -i *n.* clock, watch, bell
kella(s)sep/p, -a, -pa, -pi *n.* watchmaker
kelle *pron.* (*gen.* *of* kes) whose
kellegi *pron.* (*gen.* *of* keegi) someone's
kena, -, -, -sid or keni *adj.* attractive, nice
kep/p, -i, -pi, -pe *n.* stick, cane
kere, -, -t, -sid, *gen. pl.* -de *n.* body, trunk
kerge, -, -t, -eid *adj.* easy, light
kergelt = kergesti *adv.* easily
kes, kelle, keda *pron.* who
keset = kesk *prep.* in the middle of
kesk-/aeg, -aja, -`aega, -`aegu *n.* Middle
  Ages
keskaeg/ne, -se, -set, -seid *adj.* medieval
keskel *adv., postp.* in the middle (of)
keskele *adv., postp.* to the middle (of)
keskelt *adv., potsp.* from the middle (of)
kesklinn, -a, -a, -u *n.* downtown
keskmi/ne, -se, -st, -si *adj.* middle, average
kesknädal, -a, -at, -aid *n.* midweek,
  Wednesday
keskpaiku *postp.* in the middle of
kesk/sugu, -soo, -sugu, -sugusid
  n. neuter
keskte/e, -e, -ed, -id *n.* middle road
keskus, -e, -t, -i *n.* center
keskvõr/re, -de, -ret, -deid *gram.*
  comparative degree
kest/ma, -a, -n, -etud *v.i.* to last, endure
kevad, -e, -et, -eid *n.* spring(time)
kevadel *adv.* in spring
kevadeti *adv.* in the spring (seasons)
kg = kilo(gramm) *n.* kilogram
kibe, -da, -dat, -daid *adj.* bitter, painful
kibedasti *adv.* bitterly
`kihla vedama to bet
kihla/ma, -da, -n, -tud *v.t.* engage
kihlasõrmus, -e, -t,-eid *n.* engagement ring
kihlu/ma, -da, -n, -tud *v.i.* to get engaged
kihlus, -e, -t, -i *n.* engagement, betrothal
kihl/vedu, -veo, -vedu, -vedusid *n.* bet
kii/kuma, -kuda, -gun,-gutud *v.i.* to swing
kiilaspea, -, -d, kiilaspäid *n.* baldhead
kiindu/ma, -da, -n, -tud *v.i.* to stick
  (together), to cling
kiir, -e, -t, -i *n.* beam (of light)
kiire, -, ,-t, -id *adj.* fast; *n.* hurry
  mul on kiire I'm in a hurry

kiiremini *comp. adv.* faster
kiiresti *adv.* fast, rapidly
kiiruga *adv.* hurriedly
kiirusta/ma, -da, -n, -tud *v.* to hurry,
  accelerate
kiisu, -, -t, -sid, *gen. pl.* -de *n.* kitty
kii/tlema, -delda, -tlen,-deldud *v.i.* to brag
kiit/ma, -a, kiidan, kiidetud *v.t.* to praise
kiitus, -e, -t, -i *n.* praise
kil/d, -lu, -du, -de *n.* shard, sliver
kilja(h)ta/ma, -da, -n, -tud *v.i.* to shriek
kiljatus, -e, -t, -i *n.* shriek, scream
kilo, -, -, -sid *n.* kilogram
kilomeet/er, -ri, -rit, -reid *n.* kilometer
kilu, -, -, -sid *n.* anchovy
kim/p, -bu, -pu, -pe *n.* bunch, bundle
kindad (*pl. of* kinnas) *pl.n.* gloves, mittens
kind/el, -la, -lat, -laid *adj.* certain, definite
kindlasti *adv.* certainly, assuredly
kindlus, -e, -t, -i *n.* certainty, assurance, fort
kindlusta/ma, -da, -n, -tud *v.t.* to insure
kindral, -i, -it, -eid *n.* general
king, -a, -a, -i *n.* shoe
kingitus, -e, -t, -i *n.* gift
kingsep/p, -a, -pa, -pi *n.* shoemaker
kin/kima, -kida, -gin, -gitud *v.t.* to give
kin/nas, -da, -nast, -daid *n.* glove, mitten
kinni *adj.* closed, caught, busy; kinni
  haarama to grab hold; kinni jääma to get
  caught or stuck; kinni panema to close (up)
kinnita/ma, -da, -n, -tud *v.t.* to confirm,
  insure, fasten
kino, -, -, -sid, *short ill.* kinno *n.* movie
  theater, cinema
kirde- *indecl. adj. prefix* northeast(ern)
kir/g, -e, -ge, -gi *n.* passion, flame
kir/i, -ja, -ja, -ju *n.* letter of correspondence
kirik, -u, -ut, -uid *n.* church
kirikuõpetaja, -, -t, -id *n.* pastor
kirjakeel, -e, -t, -i *n.* written language
kirjalik, -u, -ku, -ke, *gen. pl.* -kude or -e
  adj. written
kirjand, -i, -it, -eid *n.* essay, composition
kirjandus, -e, -t, -i *n.* literature
kirjanik, -u, -ku, -ke, *gen. pl.* -kude or -e
  n. author
kirjavahetus, -e, -t, -i *n.* correspondence
kirjelda/ma, -da, -n, -tud *v.t.* to describe
kirju, -u, -t, -(s)id, *gen. pl.* -de or -te
  adj. multi-colored
kirjutaja, -, -t, -id *n.* writer
kirjuta/ma, -da, -n, -tud *v.* to write
  üles kirjutama to write down
kirjutusmasin, -a, -at, -aid *n.* typewriter

338

kir/re, -de, -ret, -deid *n.* northeast
kirve/s, -, -st, -id *n.* ax
kisa/ma, -da, -n, -tud *v.i.* to shout, clamor
kis/kuma, -kuda, -un, -tud *v.t.* to pull, yank, tear
kitsa/s, -, -st, -id *adj.* narrow
kivi, -, -, kive *n.* rock, stone
kivistis, -e, -t, -i *n.* fossil
kl. = kell o'clock; = klass *n.* class
klaar, -i, -i, -e *adj.* clear
klaas, -i, -i, -e *n.* glass
klamb/er, -ri, -rit, -reid *n.* clasp, bracket
klass, -i, -i, -e *n.* class
klassiruum, -i, -i, -e *n.* classroom
klassitö/ö, -ö, -öd, -id *n.* quiz, classwork
klaver, -i, -it, -eid *n.* piano
klei/t, -di, -ti, -te *n.* (woman's) dress
klop/pima, -pida, -in, -itud *v.* to beat, knock, whisk
km = kilomeeter *n.* km = kilometer
kodanik, -u, -ku, -ke, *gen. pl.* -kude or -e *n.* citizen
kodu, -, -, -sid *n.* home
koduloom, -a, -a, -i *n.* domestic animal
koduma/a, -a, -ad, -id *n.* homeland
kodu/ne, -se, -st, -seid *adj.* home
   kodune ülesanne homework assignment
kodune/ma, -da, -n, -tud *v.i.* to (come to) feel at home, get acclimatized
kodunt *adv.* from home
kodurahu, -, - *n.* domestic peace
kodus *adv.* at home
kodust *adv.* from home
koer, -a, -a, -i *n.* dog
kogemata *adv.* accidentally
kogu *adj.* whole, entire
kogu, -, -, -sid *n.* collection
kogudus, -e, -t, -i *n.* (church) congregation
kogune/ma, -da, -n, -tud *v.i.* to gather
kohal *adv., postp.* at the place (of), above
kohale *adv. postp.* to the place (of), (to), above
   kohale jõudma to arrive, come forth
kohalik, -u, -ku, -ke, *gen. pl.* -kude or -e *adj.* local
kohalt *adv., postp.* from the place (of), from above
kohane/ma, -da, -n, -tud *v.i.* to get accustomed
kohati *adv.* in places, here and there
kohe *adv.* immediately
koh/t, -a, -ta, -ti *n.* place
kohta *postp.* about, regarding
koh/tama, -ata, -tan, -atud *v.t.* to meet
koh/tlema, -elda, -tlen, -eldud *v.t.* to treat

kohtu/ma, -da, -n, -tud *v.i.* to meet
kohtumi/ne, -se, -st, -si *n.* meeting, run-in
kohtunik, -u, -ku, -ke, *gen. pl.* -kude or -e *n.* judge
koh/us, -tu, -ut, -tuid, *gen. pl.* -tute *n.* court, obligation
kohustetäitja, -, -t, -id *n.* deputy, surrogate
kohv, -i, -i, -e *n.* coffee
kohv/er, -ri, -rit, -reid *n.* suitcase
kohvik, -u, -ut, -uid *n.* café, coffeehouse
kohvilau/d, -a, -da, -du *n.* coffee table
koju *adv.* (to) home
kok/k, -a, -ka, -ki *n.* cook
kokku *adv.* (al)together
   kokku panema to put together, collect
   kokku seadma to assemble, bring together
kokkupuu/de, -te, -det, -teid *n.* contact
kokkusattumus, -e, -t, -i *n.* concurrence
kokkutulek, -u, -ut, -uid *n.* coming together
kole, -da, -dat, -daid *adj.* ugly, terrible
koli/ma, -da, -n, -tud *v.i.* to move, change residence
kolla/ne, -se, -st, -seid *adj.* yellow
kolm, -e, -e, -i *num.* three
kolmandik, -u, -ku, -ke, *gen. pl.* -kude or -e *n.* third
kolmapäev, -a, -a, -i *n.* Wednesday
kolma/s, -nda, -ndat, -ndaid, *gen. pl.* -ndate *adj.* third
kolmeaasta/ne, -se, -st, -si *adj., n.* three-year-old
kolmekuningapäev, -a, -a, -i *n.* Epiphany, 12th day of Christmas, January 6
kolmekümne/s, -nda, -ndat, -ndaid *adj.* thirtieth
kolmkümmend, kolmekümne, kolme-kümmend *num.* thirty
kolmsada, kolmesaja, kolmesada *num.* three hundred
kolmteist(kümmend), kolmeteistkümne, kolmeteistkümmend *num.* thirteen
kolmveerand, -i, -it, -eid *n.* three quarters
kolónn, -i, -i, -e *n.* column, colony
koma, -, -, -sid *n.* comma
komista/ma, -da, -n, -tud *v.* to stumble, blunder
kom/me, -be, -met, -beid *n.* custom, habit
kom/pima, -pida, -bin, -bitud *v.t.* to feel, grope
kompimi/ne, -se, -st, -si *n.* (sense of) touch
komplimen/t, -di, -ti, -te *n.* compliment
kompvek, -i, -ki, -ke *n.* piece of candy
konjak, -i, -it, -eid *n.* cognac
konks, -u, -u, -e *n.* hook, snag

kontor, -i, -it, -eid *n.* office
kontoriametnik, -u, -ku, -ke, *gen. pl.*
-kude or -e *n.* clerk, office worker
konts, -a, -a, -i *n.* heel
kontser/t, -di, -ti, -te *n.* concert
kontvõõra/s, -, -st, -id *n.* uninvited guest,
party crasher
konverents, -i, -i, -e *n.* conference
koo/bas, -pa, -bast, -paid *n.* cave
kool, -i, -i, -e, *short ill.* `kooli *n.* school
koolimaj/a, -a, -a, -u *n.* schoolhouse
koolitunnistus, -e, -t, -i *n.* report card
koolivahe/aeg, -aja, -`aega, -`aegu
n. vacation from school
kooliven/d, -na, -da, -di *n.* male classmate
kooli/õde, -õe, -õde, –õdesid *n.* female
classmate
kooliõpetaja, -, -t, -id *n.* schoolteacher
koolis *adv.* in school
koolon, -i, -it, -eid *n.* colon (punctuation)
koor, -e, -t, -i *n.* shell, peel, cream
koor/em, -ma, -mat, -maid *n.* load, burden
koos *adv.* together
koos käima to meet, gather, be together
koosne/ma, -da, -n, -tud *v.i.* to consist (of)
koosolek, -u, -ut, -uid *n.* meeting
koosolija, -, -t, -id *n.* meeting participant,
member of audience
koosviibimi/ne, -se, -st, -si *n.* get-together
Kopenhaagen, -i, -it *n.* Copenhagen
kops, -u, -u, -e *n.* lung
kopsupõletik, -u, -ku, -ke, *gen. pl.* -kude
or -e *n.* pneumonia
koputa/ma, -da, -n, -tud *v.* to knock
kord *adv.* once
kor/d, -ra, -da, -di *n.* time, occasion,
order, story (of building)
korda seadma to put in order
kor/dama, -rata, -dan, -ratud *v.t.* to repeat
kordami/ne, -se, -st, -si *n.* repetition
kordaseadmi/ne, -se, -st, -si *n.* putting in
order, straightening
kordu/ma, -da, -n, -tud *v.i.* to repreat
koridor, -i, -i, -e *n.* corridor, hallway
korista/ma, -da, -n, -tud *v.* to clean up,
straighten
korra (*gen. of* kord) time, occasion, order
(teisel) korral on the (second) floor
korraga *adv.* at once, suddenly, at a time
korralda/ma, -da, -n, -tud *v.t.* to arrange,
organize
korralik, -u, -ku, -ke, *gen. pl.* -kude or
-e *adj.* proper, orderly
korras *adv.* in order, as it should be

korrus, -e, -t, -eid *n.* story (of building)
(viie)korruseli/ne, -se, -st, -si *adj.*
(five)-story
korter, -i, -it, -eid *n.* apartment
korts, -u, -u, -e *n.* wrinkle
kortsuta/ma, -da, -n, -tud *v.t.* to wrinkle
korv, -i, -i, -e *n.* basket
kostita/ma, -da, -n, -tud *v.t.* to treat,
entertain
kost/ma, -a, -an, -etud *v.i.* to be heard
kotka/s, -, -st, -id *n.* eagle
kot/t, -i, -ti, -te, *short. ill.* -ti *n.* bag, sack
kraav, -i, -i, -e *n.* ditch, trench
krae, -, -d, -sid *n.* collar
krahv, -i, -i, -e *n.* earl, count
krahvínna, -, -t, -sid, *gen. pl.* -de
n. countess
kriipsuta/ma, -da, -n, -tud *v.t.* to draw a
line, mark with lines
krii/t, -di, -ti, -te *n.* chalk
kroon, -i, -i, -e *n.* crown; Estonian currency
kuhu *interr.* whither, (to) where
kuhugi *adv.* somewhere
kui *conj.* when, if; *adv.* as, like, how; *interr.*
how; *comp.* than
kui ka even if
kui...ka *adv.* even if, however
kui palju *adv.* how much
kuid *conj.* although, but
kuidas *adv.* how
kuidas käsi käib? how are you?
kuigi *conj.* although
kuiv, -a, -a, -i *adj.* dry
kuiva/ma, -ta, -n, -tud *v.i.* to dry
kuivata/ma, -da, -n, -tud *v.t.* to dry
kuju, -, -, -sid *n.* shape, figure
kujur, -i, -it, -eid *n.* sculptor
kuk/al, -la, -lat, -laid, *gen pl.* -alde *n.*
back of head, nape
kuk/k, -e, -ke, -ki *n.* cock, rooster
kukku/ma, -da, kukun, kukutud *v.i.* to fall
kukkumi/ne, -se, -st, -si *n.* falling
kukuta/ma, -da, -n, -tud *v.t.* to fell, topple
kul/d, -la, -da, -di *n.* gold
kuldkal/a, -a, -a, -u *n.* goldfish
kuld/ne, -se, -set, -seid *adj.* golden
kuldpulm, -a, -a, -i *n.* golden wedding
kulm, -u, -u, -e *n.* eyebrow
kultúur, -i, -i, -e *n.* culture
kultúurikeskus, -e, -t, -i *n.* cultural center
kultúurili/ne, -se, -st, -si *adj.* cultural
kultúurivara, -, -, -sid *n.* cultural riches
kulu/ma, -da, -n, -tud *v.i.* to wear out
kum/b, -ma, -ba *pron.* which (of two)

kumbki *pron.* each, either
kummardu/ma, -da, -n, -tud *v.i.* to bow, stoop
kuna *conj.* while, whereas
kunagi *adv.* ever, once, formerly;
  ei kunagi never
kunas *adv.* when
kuni *conj. & prep.* until, to
kuningaloss, -i, -i, -e *n.* royal castle
kuningánna, -, -t, -sid, *gen. pl.* -de *n.* queen
kuninga/s, -, -t, -id *n.* king
kuningrii/k, -gi, -ki, -ke, *short ill.* **-ki** *n.* kingdom
kunst, -i, -i, -e *n.* art
kunstnik, -u, -ku, -ke, *gen. pl.* -kude or **-e** *n.* artist
kur/b, -va, -ba, -bi *adj.* sad
kur/i, -ja, -ja, -je *adj.* angry, evil; *n.* evil
kurjalt *adv.* angrily
kur/k, -gu, -ku, -kusid *n.* throat
kursus, -e, -t, -i *n.* course
kursusekaasla/ne, -se, -st, -si *n.* classmate
kur/t, -di, -ti, -te *adj., n.* deaf
kus *adv., interr.* where
kuskil *adv.* somewhere
kuskile *adv.* (to) somewhere
kuskilt *adv.* (from) somewhere
kust *adv.* whence, from where
kustu/ma, -da, -n, -tud *v.i.* to become extinguished
kustuta/ma, -da, -n, -tud *v.t.* to extinguish, erase
kutse, -, -t, -id *n.* invitation, call, calling (occupation)
kutsu/ma, -da, -n, -tud *v.* to invite, call, name
kuu, -, -d, kuid *n.* moon, month
kuu/b, -e, -be, -bi *n.* suit-coat
kuue/s, -nda, -ndat, -ndaid, *gen. pl.* -ndate *adj.* sixth
kuueteistkümne/s, -nda, -ndat, -ndaid *adj.* sixteenth
kuulaja, -, -t, -id *n.* listener
kuula/ma, -ta, -n, -tud *v.* to listen
kuuldu/ma, -da, -n, -tud *v.i.* to be heard
kuuldus, -e, -t, -i *n.* rumor
kuul/ma, -da, -en, -dud *v.* to hear
kuulmi/ne, -se, -st, -si *n.* (sense of) hearing
kuulsule/pea, -pea, -pead, -päid *n.* ballpoint pen
kuulu/ma, -da, -n, -tud *v.i.* to belong to, go together with
kuul/us, -sa, -sat or **-ust, -said, *gen. pl.***

-sate *adj.* famous
kuuluta/ma, -da, -n, -tud *v.t.* to announce
kuum, -a, -a, -i *adj.* hot
kuupäev, -a, -a, -i *n.* day of the month
kuu/s, -e, -t, -si *num.* six
kuusik, -u, -ut, -uid *n.* spruce grove
kuus/k, -e, -ke, -ki *n.* spruce tree
kuuskümmend, kuuekümne, kuut-kümmend *num.* sixty
kuussada, kuuesaja, kuutsada *num.* six hundred
kuusteist(kümmend), kuueteistkümne, kuutteistkümmend *num.* sixteen
kõhn, -a, -a, -u *adj.* skinny
kõh/t, -u, -tu, -te or **-tusid, *gen. pl.* kõhtude** *n.* stomach
kõige *superl. adv.* most; **kõige paremat** all the best; **kõige rohkem** most of all
kõige (*gen. of* **kõik**) all
kõigepealt *adv.* first of all, above all
kõi/k, -ge, -ke, -ki *n., pron., adj.* all
kõla/ma, -da, -n, -tud *v.i.* to resound
kõl/bama, -vata, -ban, -vatud *v.i.* to be suitable
kõlista/ma, -da, -n, -tud *v.* to ring, call (on phone)
kõn/dima, -dida, -nin, -nitud *v.i.* to walk, stroll
kõne, -, -t, -sid *n.* speech, conversation
  kõnet pidama to make a speech
kõnekään/d, -u, -du, -de or **-dusid** *n.* saying
kõnel/ema, -da, -en, -dud *v.* to speak
kõnelus, -e, -t, -i *n.* conversation
kõnni/tee, -tee, -teed, -teesid or **-teid** *n.* sidewalk
kõrge, -, -t, -te *adj.* high, lofty
kõrgeklassili/ne, -se, -st, -si *adj.* high-class
kõrv, -a, -a, -u *n.* ear
kõrval *adv., postp.* beside, next to
kõrvale *adv., postp.* (to) beside
kõrvallause, -, -t, -id *gram.* subordinate clause
kõrvalt *adv., postp.* (from) beside
kõrvalteenistus, -e, -t, -i *n.* extra (source of) income
kõrvaltänav, -a, -at, -aid *n.* side street
kõrvuti *adv.* side by side
kõva, -, -, kõvu *adj.* hard
kõvasti *adv.* loudly, hard
kõvemini *adv.* more loudly
käbi, -, -, -sid *n.* cone (of evergreen tree)
käe (*gen. of* **käsi**) hand
  käe ulatuses within (a hand's) reach

käekir/i, -ja, -ja, -ju *n.* handwriting (style)
käekot/t, -i, -ti, -te, *short ill.* -ti
  n. handbag, purse
käes *adv., postp.* at hand, in hand
käesolev, -a, -at, -aid *adj.* current, this
käest *adv., postp.* from (the hand of)
käeulatuses *adv.* within (hand's) reach
kä/gu, -o, -gu, -gusid *n.* cuckoo
käigukang, -i, -i, -e *n.* gear lever, stick shift
käi/k, -gu, -ku, -ke *n.* walk, gear speed
käi/ma, -a, -n, -dud *v.i.* to go, walk
  koos käima to meet, be together
käitu/ma, -da, -n, -tud *v.i.* to behave
käivita/ma, -da, -n, -tud *v.t.* to start up
kän/d, -nu, -du, -de *n.* stump
kära, -, -, -sid *n.* uproar, (excessive) noise
käsi, käe, kätt, käsi, *gen. pl.* käte,
  short ill. kätte *n.* hand
käs/k, -u, -ku, -ke *n.* order, command
käs/kima, -kida, -in, -tud *v.t.* to order,
  command
  käsku täitma to carry out an order
käsutus, -e, -t, -i *n.* disposition, command
käterätik, -u, -ut, -uid *n.* handkerchief
käterät/t, -i, -ti, -te *n.* handkerchief
kätte *adv., postp.* to (hand)
kättesaadav, -a, -at, -aid *adj.* accessible
kättpidi *adv.* by the hand
käänami/ne, -se, -st, -si *n.* declension
kään/e, -de, -et, -deid *n.* case form
käär/id, -ide, -e *pl.n.* scissors
köetud *indecl. adj.* heated
köha, -, -, -sid *n.* cough
köö/k, -gi, -ki, -ke *n.* kitchen
kübar, -a, -at, -aid *n.* hat
küde/ma, -da, köen, köetud *v.i.* to burn,
  smoulder
küla, -, -, -sid *n.* village
külali/ne, -se, -st, -si *n.* visitor, guest
külas *adv.* on a visit
külaskäi/k, -gu, -ku, -ke *n.* visit
külasta/ma, -da, -n, -tud *v.t.* to visit
kül/g, -je, -ge, -gi *n.* side
küll *adv.* sure(ly), indeed
külla *adv.* (to) on a visit
küllakutse, -, -t, -id *n.* invitation (to visit)
küllalt *adv.* enough
küllap *adv.* surely, presumably
külm, -a, -a, -i *adj., n.* cold
külmeta/ma, -da, -n, -tud *v.* to chill,
  freeze; end ära külmetama to catch a cold
külmetu/ma, -da, -n, -tud *v.i.* to freeze,
  catch a cold
külva/ma, -ta, -n, -tud *v.* to sow, plant

küm/me, -ne, -met, -neid, *gen. pl.* -nete
  num. ten
kümnekrooni/ne, -se, -st, -seid *n.* ten-
  crown bills
kümnendik, -u, -ku, -ke, *gen. pl.* -kude or
  -e *n.* tenth
kümne/s, -nda, -ndat, -ndaid *adj.* tenth
küps, -e, -e, -i *adj.* ripe, ready
küpse/ma, -da, -n, -tud *v.i.* to ripen
küpseta/ma, -da, -n, -tud *v.t.* to bake, cook
küpsis, -e, -t, -eid *n.* baked good, cookie
küsija, -, -t, -id *n.* questioner, inquirer
küsi/ma, -da, -n, -tud *v.* to ask
küsimus, -e, -t, -i *n.* question
küsi(mus)mär/k, -gi, -ki, -ke *n.*
  question mark
küt/e, -te, -et, -teid *n.* heating
küt/ma, -ta, -an, köetud *v.t.* to heat
kütus, -e, -t, -eid *n.* fuel
küün/al, -la, -lat, -laid, *gen. pl.* -alde
  n. candle
küün/dima, -dida, -in, -itud *v.i.* to reach,
  suffice
küüned, küünte, küüsi *pl.n.* nails (of
  fingers or toes)
küür, -u, -u, -e *n.* hump, stoop
küü/s, -ne, -nt, -si *n.* nail (of finger or toe)

L

l = liiter l = liiter
laena/ma, -ta, -n, -tud *v.t.* to borrow, loan
laensõn/a, -a, -a, -u *n.* loan-word
laev, -a, -a, -u *n.* ship
laevastik, -u, -ku, -ke, *gen. pl.* -kude or
  -e *n.* fleet
la/gi, -e, -ge, -gesid *n.* ceiling
lagune/ma, -da, -n, -tud *v.i.* to deteriorate,
  fall apart
lagunenud *indecl. adj.* dilapidated
lahenda/ma, -da, -n, -tud *v.t.* to solve
lahing, -u, -ut, -uid *n.* battle
lahke, -, -t, -id *adj.* friendly, kind
lahku *adv.* apart, asunder
lahku/ma, -da, -n, -tud *v.i.* depart, separate
lahkumi/ne, -se, -st, -si *n.* departure
lahkumissõn/a, -a, -a, -u *n.* parting word
lahkus, -e, -t, -i *n.* kindness, friendliness
lah/t, -e, -te, -ti *n.* bay
lahti *adj.* open, loose; lahti riietuma to
  get undressed; lahti tõmbama to pull loose
lahti/ne, -se, -st, -si *adj.* open

342

lahuta/ma, -da, -n, -tud   v.t. to divorce, separate
lahutus, -e, -t, -i   n. divorce, separation
lai, -a, -a, -u   adj. wide
laiali   adv. dispersed, wide apart
laim, -u, -u, -e   n. slander, libel
laimujut/t, -u, -tu, -te   n. slanderous report
laine, -, -t, -id   n. wave (of water)
lais/k, -a, -ka, -ku   adj. lazy
lai/tma, -ta, -dan, -detud   v.t. to criticize, disapprove
laius, -e, -t, -i   n. width
laksuta/ma, -da, -n, -tud   v.t. to clap, click, smack
lamaja, -, -t, -id   n. reclining person
lama/ma, -da, -n, -tud   v.i. to recline
lam/mas, -ba, -mast, -baid   n. sheep
lam/p, -bi, -pi, -pe   n. lamp
lange/ma, -da, -n, -tud   v.i. to fall
lantš, -i, -i, -e   n. lunch
la/ps, -pse, -st, -psi   n. child
lapsepõl/i or -v, -ve, -ve, -vi   n. childhood
las/kma, -ta, -en, -tud, past lasksin or lasin v.t. to let; `püssi laskma to fire a gun
lastehaigus, -e, -t, -i   n. childhood disease
lastehalvatus, -e, -t, -i   n. polio
laste/tuba, -toa, -tuba, -tube   n. children's room
lauakõne, -, -t, -sid, gen. pl. -de   n. toast, after-dinner speech
lauanaab/er, -ri, -rit, -reid   n. neighbor at table
lau/d, -a, -da, -du   n. table
lauda istuma   to sit down at the table
laudlin/a, -a, -a, -u   n. tablecloth
laul, -u, -u, -e   n. song
laulatus, -e, -t, -i   n. wedding
laulatussõrmus, -e, -t, -eid n. wedding ring
laulja, -, -t, -id   n. singer
lauljánna, -, -t, -sid, gen. pl. -de   n. female singer
laul/ma, -da, -an, -dud   v. to sing
laululin/d, -nu, -du, -de   n. songbird
laulu/pidu, -peo or -pidu, -pidu, -pidusid   n. song festival
lau/p, -ba, -pa, -pu   n. forehead, brow
laupäev, -a, -a, -i   n. Saturday
lause, -, -t, -id   n. sentence, clause
lauskma/a, -a, -ad, -id   n. flat land
lausu/ma, -da, -n, -tud   v.t. to state, utter
Leedu, -, -t   n. Lithuania
leedu   indecl. adj. Lithuanian
leedula/ne, -se, -st, -si   n. Lithuanian
leer, -i, -i, -e   n. confirmation

leerila/ps, -pse, -st, -psi   n. confirmand
leetr/id, -ite, -eid   pl. n. measles
lehekül/g, -je, -ge, -gi   n. page, sheet
lehm, -a, -a, -i   n. cow
leh/t, -e, -te, -ti   n. leaf
lei/b, -va, -ba, -bu   n. (dark) bread
lei/dma, -da, -an, -tud   v.t. to find
   aset leidma   to take place
leidu/ma, -da, -n, -tud   v.i. to be found
lein, -a, -a, -u   n. grief, sorrow, mourning
leiutis, -e, -t, -i   n. invention
lell, -e, -e, -i   n. paternal uncle
lemmik, -u, -ut, -uid   n. favorite
lemmik-   indecl. adj. prefix   favorite
len/dama, -nata, -dan, -natud   v.i. to fly
lendur, -i, -it, -eid   n. (airplane) pilot
lennuk, -i, -it, -eid   n. airplane
lepik, -u, -ut, -uid   n. alder grove
leping, -u, -ut, -uid   n. agreement, contract
lennuväl/i, -ja, -ja, -ju   n. airfield, airport
lep/p, -a, -pa, -pi   n. alder tree
lep/pima, -pida, -in, -itud   v.i. to reach agreement, become reconciled
les/k, -e, -ke, -ki   n. widow, widower
let/t, -i, -ti, -te   n. (store) counter
lgp. = lugupeetud   honored
libe, -da, -dat, -daid   adj. slippery
lift, -i, -i, -e   n. elevator
ligemi/ne, -se, -st, -si   n. neighbor
ligi   adv. almost, nearly
liha, -, -, -sid   n. meat
lihavõt/ted, -ete, -teid   pl. n. Easter
lihavõttepüh/a, -a, -a, -i   n. Easter holiday
lihtminevik, -u, -ku, -ke, gen. pl. -kude or -e   gram. simple past tense
liht/ne, -sa, -sat, -said   adj. simple, easy
lihtsalt   adv. simply
liialda/ma, -da, -n, -tud   v.i. to exaggerate, overdo
liiga   adv. too, overly
lii/ge, -kme, -get, -kmeid, gen. pl. -kmete   n. member
liigsöömi/ne, -se, -st, -si   n. overeating
liiguta/ma, -da, -n, -tud   v.t. to move, set in motion
lii/k, -gi, -ki, -ke   n. sort, species
lii/kuma, -kuda, -gun, -gutud   v.i. to move, circulate
liikuv, -a, -at, -aid   adj. moving, stirring
liikvel   adv. astir, in motion
liist, -u, -u, -e   n. last, boot tree
lii/t, -du, -tu, -tusid   n. union, league, alliance
liit/er, -ri, -rit, -reid   n. liter

liiv, -a, -a, -u or -asid   n. sand
likÖÖr, -i, -i, -e   n. liqueur
lill, -e, -e, -i   n. flower
lilleke/(ne), -se, -st, -si   n. little flower
limonaad, -i, -i, -e   n. lemonade
lin/a, -a, -a, -u   n. linen, tablecloth, sheet
lin/d, -nu, -du, -de   n. bird
linla/ne, -se, -st, -si   n. urbanite
linn, -a, -a, -u or -asid, short ill. `linna
   n. town
linnamüür, -i, -i, -e   n. town wall
linnavärav, -a, -at, -aid   n. town gate
linnuke/(ne), -se, -st, -si   n. little bird
linnus, -e, -t, -eid   n. fort
lin/t, -di, -ti, -te   n. ribbon, tape
lip/p, -u, -pu, -pe   n. flag
lips, -u, -u, -e   n. necktie
lisa, -, -, -sid   n. addition
lisa/ma, -da, -n, -tud v.t. to add, append
lisand, -i, -it, -eid   n. addendum; gram.
   apposition
lk. = lehekülg   p. = page
lobise/ma, -da, -n, -tud v.i. to chatter,
   babble
loe/n (pres. of lugema)   v. (I) read
loeng, -u, -ut, -uid   n. lecture
lohaka/s, -, -t, -id adj. careless, sloppy
lok/k, -i, -ki, -ke   n. lock (of hair), curl
loobu/ma, -da, -n, -tud v.i. to decline,
   give up
loodetavasti   adv. hopefully
loodus, -e, -t, -i   n. nature
loodus/lugu, -loo, -lugu, -lugusid   n.
   natural history
looja   adv. down
   päike läheb looja the sun sets
loom, -a, -a, -i   n. animal
looma, luua, loon, loodud, imperf. lõin
   v.t. to create
loomaarst, -i, -i, -e   n. veterinarian
loomi/ne, -se, -st, -si   n. creating, making
looming, -u, -ut, -uid   n. creation, work
loomulik, -u, -ku, -ke, gen. pl. -kude or
   -e   adj. natural
loomulikult   adv. naturally
loos, -i, -i, -e   n. lot, lottery ticket
loot/ma, -a, loodan, loodetud   v. to hope
lootus, -e, -t, -i   n. hope
loss, -i, -i, -e n. castle
loterii, -, -d, -sid   n. lottery
lp. = lgp. = lugupeetud honored
luba, loa, luba, lubasid n. permission,
   license
lubadus, -e, -t, -i   n. promise

luba/ma, -da, -n, -tud   v. to permit
lubamatu, -, -t, -id   adj. impermissible
lugeja, -, -t, -id   n. reader
luge/ma, -da, loen, loetud v. to read
lugu, loo, lugu, lugusid   n. story
lugulaul, -u, -u, -e   n. epic song
lugupeetud   indecl. adj. honored, respected
lui/k, -ge, -ke, -ki   n. swan
luk/k, -u, -ku, -ke   n. lock
lukus   (iness. of lukk) locked up
   mu kõrvad on lukus my ears are numb
lum/i, -e, lund, -esid, gen.pl. -ede n. snow
lusika/s, -, -t, -id   n. spoon
luule, -, -t, -sid   n. poetry
luuletaja, -, -t, -id n. poet
luuleta/ma, -da, -n, -tud   v.t. to compose
   poetry, to fabricate
luuletus, -e, -t, -i   n. poem
lõbus, -a, -at, -aid adj. fun, merry
lõh/i, -e, -e, -esid n. salmon
lõhki   adv. apart, into pieces
   lõhki ajama to split; lõhki lööma to
   break; lõhki minema to come apart
lõh/kuma, -kuda, -un, -utud v.t. to wreck
lõhna/ma, -ta, -n, -tud v.i. to smell
lõi/kama, -gata, -kan, -gatud   v. to cut,
   harvest
lõoke/(ne), -se, -st, -si   n. lark
lõpeta/ma, -da, -n, -tud v.t. to end
lõp/p, -u, -pu, -pe   n. end
lõppe/ma, -da, lõpen, lõpetud v.i. to end
lõpphäälik, -u, -ut, -uid   n. final sound
   (in word)
lõppsõn/a, -a, -a, -u n. final word, closing
   remarks
lõpuks   adv. finally
lõu/g, -a, -ga, -gu   n. jaw
lõuna, -a, -t, -id   n. noon, lunch, south
Lõuna-   indecl. adj. prefix   South(ern)
lõunanaab/er, -ri, -rit, -reid n. southern
   neighbor
lõunavahe/aeg, -aja, -`aega, -`aegu   n.
   lunch break
lõvi, -, -, -sid   n. lion
läbi   adv., postp. through;   läbi kukkuma
   to flunk, fail;   läbi vaatama to examine
läbimär/g, -ja, -ga, -gi adj. thoroughly wet
lähedal   adv. near(by)
lähedale   adv. (to) near(by)
lähedalt   adv. from nearby, close
läheda/ne, -se, -st, -si   adj. near;
   n. intimate, close friend
lähedus, -e, -t, -i   n. nearness
lähem, -a, -at, -aid   adj. closer

344

lähemalt *adv.* more closely, in more detail
lähe/n (*pres. of* minema) *v.i.* (I) go;
  mul läheb hästi it goes well for me
lähene/ma, -da, -n, -tud *v.i.* to approach
lähim, -a, -at, -aid [= kõige lähedam]
  adj. nearest
läh(e)me we go, let's go
läi/kima, -kida, -gin, -gitud *v.i.* to gleam,
  shine
läks/in (*past of* minema) (I) went
lärm, -i, -i, -e *n.* din, clamor
Läti, -, -t *n.* Latvia
Lätimaa, -, -d *n.* Latvia
läti *indecl. adj.* Latvian
lätla/ne, -se, -st, -si *n.* Latvian
Lääne- *indecl. adj. prefix* West(ern)
Läänemer/i, -e, -d *n.* Baltic [Western] Sea
läänerin/ne, -de, -net, -deid *n.* Western
  Front
lää/s, -ne, -nt, -si *n.* West
lööma, lüüa, löön, löödud, *past* lõin
  v.t. to hit
lühem, -a, -at, -aid *adj.* shorter
lühend, -i, -it, -eid *n.* abbreviation
lühendus, -e, -t, -i *n.* shortening
lühene/ma, -da, -n, -tud *v.i.* to get shorter
lühidalt *adv.* briefly, shortly
lühike/(ne), -se, -st, -si *adj.* short
lük/kama, -ata, -kan, -atud *v.t.* to push,
  shove

M

m = meeter m = meter
m.a. = möödunud aastal last year
ma, mu, mind (*short forms of* mina) *pron.*
  I, my, me
maa, -, -d, maid *n.* land, country, Earth
maailm, -a, -a, -u *n.* world
maaker/a, -a, -a, -i *n.* globe, Earth
maala/ne, -se, -st, -si *n.* rural dweller
maale *adv.* to the country
maal *adv.* in the country
maalt *adv.* from the country
maante/e, -e, -ed, -id or -esid *n.* highway,
  road
maapeal/ne, -se, -set, -seid *adj.* earthly
maapõuevara, -, -, -sid *n.* mineral resource
maas *adv.* on the ground
maasika/s, -, -t, -id *n.* strawberry
maastik, -u, -ku, -ke, *gen. pl.* -kude or -e
  n. landscape

maateadus, -e, -t, -i *n.* geography
madal, -a, -at, -aid *adj., n.* shallow, low
madrats, -i, -it, -eid *n.* mattress
madu, mao, madu, madusid *n.* serpent,
  large snake
maga/ma, -da, -n, -tud *v.i.* to sleep
magamis/tuba, -toa, -tuba, -tube *n.*
  bedroom
magu, mao, magu, magusid *n.* stomach
magus, -a, -at, -aid *adj.* sweet
magussöö/k, -gi, -ki, -ke *n.* dessert
maha *adv.* down(ward), onto the ground, off
  rongist maha jääma to miss the train
mahl, -a, -a, -u *n.* juice
mah/tuma, -tuda, -un, -utud *v.i.* to fit
mahuta/ma, -da, -n, -tud *v.t.* to have
  room for, accommodate
mai, -, -d, -sid *n.* May
maini/ma, -da, -n, -tud *v.t.* to mention
maitse, -, -t, -id *n.* taste
maitse/ma, -da, -n, -tud *v.* to taste
maits/ev, -va, -vat, -vaid *adj.* tasty
maits/ma, -ta, -en, -tud *v.* to taste
maitsmi/ne, -se, -st, -si *n.* (sense of) taste
maja, -, -, maju, *short ill.* majja *n.* house
maks, -a, -a, -u or -asid *n.* liver
maks, -u, -u, -e *n.* payment, fee, tax
maks/ma, -ta, -an, -(e)tud *v.* to cost, pay
  kätte maksma to get revenge
male, -, -t *n.* chess
mant/el, -li, -lit, -leid *n.* coat, cloak
mar/i, -ja, -ja, -ju *n.* berry
masin, -a, -at, -aid *n.* machine
matemáatika, -, -t, -id *n.* mathematics
máterjal, -i, -i, -e *n.* material
mat/ma, -ta, -an, maetud *v.t.* to bury,
  overwhelm
me, me, meid *pron.* we, our, us
meel, -e, -t, -i *n.* mood, sense
meeldi/ma, -da, -n, -tud *v.i.* to appeal
meeldiv, -a, -at, -aid *adj.* pleasant, appealing
meelega *adv.* deliberately
meeleldi *adv.* gladly, readily
meeleolu, -, -, -sid *n.* mood
meeles *adv.* in memory; meeles pidama
  to remember, retain in memory
meelespidami/ne, -se, -st, -si *n.*
  remembrance
meelita/ma, -da, -n, -tud *v.t.* to entice,flatter
mees, mehe, meest, mehi *n.* man, husband
meeskoor, -i, -i, -e *n.* men's choir
mees/sugu, -soo, -sugu, -sugusid *n.*
  male sex; *gram.* masculine gender
meet/er, -ri, -rit, -reid *n.* meter

mehel (*adess. of* **mees**) married (to a man)
mehelik, -u, -ku, -ke, *gen. pl.* **-kude** or **-e** *adj.* manly
meid *pron.* (*part. of* **meie**) us
meie, -, meid *pron.* we, our, us
meil *adv.* at our place
meil on we have
meist/er, -ri, -rit, -reid *n.* master (of an art or craft)
mere/mees, -mehe, -meest, -mehi *n.* seaman, sailor
merepin/d, -na, -da, -du *n.* sea level, sea surface
mer/i, -e, -d, -esid, *gen. pl.* **-ede,** *short ill.* `**merre,** *n.* sea
mesi, mee, mett, mesi, *gen. pl.* **mete** *n.* honey
mesila/ne, -se, -st, -si *n.* honeybee
metall, -i, -i, -e *n.* metal
mets, -a, -a, -i, *short ill.* **-a** *n.* forest, woods
metsloom, -a, -a, -i *n.* wild animal
mida *pron. of* **mis**) what, which
mida varem, **seda** parem the sooner, the better
midagi *pron.* (*part. of* **miski**) anything, something
miinus *adv., n.* minus
miks *interr., rel. adv.* why
mil *adv.* when
miljard, -i, -it, -eid *num.* billion
miljon, -i, -it, -eid *num.* million
millal *adv. & interr.* when
mille *pron.* (*gen. of* **mis**) what, which
millegi *pron.* (*gen. of* **miski**) of what,of which
milleks *pron.* (*translative of* **miski**) for what
milli/ne, -se, -st, -seid *adj.* what kind
mina, minu, mind *pron.* I, my, me
mind *pron.* (*part. of* **mina**) me
minek, -u, -ut, -uid *n.* departure, going
minema, minna, lähen, mindud, *imperf.* **läksin,** *pres. pass.* **minnakse** *v.i.* to go, become; **liiale minema** to go too far, overdo; `**looja minema** to go down, to set (sun); `**nurja minema** to go awry; `**pihta minema** to hit (the mark); **rõõmsaks minema** to become glad
minevik, -u, -ku, -ke, *gen. pl.* **-kude** or **-e** *n.* the past
ming/i, -i, -it, -eid *adj.* some (kind of)
minia, -, -t, -id *n.* daughter-in-law
minu *pron.* (*gen. of* **mina**) my
minut, -i, -it, -eid *n.* minute
mis, mille, mida *pron., adj.* what, which
misjaoks *adv.* for what purpose

miski, millegi, midagi *pron.* anything, something
mismoodi *adv.* in what manner
mispärast *interr. adv.* why
missugu/ne, -se, -st, -seid *adj.* what sort
mitmekesi *adv.* in a group, with several together
mitme/s, -nda, -ndat, -ndaid *adj.* which (one, in a given order)
mitmes täna on? what is today's date?
mitmesugu/ne, -se, -st, -seid *adj.* varied, various
mitmed *adj., pron.* several
mitmus, -e, -t, -i *n.* plural(ity)
mitte *emphatic particle* not
mitte midagi nothing at all
mit/u, -me, -ut, -meid, *gen. pl.* **-mete** *adj., interr., pron.* several, how many
mitu head aastat a good many years
moeas/i, -ja, -ja, -ju *n.* item of fashion
moekarje, -, -t, -id *n.* latest fashion, all the rage
moenarr, -i, -i, -e *n.* fop, dandy
mood, moe, moodi, moode *n.* mode, way, fashion
(-)moodi *adv. suffix* -like, -style; in (some) way
mood/ne, -sa or **-se, -sat** or **-set, -said** or **-seid** *adj.* modern
moodusta/ma, -da, -n, -tud *v.t.* to form, comprise
mootor, -i, -it, -eid *n.* motor
mootorrat/as, -ta, -ast, -taid *n.* motorcycle
mopéed, -i, -i, -e *n.* moped
moraal/ne, -se, -set, -seid *adj.* moral
mu *pron.* (*gen. of* **ma**) my, me
mugav, -a, -at, -aid *adj.* comfortable
muide *interj.* by the way
muidu *adv.* otherwise
muidugi *adv.* of course, naturally
muinas- *adj.* ancient
muinas-germaani *indecl. adj.* Old German
muinasjut/t, -u, -tu, -te *n.* fairy tale
mujale *adv.* (to) elsewhere
mujal *adv.* (at) elsewhere
mujalt *adv.* (from) elsewhere
mul *adess. pron.* at, on, by me
mul on I have
mul/d, -la, -da, -di *n.* soil
mulje, -, -t, -id *n.* impression
mulle *all. pron.* to me
mult *abl. pron.* from me
muna, -, -, mune *n.* egg
murdarv, -u, -u, -e *n.* fractional number

346

mur/dma, -da, -ran, -tud *v.t.* to break
mure, -, -t, -sid, *gen. pl.* -de *n.* worry
muretse/ma, -da, -n, -tud *v.* to worry, procure
muretu *indecl. adj.* unworried
muru, -, -, -sid *n.* lawn, grass
must, -a, -a, -i *adj.* black, dirty
muu, -, -d, muid *adj.* other
muusika, -, -t, -id *n.* music
muu/tma, -ta, -dan, -detud *v.* to change
muutmata *indecl. adj.* unchanged, unchanging
muutu/ma, -da, -n, -tud *v.i.* to change, become
muutus, -e, -t, -i *n.* change
mõistatus, -e, -t, -i *n.* riddle
mõistlik, -u, -ku, -ke, *gen. pl.* -kude or -e *adj.* reasonable, prudent
mõist/ma, -a, -an, -etud *v.* to understand, figure out
mõistus, -e, -t, -i *n.* understanding, mind, intellect, reason
mõju, -, -, -sid *n.* influence
mõju/ma, -da, -n, -tud *v.i.* to influence
mõjuta/ma, -da, -n, -tud *v.t.* to influence
mõlema/d, -, -t, -id *pl. adj. & pron.* both
mõn/i, -e, -d(a), -esid, *gen. pl.* -ede *adj., pron.* some
mõnikord *adv.* sometimes
mõninga/s, -, -t, -id *adj.* some, several
mõnu, -, -, -sid *n.* pleasure, comfort
mõru, -, -, -sid *adj.* bitter
mõt/e, -te, -et, -teid *n.* thought
mõtlema, mõ(t)elda, mõtlen, mõ(t)eldud *v.* to think, mean, intend
mõttekriips, -u, -u, -e *n.* dash (punctuation)
mõttele tulema to come upon the idea
mõõ/k, -ga, -ka, -ku *n.* sword
mõõ/tma, -ta, -dan, -detud *v.t.* to measure
mä/gi, -e, -ge, -gesid *n.* mountain
mälestus, -e, -t, -i *n.* memory
mäleta/ma, -da, -n, -tud *v.t.* to remember
mälu, -, -, -sid *n.* memory (storage)
män/d, -ni, -di, -de *n.* pine tree
mäng, -u, -u, -e *n.* game, play
mängija, -, -t, -id *n.* player
mängi/ma, -da, -n, -tud *v.* to play
männik, -u, -ut, -uid *n.* pine grove
mär/g, -ja, -ga, -gi *adj.* wet
mär/k, -gu, -ku, -ke *n.* mark, sign, signal
mär/kama, -gata, -kan, -gatud *v.t.* to mark, note
märkus, -e, -t, -i *n.* note, notice, remark
märts, -i, -i, -e *n.* March

määr, -a, -a, -i *n.* extent, degree
suuremal määral to a greater extent
määrsõn/a, -a, -a, -u *n.* adverb
määrus, -e, -t, -i *n.* decree, ordinance; *gram.* adverbial
mööb/el, -li, -lit, -leid *n.* piece of furniture
mööbliäri, -, -, -sid *n.* furniture store
mööda *prep., postp.* along
möödamineja, -, -t, -id *n.* passer-by
möödas *adv.* past, over
möödu/ma, -da, -n, -tud *v.i.* to pass, go by
müra, -, -, -sid *n.* noise
mürgitus, -e, -t, -i *n.* poisoning
mürin, -a, -at, -aid *n.* rumble
mürista/ma, -da, -n, -tud *v.i.* to thunder, rumble
mür/k, -gi, -ki, -ke *n.* poison
müts, -i, -i, -e *n.* hat, cap
müügil *adv.* for sale
müüja, -, -t, -id *n.* seller, store clerk
müüjánna, -, -t, -sid, *gen. pl.* -de *n.* saleslady, female store clerk
müü/k, -gi, -ki, -ke *n.* sale
müü/ma, -a, -n, -dud *v.* to sell
müür, -i, -i, -e *n.* wall (of fortification)

N

naab/er, -ri, -rit, -reid *n.* neighbor
naaberma/a, -a, -ad, -id *n.* neighboring country
naaberrii/k, -gi, -ki, -ke *n.* neighboring state
nad, nende, neid *pron.* they, their, them
nael, -a, -a, -u, *gen. pl.* -te *n.* nail, pound (of weight)
naer, -u, -u, -e *n.* laugh
naerata/ma, -da, -n, -tud *v.i.* to smile
naeratus, -e, -t, -i *n.* smile
naer/ma, -da, -an, -dud *v.* to laugh
nagu *adv.* as, like, such as; *conj.* as, as if
nah/k, -a, -ka, -ku, *short ill.* `nahka *n.* leather, skin
nai/ne, -se, -st, -si *n.* woman
naiselik, -u, -ku, -ke, *gen. pl.* -kude or -e *adj.* ladylike
nais/sugu, -soo, -sugu, -sugusid *n.* female sex; *gram.* feminine
nal/i, -ja, -ja, -ju *n.* fun, joke
nalja tegema to make fun, joke
naljaka/s, -, -t, -id *adj.* funny
Narva, -, -t *n.* Estonian town

347

natuke/(ne), -se, -st, -si *adj., adv.* a little
nau/tima, -tida, -din, -ditud *v.t.* to enjoy
need, nende, neid *pron.* they, those
neela/ma, -ta, -n, -tud *v.t.* to swallow
neer, -u, -u, -e or -usid *n.* kidney
neid *pron. (part. of* nemad) them
nei/d, -u, -du, -de or -dusid *n.* miss,
  maiden [= neiu]
neil päevil *adv.* during those days, shortly
neiu, -, -t, -sid, *gen. pl.* -de *n.* miss,
  maiden [= neid]
neli, nelja, nelja *num.* four
nelikümmend, neljakümne, nelja-
  kümmend *num.* forty
nelipüh/a, -a, -a, -i *n.* Pentecost
nelisada, neljasaja, neljasada *num.*
  four hundred
neliteist(kümmend), neljateistkümne
  neljateistkümmend *num.* fourteen
neljakord/ne, -se, -set, -seid *adj.* four-
  time, four-story
neljandik, -u, -ku, -ke, *gen. pl.* -kude, or
  -e *num.* one fourth, quarter
neljapäev, -a, -a, -i *n.* Thursday
nelja/s, -nda, -ndat, -ndaid *adj.* fourth
nemad, nende, neid *pron.* they, their, them
nende *pron. (gen. of* nemad) their
nii *adj.* so
nii et *conj.* so that
nii...kui ka... not only...but also...
niikuinii *adv.* anyway
niimoodi *adv.* in such a manner, this way
niisama *adv.* just as
niisugu/ne, -se, -st, -seid *adj.* such
niiviisii *adv.* in this way, so
nii-öelda *interj.* so to speak
nimelt *adv.* namely
nimeta/ma, -da, -n, -tud *v.t.* to name,
  call, mention
nimetatud *adj.* (above)mentioned
nimetav, -a, -at, -id *gram.* nominative
nimetissõrm, -e, -e, -i *n.* pointing (index)
  finger
nimetus, -e, -t, -i *n.* name, label
nim/i, -e, -e, -esid *n.* name
nimisõn/a, -a, -a, -u *n.* noun
nina, -, -, -sid *n.* nose
ning *conj.* and (also)
nisu, -, -, -sid *n.* wheat
nn. = niinimetatud *indecl. adj.* so-called
noh! *interj.* well!
nohu, -, -, -sid *n.* cold (in the head)
nok/k, -a, -ka, -ki *n.* beak
noor, -e, -t, -i *adj.* young; *n.* youth

noorelt *adv.* in/from younger days
noor/mees, -mehe, -meest, -mehi *n.*
  young man
noorpõlv, -e, -e, -i *n.* youth, younger days
noortekodu, -, -, -sid *n.* youth center
noorus, -e, -t, -i *n.* time of youth
nooruslik, -u, -ku, -ke, *gen. pl.* -kude or
  -e *adj.* youthful
normáal/ne, -se, -set, seid *adj.* normal
Norra, -, -t *n.* Norway
norra *indecl. adj.* Norwegian
norrala/ne, -se, -st, -si *n.* Norwegian
nors/kama, -ata, -kan, -atud *v.i.* to snore
novémb/er, -ri, -rit, -reid *n.* November
nr. = number no. = number
nuga, noa, nuga, nuge *n.* knife
nuk/k, -u, -ku, -ke *n.* doll
null, -i, -i, -e *num.* zero
numb/er, -ri, -rit, -reid *n.* number
nup/p, -u, -pu, -pe *n.* button, bud
nur/k, -ga, -ka, -ki *n.* corner
nut/ma, -ta, -an, -etud *v.* to cry
nuus/kama, -ata, -kan, -atud *v.t.* to blow
  (one's nose)
nuusuta/ma, -da, -n,-tud *v.t.* to smell, sniff
nõd/er, -ra, -tra, -tru *adj.* weak, infirm
nõel, -a, -a, -u, *gen. pl.* -te *n.* needle
nõnda *adv.* so, in such a way
nõr/k, -ga, -ka, -ku *adj.* weak
nõu, -, -, -sid *n.* advice
nõu/dma, -da, -an, -tud *v.t.* to demand
nõus *adv.* in agreement
nõutu, -, -t, -id *adj.* at a loss, helpless
nõutult *adv.* helplessly
nädal, -a, -at, -aid *n.* week
nädalalõp/p, -u, -pu, -pe *n.* week-end
nädalapäev, -a, -a, -i *n.* day of the week
näe/n *(pres. of* nägema)
nägema, näha, näen, nähtud, *past* nägin,
  active past part. näinud, *pres. pass.*
  nähakse *v.* to see;
  unes nägema to see in a dream
  välja nägema to appear, seem
nägemi/ne, -se, -st, -si *n.* (sense of) sight
nägemiseni! *interj.* see you! until our next
  meeting!
nägija, -, -t, -id *n.* watcher
nägu, näo, nägu, nägusid *n.* face
nähtav, -a, -at, -aid *adj.* visible
nähtavasti *adv.* seemingly
nähtus, -e, -t, -i *n.* phenomenon
näi/de, -te, -det, -teid *n.* example
näidend, -i, -it, -teid *n.* drama, play
näi/tama, -data, -tan, -datud *v.* to show

348

näit. = näiteks   e.g. = for example
näi/tama, -data, -tan, -datud   v. to show
näiteks   for example
näitleja, -, -t, -id   n. actor
näi/tlema, -delda, -tlen, -deldud   v. to act (on stage)
näk/k, -i, -ki, -ke   n. water sprite
näl/g, -ja, -ga, -gi   n. hunger
näp/p, -u, -pu, -pe   n. finger
näri/ma, -da, -n, -tud   v.t. to chew
närv, -i, -i, -e   n. nerve
närvili/ne, -se, -st, -si   adj. nervous
närvitse/ma, -da, -n, -tud v.i. to be nervous
n.ö. = nii-öelda   so-called
nöö/p, -bi, -pi, -pe   n. button
nüri, -, -, -sid   adj. boring, dull
nüüd   adv. now
nüüd/ne, -se, -set, -seid   adj. present

O

odav, -a, -at, -aid   adj. cheap, inexpensive
odavmüü/k, -gi, -ki, -ke   n. bargain sale
oder, odra, otra, otri   n. barley
oh/kama, -ata, -kan, -atud v.i. to sigh
oi/gama, -ata, -gan, -atud   v.i. to moan
oivali/ne, -se, -st, -si   adj. wonderful, excellent
oja, -, -, -sid   n. brook
Ojamaa, -, -d   n. Gotland (Swedish island)
okas, okka, okast, okkaid   n. thorn
oks, -a, -a, -i, gen. pl. -te or -ade n. branch
októob/er, -ri, -rit, -reid   n. October
olema, olla, olen, oldud, 3rd pers. pres. on, pres. pass. ollakse, past olin   v.i. to be; heal järjel olema to be in a good situation; mul on olemas I have; nõus olema to agree; ole hea, olge head please (be so good as to...) on olemas there are; otsas olema to be out of supply
olemasolu, -, -, -sid   n. existence, presence
olene/ma, -da, -n, -tud   v.i. to depend
olev, -a, -at, -aid   adj. being, existing; gram. essive
olevik, -u, -ku, -ke, gen. pl. -kude or -e n. present time
olija, -, -t, -id   n. one who is present
oli/n   past tense of olema   v. (I) was
olu, -, -, -sid   n. existence, condition
olukor/d, -ra, -da, -di n. condition, situation
oluli/ne, -se, -st, -si   adj. important

olümpiamäng/ud, -ude, -e pl. n. Olympic Games
oma, -, -, omi   adj., pron. own
omadussõn/a, -a, -a, -u   n. adjective
omakorda   adv. in turn
oma/ma, -da, -n, -tud   v.t. to own
omanik, -u, -ku, -ke, gen. pl. -kude or -e n. owner
omastav, -a, -at, -aid   adj. possessive, genitive
omavahel adv. between our-/your-/them- selves
omavaheli/ne, -se, -st, -si   adj. mutual, private
ometi   adv. after all, even so
on   v. is, are
ons = on siis   is (it) then
onu, -, -, -sid   n. (maternal) uncle
ooper, -i, -it, -eid   n. opera
ootama, oodata, ootan, oodatud   v. to wait
operatsioon, -i, -i, -e   n. operation
orav, -a, -at, -aid   n. squirrel
or/g, -u, -gu, -ge   n. valley
organisatsioon, -i, -i, -e   n. organization
osa, -, -, -sid or osi   n. part
osasihitis, -e, -t, -i   gram. partial object
osastav, -a, -at,-aid adj. partial object or case
oska/ma, osata, -n, osatud   v. to be able, to know
oskus, -e, -t, -i   n. skill, ability
ostja, -, -t, -id   n. buyer
ost/ma, -a, -an, -etud   v.t. to buy
ostmi/ne, -se, -st, -si   n. purchase
ots, -a, -a, -i or -asid, gen. pl. -te n. point, end
otsaesi/ne, -se, -st, -seid n. forehead, brow
otsas   adv., postp. atop, at the end, all gone
otse   adv. straight, directly
otsekohe   adv. immediately
otsi/ma, -da, -n, -tud   v.t. to search, seek
otstar/ve, -be, -vet, -beid   n. purpose
otsusta/ma, -da, -n, -tud   v.t. to decide

P

paar, -i, -i, -e   n. pair
paar korda   a couple of times
paaris   adj., adv. even, paired
paaritu   adj. uneven, unpaired
paa/t, -di, -ti, -te   n. boat
paber, -i, -it, -eid   n. paper
paberraha, -, -, -sid   n. paper money
padi, padja, patja, patju   n. pillow

pagan, -a, -at, -aid *n.* pagan
pagar, -i, -it, -eid *n.* baker
pagari/pood, -poe, -poodi, -poode, *short
  ill.* -`poodi *n.* baker's shop
pagaritööstus, -e, -t, -i *n.* large bakery
pagula/ne, -se, -st, -si *n.* exile(d person)
pah/a, -a, -a, -u *adj.* bad
pahanda/ma, -da, -n, -tud *v.i.* to be(come)
  annoyed or angry
paha/ne, -se, -st, -seid *adj.* angry
pahupidi *adv.* upside down, topsy-turvy
paigake/(ne), -se, -st, -si *n.* little place
paiguti *adv.* in places, here and there
pai/k, -ga, -ka, -ku *n.* place, patch
paiku *postp.* around, about
paist/ma, -a, -an, -etud *v.i.* to be visible,
  appear; **välja paistma** to stand out, excel
paita/ma, -da, -n, -tud *v.t.* to stroke, pat
  affectionately
pakiruum, -i, -i, -e *n.* luggage room,
  trunk of car
pak/k, -i, -ki, -ke *n.* package
pak/kima, -kida, -in, -itud *v.* to pack
pakkimi/ne, -se, -st, -si *n.* packing
pak/kuma, -kuda, -un, -utud *v.t.* to offer
paks, -u, -u, -e or -usid *adj.* fat
paksuvõitu *indecl. adj.* rather fat
palav, -a, -at, -aid *adj.* hot
palavik, -u, -ku, -ke, *gen. pl.* -kude *n.*
  fever
palitu, -, -t, -id *n.* (over)coat
paljajalu *adv.* barefooted
palja/s, -, -st, -id *adj.* bare, naked
paljaspea, -, -d, paljaspäid *n.* baldhead
palju -, -t, -sid, *gen. pl.* -de *adj., adv.,
  pron.* much, many
pal/k, -ga, -ka, -ku *n.* pay, wages
pal'/k, -gi, -ki, -ke *n.* log, beam
palkon, -i, -it, -eid *n.* balcony
pall, -i, -i, -e *n.* ball
palu/ma, -da, -n, -tud *v.* to beg, ask for
  andeks paluma to beg forgiveness, to
  apologize; **vabandust paluma**, to beg
  (someone's) pardon
palun please, you're welcome, I beg
palun andeks I beg your pardon
palve, -, -t, -id *n.* prayer, request
palveta/ma, -da, -n, -tud *v.i.* to pray
pane/ma, panna, -n, pandud, *past* panin,
  pres. pass. **pannakse** *v.t.* to put
  kinni panema *v.t.* to close
panija, -, -t, -id *n.* one who puts
pan/k, -ga, -ka, -ku *n.* bank
parajasti *adv.* at the moment

paranda/ma, -da, -n, -tud *v.t.* to repair,
  amend, improve
parandus, -e, -t, -i *n.* repair
parandus/töö, -töö, -tööd, -töid *n.*
  repair work
parane/ma, -da, -n, -tud *v.i.* to improve,
  get healthier
para/s, -ja, -jat, jaid *adj.* suitable, just right
parem, -a, -at, -aid *adj.* right(-hand), better
paremale *adv.* to the right
paremini *adv.* better
parim, -a, -at, -aid *adj.* best
par/k, -gi, -ki, -ke *n.* park
par/t, -di, -ti, -te *n.* duck
partii, -, -d, -sid *n.* game, round
pastaka/s, -, -t, -id *n.* ball point pen
pastapliiats, -i, -it, -eid *n.* ball point pen
pat/t, -u, -tu, te *n.* sin
patu/ne, -se, -st, seid *adj.* sinful
pea, -, -d, päid *n.* head
peaaegu *adv.* almost, nearly
peaaju, -, -, -sid *n.* brain
peagi *adv.* soon
peajaam, -a, -a, -u *n.* main station
peal *adv., postp.* on
pea/lagi, -lae, -lagi, -lagesid *n.* skullcap
pealause, -, -t, -id *n.* main clause/ sentence
peale *adv., postp., prep.* on(to), after, besides
peale hakkama to get started
peale selle besides that, in addition to that
pealetung, -i, -i, -e *n.* offensive
pealinn, -a, -a, -u or -asid *n.* capital city
pealt vaatama *v.i.* to observe, look on
peamiselt *adv.* mainly
pea/n (I) must, consider (see **pidama**)
pea/ne, -tse, -tset, -tseid *adj.* imminent
pea/roog, -roa, -`rooga, -`roogi *n.* main
  dish (of meal)
peatu/ma, -da, -n, -tud *v.i.* to stop, stay
peatus, -e, -t, -i *n.* stop
peatänav, -a, -at, -aid *n.* main street
peatük/k, -i, -ki, -ke *n.* chapter
peavalu, -, -, -sid *n.* headache
peavar/i, -ju, -ju, -je or -jusid *n.* shelter
pedáal, -i, -i, -e *n.* pedal
peeg/el, -li, -lit, -leid *n.* mirror
peen, -e, -t, -i *adj.* thin, fine, cultured
peen/ar, -ra, -rat, -raid, *gen pl.* -arde
  n. flower bed
peenike/(ne), -se, -st, -si *adj.* fine, thin,
  high-pitched
peenraha, -, -, -sid *n.* change, coins
peenrahakot/t, -i, -ti, -te *n.* coin purse
pehme, -, -t, -id *adj.* mild, soft

peig/mees, -mehe, -meest, -mehi
  n. fiancé, bridegroom
Peipsi, -, -t n. (Lake) Peipus
pei/tma, -ta, -dan, -detud v.t. to hide
peitus, -e, -t, -i n. (game of) hide-and-seek
peks/ma, -ta, -an, -(e)tud v.t. to beat, hit
pelgupai/k, -ga, -ka, -ku n. sanctuary
peo, -, -d, -sid n. palm of hand [= pihk]
peo (gen. of pidu) n. party, celebration
peol (adess. of pidu) at the party, at the
  celebration
pere, -, -t, -sid, gen. pl. -de n. family,
  household
perekon/d, -na, -da, -di n. family
perekonnanim/i, -e, -e, -esid n. last
  (family) name
pere/mees, -mehe, -meest, -mehi n. man
  of house, head of family, master
perenai/ne, -se, -st, -si n. hostess, lady
  of the house
pererahva/s, -, -st, -id n. people of the
  household, the family, master and mistress,
  landlord and landlady
perróon, -i, -i, -e n. train station platform
pesa, -, -, -sid or pesi n. nest
pes/ema, -ta, -en, -tud, past -in v.t. to
  wash; ennast/end pesema to wash oneself;
  nõusid pesema to wash dishes;
  pesu pesema to do laundry
pesija, -, -t, -id n. launderer
pessimist, -i, -i, -e n. pessimist
pesu, -, -, -sid n. underwear, laundry
pet/ma, -ta, -an, -etud v.t. to deceive,
  disappoint
pettu/ma, -da, -n, -tud v.i. to become
  disappointed
pida/ma, -da, pean, peetud, past pidasin
  v.t. to hold; lugu pidama to respect
pida/ma, -da, pean, past pidin v.t. to
  have to, must;
  ta pidi tulema he was supposed to come;
  pidin just... I was just about to...
pidu, peo or pidu, pidu, -sid n. feast,
  celebration, party
pidulik, -u, -ku, -ke, gen. pl. -kude or -e
  adj. festive
pidur, -i, -it, -eid n. brake
pidurda/ma, -da, -n, -tud v.i. to brake
pigista/ma, -da, -n, -tud v.t. to squeeze,
  press
pih/k, -u, -ku, -ke n. palm of hand [= peo]
pihta adv., postp. at, on
  pihta andma to hit, flog, let someone have it
piim, -a, -a, -u n. milk

piina/ma, -ta, -n,-tud v.t. to torment, torture
piinlik, -u, -ku, -ke, gen. pl. -kude or -e
  adj. painful, awkward
piir, -i, -i, -e n. border, limit
piira/ma, -ta, -n, -tud v.t. to border on, to
  limit
pikali adv. prostrate, lying down
pikem, -a, -at, -aid comp. adj. longer
pikemalt adv. at greater length
pikene/ma, -da, -n, -tud v.i. to lengthen
piki adv., prep. along(side)
pik/k, -a, -ka, -ki adj. long, tall
pikkus, -e, -t, -i n. length
pilet, -i, -it, -eid n. ticket
piletikassa, -, -t, -sid, gen. pl. -de
  n. ticket window
pilguta/ma, -da, -n, -tud v.t. to blink, wink
pil/kama, -gata, -kan, -gatud v.t. to mock
pil/k, -gu, -ku, -ke n. glance, gaze
pil/t, -di, -ti, -te n. picture, photo
pilv, -e, -e, -i n. cloud
pilvelõhkuja, -, -t, -id n. skyscraper
pilvi/ne, -se, -st, -seid adj. cloudy
pime, -da, -dat, -daid adj. dark, blind;
  n. blind person
pimedus, -e, -t, -i n. darkness, blindness
pimesool, -e, -t, -i n. appendix
pimesoolepõletik, -u, -ku, -ke, gen. pl.
  -kude or -e n. appendicitis
pin/d, -na, -da, -du n. surface
pinevil adv. agog, intently, tensely
pinguta/ma, -da, -n, -tud v.t. to strain,
  stretch, strive
pin/k, -gi, -ki, -ke n. bench
pip/ar, -ra, -art, -raid, gen. pl. -arde
  n. pepper
pisike/(ne), -se, -st, -si adj. tiny
pisut adv. slightly
p.l. = peale lõunat p.m. = in the
  afternoon or evening
plaan, -i, -i, -e n. plan, intention
plaksuta/ma, -da, -n, -tud v. to clap,
  smack, applaud
plats, -i, -i, -e n. place, plot, (town) square
pliiats, -i, -it, -eid n. pencil
plika, -, -t, -sid, gen. pl. -de n. girl
pluss, -i, -i, -e adv., n. plus
pluus, -i, -i, -e n. blouse
poe (gen. of pood) n. store, shop
poeg, poja, poega, poegi n. son
pois/s, -i, -si, -se, gen. pl. -te or -side
  n. boy
pojake/(ne), -se, -st, -si n. sonny(-boy)
poksi/ma, -da, -n, -tud v. to box

351

pole = ei ole (*neg. pres. of* **olema**) am/is/are not

poliitika, -, -t, -id *n.* policy, politics

politséinik, -u, -ku, -ke, *gen. pl.* **-kude** or **-e** *n.* police officer

pomise/ma, -da, -n, -tud *v.* to mumble

pood, poe, -i, -e, *short ill.* `**poodi** *n.* store

pool, -e, -t, -i *adj., n.* half, side

pool *postp.* at, near

Poola, -, -t *n.* Poland

poola *indecl. adj.* Polish

poolaka/s, -, -t, -id *n.* Pole

`**poole** *postp.* toward

pooleldi *adv.* halfway

pooleks *adv.* in half

pooleli *adv.* half-finished

poolest *postp.* in terms of

poolt *post.* from

poolteis/t, -e, -t, -i *num.* one and a half

populáar/ne, -se, -set, -seid *adj.* popular

portfell, -i, -i, -e *n.* briefcase

post, -i, -i, -e *n.* mail

postkaar/t, -di, -ti, -te *n.* postcard

postkontor, -i, -it, -eid *n.* post office

postmar/k, -gi, -ki, -ke *n.* postage stamp

pr. = proua Mrs.

pra/ad, -e, -adi, -ade *n.* roast

praali/ma, -da, -n, -tud *v.i.* to brag, rant, carouse

praegu *adv.* now, currently

praegu/ne, -se, -st, -si *adj.* current

prantsla/ne, -se, -st, -si *n.* Frenchman

prantsuse *indecl. adj.* French

Prantsusmaa, -, -d *n.* France

preili, -i, -it, -sid, *gen. pl* **. -de** *n.* Miss, young lady

prill/id, -ide, -e *pl. n.* eyeglasses
mul on prillid ees I have eyeglasses on

prl. = preili Miss

probléem, -i, -i, -e *n.* problem

proféssor, -i, -it, -eid *n.* professor

prohvet, -i, -it, -eid *n.* prophet

proovi/ma, -da, -n, -tud *v.t.* to try, sample

protokoll, -i, -i, -e *n.* protocol, minutes

proua, -, -t, -sid *v.* madam, Mrs.

pruun, -i, -i, -e *adj.* brown

pruu/t, -di, -ti, -te *n.* fiancée, bride

prügikast, -i, -i, -e *n.* trash can

pudel, -i, -it, -eid *n.* bottle

puder, pudru, putru, putre or **putrusid** *n.* porridge

puha *adv.* downright, entirely, merely

puh/as -ta, -ast, -taid *adj.* clean

puh/kama, -ata, -kan, -atud *v.i.* to rest

puhkus, -e, -t, -i *n.* vacation

puhul *postp.* in case of, on the occasion of

puhu/ma, -da, -n, -tud *v.t.* to blow, huff

pulm, -a, -a, -i *n.* wedding (feast); usually *pl.* **pulmad**

pulmareis, -i, -i, -e *n.* honeymoon trip

punaka/s, -, -t, -id *adj.* reddish

puna/ne, -se, -st, -seid *adj.* red

punkt, -i, -i, -e *n.* point, period

pur/i, -je, -jet, -jesid *n.* sail

purjeka/s, -, -t, -id *n.* sailboat

`**purjus** *adv.* drunk, in a drunken state

puu, -, -d, puid *n.* tree, wood material

puud/er, -ri, -rit, -reid *n.* powder

puudritoos, -i, -i, -e *n.* powder (puff) box

puudu/ma, -da, -n, -tud *v.i.* to be lacking, to be absent

puudus, -e, -t, -i *n.* absence, shortage

puuduta/ma, -da, -n, -tud *v.t.* to touch

puus, -a, -a, -i *n.* hip

puutu/ma, -da, -n, -tud *v.* to touch, concern

põder, põdra, põtra, põtru *n.* elk, moose

põgene/ma, -da, -n, -tud *v.i.* to flee

põgenik, -u, -ku, -ke, *gen. pl.* **-kude** or **-e** *n.* refugee

põh/i, -ja, -ja, -ju *n.* north, bottom

põhiarv, -u, -u, -usid or **-e** *n.* cardinal number

Põhja- *indecl. adj. prefix* North(ern)

põhjarannik, -u, -ut, -uid *n.* north coast

põhjus, -e, -t, -i *n.* basis, reason

põigiti *adv.* crosswise

põl/d, -lu, -du, -de or **-dusid** *n.* field

põle/ma, -da, -n, -tud *v.i.* to burn

põleta/ma, -da, -n, -tud *v.t.* to burn

põlevkiv/i, -i, -i, -e *n.* oil shale

põl/gama, -ata, -gan, -atud *v.t.* to disdain

põllu/mees, -mehe, -meest, -mehi *n.* farmer

põlv, -e, -e, -i *n.* knee, generation, epoch, breed, phase

põlvili *adv.* on one's knees

põlvne/ma, -da, -n, -tud *v.i.* to descend, originate

põrand, -a, -at, -aid *n.* floor

põs/k, -e, -ke, -ki *n.* cheek

päev, -a, -a, -i *n.* day

päevakor/d, -ra, -da, -di *n.* agenda, order of business

päeva/ne, -se, -st, -seid *adj.* daily, day's

päevauudis/ed, -te, -seid *pl.n.* news

päevita/ma, -da, -n, -tud *v.i.* to sunbathe

pähe (*short ill. of* **pea**) onto the head

päik/e, -se, -est, -seid *n.* sun

päike/(ne), -se, -st, -si *n.* sun
pära, -, -, -sid *n.* residue, rear, root
päralt *postp.* belonging to
pärand, -i, -it, -eid *n.* heritage
pärast *adv., postp., prep.* later, afterward, on account of
pärija, -, -t, -id *n.* heir
päri/ma, -da, -n, -tud *v.* to inherit, ask
päris *adv., indecl. adj.* real(ly), rather
pärit *indecl. adj.* originated from
päritolu, -, -, -sid *n.* origin
pärl, -i, -i(t), -e(id) *n.* pearl
Pärnu, -, -t *n.* name of Estonian city
päts, -i, -i, -e *n.* loaf
pääse/ma, -da, -n, -tud *v.i.* to escape
pääst/ma, -a, -an, -etud *v.t.* to save, rescue
pääsuke/(ne), -se, -st, -si *n.* swallow (bird)
pöi/al, -dla, -alt, -dlaid, *gen. pl.* -alde *n.* thumb
pööra/ma, -ta, -n, -tud *v.* to turn
pöörami/ne, -se, -st, -si *n.* turning; *gram.* conjugation (of verb)
pöördu/ma, -da, -n, -tud *v.i.* to turn
pöör/e, -de, -et, -deid *n.* turn, revolution
püga/ma, -da, pöan, pöetud *v.t.* to clip, fleece, defraud
püha, -, -, -sid or pühi *n.* holiday
pühapäev, -a, -a, -i *n.* Sunday
pühenda/ma, -da, -n, -tud *v.t.* to dedicate, consecrate
püks/id, -te, -e *pl.n.* pants
püss, -i, -i, -e *n.* gun
`püssi laskma to fire a gun
püsti *adv.* upright
püü/dma, -da, -an, -tud *v.t.* to catch, strive

R

raadio, -, -t, -id *n.* radio
raamat, -u, -ut, -uid *n.* book
raamatukauplus, -e, -t, -i *n.* bookstore
raamatukogu, -, -, -sid *n.* library
raamatupidaja, -, -t, -id *n.* bookkeeper
raha, -, -, -sid *n.* money
rahakot/t, -i, -ti, -te, *short ill.* -ti *n.* billfold
rahu, -, -, -sid *n.* peace, calm
rahul *adv.* at peace, satisfied
rahulik, -u, -ku, -ke, *gen. pl.* -kude or -e *adj.* peaceful, calm
rahutu, -, -t, -id *adj.* restless
rahvaeepos, -e, -t, -i *n.* national epic
rahvajut/t, -u, -tu, -te *n.* folk tale

rahvalaul, -u, -u, -e *n.* folk song
rahvaluule, -, -t *n.* folk poetry, folklore
rahvamur/d, -ru, -du, -de *n.* crowd
rahvanal/i, -ja, -ja, -ju *n.* folk humor, traditional joke
rahva/s, -, -st, -id *n.* folk, people, nation
rahvatarkus, -e, -t, -i *n.* folk wisdom
rahvus, -e, -t, -i *n.* nationality
rahvuslik, -u, -ku, -ke, *gen. pl.* -kude or -e *adj.* national
rahvusvaheli/ne, -se, -st, -si *adj.* international
rais/kama, -ata, -kan, -atud *v.t.* to waste
raiskami/ne, -se, -st, -si *n.* wasting
raiu/ma, -da, -n, -tud *v.* to chop
rajav, -a, -at *gram.* terminative
ran/d, -na, -da, -du *n.* beach
rannik, -u, -ut, -uid *n.* shore, coast
raputa/ma, -da, -n, -tud *v.t.* to shake
raske, -, -t, -eid *adj.* heavy, difficult
raskelt *adv.* heavily, severely
raskenda/ma, -da, -n, -tud *v.t.* to make more heavy or difficult
raskus, -e, -t, -i *n.* hardship, weight
rat/as, -ta, -ast, -taid *n.* wheel, bicycle
rattakumm, -i, -i, -e *n.* tire
rau/d, -a, -da, -du *n.* iron
raud/ne, -se, -set, -seid *adj.* iron
rauge/ma, -da, -n, -tud *v.i.* to drop, subside
rea *(gen. of* rida) *n.* row, file
reba/ne, -se, -st, -seid *n.* fox
rebi/ma, -da, -n, -tud *v.t.* to tear
redel, -i, -it, -eid *n.* ladder
reede, -, -t, -id *n.* Friday
reis, -i or -u, -i or -u, -e *n.* trip, journey
reisija, -, -t, -id *n.* traveller
reisi/ma, -da, -n, -tud *v.i.* to travel
relv, -a, -a, -i *n.* weapon, firearm
remón/t, -di, -ti, -te *n.* renovation
restoran, -i, -i, -e *n.* restaurant
rida, rea, rida, ridu *n.* row, file
rihm, -a, -a, -u *n.* (leather) belt, thong
rii/d, -u, -du, -de, *short ill.* -du *n.* quarrel
riided, riiete, riideid *pl.n.* clothes; **end/ennast riidesse panema, riided selga panema** to dress oneself; **ennast riidest lahti võtma** to undress oneself
rii/e, -de, -et, -deid *n.* cloth, garment
riietu/ma, -da, -n, -tud *v.i.* to get dressed **lahti riietuma** to get undressed
riietus, -e, -t, -i *n.* clothing
rii/k, -gi, -ki, -ke *n.* state, nation
riist, -a, -a, -u *n.* tool, device, vessel
riiul, -i, -it, -eid *n.* shelf

rikas, rikka, rikast, rikkaid *adj.* rich
rik/kuma, -kuda, -un, -utud *v.t.* to ruin,
  spoil
rikkus, -e, -t, -i *n.* wealth, riches
rin/d, -na, -da, -du *n.* chest, breast
ring, -i, -i, -e *n.* circle, circumference
`ringi *adv.* around
rippu/ma, -da, ripun, riputud *v.i.* to hang
rips/e, -me, -et, -meid, *gen. pl.* -mete *n.*
  eyelash
riputa/ma, -da, -n, -tud *v.t.* to hang (up)
rist, -i, -i, -e *n.* cross
ristiema, -, -, -sid *n.* godmother
ristiisa, -, -, -sid *n.* godfather
ristse/d, -te, -id *pl.n.* christening, baptism
riváal, -i, -i, -e *n.* rival
roheli/ne, -se, -st, -si *adj.* green
roh/i, -u, -tu, -te *n.* grass, herb, drug
rohke, -, -t, -id *adj.* ample, numerous
rohkem *adv.* more
rohkesti *adv.* abundantly
roll, -i, -i, -e *n.* role
romáan, -i, -i, -e *n.* novel
rong, -i, -i, -e *n.* train
roni/ma, -da, -n, -tud *v.i.* to climb
roog, roa, rooga, roogi *n.* dish at meal
rool, -i, -i, -e *n.* steering wheel, rudder
rooma/ma, -ta, -n, -tud *v.i.* to crawl, creep
roos, -i, -i, -e *n.* rose
Rootsi, -, -t *n.* Sweden
rootsi *indecl. adj.* Swedish
rootsla/ne, -se, -st, -si *n.* Swede
rootslánna, -, -t, -sid, *gen. pl.* -de *n.*
  Swedish woman
rot/t, -i, -ti, -te *n.* rat
ruk/is, -ki, -ist, -keid *n.* rye
rumal, -a, -at, -aid *adj.* stupid
rumalasti *adv.* stupidly
rumalus, -e, -t, -i *n.* stupidity, folly
rusika/s, -, -t, -aid *n.* fist
rusu, -, -, -sid *n.* debris, remnants
rut/tama, -ata, -tan, -atud *v.i.* to hurry
ruttu *adv.* fast, rapidly
ruuduli/ne, -se, -st, -si *adj.* checkered, plaid
ruum, -i, -i, -e *n.* room
ruu/t, -du, -tu, -te or -tusid *n.* square
rõdu, -, -, -sid *n.* balcony
rõõm, -u, -u, -e *n.* joy
  rõõmu valmistama to bring joy
rõõmsasti *adv.* happily, joyfully
rõõm/us, -sa, -sat or -ust, -said, *gen. pl.*
  rõõmsate *adj.* happy, glad
rõõmusta/ma, -da, -n, -tud *v.* to gladden,
  be glad

rõõmustav, -a, -at, -aid *adj.* gladdening
  väga rõõmustav enchanted, delighted (to
  meet you)
räim, -e, -e, -i *n.* Baltic herring
rätik, -u, -ut, -uid *n.* kerchief, towel
rätsep, -a, -at, -aid *n.* tailor
rääki/ma, -da, räägin, räägitud *v.* to speak
rääkimi/ne, -se, -st, -si *n.* talking
räästa/s, -, -st, -id *n.* eave
röövi/ma, -da, -n, -tud *v.t.* to rob, plunder

S

s.a. = sel aastal this year
sa, su, sind *sing. pron.* you , your
saa/bas, -pa, -bast, -paid *n.* boot
saabu/ma, -da, -n, -tud *v.i.* to arrive
saabumi/ne, -se, -st, -si *n.* arrival
saadik *postp.* since
saadik, -u, -ut, -uid *n.* envoy, delegate
saaja, -, -t, -id *n.* recipient
saa/k, -gi, -ki, -ke *n.* booty, catch
saal, -i, -i, -e *n.* (large) room
saa/ma, -da, -n, -dud, *past* sain *v.* to get,
  become, be able; aru saama to understand;
  hakkama saama to get along;
  jagu saama to master, overcome;
  kätte saama to receive
saamatu, -, -t, -id *adj.* clumsy, inept
saan, -i, -i, -e *n.* sleigh
saar, -e, -t, -i *n.* island
Saaremaa, -, -d *n.* largest Estonian island
saatja, -, -t, -id *n.* sender, escort
saa/tma, -ta, -dan, -detud *v.t.* to send,
  accompany
saatus, -e, -t, -i *n.* fate
saav, -a, -at *gram.* translative
saavuta/ma, -da, -n, -tud *v.t.* to achieve
saavutus, -e, -t, -i *n.* achievement, gain
saba, -, -, -sid *n.* tail, queue
sada, saja, sada, sadu *num.* hundred
sadam, -a, -at, -aid *n.* harbor
sada/ma, -da, sajan, sajatud *v.* to fall,
  precipitate; sajab (vihma) it's raining;
  sajab lund it's snowing
sadamalinn, -a, -a, -u *n.* harbor town, port
sage, -da, -dat, -daid *adj.* frequent
sagedasti *adv.* often
sageli *adv.* often
sai, -a, -a, -u *n.* white bread
sajab (*pres. of* sadama) lund/vihma it's
  snowing/raining

354

sajand, -i, -it, -eid   *n.* century
sajandik, -u, -ku, -ke, *gen. pl.* -kude or
  -e   *n.* hundredth
saja/s, -nda, -ndat, -ndaid   *adj.* hundredth
Saksa, -, -t   *n.* Germany
saksa   *indecl. adj.* German
Saksamaa, -, -d   *n.* Germany
saksla/ne, -se, -st, -si   *n.* German
saladus, -e, -t, -i   *n.* secret
salaja/ne, -se, -st, -si   *adj.* secret, hidden
sall, -i, -i, -e   *n.* scarf, shawl
salv, -e, -e, -i   *n.* bin, crib, magazine
sama, -, -, samu   *adj.* same
samm, -u, -u, -e or -usid   *n.* (foot)step
sam/mal, -bla, '-malt, -blaid   *n.* moss
sam/mas, -ba, -mast, -baid   *n.* column,
  pillar, obelisk
sammu/ma, -da, -n, -tud   *v.i.* to step, walk
samuti   *adv.* likewise, the same way
sarlak/id, -ite, -eid   *pl.n.* scarlet fever
sarm, -i, -i, -e   *n.* charm
sarmika/s, -, -t, -id   *adj.* charming
sarnane/ma, -da, -n, -tud   *v.i.* to resemble
sarn/lema, -elda, -len, -eldud   *v.i.* to
  resemble
sarv, -e, -e, -i   *n.* horn
sassis   *adv.* in a rumpled or disheveled state
sat/tuma, -tuda, -un, -utud   *v.i.* to fall
  (into), end up (in)
saun, -a, -a, -u   *n.* sauna (steam bath)
sea/dma, -da, -n, -tud   *v.t.* to arrange;
  `korda seadma to put in order;
  valmis seadma to get ready
seadus, -e, -t, -i   *n.* law
seal   *adv.* there
sealt   *adv.* thence, from there
seas   *postp.* among
see, selle, seda   *adj., pron.* this
seega   *adv.* thereby, thus
seejärel   *adv.* thereafter
seekord   *adv.* this time
seelik, -u, -ut, -uid   *n.* skirt
seen, -e, -t, -i   *n.* mushroom
see/p, -bi, -pi, -pe   *n.* soap
seepärast   *conj.* because
sees   *adv., postp.* inside
seest   *adv., postp.* from inside
seestütlev, -a, -at, -aid   *gram.* elative
seesugu/ne, -se, -st, -seid   *adj.* such
seesütlev, -a, -at, -aid   *gram.* inessive
sega/ma, -da, -n, -tud   *v.* to disturb, stir
sega/ne, -se, -st, -seid   *adj.* obscure, unclear
sein, -a, -a, -u, *gen. pl.* -te   *n.* wall
seisata/ma, -da, -n, -tud   *v.i.* to halt

seis/ma, -ta, -an, -tud   *v.i.* to stand
  seisab selles   consists of this
  seisma jääma   to come to a stop
seisukoh/t, -a, -ta, -ti   *n.* position, view
seitse, seitsme, seitset   *num.* seven
seitsekümmend, seitsmekümne, seitset-
  kümmend   *num.* seventy
seitsesada, seitsmesaja, seitsetsada
  num. seven hundred
seitseteist(kümmend), seitsmeteist-
  kümne, seitsetteistkümmend   *num.*
  seventeen
seitsme/s, -nda, -ndat, -ndaid   *adj.* seventh
sel [= sellel]   *adess. form of* see
  sel juhul   in that case
seleta/ma, -da, -n, -tud   *v.* to explain
sel/g, -ja, -ga, -gi, *short ill.* `selga   *n.* back
selge, -, -t, -id   *adj.* clear
selgelt   *adv.* clearly
selgesti   *adv.* clearly
selgu/ma, -da, -n, -tud   *v.i.* to become
  clear, become evident
selgus, -e, -t, -i   *n.* clarity
selja   *(gen. of* selg*)*   *n.* back
selle   *(gen. of* see*)*   of this
selleks et   in order to, for the purpose of
sellepeale   *adv.* thereupon, then
sellepärast   *adv.* therefore; *conj.* because
selli/ne, -se, -st, -seid   *adj.* such
seltskon/d, -na, -da, -di   *n.* company,
  circle of acquaintances
seltskondlik, -u, -ku, -ke, *gen. pl.* -kude
  or -e   *adj.* social, sociable
semikóolon, -i, -it, -eid   *n.* semicolon
seni   *adv.* until now
seniks nägemiseni!   see you, until next time!
sen/t, -di, -ti, -te   *n.* cent
seo   *(pres. of* siduma*)*
sepik, -u, -ut, -uid   *n.* graham or whole-
  wheat bread
sep/p, -a, -pa, -pi   *n.* smith
septémb/er, -ri, -rit, -reid   *n.* September
sest   *conj.* because
sfinks, -i, -i, -e   *n.* sphinx
sidekriips, -u, -u, -e   *n.* hyphen
sidesõn/a, -a, -a, -u   *n.* conjunction
sidrun, -i, -it, -eid   *n.* lemon
sidu/ma, -da, seon, seotud   *v.t.* to bind
siga, sea, siga, sigu   *n.* pig
sigaretikar/p, -bi, -pi, -pe   *n.* cigarette case
sigaret/t, -i, -ti, -te   *n.* cigarette
signáal, -i, -i, -e   *n.* signal
sihitis, -e, -t, -i   *n.* goal, object
siia   *adv.* (to) here, hither

siiani *adv.* hitherto
siin *adv.* here
siinkohal *adv.* here, at this place
siis *adv.* then
siiski *adv.* anyway
siit *adv.* hence
sil/d, -la, -da, -du *n.* bridge
silita/ma, -da, -n, -tud *v.t.* to stroke (hair)
silm, -a, -a, -i, *gen. pl.* **-ade** or **-e** *n.* eye
silma/ma, -ta, -n, -tud *v.t.* to notice, see
silmapil/k, -gu, -ku, -ke *n.* moment, twinkling of an eye
silmater/a, -a, -a, -asid or **-i** *n.* darling, apple of (an) eye
silmist kaduma to disappear from view
sil/p, -bi, -pi, -pe *n.* syllable
sil/t, -di, -ti, -te *n.* (posted) sign
sina, sinu, sind *sing. pron.* you, your
sinaka/s, -, -t, -id *adj.* bluish
sinasõprus, -e, -t, -i *n.* 'thou'-friendship
sind *sing. pron. (part. of* **sina**) you
sinep, -i, -it, -eid *n.* mustard
sini/ne, -se, -st, -seid *adj.* blue
sin/k, -gi, -ki, -ke *n.* ham
sinna *adv.* (to) there, thither
sinnani *adv.* up to there, as far as that
sinu *sing. pron. (gen. of* **sina**) you
sirge, -, -t, -id *adj.* straight, upstanding
sirgu/ma, -da, -n, -tud *v.i.* to straighten, grow up
siruta/ma, -da, -n, -tud *v.t.* to stretch, straighten, extend
siseelund, -i, -it, -eid *n.* internal organ
sisema/a, -a, -ad, -id *n.* inland
sisse *adv., postp.* (to) inside
sissekäi/k, -gu, -ku, -ke *n.* entrance
sisseminek, -u, -ut, -uid *n.* entry
sissetulek, -u, -ut, -uid *n.* income
sisseütlev, -a, -at, -aid *gram.* allative
sisu, -, -, -sid *n.* content
siuna/ma, -ta, -n, -tud *v.* to curse
skp. = selle kuu päeval of this month
smoking, -i, -it, -eid *n.* tuxedo
s.o. = see on that is (to say)
sobi/ma, -da, -n, -tud *v.i.* to be suitable
soe, sooja, `sooja, `sooje *adj.* warm
soeng, -u, -ut, -uid *n.* haircut, hairdo
soga/ne, -se, -st, -seid *adj.* muddy, dubious
sohva, -, -t, -sid, *gen. pl.* **-de** *n.* sofa
sok/k, -i, -ki, -ke *n.* (man's, short) sock
soojasti *adv.* warmly
soojem, -a, -at, -aid *comp. adj.* warmer
sool, -a, -a, -asid or **-i** *n.* salt
soola/ma, -ta, -n, -tud *v.t.* to salt

soola/ne, -se, -st, -seid *adj.* salty
soolatud *indecl. adj.* salted
Soome, -, -t, *short ill.* `**Soome** *n.* Finland
soome *indecl. adj.* Finnish
soome-ugri *indecl. adj.* Finno-Ugric
soomla/ne, -se, -st, -si *n.* Finn
soosik, -u, -ut, -uid *n.* favorite, pet
soov, -i, -i, -e *n.* wish, request
soovi/ma, -da, -n, -tud *v.t.* to want, wish
sor/t, -di, -ti, -te *n.* sort
sosista/ma, -da, -n, -tud *v.* to whisper
soust, -i, -i, -e *n.* sauce, gravy
spor/t, -di, -ti, -te *n.* sport
spor/tima, -tida, -din, -ditud *v.i.* to engage in sport(s)
sportla/ne, -se, -st, -si *n.* athlete
s.t. = see tähendab this means
Stockholm, -i, -i *n.* Stockholm
stockholmla/ne, -se, -st, -si *n.* resident of Stockholm
su *sing. pron. (gen. of* **sa**) you
suge/ma, -da, soen, soetud *v.t.* to comb, thrash
sugu, soo, sugu, sugusid *n.* gender, breed, bloodline
sugugi (mitte) *adv.* (not) at all
sugula/ne, -se, -st, -si *n.* relative
sugulaskeel, -e, -t, -i *n.* related language
suh/e, -te, -et, -teid *n.* relation(ship)
suhk/ur, -ru, -rut, -ruid *n.* sugar
suhtu/ma, -da, -n, -tud *v.i.* to relate (to)
suits, -u, -u, -e *n.* smoke, cigarette
suitsetaja, -, -t, -id *n.* smoker
suitseta/ma, -da, -n, -tud *v.t.* to smoke
suitsetami/ne, -se, -st, -si *n.* smoking
suk/k, -a, -ka, -ki *n.* stocking, hose
sula *indecl. adj.* melted, thawing
sula/ma, -da, -n, -tud *v.i.* to melt, thaw
sula/ne, -se, -st, -si *n.* farm hand
sulatõ/si, -e, -tt, -si *n.* the honest truth
sulepea, -, -d, sulepäid *n.* pen, quill
suletud *adj.* closed
sul/g, -e, -ge, -gi *n.* feather, pen
sul/g, -u, -gu, -ge or **-gusid** *n.* parenthesis
sul/gema, -geda, -en, -etud *v.t.* to close, block, fasten
summa, -, -t, -sid, *gen. pl.* **-de** *n.* sum
sun/dima, -dida, -nin, -nitud *v.t.* to force, compel
supelpüks/id, -te, -e *pl.n.* swimming trunks
supelran/d, -na, -da, -du *n.* swimming beach
supeltrikóo, -, -d, -sid *n.* swimsuit
sup/lema, -elda, -len, -eldud *v.i.* to swim

356

sup/p, -i, -pi, -pe *n.* soup
surelik, -u, -ku, -ke *adj.* mortal
sur/ema, -ra, -en, -dud *v.i.* to die
surematu, -, -t, -id *adj., n.* immortal
surija, -, -t, -id *n.* dying person
surm, -a, -a, -i *n.* death
surmatun/d, -ni, -di, -de *n.* hour of death
surnu, -, -t, -id *n.* dead person
surnud *indecl. adj.* dead
suru/ma, -da, -n, -tud *v.* to press
suu, -, -d, suid, *short ill.* suhu *n.* mouth
suud/lema, -elda, -len, -eldud *v.t.* to kiss
suudlus, -e, -t, -i *n.* kiss
suu/e, -dme, -et, -dmeid *gen. pl.* -dmete
  n. mouth of river
suuli/ne, -se, -st, -si *n.* oral
suun/d, -a, -da, -di *n.* direction, heading
suur, -e, -t, -i *adj.* big
  suurel hulgal in great quantities
suuremeel/ne, -se, -set, -seid *adj.*
  magnanimous, bighearted, noble
suurene/ma, -da, -n, -tud *v.i.* to increase
suurepära/ne, -se, -st, -seid *adj.* excellent
suurim, -a, -at, -aid *superl. adj.* biggest
suurlinn, -a, -a, -u *n.* big city
suurus, -e, -t, -i *n.* size
suusataja, -, -t, -id *n.* skier
suusata/ma, -da, -n, -tud *v.i.* to ski
suut/ma, -a, suudan, suudetud *v.t.* to be
  able, know how
suvel *adv.* in summer
suveti *adv.* in summer(s)
suv/i, -e, -e, -esid *n.* summer
suvila, -, -t, -id *n.* summer cottage
suvitaja, -, -t, -id *n.* summer visitor;
  (summer) vacationer
suvita/ma, -da, -n, -tud *v.i.* to spend the
  summer (vacation)
suviti *adv.* in summer
suvituskoh/t, -a, -ta, -ti *n.* summer resort
sõber, sõbra, sõpra, sõpru *n.* friend
sõbralik, -u, -ku, -ke, *gen. pl.* -kude
  or -e *adj.* friendly
sõbra/mees, -mehe, -meest, -mehi *n.* good
  friend, pal
sõbránna, -, -t, -sid, *gen. pl.* -de *n.*
  female friend
sõbratar, -i, -i, -e *n.* female friend.
sõ/da, -ja, -da, -du or -dasid *n.* war
sõdur, -i, -it, -eid *n.* soldier
sõiduplaan, -i, -i, -e *n.* itinerary
sõiduvalmis *indecl. adj., adv.* ready to travel
sõima/ma, -ta, -n, -tud *v.t.* to revile, scold,
  call (someone) bad names

sõi/t, -du, -tu, -te or -tusid *n.* trip, journey
sõi/tma, -ta, -dan, -detud *v.i.* to ride, drive
sõjaväela/ne, -se, -st, -si *n.* member of
  the military
sõjavä/gi, -e, -ge, -gesid *n.* army, military
  force
sõlm, -e, -e, -i *n.* knot
sõna, -, -, sõnu *n.* word
  sõna andma to give the floor
sõna/ma, -da, -n, -tud *v.t.* to say, utter
sõnaraamat, -u, -ut, -uid *n.* dictionary
sõnastik, -u, -ku, -ke, *gen. pl.* -kude or
  -e *n.* dictionary, word list
sõnavara, -, -, -sid *n.* vocabulary
sõprus, -e, -t, -i *n.* friendship
sõrm, -e, -e, -i *n.* finger
sõrmus, -e, -t, -eid *n.* (finger) ring
sõtse, -, -t, -sid, *gen.pl.* -de *n.* paternal aunt
säde, -me, -t, -meid, *gen.pl.* -mete *n.* spark
säh! *interj.* here you are! take it!
säili/ma, -da, -n, -tud *v.i.* to be preserved
säng, -i, -i, -e *n.* bed
sära/ma, -da, -n, -tud *v.i.* to sparkle
särav, -a, -at, -aid *adj.* sparkling
särgiväel *adv.* in shirtsleeves
sär/k, -gi, -ki, -ke *n.* shirt
säär, -e, -t, -i *n.* leg, shank, shin
säära/ne, -se, -st, -seid *adj.* such
sääs/k, -e, -ke, -ki *n.* mosquito, gnat
söödav, -a, -at, -aid *adj.* edible
söögilau/d, -a, -da, -du *n.* dining table
söögi/tuba, -toa, -tuba, -tube, *short ill.*
  -tuppa *n.* dining room
söö/k, -gi, -ki, -ke *n.* food
söökla, -, -t, -id *n.* dining facility
söö/ma, süüa, -n, -dud, *past* sõin *v.* to eat
söö/tma, -ta, -dan, -detud *v.t.* to feed
süda, -me, -nt, -meid, *gen. pl.* -mete
  n. heart
südalinn, -a, -a, -u *n.* downtown
südametu, -, -t, -id *adj.* heartless, unfeeling
südamlik, -u, -ku, -ke, *gen. pl.* -kude or
  -e *adj.* heartfelt, hearty
südamlikult *adv.* heartily
sügav, -a, -at, -aid *adj.* deep
sügavalt *adv.* deeply
sügis, -e, -t, -eid *n.* autumn
sügisel *adv.* in autumn
sümfóonia, -, -t, -id *n.* symphony
sün/dima, -dida, -nin, -nitud *v.i.* to be
  born
sündmus, -e, -t, -i *n.* event
sünnipäev, -a, -a, -i *n.* birthday

357

sünnipäeva/laps, -lapse, -last, -lapsi
n. birthday child
sünnita/ma, -da, -n, -tud   v. to give birth
süsi, söe, sütt, süsi, gen. pl. süte   n. coal
sütita/ma, -da, -n, -tud   v.t. to kindle,
inflame
süü, -, -d, -sid   n. guilt, fault
süüdi   adv. guilty, culpable
süüdla/ne, -se, -st, -si   n. culprit
süü/tama, -tan, -data, -datud   v.t. to ignite
süütevõt/i, -me, -it, -meid, gen. pl. -mete
n. ignition key
süütu, -, -t, -id   adj. & n. innocent

Š

šef/f, -i, -fi, -fe   n. chief, boss
šokolaad, -i, -i, -e   n. chocolate

Z

zooloog, -i, -i, -e   n. zoologist

Ž

žurnáal, -i, -i, -e   n. journal, magazine

T

t = tonn   t = ton
ta, ta, teda   pron. he/she/it, his/her/its,
him/her/it
Taani, -, -t   n. Denmark
taani   indecl. adj. Danish
taanla/ne, -se, -st, -si   n. Dane
taas   adv. anew, again
taa/t, -di, -ti, -te   n. old man
taba/ma, -da, -n, -tud   v.t. to apprehend, hit
taeva/s, -, -st, -id   n. sky, heaven
taga   adv., postp. behind, in back (of)
tagant   adv., postp. from behind
tagantpoolt   adv. from behind, from further
back
tagapool   adv. in the rear; n. rear part
tagasi   adv. back
tagasi jõudma   to get back, return
tagasõn/a, -a, -a, -u   n. postposition
tagumi/ne, -se, -st, -si   adj. rear, back

tagurpidi   adv. backward
taha   adv., postp. (to) behind
tahapoole   adv. to the back
tahes-tahtmata   like it or not
taht/ma, -a, tahan, tahetud   v.t. to want
tahtmi/ne, -se, -st, -si   n. want, wish
tahv/el, -li, -lit, -leid   n. blackboard
tai/pama, -bata, -pan, -batud   v. to
understand, realize
takista/ma, -da, -n, -tud   v.t. to hinder
taksiauto, -, -t, -sid, gen.pl. -de   n. taxicab
takso, -, -t, -sid, gen.pl. -de   n. taxi
tal/d, -la, -da, -du   n. sole (of foot)
taldrik, -u, -ut, -uid   n. (food) plate
talla/ma, -ta, -n, -tud   v.t. to trample
Tallinn, -a, -a   n. Estonian capital city
taltsa/s, -, -st, -id   adj. tame
talu, -, -, -sid   n. farm
talunik, -u, -ku, -ke   n. farmer
talv, -e, -e, -i   n. winter
talvel   adv. in the winter
talvepalitu, -, -t, -id   n. winter coat
talviti   adv. in winter(s)
tamm, -e, -e, -i   n. oak tree
tang/id, -ide, -e   pl. n. pliers
tants, -u, -u, -e   n. dance
tantsijánna, -, -t, -sid, gen. pl. -de
n. female dancer
tantsijatar, -i, -i, -e   n. female dancer
tantsi/ma, -da, -n, -tud   v. to dance
tap/ma, -pa, -an, -etud   v.t. to kill
tar/k, -ga, -ka, -ku, comp. targem   adj.
smart, wise; n. sage
tarkus, -e, -t, -i   n. smartness, wisdom
Tartu, -, -t   n. city in Estonia
tarvis   indecl. adj., postp. necessary, needed
tarvita/ma, -da, -n, -tud   v.t. to use
tasa   adv. quietly, level, even
tasakesi   adv. slowly, gently, quietly
tasa/ne, -se, -st, -seid   adj. flat, calm, quiet
tasapisi   adv. gradually, slowly
tasemini   adv. more quietly, more gently,
more slowly
tasku, -, -t, -id, short ill. `tasku   n. pocket
taskupeeg/el, -li, -lit, -leid   n. pocket mirror
taskuraamat, -u, -ut, -uid   n. handbook,
(small) notebook
taskurätik, -u, -ut, -uid   n. handkerchief
tass, -i, -i, -e   n. cup
tasu/ma, -da, -n, -tud   v.t. to pay, make
up for
tav/a, -a, -a, -u   n. custom, practice
tavali/ne, -se, -st, -si   adj. usual
tavaliselt   adv. usually

te, te, teid *pl. pron.* you, your
teadaan/ne, -de, -net, -deid *n.*
announcement
tea/de, -te, -det, -teid *n.* notice, message
teadla/ne, -se, -st, -si *n.* scholar, scientist
teadlik, -u, -ku, -ke, *gen. pl.* **-kude** or **-e**
adj. aware, deliberate, knowledgeable
tead/ma, -a, tean, teatud *v.* to know
teadmi/ne, -se, -st, -si *n.* (bit of)
knowledge
teadmis/ed, -te, -i *pl.n.* knowledge
teadus, -e, -t, -i *n.* science, learning
teaduskon/d, -na, -da, -di *n.* faculty,
(academic) department
teaduslik, -u, -ku, -ke, *gen. pl.* **-kude** or
-e *adj.* scholarly
teal *adv.* here
teataja, -, -t, -id *n.* announcer
teata/ma, -da, -n, -tud *v.t.* to inform,
announce
teatav, -a, -at, -aid *adj.* certain, known
teatavasti *adv.* as is (well) known
teat/er, -ri, -rit, -reid *n.* theater
teda *pron.* (*part. of* **tema**) him/her/it
tee, -, -d, -sid or **teid** *n.* road, tea
tee/n (*pres. of* **tegema**) *v.* (I) make, do
teene, -, -t, -id *n.* service, favor
teenija, -, -t, -id *n.* servant
teeni/ma, -da, -n, -tud *v.* to earn, serve
teevorst, -i, -i, -e *n.* bologna
tegela/ne, -se, -st, -si *n.* character,
functionary, someone active in a certain field
tegel/ema, -da, -en, -dud *v.i.* to be
occupied or busy
tegelik, -u, -ku, -ke, *gen. pl.* **-kude** or **-e**
adj. actual, real
tegelikult *adv.* actually, really
tegema, teha, teen, tehtud, *past* **tegin,**
active perf. partic. **teinud** *v.* to do, make;
`**katki tegema** to break; `**lahti tegema**
to open; `**liiga tegema** to do too much (to
someone); `**nalja tegema** to make a joke
tegemi/ne, -se, -st, -si *n.* making, doing
(siin) on tegemist this involves
tegevus, -e, -t, -i *n.* activity, operation
tegija, -, -t, -id *n.* doer, maker
tegu, teo, tegu, tegusid *n.* deed, action
tegur, -i, -it, -eid *n.* factor
tegusõn/a, -a, -a, -u *n.* verb
tehas, -e, -t, -eid *n.* factory
tehnili/ne, -se, -st, -si *adj.* technical
tehtud (*past part.* of **tegema**) done
teid *pl. pron.* (*part. of* **teie**) you
teie, teie, teid *pl. pron.* you, your

tei/ne, -se, -st, -si *adj.* second, other
teinekord *adv.* some other time
teineteis/e, -t *gen., part. pron.* each other's
teisik, -u, -ut, -uid *n.* duplicate, double
teisipäev, -a, -a, -i *n.* Tuesday
teisiti *adv.* otherwise, in another way
tekita/ma, -da, -n, -tud *v.t.* to generate,
evoke
tek/k, -i, -ki, -ke *n.* blanket
tek/kima, -kida, -in, -itud *v.i.* to arise,
emerge
tel. = telefon tel. = telephone
telefon, -i, -i, -e *n.* telephone
telefonikõne, -, -t, -sid *n.* telephone
conversation
telefoninumb/er, -ri, -rit, -reid *n.*
telephone number
telegraféeri/ma, -da, -n, -tud *v.* to
telegraph
telegramm, -i, -i, -e *n.* telegram
telli/ma, -da, -n, -tud *v.t.* to order,
subscribe
tema, tema, teda *pron.* he/she/it, his/her/its,
him/her/it
tennis, -e, -t, -eid *n.* tennis
teos, -e, -t, -eid *n.* (product of creative) work
teosta/ma, -da, -n, -tud *v.t.* to carry out,
realize
tera, -, -, -sid or **teri** *n.* grain, kernel
terav, -a, -at, -aid *adj.* sharp
tere! *interj.* hello! good day!
tere hommiku(s)t! *interj.* good morning!
tere päevast! *interj.* good day!
tere tulemast! *interj.* welcome!
tere õhtu(s)t! *interj.* good evening!
tereta/ma, -da, -n, -tud *v.t.* to greet;
kättpidi teretama *v.t.* to shake hands in
greeting
teretulnud *adj.* welcome
terve, -, -t, -id *adj.* healthy, whole
tervis, -e, -t, -eid or **-i** *n.* health
tervist! *interj.* greetings! to your health!
tervita/ma, -da, -n, -tud *v.t.* to greet
tervitus, -e, -t, -i *n.* greeting
tigu, teo, tigu, tigusid *n.* snail, slug
tihti *adv.* often
tii/b, -va, -ba, -bu *n.* wing
tiisikus, -e, -t, -i *n.* tuberculosis
tiivuli/ne, -se, -st, -si *adj.* winged
tik/k, -u, -ku, -ke *n.* lighting match
tikutoos, -i, -i, -e *n.* matchbox
til/k, -ga, -ka, -ku *n.* drop (of liquid)
til/kuma, -kuda, -gun, -gutud *v.i.* to
drip, leak

tingi/ma, -da, -n, -tud   v. to condition, determine, bargain
tin/t, -di, -ti, -te   n. ink
toa   n. (gen. of tuba) room's
toas   adv. indoors
toeta/ma, -da, -n, -tud   v. to support
toetu/ma, -da, -n, -tud   v.i. to support oneself or lean (against)
tohti/ma, -da, tohin, tohitud   v.t. to have permission, pres. may
toiduaine, -, -t, -id   n. foodstuff
toimetus, -e, -t, -i n. editorial board or office
toimu/ma, -da, -n, -tud v.i. to happen
toi/t, -du, -tu, -te   n. food
tookord = tol ajal adv. at that time, back then
tool, -i, -i, -e n. chair
tooma, tuua, toon, toodud, past tõin v.t. to bring; kahju tooma to cause a loss
toon, -i, -i, -e   n. tone
toos, -i, -i, -e   n. (small) case, box
tore, -da, -dat, -daid adj. fine, great, fun
tor/kama, -gata, -kan, -gatud v.t. to poke
torm, -i, -i, -e   n. storm
torn, -i, -i, -e   n. tower
traa/t, -di, -ti, -te   n. wire
tramm, -i, -i, -e   n. streetcar
trammipeatus, -e, -t, -i   n. streetcar stop
trepiko/da, -ja, -da, -dasid   n. entryway, stairwell
trep/p, -i, -pi, -pe   n. staircase, steps; trepist alla/üles down/up the stairs
trikóo, -, -d, -sid n. swimsuit, body stocking
truu, -, -d, truid adj. faithful, true
truudus, -e, -t, -i   n. fidelity
trük/k, -i, -ki, -ke   n. print(ing)
trük/kima, -kida, -in, -itud   v.t. to print, publish
tuba, toa, tuba, tube, short ill. tuppa n. room
tubli, -, -t, -sid, gen. pl. -de adj. smart, good
tugev, -a, -at, -aid adj. strong
tugevne/ma, -da, -n, -tud v.i. to get stronger
tuhande/s, -nda, -ndat, -ndaid adj. thousandth
tuha/t, -nde, -t or -ndet, -ndeid, gen. pl. -ndete num. thousand
tuhv/el, -li, -lit, -leid n. slipper
tuju -, -, -sid n. mood, attitude
tuk/kuma, -kuda, -un, -utud v.i. to doze, nap
tukkumi/ne, -se, -st, -si n. dozing, napping
tuksu/ma, -da, -n, -tud v.i. to beat, pulsate

tulek, -u, -ut, -uid   n. arrival, coming
tulema, tulla, tulen, tuldud, past tulin, pres. pass. tullakse   v.i. to come;
`toime tulema to cope with, handle;
`vastu tulema v.i. to come toward, meet;
tuleb one should, one must
tuleta/ma, -da, -n, -tud v.t. to derive, deduce; meelde tuletama to remind, recall
tulev, -a, -at, -aid adj. future, (up)coming, next
tulevik, -u, -ku, -ke, gen. pl. -kude or -e n. future
tul/i, -e, -d, -esid, gen. pl. -ede, short ill. `tulle n. fire, light
tume, -da, -dat, -daid adj. dark
tume(punane) adv. dark (red)
tumedajuukseli/ne, -se, -st, -si adj. dark-haired
tumm, -a, -a, -i adj., n. dumb
tun/d, -ni, -di, -de n. hour, class (hour), (decisive) moment
tund/ma, -a, tunnen, tuntud v.t. to feel, know, be acquainted with; end/ennast tundma v.i. to feel; `kaasa tundma to sympathize; ära tundma to recognize
tundmatu, -, -t, -id adj. unknown
tundu/ma, -da, -n, -tud v.i. to feel, make itself felt, seem
tungi/ma, -da, -n, -tud v.i. to squeeze in, press, penetrate
tung/lema, -elda, -len, -eldud v.i. to jostle, crush
tun/ne, -de, -net, -deid n. feeling
tunnel, -i, -it, -eid n. tunnel
tunnis per hour, in class
tunnistaja, -, -t, -id n. witness
tunnista/ma, -da, -n, -tud v.t. to testify, certify; üles tunnistama to admit
tunnustus, -e, -t, -i n. acknowledgement, admission
tuntud, -, -, tuntuid adj. (well)-known
tuntum, -a, -at, -aid comp.adj. better known
tuppa (short ill. of tuba) into the room
tur/g, -u, -gu, -ge n. market
tur/i, -ja, -ja, -je n. scruff, upper back
turist, -i, -i, -e n. tourist
turs/k, -a, -ka, -ki n. cod
Turu, -, -t, short ill. `Turgu n. Turku (Finnish city)
turuhoone, -, -t, -id n. market hall
tuttav, -a, -at, -aid adj. familiar; n. acquaintance
tutvu/ma, -da, -n, -tud v.i. to become acquainted

tutvune/ma, -da, -n, -tud v. to become acquainted, to familiarize oneself with
tutvusta/ma, -da, -n, -tud v.t. to introduce, make acquainted
tuul, -e, -t, -i n. wind
tuuli/ne, -se, -st, -seid adj. windy
tuvi, -, -, -sid n. dove, pigeon
tõ/de, -e, -de, -desid n. truth
tõeli/ne, -se, -st, -si adj. real
tõesti adv. truly
tõl/ge, -ke, -get, -keid n. translation
tõlketeos, -e, -t, -eid n. translated (literary) work
tõl/kima, -kida, -gin, -gitud v. to translate
tõm/bama, -mata, -ban, -matud v.t. to pull, draw; **maha tõmbama** to delete
tõmbu/ma, -da, -n, -tud v.i. to draw oneself
tõrva/ma, -ta, -n, -tud v.t. to tar
tõsi, tõe, tõtt, tõsi n. truth, seriousness
tõsi/ne, -se, -st, -seid adj. serious
tõsiselt adv. seriously
tõst/ma, -a, -an, -etud v.t. to lift, raise
tõt/tama, -ata, -tan, -atud v.i. to hurry
tõu/kama, -gata, -kan, -gatud v.t. to push, thrust, impel
tõus/ma, -ta, -en, -tud v.i. to rise; **püsti tõusma** to stand up; **üles tõusma** to rise up
tädi, -, -, -sid n. aunt
tähelepanelik, -u, -ku, -ke, gen. pl. -kude or -e adj. attentive
tähelepanelikult adv. attentively, carefully
tähelepanu, -, -, -sid n. attention
tähenda/ma, -da, -n, -tud v.t. to mean, signify
tähestik, -u, -ku, -ke, gen. pl. -kude or -e n. alphabet
tähista/ma, -da, -n, -tud v.t. to observe, celebrate
tähitud indecl. adj. registered (letter)
täh/t, -e, -te, -ti n. star, (alphabet) letter
täht/is, -sa, -sat, -said adj. important
tähtpäev, -a, -a, -i n. appointed date, deadline, red-letter day
täielik, -u, -ku, -ke, gen. pl. -kude or -e adj. complete, full
täielikult adv. completely, fully
täiend, -i, -it, -eid n. complement, supplement; gram. attribute
täiesti adv. fully, altogether
täi/s, -e, -t, -si adj. full; n. full serving, measure, load
täishäälik, -u, -ut, -uid n. vowel

täiskasvanu, -, -t, -id n. adult
täiskasvanud indecl. adj. full-grown
täisminevik, -u, -ku, -ke, gen. pl. -kude or -e gram. perfect tense
täissihitis, -e, -t, -i gram. total object
täitesule/pea, -pea, -pead, -päid n. fountain pen
täit/ma, -a, täidan, täidetud v.t. to (ful)fill, carry out; `käsku täitma to carry out an order
täna adv. today
täna/ma, -da, -n, -tud v.t. to thank
täna/ne, -se, -st, -seid adj. today's
tänav, -a, -at, -aid n. street
tänu, -, -, -sid n. thank-you
tänulik, -u, -ku, -ke, gen. pl. -kude or -e adj. thankful
tänutäh/t, -e, -te, -ti n. indication of thanks
täp/ne, -se, -set, -seid adj. exact, accurate, minute
täpselt adv. exactly, accurately, minutely
töö, -, -d, töid n. work, job
töökaasla/ne, -se, -st, -si n. coworker
tööka/s, -, -t, -id adj. hard-working
tööl adv. at work
tööle adv. to work
tööli/ne, -se, -st, -si n. worker
töölt adv. from work
töönädal, -a, -at, -aid n. workweek
tööpäev, -a, -a, -i n. workday
tööstus, -e, -t, -i n. industry
tööstuslik, -u, -ku, -ke adj. industrial
tööta/ma, -da, -n, -tud v.i. to work
töö/tuba, -toa, -tuba, -tube n. workroom
tüdi/ma, -da, -n, -tud v.i. to grow tired, become bored
tüdinud indecl. adj. tired, bored
tüdruk, -u, -ut, -uid n. girl
tüh/i, -ja, -ja, -je adj. empty
tük/k, -i, -ki, -ke n. piece, unit
tüli, -, -, -sid n. conflict, bother
tülita/ma, -da, -n, -tud v.t. to bother, disturb
tülitse/ma, -da, -n, -tud v.i. to bicker, quarrel (with someone)
tünn, -i, -i, -e n. barrel, vat
tüt/ar, -re, -art, -reid, gen. pl. -arde n. daughter
tütar/laps, -lapse, -last, -lapsi n. girl
tüv/i, -e, -e, -esid n. stem
tüü/tama, -data, -tan, -datud v.t. to annoy, bore

U

uba, oa, uba, ube *n.* bean
udu, -, -, -sid *n.* fog
uhke, -, -t, -id *adj.* proud, haughty, lofty
uinu/ma, -da, -n, -tud *v.i.* to fall asleep, nod off
uisuta/ma, -da, -n, -tud *v.i.* to skate
ujuja, -, -t, -id *n.* swimmer
uju/ma, -da, -n, -tud *v.i.* to swim
uks, ukse, ust, uksi *n.* door
ulata/ma, -da, -n, -tud *v.* to reach (unto), pass on
ulatu/ma, -da, -n, -tud *v.i.* to extend
ulatus, -e, -t, -i *n.* extent, reach
umbes *adv.* approximately, around
umbisikuli/ne, -se, -st, -si *gram.* impersonal
une/nägu, -näo, -nägu, -nägusid *n.* dream
unes nägema to see in a dream
unetu, -, -t, -id *adj., n.* sleepless
Ungari, -, -t *n.* Hungary
ungari *indecl. adj.* Hungarian
ungarla/ne, -se, -st, -si *n.* Hungarian
un/i, -e, -d, -esid, *gen. pl.* -ede *n.* sleep, dream
uni/ne, -se, -st, -seid *adj.* sleepy
unusta/ma, -da, -n, -tud *v.* to forget
uppu/ma, -da, upun, uputud *v.i.* to drown
uputa/ma, -da, -n, -tud *v.t.* to drown, submerge
usalda/ma, -da, -n, -tud *v.t.* to trust, rely on
usin, -a, -at, -aid *adj.* industrious
us/k, -u, -ku, -ke *n.* faith, belief
usklik, -u, -ku, -ke, *gen. pl.* -kude or -e *adj., n.* religious, faithful
us/kuma, -kuda, -un, -(u)tud *v.* to believe
uss, -i, -i, -e *n.* worm, small snake
ustav, -a, -at, -aid *adj.* trustworthy
usuli/ne, -se, -st, -si *adj.* religious
usuõpetus, -e, -t, -i *n.* religious instruction
uudis, -e, -t, -eid *n.* bit of news, something new; (päeva)uudised the news
uuesti *adv.* anew
uuri/ma, -da, -n, -tud *v.t.* to research, investigate
uu/s, -e, -t, -si *adj.* new
uusaasta, -, -t, -id *n.* new year

V

v.a. = väga austatud very esteemed
vaa/de, -te, -det, -teid *n.* view
vaal, -a, -a, -u *n.* whale
vaalaskal/a, -a, -a, -u *n.* whale
vaas, -i, -i, -e *n.* vase
vaata/ma, vaadata, -n, vaadatud *v.* to watch, look; läbi vaatama to examine; (selle peale; sellele) vaatamata despite (this)
vaa/tlema, -delda, -tlen, -deldud *v.t.* to observe
vaatus, -e, -t, -i *n.* act (in play), sequence (in film)
vab/a, -a, -a, -u or -asid *adj.* free
vabadus, -e, -t, -i *n.* freedom
vabalt *adv.* freely, fluently
vabanda/ma, -da, -n, -tud *v.t.* to excuse
vabandus, -e, -t, -i *n.* excuse, forgiveness
vabandust paluma to ask forgiveness
vabane/ma, -da, -n, -tud *v.i.* to be freed, become vacant
vabarii/k, -gi, -ki, -ke *n.* republic
vabasta/ma, -da, -n, -tud *v.t.* to free
vabrik, -u, -ut, -uid *n.* factory
vae/ne, -se, -st, -seid *adj., n.* poor
vaenla/ne, -se, -st, -si *n.* enemy
vaeseke/(ne), -se, -st, -si *n.* poor thing
vaev, -a, -a, -u *n.* bother, trouble, pains
vaevalt *adv.* hardly
vagun, -i, -it, -eid *n.* wagon, railroad car
vahe, -, -t, -sid, *gen.pl.* vahede *n.* difference, gap
vahe/aeg, -aja, -`aega, -`aegu *n.* pause, break
vahel *adv., postp.* sometimes, between
vahele *adv., postp.* (to) between; vahele tulla to come between
vahelt *adv., postp.* from between
vahendus, -e, -t, -i *n.* mediation
vahepeal *adv.* in the meantime
vah/er, -tra, -trat or -ert, -traid, *gen. pl.* -trate *n.* maple
vaheta/ma, -da, -n, -tud *v.t.* to (ex)change
vahetpidamata *adv.* uninterruptedly
vahetun/d, -ni, -di, -de *n.* recess, rest period
vah/tima, -tida, -in, -itud *v.i.* to stare, gaze
vaid *adv.* only
vaidle/ma, vaielda, vaidlen, vaieldud *v.i.* to argue, debate
vaidlus, -e, -t, -i *n.* argument, dispute

362

vaiki/ma, -da, -n or vaigin, -tud or
   vaigitud *v.i.* to be(come) quiet
vaikimi/ne, -se, -st, -si   *n.* silence, being
   quiet
vaik/ne, -se, -set, -seid *adj.* quiet, peaceful
vaikus, -e, -t, -i *n.* silence
vaim, -u, -u, -e *n.* spirit
vaimuka/s, -, -t, -id   *adj.* spirited,
   ingenious, witty
vaimusta/ma, -da, -n, -tud   *v.t.* to
   inspire, enchant
vaimustus, -e, -t, -i *n.* inspiration,
   enthusiasm
vai/p, -ba, -pa, -pu   *n.* carpet
vaja *adv.* necessary
vajadus, -e, -t, -i *n.* need, necessity
vajalik, -u, -ku, -ke, *gen. pl.* -kude or -e
   adj. necessary
vaja/ma, -da, -n, -tud   *v.t.* to need
vaju/ma, -da, -n, -tud   *v.i.* to sink
vajuta/ma, -da, -n, -tud   *v.t.* to press down
vala/ma, -da, -n, -tud *v.t.* to pour, spill, cast
valaskal/a, -a, -a, -u   *n.* whale
val/dama, -lata, -dan, -latud *v.t.* to
   master, know
vale, -, -t, -sid, *gen. pl.* -de   *adj.* wrong;
   n. lie
valeta/ma, -da, -n, -tud   *v.* to (tell a) lie
valeühendus, -e, -t, -i *n.* wrong
   connection
valge, -, -t, -id *adj.* white, light
valgus, -e, -t, -i *n.* light
valija, -, -t, -id *n.* voter, selector
vali/ma, -da, -n, -tud   *v.t.* to choose, vote
valitseja, -, -t, -id *n.* ruler, administrator,
   master
valitse/ma, -da, -n, -tud   *v.t.* to rule,
   govern, manage, prevail
vallali/ne, -se, -st, -si *adj.* unmarried;
   n. bachelor, spinster
valmis *indecl. adj., adv.* ready, finished;
   valmis saama to get done, become finished
valmista/ma, -da, -n, -tud *v.t.* to prepare;
   rõõmu valmistama to bring joy
valmistu/ma, -da, -n, -tud *v.i.* to get ready
valu, -, -, -sid *n.* ache, pain
valus, -a, -at, -aid *adj.* aching, painful
valuta/ma, -da, -n, -tud *v.i.* to hurt
valutu, -, -t, -id *adj.* painless
valva/ma, -ta, -n, -tud   *v.* to guard, be on
   the lookout
valve, -, -t, -id *n.* guard (duty),
   surveillance
valvel *adv.* on guard, on the lookout

valvur, -i, -it, -eid *n.* guard, sentinel
vana, -, -, vanu *adj.* old; *n.* elder
vanadus, -e, -t, -i *n.* age, old age
vanaema, -, -, -sid *n.* grandmother
vanaisa, -, -, -sid *n.* grandfather
vaname/es, -he, -est, -hi *n.* old man
vanamoeli/ne, -se, -st, -si *adj.* old-
   fashioned
vanamood/ne, -se, -set, -seid   *adj.* old-
   fashioned
vanasõn/a, -a, -a, -u *n.* old saying, proverb
vanaviisi   *adv.* as before, in the old way
vanem, -a, -at, -aid *n.* parent, elder; *adj.*
   older
vanema/d, -te, -id *pl.n.* parents
vang, -i, -i, -e *n.* prisoner
vangla, -, -t, -id *n.* prison
vank/er, -ri, -rit, -reid *n.* wagon
van/ne, -de, -net, -deid *n.* oath
vanni/tuba, -toa, -tuba, -tube *n.* bathroom
vanus, -e, -t, -eid *n.* age (in years)
vap/per, -ra, -rat, -raid *adj.* brave
var/a, -a, -a, -sid or -u *n.* ware, property
vara(kult)   *adv.* early
varandus, -e, -t, -i *n.* property, wealth
vara/ne, -se, -st, -seid *adj.* early
var/as, -ga, -ast, -gaid *n.* thief
varbla/ne, -se, -st, -si *n.* sparrow
vare, -me, -t, -meid, *gen. pl.* -mete   *n.*
   ruin, debris
varem *adj., adv.* earlier
vares, -e, -t, -eid *n.* crow
var/i, -ju, -ju, -je *n.* shadow, shelter
varja/ma, -ta, -n, -tud   *v.t.* to conceal,
   overshadow
varsti *adv.* soon
var/vas, -ba, -vast, -baid *n.* toe
vasak, -u, -ut, -uid *adj.* left(-hand)
vasakule   *adv.* to the left
vastakuti   *adv.* against or facing each other
vasta/ma, -ta, -n, -tud   *v.* to answer
vastu *postp., prep., adv.* against, toward;
   vastu tulema to come toward, meet;
   vastu võtma to receive, accept
vastupidi *adv.* the other way, on the contrary
vastus, -e, -t, -eid *n.* answer
vastuta/ma, -da, -n, -tud   *v.i.* to bear
   responsibility
vastutus, -e, -t, -i *n.* responsibility
vastuvõtja, -, -t, -id *n.* recipient, one who
   meets guests
vea (*gen. of* viga) *n.* error, flaw, mistake
veda/ma, -da, vean, veetud   *v.t.* to pull,
   drag; `kihla vedama to bet, make a wager

vedur, -i, -it, -eid *n.* engine
veebruar, -i, -i, -e *n.* February
veel *adv.* more, still, yet
veelkord *adv.* one more time
veendu/ma, -da, -n, -tud *v.i.* to be convinced
veen/ma, -da, -an, -dud *v.t.* to convince
veerand, -i, -it, -eid *n.* quarter, fourth
veere/ma, -da, -n, -tud *v.i.* to roll
veereta/ma, -da, -n, -tud *v.t.* to roll
veidi *adv.* slightly
vein, -i, -i, -e *n.* wine
ven/d, -na, -da, -di *n.* brother
venela/ne, -se, -st, -si *n.* Russian
veni/ma, -da, -n, -tud *v.i.* to stretch, drag on
venita/ma, -da, -n, -tud *v.t.* to stretch, drag out
veremürgitus, -e, -t, -i *n.* blood poisoning
veretil/k, -ga, -ka, -ku *n.* drop of blood
ver/i, -e, -d, -esid, *gen. pl.* -ede *n.* blood
vesi, vee, vett, vesi, *gen. pl.* vete, *short ill.* vette *n.* water
vesinik, -u, -ku, -ke, *gen. pl.* -kude or -e *n.* hydrogen
vesk/i, -i, -it, -eid *n.* mill
vest/lema, -elda, -len, -eldud *v.i.* to converse, chat, talk
vette (*short ill.* of vesi) into the water
viga, vea, viga, vigu *n.* error, flaw, mistake
viha, -, -, -sid *n.* anger, hatred
viha/ne, -se, -st, -seid *adj.* angry
vihaselt *adv.* angrily
vihik, -u, -ut, -uid *n.* notebook
vih/kama, -ata, -kan, -atud *v.t.* to hate
vihm, -a, -a, -asid *n.* rain
vihmamant/el, -li, -lit, -leid *n.* raincoat
vihmavar/i, -ju, -ju, -je *n.* umbrella
viibi/ma, -da, -n, -tud *v.i.* to linger, be
viiendik, -u, -ku, -ke, *gen. pl.* -kude or -e *n.* fifth
viie/s, -nda, -ndat or -t, -ndaid, *gen. pl.* -ndate *adj.* fifth
vii/ma, -a, -n, -dud *v.t.* to take (somewhere)
viimaks *adv.* finally
viima/ne, -se, -st, -seid *adj.* final, last
viimati *adv.* lately, at last
viim/ne, -se, -set, -seid *adj.* final, last; viimse võimaluseni completely, to the last
viin, -a, -a, -u *n.* vodka, liquor, whiskey
vii/s, -e, -t, -si *num.* five
viis, -i, -i, -e *n.* melody
viisaka/s, -, -t, -id *adj.* polite
viiskümmend, viiekümne, viitkümmend *num.* fifty

viissada, viiesaja, viitsada *num.* five hundred
viisteist(kümmend), viieteistkümne, viitteistkümmend *num.* fifteen
vii/tma, -ta, -dan, -detud *v.t.* to spend (time)
viiul, -i, -it, -eid *n.* violin
vile, -, -t, -sid, *gen. pl.* -de *n.* whistle
vilets, -a, -at, -aid *adj.* miserable, wretched, flimsy; *n.* wretch
viletsasti *adv.* poorly, awfully
vil/i, -ja, -ja, -ju *n.* fruit, grain
vill, -a, -a, -u *n.* wool
villa/ne, -se, -st, -seid *adj.* woollen
vis/kama, -ata, -kan, -atud *v.* to throw
visku/ma, -da, -n, -tud *v.i.* to throw oneself
vist *adv.* probably, likely
vits, -a, -a, -u *n.* switch, rod
voodi, -, -t, -eid, *short ill.* `voodi *n.* bed
vool, -u, -u, -e or -usid *n.* current
voola/ma, -ta, -n, -tud *v.i.* to flow
voorimees, -mehe, -meest, -mehi *n.* cabby, teamster
vorst, -i, -i, -e *n.* sausage
vrd. = võrdle compare
vt. = vaata see
võhik, -u, -ut, -uid *n.* layman, nonexpert
või *conj.* or
või, -, -d, -sid *n.* butter
võib-olla *adv.* maybe
võiduka/s, -, -t, -id *adj.* victorious
võim, -u, -u, -e *n.* power
või/ma, -(d)a, -n, -dud *v.t.* to be able, have permission
võimalik, -u, -ku, -ke, *gen. pl.* -kude or -e *adj.* possible
võimalus, -e, -t, -i *n.* possibility, opportunity
võimla, -, -t, -id *n.* gymnastics facility
võimleja, -, -t, -id *n.* gymnast
võim/lema, -elda, -len, -eldud *v.i.* to exercise, do gymnastics
võimlemi/ne, -se, -st, -si *n.* gymnastics
võistleja, -, -t, -id *n.* competitor
võist/lema, -elda, -len, -eldud *v.i.* to compete
võistlus, -e, -t, -i *n.* contest
või/t, -du, -tu, -te *n.* victory, win
võitja, -, -t, -id *n.* victor, winner
võitleja, -, -t, -id *n.* combatant, fighter
võitlema, võidelda, võitlen, võideldud *v.i.* to struggle
võitlus, -e, -t, -i *n.* struggle, battle

364

või/tma, -ta, -dan, -detud *v.* to win (against)
võl/g, -a, -ga, -gu *n.* debt
võlgne/ma, -da, -n, -tud *v.t.* to owe
võr/dlema, -relda, -dlen, -reldud *v.t.* to compare
võt/i, -me, -it, -meid, *gen. pl.* -mete *n.* key
võtja, -, -t, -id *n.* taker
võt/ma, -ta, -an, võetud *v.t.* to take; võta/võtke heaks you're welcome, think nothing of it
võtmekim/p, -bu, -pu, -pe *n.* set of keys
võõra/s, -, -st, -id *adj.* strange, foreign; *n.* stranger, foreigner
võõrkeel, -e, -t, -i *n.* foreign language
võõrsõn/a, -a, -a, -u *n.* foreign word
väga *adv.* very
vä/gi, -e, -ge, -gesid *n.* force, power, armed force
vägite/gu, -o, -gu, -gusid *n.* heroic deed, feat
vähe *adv.* little
vähehaaval *adv.* little by little
vähem *comp. adv.* less
vähemalt *adv.* at least
väh/k, -i or -ja, -ki or -ka, -ke or -ki *n.* crawfish
väik/e, -se, -est, -seid *adj.* little
väike/mees, -mehe, -meest, -mehi *n.* little man
väike/(ne), -se, -st, -si *adj.* little
väime/es, -he, -est, -hi *n.* son-in-law
väin, -a, -a, -u *n.* strait, sound
väl/i, -ja, -ja, -ju *n.* field
välimus, -e, -t, -i *n.* appearance, exterior
väli/ne, -se, -st, -seid *adj.* external
väliselt *adv.* externally, on the surface
välisma/a, -a, -ad, -id *n.* foreign country
välismaala/ne, -se, -st, -si *n.* foreigner
välismaale *adv.* (to) abroad
välismaal *adv.* abroad
välismaalt *adv.* from abroad
välis/uks, -ukse, -ust, -uksi *n.* outer door
`välja *adv.* (to) outside, out
    välja helistama to phone for
    välja nägema to appear, look like
    välja üürima to rent out
väljak, -u, -ut, -uid *n.* plaza, (town) square
väljamüü/k, -gi, -ki, -ke *n.* (close-out) sale
väljapanek, -u, -ut, -uid *n.* exhibit
väljas *adv.* outdoors, outside
väljast *adv.* from outside
väljasõi/t, -du, -tu, -te *n.* excursion
väljendus, -e, -t, -i *n.* expression

välju/ma, -da, -n, -tud *v.i.* to go out
väl/k, -gu, -ku, -ke *n.* lightning
väl/tima, -tida, -din, -ditud *v.t.* to avoid
vän/tama, -data, -tan, -datud *v.t.* to crank, grind, wind
värav, -a, -at, -aid *n.* gate
väravavah/t, -i, -ti, -te *n.* gatekeeper
värise/ma, -da, -n, -tud *v.i.* to shake, shiver, vibrate
värske, -, -t, -id *adj.* fresh
värv, -i, -i, -e *n.* color
värvi/ma, -da, -n, -tud *v.* to paint
väsi/ma, -da, -n, -tud *v.i.* to tire
väsinud *indecl. adj.* tired
vääri/ma, -da, -n, -tud *v.t.* to deserve, merit, be worth
väärt *adv.* worth
väärtuslik, -u, -ku, -ke, *gen. pl.* -kude or -e *adj.* valuable

Õ

õde, õe, õde, õdesid *n.* sister
õh/k, -u, -ku, -ke *n.* air
õhkkon/d, -na, -da, -di *n.* atmosphere
õhtu, -, -t, -id *n.* evening
õhtuklei/t, -di, -ti, -te *n.* evening gown
õhtul *adv.* in the evening
õhtu/ne, -se, -st, -si *adj.* evening
õhtusöö/k, -gi, -ki, -ke *n.* evening meal, dinner, supper
õhtuti *adv.* in the evenings
õhuke/(ne), -se, -st, -si *adj.* thin (object)
õieti *adv.* correctly, actually
õige, -, -t, -id *adj.* right, correct
õigla/ne, -se, -st, -si *adj.* just, fair
õigus, -e, -t, -i *n.* right
õigusteadus, -e, -t, -i *n.* jurisprudence, (study of) law
õis, õie, õit, õisi *n.* blossom
õitse/ma, -da, -n, -tud *v.i.* to bloom
õlekõr/s, -re, -t, -si *n.* straw
õl/g, -a, -ga, -gu *n.* shoulder
õl/g, -e, -ge, -gi *n.* straw
õli, -, -, -sid *n.* oil
õlu, õlle, õlut, õllesid, *gen. pl.* õllede *n.* beer
õmbleja, -, -t, -id *n.* seamstress, sewer
õm/blema, -melda, -blen, -meldud *v.* to sew
õnn, -e, -e, -i or -esid *n.* luck, fortune, happiness

365

õnneks *adv.* fortunately
õnnelik, -u, -ku, -ke, *gen. pl.* -kude *adj.*
  happy
õnnerik/as, -ka, -ast, -kaid *adj.* full of luck
õnnesoov, -i, -i, -e *n.* congratulation, best
  wish
õnnestu/ma, -da, -n, -tud *v.i.* to succeed
õnnetu, -, -t, -id *adj.* unhappy, unfortunate
õnnetus, -e, -t, -i *n.* accident, misfortune
õnnis, õndsa, õnnist or õndsat, õndsaid,
  gen. pl. õndsate *adj.* happy, blessed
õnnista/ma, -da, -n, -tud *v.t.* to bless
õnnitle/ma, -da, -n, -tud *v.t.* to
  congratulate, wish happiness for
õpetaja, -, -t, -id *n.* teacher
õpeta/ma, -da, -n, -tud *v.* to teach
õpetus, -e, -t, -i *n.* instruction
õpik, -u, -ut, -uid *n.* textbook
õpila/ne, -se, -st, -si *n.* student
õppi/ma, -da, õpin, õpitud *v.* to learn
õppimi/ne, -se, -st, -si *n.* study(ing)
õrn, -a, -a, -u *adj.* tender, frail, delicate
õu, -e, -e, -esid *n.* yard, courtyard, farmyard
`õue *adv.* (to) outside
õues *adv.* outside
õuest *adv.* from outside

Ä

ähvarda/ma, -da, -n, -tud *v.t.* to threaten
ähvardav, -a, -at, -aid *adj.* threatening
äi, -a, -a, -u *n.* father-in-law
äike/(ne), -se, -st, -si *n.* thunder, storm
äkki *adv.* suddenly
ämb/er, -ri, -rit, -reid *n.* bucket, pail
ämm, -a, -a, -i *n.* mother-in-law
ära *adv.* away, all up; *neg. imper.* don't
  ära elama   to be able to live, exist
  ära sööma   to eat up
äraootav, -a, -at, -aid *adj.* expectant,
  temporizing
ärata/ma, -da, -n, -tud *v.t.* to awaken
ärevil *adv.* agog, in an excited state
äri, -, -, -sid *n.* store, business
äripäev, -a, -a, -i *n.* workday, business day
är/kama, -gata, -kan, -gatud *v.* to awaken
ärkamis/aeg, -aja, -`aega, -`aegu *n.*
  time of awakening, renaissance
ärkvel *adv.* awake
ärrita/ma, -da, -n, -tud *v.t.* to irritate, upset
ärritu/ma, -da, -n, -tud *v.i.* to get irritated
  or upset

äädika/s, -, -t, -id *n.* vinegar
äär, -e, -t, -i *n.* edge, brink
äärde *adv., postp.* to the edge (of)
ääres *adv., postp.* by, at the edge (of)
äärest *adv., postp.* from the edge (of)

Ö

öelda (*form of* ütlema) to say
öeldis, -e, -t, -i *gram.* predicate
öeldud (*form of* ütlema) said
öö, -, -d, öid *n.* night
ööbik, -u, -ut, -uid *n.* nightingale
öökull, -i, -i, -e *n.* owl
öör, -i, -i, -e *n.* öre, Swedish penny
öösel *adv.* at night
öösiti *adv.* in the nights
öösär/k, -gi, -ki, -ke *n.* nightshirt,
  nightgown

Ü

ühe *num.* (*gen. of* üks) one's
ühekorraga *adv.* all at once, at the same time
üheksa, -, -t *num.* nine
üheksa/kümmend, -kümne, -tkümmend
  num. ninety
üheksa/s, -nda, -ndat, -ndaid *adj.* ninth
üheksateist(kümmend), üheksateist-
  kümne, üheksatteistkümmend *num.*
  nineteen
ühendus, -e, -t, -i *n.* unity, connection,
  league
ühes *adv.* together, jointly
üheteistkümne/s, -nda, -ndat, -ndaid
  adj. eleventh
ühi/ne, -se, -st, -seid *adj.* joint, common
  palju ühist   a lot in common
ühiskon/d, -na, -da, -di *n.* society,
  community
üht(e) *num.* (*part. of* üks) one, any
ühtemoodi *adv.* in the same way
üks, ühe, üht(e), ühtesid or üksi *num.*
  one
ükshaaval *adv.* one by one
üksi *adj.* alone, only
üksik, -u, -ut, -uid *adj.* single, lone
ükskord *adv.* once
ükskõik *adv.* all the same
üksnes *adv.* only
ükspuha *adv.* all the same

ükssada, ühesaja, üht(e)sada *num.* one hundred
üksteist(kümmend), üheteistkümne, üht(e)teistkümmend *num.* eleven
üksteis/e, -t *gen. & part. pron.* each other
ülal *adv.* above, awake
ülalt *adv.* from above
üldse *adv.* at all, in general
üldsus, -e, -t, -i *n.* public
üle *adv., prep.* over; *postp.* about
üle hulga aja for some time, after quite a while; **üle saama** to overcome, get over
üleeile *adv.* day before yesterday
ülehin/dama, -nata, -dan, -natud *v.t.* to overestimate, overvalue
ülehomme *adv.* day after tomorrow
ülemi/ne, -se, -st, -si *adj.* upper
üleminek, -u, -ut, -uid *n.* transition
ülepeakaela *adv.* head over heels, helter-skelter
üles(se) *adv.* (to) up
ülesan/ne, -de, -net, -deid *n.* task
ülesse *adv.* (to) up
üleval *adv.* up (above)
ülevalt *adv.* from above
üleüldse *adv.* at all, in general
ülikon/d, -na, -da, -di *n.* (man's) suit
ülikool, -i, -i, -e *n.* university, college
ülikoolilinn, -a, -a, -u *n.* university town
ülivõr/re, -de, -ret, -deid *gram.* superlative degree
üliõpila/ne, -se, -st, -si *n.* college student
üliõpilasorganisatsioon, -i, -i, -e *n.* university student organization
üllata/ma, -da, -n, -tud *v.t.* to surprise, amaze
üllatus, -e, -t, -i *n.* surprise
ümber *adv.* around, over
ümber pöörama to turn around
ümbrik, -u, -ku, -ke, *gen. pl.* **-kude** or **-e** *n.* envelope
ümbrus, -e, -t, -i *n.* environs, surroundings
ümmargu/ne, -se, -st, -si *adj.* round
üsna *adv.* rather
ütlema, ütelda or **öelda, ütlen, üteldud** or **öeldud** *v.t.* to say
ütlus, -e, -t, -i *n.* expression, saying
üürike/(ne), -se, -st, -si *adj.* brief, fleeting
üüri/ma, -da, -n, -tud *v.t.* to rent

367

Review of Grammatical Terms

Abessive Case: the suffix -ta is added to (the genitive form of) an Estonian noun or pronoun, to indicate the absence of something. It is equivalent to the English preposition *without*. An accompanying adjective does not take the abessive form to agree with the noun, but remains in the genitive form without the -ta ending.

Ablative Case: the suffix -lt is added to (the genitive form of) an Estonian noun, pronoun, or adjective, usually to indicate movement *off* something.

Active Voice: the form of a verb when the subject is shown performing the action. In the sentence, 'The hunter shot a fox', the verb *shot* is in the active voice because the subject (hunter) is doing the action. When rephrased to say 'A fox was shot by the hunter', the subject (fox) is not performing, but receiving the action. In this case the verb is in another form, called the passive voice.

Adessive Case: the suffix -l is added to (the genitive form of) an Estonian noun, pronoun, or adjective, usually to indicate location *on* or *above* something.

Adjective: a word indicating an attribute or quality of a person or thing. Words like 'old', 'young', 'big', and 'little' are in this category.

Adverb: a word indicating the place, time, manner, or degree for a quality (adjective) or action (verb). Examples: 'went *home*', 'coming *soon*', 'feel *badly*', '*very* big'.

Affirmative Statement: an assertion or proposition which is upheld (as opposed to denied) by the speaker.

Agent Noun: a word formed from a verb, to indicate the performer of the action. For example, 'speaker' is a noun meaning 'one who speaks', 'worker' means 'one who works', 'teacher' means 'one who teaches'.

Agreement: one word is put into a form consistent with another. For example, the verb takes on a form reflecting the subject's singularity or plurality; we say 'he is' rather than 'he are'. For most case forms in Estonian, the adjective accompanying a noun takes the same case as the noun; in English the adjective does not agree with the noun ('suur maja = big house'; 'suured majad = big houses', not 'bigs houses'). In some languages, where words are distinguished according to gender, adjectives and nouns are put in the same (e.g., feminine) form, but this type of agreement is not found in either Estonian or English.

Allative Case: the suffix -le is added to (the genitive form of) an Estonian noun, pronoun, or adjective, usually to indicate movement *onto* something.

Article: a word accompanying a noun, used to indicate either a *definite* ('the') or *indefinite* ('a, an') person or thing. Estonian does not use articles. The sentence 'Raamat on laual' could be translated as either 'The book is on the table' or 'A book is on the table', depending on the context.

Attribute: a word that indicates a quality of the noun it accompanies. Adjectives, numbers, pronouns, and titles may be included here. Examples: '*big* lake, *one* lake, *this* lake, *Mr.* Lake'.

Auxiliary verb:　a word needed to form certain tenses, moods, voices for verbs. Examples: 'I *have* studied Estonian. He *may* graduate this year. She *will* visit us soon.'

Case:　the form taken by a word (noun, pronoun, or adjective), to show its relationship to other words in the sentence. In English, for example, the possessive case forms 'my' and 'mine' indicate ownership of something by the speaker 'I'. Estonian uses more distinct case forms (with varying suffixes) than English, which tends to use prepositional phrases instead. In the example 'kiri emalt' = 'a letter from Mother', the Estonian word 'ema' takes on the -lt ending (ablative case) to indicate the source of the letter, but the English word 'Mother' does not change because the preposition 'from' makes clear its relationship to 'letter'.

Clause:　a group of words expressing a thought with a subject and verb. If the thought can stand alone (that is, makes a sensible complete sentence by itself), it is called an *independent* or main clause. If not, it is called a *dependent* or subordinate clause. In the sentence, 'When she graduates, we'll have a big celebration', the first part of the sentence (before the comma) is a dependent clause; the second part is an independent clause.

Comitative Case:　the suffix -ga is added to (the genitive form of) an Estonian noun or pronoun, to indicate the presence or accompaniment of something. It is equivalent to the English preposition *with*. An accompanying adjective does not take the comitative form to agree with the noun, but remains in the genitive form without the -ga ending.

Comparative Degree:　the form of an adjective or adverb used when something is depicted as exceeding something else, in a two-way comparison. In English, this is indicated by the suffix -er or the word 'more'. Examples: 'My car was *cheaper*, but yours is *more stylish*.' (See following entry for discussion of other degrees of comparison.)

Comparison:　the modification of an adjective or adverb, to indicate varying degrees of a certain quality or tendency. Three degrees of comparison are recognized: simple or positive (as in 'happy' or 'fast'), comparative ('happier', 'faster'), and superlative 'happiest', 'fastest').

Conditional Mood:　the form of a verb used to indicate what *would* take place, under a certain circumstance, as opposed to what actually does take place.

Conjugation:　the pattern of modification of a verb, according to the circumstances of the action (who the subject is, when it takes place, etc.). For example, the English verb 'to be' is conjugated in the present tense as follows: 'I *am*, you *are*, he/she/it *is*, we *are*, you (all) *are*, they *are*.'

Conjunction:　a word used to connect other words, phrases, clauses, or sentences. Examples: and, but, or, whereas, because.

Consonant:　a sound made by stopping (and releasing), constricting, or diverting the air stream in speech. These sounds can be grouped into two types, *voiced or unvoiced*, depending on whether the vocal cords are used to make a sound to accompany the stoppage, constriction, or diversion of the air stream. In English, the voiced consonants include b, d, g, h, j, l, m, n, r, v, w, z; the unvoiced consonants include c, f, k, p, q, s, t. In Estonian, b, d, g are unvoiced, in contrast to English.

Declarative Sentence:　an assertion or statement of fact, as opposed to a question (interrogative sentence) or command (imperative).

Declension: a change in (case) form of a word (noun, pronoun, or adjective), to express a change in relationship or role. For example, the pronoun 'he' is used to indicate the subject (performer of an action), but if the person becomes the object (recipient of an action) the form 'him' is used.

Derivative: a word formed from another. For example, by adding the suffix -er, the noun 'owner' is obtained from the verb 'to own'; by adding the suffix -en, the adjective 'golden' is obtained from the noun 'gold'.

Diminutive: the form of a noun or adjective used to indicate small size or to connote some affection toward something: 'doggie (instead of dog), sonny (instead of son), dearie (instead of dear)'.

Diphthong: a combination of two different vowels in the same syllable, as in the word 'co*in*'.

Elative Case: the suffix -st is added to (the genitive form of) an Estonian noun, pronoun, or adjective, usually to indicate movement *out of* something.

Emphatic Particle: an element added to a statement to stress a point. In Estonian, the word 'mitte' can be added to a negative sentence to make it sound extra negative. The suffix -ki or -gi can be added to a word to call special attention to it, with the same effect as underlining it, stressing its pronunciation, or adding the word 'even' in English. Example: '*Sina/gi* oled nimekirjas = *Even you* are in the list'.

Essive Case: the suffix -na is added to (the genitive form of) an Estonian noun or pronoun, to indicate existence *as*, or service *in the capacity of* something: '*Lapsena* sain ilma prillideta hakkama = *As a child* I could get along without eyeglasses'. An accompanying adjective does not take the essive form to agree with the noun, but remains in the genitive form without the -na ending.

Future Tense: the form of a verb when the action has not yet taken place, as in 'I *will* go tomorrow.' Estonian has no distinct future tense, so the present tense does double duty here. Whether the action takes place now or in the future is indicated by the context (e.g., an adverb of time): 'Ma kirjutan nüüd = I write now', 'Ma kirjutan homme = I will write tomorrow'.

Gender: categorization of words according to their sex or lack of it. Neither Estonian nor English has distinct patterns of treatment for words according to their designation as masculine, feminine, or neuter.

Genitive Case: the form of a word (noun, pronoun, or adjective) used to indicate possession. Examples: '*your* book', 'the *chair's* color'.

Government: the influence of one word over the case form or mood of another. In Estonian, for example, the verb 'olenema (millest?) - to depend (on what?)' calls for the elative case ending in -st. Adjectives, prepositions, and postpositions may also call for certain forms of nouns associated with them.

Gradation: a change in sound in the stem of a word, as it undergoes declension or conjugation. For example, the word 'leib = bread' has a weaker final consonant in the genitive form 'leiva'; the double consonant of 'lipp = flag' becomes a single consonant in the genitive form 'lipu'.

Illative Case: the suffix -sse is added to (the genitive form of) an Estonian noun, pronoun, or adjective, usually to indicate movement *into* something.

Imperative Mood: the form of a verb used to express a command, encouragement, or request. Examples: '*Come* here!', '*Shut* the door!', '*Take* it easy!'.

Imperfect Tense: the form of a verb used to indicate an ongoing or incomplete action, as in 'I *was reading* when you called.'

Impersonal Construction: a statement without a definite subject. For example, in the sentence, 'It rains often here', just who or what is doing the raining is not explicit.

Indeclinable: not subject to declension. The word keeps the same form in situations where other words may change case forms.

Indicative Mood: the form of a verb used to express something that actually occurs, as opposed to a requested, hypothetical, or contingent action.

Inessive Case: the suffix -s is added to (the genitive form of) an Estonian noun, pronoun, or adjective, usually to indicate location *inside* something.

Infinitive: the unconjugated form of a verb, with no reference to the subject(s) executing the action or the time of occurrence. Examples: 'to be, to have, to speak'. Estonian verbs have two (-ma and -da) infinitives, with distinct uses.

Interjection: an exclamation or expression, with no grammatical connection to the rest of a sentence. Examples: Oh! Hey! Hello! Well,...

Interrogative: a term or phrase that poses a question.

Locative Cases: forms of nouns, pronouns, and adjectives that reveal the location or movement of something. In Estonian, *inner* locative case endings (-sse, -s, -st) mean 'into, in, out of'; *outer* locative case endings (-le, -l, -lt) mean 'onto, on, off'.

Mode or Mood: the aspect of a verb that indicates the speaker's orientation to the action expressed. Basic moods which are typically distinguished in languages include the *indicative* mood (when the speaker regards the action as a matter of fact: 'He is careful'), the *imperative* mood (when the speaker issues a command for the action to occur: 'Be careful!'), and the *subjunctive* mood (when the speaker expresses a hope, supposition, or possibility: 'If he were more careful, such accidents would not happen.'). In Estonian, there is no subjunctive mood per se; the *conditional* is used to indicate actions that might or would take place, and the *oblique* mode is used to indicate actions that reportedly or supposedly occur, of which the speaker has no direct knowledge.

Negative Statement: a denial or rejection of an assertion, as indicated by a word such as 'not' or 'never'.

Nominative Case: the form a noun, pronoun, or adjective takes as the subject of a verb. It is also the undeclined form listed in a dictionary.

Noun: the name of a person, place, or thing. Examples: brother, friend, table, pen.

Object: a noun or pronoun that receives the action of a verb, or is governed by a preposition or postposition. In Estonian, the object of a verb is categorized as *partial* if only a portion of the person or thing is affected, if the action is not carried to completion, or if the statement is negative; an object is categorized as *total* if the whole person or thing is affected, the action is completed, and the statement is affirmative. Both partial and total objects fall into the category of *direct* objects, which receive the action of a transitive verb. In English, *indirect* objects indicate the person or thing for whom/what something is done, but Estonian uses the allative (-le) case for this purpose. Example: 'Anna mulle pall! = Give me the ball.' The word 'pall' in the Estonian sentence is a total (and direct) object, with the allative form 'mulle = to me' serving the same function as the indirect object 'me' in the English sentence.

Oblique Mode/Mood: the form of a verb, when the speaker's knowledge of the action is indirect (based on hearsay or other people's reports, rather than direct observation by the speaker). Estonian uses the suffix -vat for this purpose. The English translation may involve 'supposedly', 'reportedly', or 'they say': 'Ta olevat haigevoodis = He supposedly is sick in bed [but I haven't seen it for myself].'

Participle: a word derived from a verb, with properties of both verbs and adjectives. A *present* participle indicates an on-going action: 'The evidence is *overwhelming* the jury; the *overwhelming* evidence led to a conviction', 'The girl is *smiling*; the photographer likes a *smiling* girl'. In Estonian, this is indicated by a -v suffix: 'töötav inimene = working person'. A *past* participle indicates a completed action: 'An agreement was *signed* by both management and union representatives; the *signed* agreement takes effect next week.' In Estonian, there are two forms of past participles, the *active -nud participle* and the *passive -tud participle*, used to distinguish the execution from the receipt of action: 'Raamat on *ilmunud* trükist = The book has *appeared* in print', 'Raamat on *trükitud* = The book has *been printed*'.

Particle: a short and indeclinable part of speech, used as an adverb, element of negation, article, preposition, postposition, conjunction, prefix, or suffix.

Partitive Case: a form of a noun, pronoun, or adjective used when an incomplete portion of it is involved. Examples: 'Laps tahab piim/a = The child wants (some) milk', 'Ta loeb raamat/ut = He is reading a book (but not all the way through)'. In Estonian, the partitive is also used for objects in negative statements ('Ta ei ostnud auto/t = She did not buy a(ny) car') and counting with numbers above one ('Mul on kolm vend/a = I have three brothers').

Passive Voice: the form of a verb when the subject is shown receiving the action. In the sentence, 'A fox *was shot* by the hunter', the subject (fox) is not performing, but receiving the action, so the verb is in the passive voice. In the sentence, 'The hunter shot a fox', the verb is in the active voice because the subject (hunter) is doing the action.

Perfect Tense: a form of a verb when the action is (was, or will be) completed. The *present perfect tense* indicates something that *has* happened: 'The baby *has gone* to sleep'. The *past (plu-) perfect tense* indicates something that *had* happened before something else occurred: 'The baby *had gone* to sleep, when the telephone rang and woke her up'. Other languages have future perfect tense ('By the time you read this letter, I *will have reached* Pittsburgh'), but Estonian does not have this, or even a plain future tense (I *will reach* Pittsburgh by 3:00).

Person: categorization of pronouns, according to remoteness from the speaker. When the subject of a sentence is or includes the speaker, the *first* person pronoun 'I' or 'we' is used. When the subject is addressed by the speaker, the *second* person pronoun 'you' (and formerly 'thou') is used. When the speaker is talking about a third party (not himself or the listener), then a *third* person pronoun 'he, she, it, they' is involved.

Pluperfect Tense: a form of a verb used to indicate something that *had happened* before something else occurred: 'I *had finished* the test already, when teacher said time was up.'

Plural: the form of a word, when more than one person or thing is involved. In the phrases 'several girls' and 'many apples', the -s ending is used to turn 'girl' and 'apple' into plural form. The plural ending for Estonian nouns and adjectives is -d, which is added to the genitive (possessive) case form.

Positive Degree: the simple form of an adjective or adverb, when no comparison is made. The words 'happy, fast' are in the positive degree; the words 'happier, fastest' are not. (See the entry on Comparison above.)

Possessive: the form of a word used to indicate ownership. In English, this is done by adding 's to a noun. In Estonian, the word is changed to the genitive form, for this purpose.

Postposition: an indeclinable word that comes after another word and serves to connect the latter to another part of the sentence. Estonian postpositions are usually translated as prepositions (coming before the word) in English: 'Ta seisab ukse *taga* = He stands *behind* the door.'

Predicate: the part of a clause that explains what the subject is doing or undergoing. For example, 'The dog *fetched the stick.*'

Predicate Complement (or Predicative): a word connected by a linking verb (such as 'to be, appear, seem, become') to the subject, which contributes a new item of information about the subject. For example, 'The canal is *wide*'.

Prefix: sound(s) or syllable(s) added to the beginning of a word, to change its meaning or function. To turn something into its opposite, for example, English may use the prefix un- or dis- ('do, undo', 'like, dislike'); the Estonian prefix eba- has the same effect.

Preposition: an indeclinable word that comes before another word and serves to connect the latter to another part of the sentence. Examples: by, for, from, on, to, with, without. Estonian usually employs case forms with distinct suffixes to serve the same function as prepositional phrases in English ('auto/ga = by car', 'õpetaja/le = to the teacher', 'maa/lt = from the country').

Present Tense: the form of the verb used to indicate that the action is taking place now, at present. For example, 'He sings', as opposed to 'He sang' (past tense)

Pronoun: a word that can substitute for a noun, to allow for more succinct expression. For example, instead of 'Jaan Sepp is my neighbor. Jaan Sepp is also my friend.', one can say '*He* is also my friend.' in the second sentence. *Personal* pronouns replace nouns indicating persons and things (I, you, he, she, it, we, they). *Possessive* pronouns (my, your, his, her, its, our, their) identify the owner(s) of something. *Reflexive* pronouns (myself, yourself, himself, etc.) indicate that the subject is the object of his own actions ('We wash *ourselves* often.'). *Demonstrative* pronouns (this, that, these, those) serve to point out or call attention to something. *Indefinite* pronouns (one, someone, no one, each, all) are used when no specific person is referred to. *Relative* pronouns (which, that, who, what) introduce dependent clauses that refer back to someone or something already mentioned in the main clause: 'I enjoyed to language class *which* I took last year.' *Interrogative* pronouns (who? what?, which?) are used for posing questions.

Singular: the form of a word when only one person or thing is involved. The pronoun 'I', for example, is in the singular; its plural counterpart is 'we'.

Stem: the basically constant component of a word which undergoes changes in form, such as declension or conjugation. The stem contains the basic meaning, which all the forms of the word (with various endings) have in common.

Subject: the person or thing executing the action of the verb in a sentence. For example, 'The *boy* is reading a book.'

Suffix: a sound or syllable(s) added to the end of a word, to change its meaning or function. To make a word plural for example, -s is added in English (-d in Estonian).

Superlative Degree: the ultimate or most extreme form of an adjective or adverb, used to describe something that exceeds all others in a comparison. For example: 'He is the *finest* musician in the band. He plays *best*.' (See the entry on Comparison above.) In Estonian, the word 'kõige' is an indicator of the superlative, comparable to the word 'most' or the ending '-est' in English (kõige ilusam = most beautiful, kõige vanem = oldest).

Synonym: a word with basically the same meaning as another ('big = large = huge', 'little = small = tiny').

Tense: the time at which the action of a verb takes place. Among the tenses found in English are the present ('she sings'), simple past ('she sang'), past perfect ('she has sung'), pluperfect ('she had sung'), future ('she will sing') and future perfect ('she will have sung').

Terminative Case: the suffix -ni is added to (the genitive form of) an Estonian noun or pronoun, to indicate movement *as far as* (up to, until) something. An accompanying adjective does not take the terminative form to agree with the noun, but remains in the genitive form without the -ni ending.

Translative Case: the suffix -ks is added to (the genitive form of) an Estonian noun, pronoun, or adjective, usually to indicate becoming (transformation into) something.

Verb: a word expressing action, existence, or occurrence. Examples: 'He *runs* fast. She *is* nice. Things *happen* so fast here.' A verb is called *transitive* when the action affects an object (person or thing), as in the sentence, 'I ride a bicycle to work'. If no object receives the action of the verb, it is called *intransitive,* as in the sentence, 'I swim often.'

Verbal Noun: a noun formed from a verb (to indicate in a general way the action of the verb), or a verb form used like a noun. One common form (ending in -ing in English, -mine in Estonian) is known as the *gerund: 'Ujumine* on tore = *Swimming* is fun'. Another form is the *infinitive* (marked by the word 'to' in English): '*Eksida* on inimlik = *To err* is human'.

Vowel: a sound made with the mouth open and no interruption or major constriction of the passage of air from the vocal cords. English vowels include a, e, i, o, u (and sometimes y). Estonian vowels are a, e, i, o, u, õ, ä, ö, ü.

Index

Grammatical Terms

The topics of grammar covered in the book are listed here according to the section numbers (§), not the page numbers. This makes it possible to give a more precise location for each topic.

377

Topics of Conversation

The subjects covered in the reading selections and lists of expressions in each lesson are located by page numbers below.

www.ingramcontent.com/pod-product-compliance
Ingram Content Group UK Ltd.
Pitfield, Milton Keynes, MK11 3LW, UK
UKHW041845270225
455670UK00001B/37